普通话水平测试辅导用书

普通话水平测试

专项精练与考前冲刺卷

主编：圣才学习网
www. 100xuexi. com

中国石化出版社

内 容 提 要

本书是普通话水平测试（PSC）的辅导练习，严格遵循普通话水平测试的考纲要求和考试内容精心编写而成，包括专项精练和考前冲刺卷两个部分：第一部分为专项精练，本部分按题型选编一定数量的典型习题，并提供参考答案；第二部分为考前冲刺卷，本部分根据真题命题规律及热门考点组编，便于考生检测复习效果和考前应试能力快速提升。

圣才学习网（www.100xuexi.com）提供全国普通话水平测试辅导方案【视频课程、电子书、题库等】。购书享受大礼包增值服务【配套题库+专用教材电子书+视频课程】，手机扫码（本书封面右上角）领取本书大礼包。

图书在版编目（CIP）数据

普通话水平测试专项精练与考前冲刺卷/圣才学习网主编. —北京：中国石化出版社，2021.2
普通话水平测试辅导用书
ISBN 978-7-5114-6157-5

Ⅰ.①普… Ⅱ.①圣… Ⅲ.①普通话-水平考试-习题集 Ⅳ.①H102-44

中国版本图书馆 CIP 数据核字（2021）第 039393 号

中国石化出版社出版发行

地址：北京市东城区安定门外大街 58 号
邮编：100011 电话：（010）57512500
发行部电话：（010）57512575
http://www.sinopec-press.com
E-mail：press@sinopec.com
湖北新华印务有限公司
全国各地新华书店经销
*
787×1092 毫米 16 开本 19.75 印张 483 千字
2021 年 4 月第 1 版 2021 年 4 月第 1 次印刷
定价：68.00 元

序　言

普通话水平测试(PSC：PUTONGHUA SHUIPING CESHI)是对应试人运用普通话的规范程度的口语考试，是推广普通话工作的重要组成部分，是使推广普通话工作逐步走向科学化、规范化、制度化的重要举措。为了帮助考生顺利通过普通话水平测试，我们根据《普通话水平测试大纲》及相关法律法规精心编写了普通话水平测试辅导用书。

本书由两部分组成：

第一部分为专项精练。本部分按题型选编一定数量的典型习题，并提供参考答案。

第二部分为考前冲刺卷。本部分根据真题命题规律及热门考点组编，便于考生检测复习效果和考前应试能力快速提升。

购买本书享受大礼包增值服务：手机扫码(本书封面右上角)领取本书大礼包。具体包括：①配套题库(手机版、电脑版)；②专用教材电子书；③视频课程(5小时考点精讲)。

圣才学习网(www.100xuexi.com)是一家为全国各类考试和专业课学习提供名师网络课程、电子书、题库等全方位教育服务的综合性学习型视频学习网站，拥有近100种考试(含418个考试科目)、194种经典教材(含英语、经济、管理、证券、金融等共16大类)，合计近万小时的面授班、网授班课程。

资格考试：www.100xuexi.com(圣才学习网)
考研辅导：kaoyan.100xuexi.com(圣才考研网)

圣才学习网编辑部

目　录

第一部分　专项精练

第 1 章　读单音节字词

读单音节字词(100 个音节，不含轻声、儿化音节)，限时 3.5 分钟，共 10 分。

读单音节字词练习 1

拉	暗	功	苦	听	架	装	年	灭	棉
群	走	椎	我	林	死	搞	革	尾	寨
讲	层	座	段	尖	蟒	胡	自	鸟	槐
恰	铝	跟	洗	笋	编	床	信	片	航
态	却	盔	始	光	专	臊	夸	票	酸
嗅	国	谬	从	约	待	全	找	岭	叠
脏	雨	虾	牛	峰	绘	渍	讽	戳	谋
像	饼	凶	别	排	好	挤	船	屯	属
滨	访	拽	读	杉	铭	塌	灼	栋	浓
夫	斥	韧	翠	仍	桦	衰	媒	焚	翁

答：

lā	àn	gōng	kǔ	tīng	jià	zhuāng	nián	miè	mián
qún	zǒu	zhuī	wǒ	lín	sǐ	gǎo	gé	wěi	zhài
jiǎng	céng	zuò	duàn	jiān	mǎng	hú	zì	niǎo	huái
qià	lǚ	gēn	xǐ	sǔn	biān	chuáng	xìn	piàn	háng
tài	què	kuī	shǐ	guāng	zhuān	sào	kuā	piào	suān
xiù	guó	miù	cóng	yuē	dài	quán	zhǎo	lǐng	dié
zāng	yǔ	xiā	niú	fēng	huì	zì	fěng	chuō	móu
xiàng	bǐng	xiōng	bié	pái	hǎo	jǐ	chuán	tún	shǔ
bīn	fǎng	zhuài	dú	shān	míng	tā	zhuó	dòng	nóng
fū	chì	rèn	cuì	réng	huà	shuāi	méi	fén	wēng

读单音节字词练习 2

愈	望	房	求	蹲	雪	退	前	瘸	富
奔	踹	尾	网	丁	叙	猛	幕	俩	广
摇	做	撇	分	闽	慢	非	锐	鬓	飘
惹	找	瓶	完	扶	粮	慌	精	蹿	囊
持	扯	钟	苗	海	奎	渺	这	费	部

暂	持	要	抗	碱	框	考	扭	再	很
抢	准	筐	松	多	逼	瘤	电	矮	冲
递	怪	饶	流	闯	旁	粉	跌	滑	金
般	颊	逆	绵	尸	锤	擎	鼓	满	芯
蒜	阁	霖	裂	垢	歼	责	洪	觅	祥

答：

yù	wàng	fáng	qiú	dūn	xuě	tuì	qián	qué	fù
bēn	chuài	wěi	wǎng	dīng	xù	měng	mù	liǎ	guǎng
yáo	zuò	piě	fēn	mǐn	màn	fēi	ruì	bìn	piāo
rě	zhǎo	píng	wán	fú	liáng	huāng	jīng	cuàn	náng
chí	chě	zhōng	miáo	hǎi	kuí	miǎo	zhè	fèi	bù
zàn	chí	shuǎ	kàng	jiǎn	kuàng	kǎo	niǔ	zài	hěn
qiǎng	zhǔn	kuāng	sōng	duō	bī	liú	diàn	ǎi	chōng
dì	guài	ráo	liú	chuǎng	páng	fěn	diē	huá	jīn
bān	jiá	nì	mián	shī	chuí	qíng	gǔ	mǎn	xīn
suàn	gé	lín	liè	gòu	jiān	zé	hóng	mì	xiáng

读单音节字词练习 3

命	抽	曰	训	琼	恨	夏	怀	丝	哄
您	酒	情	修	白	时	跌	土	我	扎
呵	凑	挂	隔	凶	掐	广	北	盆	绣
忘	族	泡	赘	黄	壁	逢	瞧	队	莫
吨	确	虫	欲	店	仄	硬	张	米	盖
秦	排	送	属	陈	雨	若	轮	小	塔
虽	捞	团	个	扔	念	蒋	桑	返	瓶
方	强	持	局	春	神	端	汁	绵	含
甫	扭	洁	钓	窥	愣	昂	启	走	鳞
搓	谗	铜	愿	哨	状	社	闷	绒	辉

答：

mìng	chōu	yuē	xùn	qióng	hèn	xià	huái	sī	hǒng
nín	jiǔ	qíng	xiū	bái	shí	diē	tǔ	wǒ	zhā
hē	còu	guà	gé	xiōng	qiā	guǎng	běi	pén	xiù
wàng	zú	pào	zhuì	huáng	bì	féng	qiáo	duì	mò
dūn	què	chóng	yù	diàn	zè	yìng	zhāng	mǐ	gài
qín	pái	sòng	shǔ	chén	yǔ	ruò	lún	xiǎo	tǎ
suī	lāo	tuán	gè	rēng	niàn	jiǎng	sāng	fǎn	píng
fāng	qiáng	chí	jú	chūn	shén	duān	zhī	mián	hán
fǔ	niǔ	jié	diào	kuī	lèng	áng	qǐ	zǒu	lín

cuō	chán	tóng	yuàn	shào	zhuàng	shè	mēn	róng	huī

读单音节字词练习 4

偷	宽	存	树	凡	瘸	此	痛	整	标
徐	歪	擦	哈	赘	底	搜	脂	德	室
瓶	快	紫	沫	超	兵	请	鬓	英	嫩
熬	幼	官	尊	扩	挑	声	肝	华	晃
改	水	算	王	孟	辱	统	恰	环	挎
砸	波	艘	包	内	潮	扭	瞪	拖	晒
粗	娘	挤	定	鱼	慌	理	焚	火	驴
版	唾	繁	罪	醇	根	拽	铭	穗	董
鳞	旋	刃	昌	臊	窃	捐	脏	妃	惯
缀	蓝	键	紧	狗	撇	府	微	酿	摆

答：

tōu	kuān	cún	shù	fán	qué	cǐ	tòng	zhěng	biāo
xú	wāi	cā	hā	zhuì	dǐ	sōu	zhī	dé	shì
píng	kuài	zǐ	mò	chāo	bīng	qǐng	bìn	yīng	nèn
áo	yòu	guān	zūn	kuò	tiǎo	shēng	gān	huá	huǎng
gǎi	shuǐ	suàn	wáng	mèng	rǔ	tǒng	qià	huán	kuà
zá	bō	sōu	bāo	nèi	cháo	niǔ	dèng	tuō	shài
cū	niáng	jǐ	dìng	yú	huāng	lǐ	fén	huǒ	lǘ
bǎn	tuò	fán	zuì	chún	gēn	zhuài	míng	suì	dǒng
lín	xuán	rèn	chāng	sào	qiè	juān	zāng	fēi	guàn
zhuì	lán	jiàn	jǐn	gǒu	piē	fǔ	wēi	niàng	bǎi

读单音节字词练习 5

狂	丝	抹	班	先	丢	霉	荤	晴	酿
棉	器	谬	拉	飘	膀	顿	曰	耳	瞧
凡	围	伶	训	对	锁	迭	扁	暖	瞎
弱	灵	双	懂	捆	敌	亲	脚	搞	奏
学	刺	止	拍	半	供	硫	任	源	城
居	遭	很	挺	陪	特	瞥	流	涂	虚
者	挂	整	霜	脊	耐	桑	凉	坑	抬
分	滨	喷	猫	奖	杭	布	府	买	稍
戳	填	选	命	琼	旷	恩	葱	溃	题
躯	拽	擦	踱	软	蹈	撞	硅	练	宗

答：

kuáng	sī	mǒ	bān	xiān	diū	méi	hūn	qíng	niàng

mián	qì	miù	lā	piāo	è	dùn	yuē	ěr	qiáo
fán	wéi	líng	xùn	duì	suǒ	dié	biǎn	nuǎn	xiā
ruò	líng	shuāng	dǒng	kǔn	dí	qīn	jiǎo	gǎo	zòu
xué	cì	zhǐ	pāi	bàn	gòng	liú	rèn	yuán	chéng
jū	zāo	hěn	tǐng	péi	tè	piē	liú	tú	xū
zhě	guà	zhěng	shuāng	jǐ	nài	sāng	liáng	kēng	tái
fēn	bīn	pēn	māo	jiǎng	háng	bù	fǔ	mǎi	shāo
chuō	tián	xuǎn	mìng	qióng	kuàng	ēn	cōng	kuì	tí
qū	zhuài	cā	duó	ruǎn	dǎo	zhuàng	guī	liàn	zōng

读单音节字词练习 6

能	亲	顿	腿	冻	陈	提	窗	追	任
拍	走	路	牛	篾	谈	蛮	缩	花	梢
帮	墙	崩	浅	徐	飘	谬	先	茵	撤
桦	滴	意	她	皿	槽	床	黄	轮	撇
仓	艘	表	惹	宗	娘	猛	改	死	瘸
乱	兄	食	爱	分	挖	挫	会	姓	篾
够	之	铝	选	瀑	笔	掉	职	吠	鳞
溜	葬	返	越	盏	毒	眠	摔	揣	福
偶	翅	厅	薰	仿	辫	叮	狭	锯	全
坑	柴	维	果	熔	婴	夸	醉	阅	乏

答：

néng	qīn	dùn	tuǐ	dòng	chén	tí	chuāng	zhuī	rèn
pāi	zǒu	lù	niú	miè	tán	mán	suō	huā	shāo
bāng	qiáng	bēng	qiǎn	xú	piāo	miù	xiān	yīn	chè
huà	dī	yì	tā	mǐn	cáo	chuáng	huáng	lún	piē
cāng	sōu	biǎo	rě	zōng	niáng	měng	gǎi	sǐ	qué
luàn	xiōng	shí	ài	fēn	wā	cuò	huì	xìng	miè
gòu	zhī	lǚ	xuǎn	pù	bǐ	diào	zhí	fèi	lín
liū	zàng	fǎn	yuè	zhǎn	dú	mián	shuāi	chuǎi	fú
ǒu	chì	tīng	xūn	fǎng	biàn	dīng	xiá	jù	quán
kēng	chái	wéi	guǒ	róng	yīng	kuā	zuì	yuè	fá

读单音节字词练习 7

产	窥	板	刺	想	标	脱	棒	臀	追
运	罐	能	皿	谋	蓝	槽	跟	职	躲
匣	装	实	学	恩	握	拽	灯	泡	特
集	越	轮	熊	洞	侄	厚	声	聘	局

陪	盲	洗	怪	真	溶	贵	择	营	眨
尺	笑	笋	名	岁	骨	扭	燃	乡	缕
抿	灸	逢	磷	抄	欧	溜	富	禀	从
傲	镜	狂	腐	娶	拐	房	鞭	造	断
退	荤	啼	喘	嫡	捻	捐	团	策	晴
佩	裤	撮	癞	簧	穷	糟	贩	谬	姜

答：

chǎn	kuī	bǎn	cì	xiǎng	biāo	tuō	bàng	tún	zhuī
yùn	guàn	néng	mǐn	móu	lán	cáo	gēn	zhì	duǒ
xiá	zhuāng	shí	xué	ēn	wò	zhuài	dēng	pào	tè
jí	yuè	lún	xióng	dòng	zhí	hòu	shēng	pìn	jú
péi	máng	xǐ	guài	zhēn	róng	guì	zé	yíng	zhǎ
chǐ	xiào	sǔn	míng	suì	gǔ	niǔ	rán	xiāng	lǚ
mǐn	zhì	féng	lín	chāo	ōu	liū	fù	bǐng	cóng
ào	jìng	kuáng	fǔ	qǔ	guǎi	fáng	biān	zào	duàn
tuì	hūn	tí	chuǎn	dí	niǎn	juān	tuán	cè	qíng
pèi	kù	cuō	lài	huáng	qióng	zāo	fàn	miù	jiāng

读单音节字词练习 8

绿	德	走	扰	查	戳	运	福	杯	罪
坏	烈	该	辖	亲	缫	鬼	滚	琼	软
补	全	呈	神	体	龙	念	举	凤	村
幅	听	伤	追	遵	畦	轰	耗	打	室
排	钢	抢	姓	蟒	楼	桥	恩	煤	择
窝	筐	架	碳	送	趟	扳	瓜	纱	宽
谬	熬	搓	寨	献	许	捆	捕	毁	变
脑	静	症	航	现	反	宝	第	领	肥
逼	幕	归	骚	滴	需	蹓	穿	鼎	问
寡	冯	块	复	蛇	片	祥	赔	萌	让

答：

lǜ	dé	zǒu	rǎo	chá	chuō	yùn	fú	bēi	zuì
huài	liè	gāi	xiá	qīn	sāo	guǐ	gǔn	qióng	ruǎn
bǔ	quán	chéng	shén	tǐ	lóng	niàn	jǔ	fèng	cūn
fú	tīng	shāng	zhuī	zūn	qí	hōng	hào	dǎ	shì
pái	gāng	qiǎng	xìng	mǎng	lóu	qiáo	ēn	méi	zé
wō	kuāng	jià	tàn	sòng	tàng	bān	guā	shā	kuān
miù	áo	cuō	zhài	xiàn	xǔ	kǔn	bǔ	huǐ	biàn
nǎo	jìng	zhèng	háng	xiàn	fǎn	bǎo	dì	hé	féi

bī	mù	guī	sāo	dī	xū	liū	chuān	dǐng	wèn
guǎ	féng	kuài	fù	shé	piàn	xiáng	péi	méng	ràng

读单音节字词练习 9

迟	呈	居	贫	裙	锤	沟	特	触	式
流	摔	满	挺	广	奎	换	抽	愈	针
钱	棍	稍	农	峡	歪	持	料	室	放
宽	僧	杯	舱	华	颇	尾	迭	民	穷
溃	阙	罗	恩	闽	搂	村	姓	中	毒
逃	任	爬	秒	酒	叹	越	雄	钾	溺
瑟	装	狗	锥	碘	彭	谬	耐	筑	讽
缕	找	拧	栽	方	别	踢	瓣	靴	症
自	攒	谎	锭	阻	蒜	撬	壮	鬓	润
腋	昌	瓷	盲	戳	详	泉	焚	槐	拎

答：

chí	chéng	jū	pín	qún	chuí	gōu	tè	chù	shì
liú	shuāi	mǎn	tǐng	guǎng	kuí	huàn	chōu	yù	zhēn
qián	gùn	shāo	nóng	xiá	wāi	chí	liào	shì	fàng
kuān	sēng	bēi	cāng	huá	pō	wěi	dié	mín	qióng
kuì	quē	luó	ēn	mǐn	lǒu	cūn	xìng	zhōng	dú
táo	rèn	pá	miǎo	jiǔ	tàn	yuè	xióng	jiǎ	nì
sè	zhuāng	gǒu	zhuī	diǎn	péng	miù	nài	zhù	fěng
lǚ	zhǎo	nìng	zāi	fāng	bié	tī	bàn	xuē	zhēng
zì	zǎn	huǎng	dìng	zǔ	suàn	qiào	zhuàng	bìn	rùn
yè	chāng	cí	máng	chuō	xiáng	quán	fén	huái	līn

读单音节字词练习 10

钓	穷	肥	嘴	掐	秋	阙	盘	酿	设
放	头	凶	刘	仍	别	磁	址	江	爹
北	光	恩	甩	吮	戴	信	铝	填	华
攒	脸	旨	体	刚	必	垫	俗	弱	遭
掰	均	球	室	愿	村	字	拧	狂	凭
鬓	囊	罗	窥	者	松	静	酸	脊	撞
响	戴	坠	整	搅	瓮	学	爽	奉	廓
郭	敢	宗	红	拽	德	搞	蟒	产	夫
棍	辆	归	铡	命	赛	穿	董	灭	锦
惹	趾	豫	危	痴	掐	拳	揣	啃	脏

答：

diào	qióng	féi	zuǐ	qiā	qiū	quē	pán	niàng	shè
fàng	tóu	xiōng	liú	réng	bié	cí	zhǐ	jiāng	diē
běi	guāng	ēn	shuǎi	shǔn	dài	xìn	lǚ	tián	huá
zǎn	liǎn	zhǐ	tǐ	gāng	bì	diàn	sú	ruò	zāo
bāi	jūn	qiú	shì	yuàn	cūn	zì	nǐng	kuáng	píng
bìn	náng	luó	kuī	zhě	sōng	jìng	suān	jǐ	zhuàng
xiǎng	dài	zhuì	zhěng	jiǎo	wèng	xué	shuǎng	fèng	láng
guō	gǎn	zōng	hóng	zhuài	dé	gǎo	mǎng	chǎn	fū
gùn	liàng	guī	zhá	mìng	sài	chuān	dǒng	miè	jǐn
rě	zhǐ	yù	wēi	chī	qiā	quán	chuǎi	kěn	zāng

读单音节字词练习 11

丰	前	霞	盲	蜜	核	本	耙	抽	定
攀	面	飘	暖	握	兄	粮	柴	遵	题
雨	滋	他	群	睬	兼	通	藤	人	既
远	贩	坏	键	金	问	始	安	规	染
查	烤	尺	鼓	块	夹	怀	酒	趣	海
雪	捉	北	听	确	据	离	丝	砸	磷
送	向	雀	拴	腿	讲	陆	腹	饮	惹
米	篇	福	低	遭	涩	防	蛮	翠	该
拴	狂	紫	舜	辙	鞘	虑	劫	凝	瓮
皴	啮	兑	屏	爽	配	椎	掸	绒	串

答：

fēng	qián	xiá	máng	mì	hé	běn	pá	chōu	dìng
pān	miàn	piāo	nuǎn	wò	xiōng	liáng	chái	zūn	tí
yǔ	zī	tā	qún	cǎi	jiān	tōng	téng	rén	jì
yuǎn	fàn	huài	jiàn	jīn	wèn	shǐ	ān	guī	rǎn
chá	kǎo	chǐ	gǔ	kuài	jiā	huái	jiǔ	qù	hǎi
xuě	zhuō	běi	tīng	què	jù	lí	sī	zá	lín
sòng	xiàng	què	shuān	tuǐ	jiǎng	lù	fù	yǐn	rě
mǐ	piān	fú	dī	zāo	sè	fáng	mán	cuì	gāi
shuān	kuáng	zǐ	shùn	chè	qiào	lǜ	jié	níng	wèng
cūn	niè	duì	píng	shuǎng	pèi	zhuī	dǎn	róng	chuàn

读单音节字词练习 12

素	令	美	同	美	穷	艘	抓	迭	纬
套	赖	蹿	法	冰	品	夹	此	荒	窃
灰	连	责	棕	摇	屯	缔	摔	额	阵

凡	俩	谬	持	荆	洗	团	您	瓶	标
致	恩	饶	姿	左	牛	抗	愈	施	鬓
歌	翠	喷	碳	兹	撩	熔	哈	贬	寨
帅	羞	捆	商	尾	敌	攒	硅	许	堆
从	腔	浮	软	请	绣	络	买	冯	早
滚	棉	宽	猫	祥	劝	嗤	粤	娇	悲
葬	梗	君	暨	焚	汛	犊	彻	拐	煞

答：

sù	lìng	měi	tóng	měi	qióng	sōu	zhuā	dié	wěi
tào	lài	cuàn	fǎ	bīng	pǐn	jiā	cǐ	huāng	qiè
huī	lián	zé	zōng	yáo	tún	dì	shuāi	é	zhèn
fán	liǎ	miù	chí	jīng	xǐ	tuán	nín	píng	biāo
zhì	ēn	ráo	zī	zuǒ	niú	kàng	yù	shī	bìn
gē	cuì	pēn	tàn	zī	liáo	róng	hā	biǎn	zhài
shuài	xiū	kǔn	shāng	wěi	dí	zǎn	guī	xǔ	duī
cóng	qiāng	fú	ruǎn	qǐng	xiù	luò	mǎi	féng	zǎo
gǔn	mián	kuān	māo	xiáng	quàn	chī	yuè	jiāo	bēi
zàng	gěng	jūn	jì	fén	xùn	dú	chè	guǎi	shà

读单音节字词练习 13

鄂	北	阙	啐	裴	屯	德	填	人	等
腹	阻	宋	据	搞	晒	惧	嘴	尿	闻
瑞	某	纲	坪	踢	托	热	鞭	扎	运
功	昂	瓶	摔	蛋	灸	网	蒋	离	射
刺	兵	坑	湿	林	案	恰	追	掏	宅
迭	垮	雨	帮	臊	起	稀	爬	括	碱
烂	篾	艘	脸	唇	柜	球	舌	瘸	棍
就	伍	保	章	海	钢	瞒	陶	鞭	论
熊	踹	霞	缴	舜	吕	聘	掷	摔	内
锉	框	寡	惯	祥	软	拗	宰	仿	团

答：

è	běi	quē	cuì	péi	tún	dé	tián	rén	děng
fù	zǔ	sòng	jù	gǎo	shài	jù	zuǐ	niào	wén
ruì	mǒu	gāng	píng	tī	tuō	rè	biān	zhā	yùn
gōng	áng	píng	shuāi	dàn	jiū	wǎng	jiǎng	lí	shè
cì	bīng	kēng	shī	lín	àn	qià	zhuī	tāo	zhái
dié	kuǎ	yǔ	bāng	sào	qǐ	xī	pá	kuò	jiǎn
làn	miè	sōu	liǎn	chún	guì	qiú	shé	qué	gùn

jiù	wǔ	bǎo	zhāng	hǎi	gāng	mán	táo	biān	lùn
xióng	chuài	xiá	jiǎo	shùn	lǚ	pìn	zhì	shuāi	nèi
cuò	kuàng	guǎ	guàn	xiáng	ruǎn	niù	zǎi	fǎng	tuán

读单音节字词练习 14

簇	灭	拐	脑	迟	居	窝	谈	欧	吨
靠	推	形	胚	泻	揉	格	猎	信	停
组	挖	刺	像	抿	凑	锤	捆	在	刘
寻	猎	刮	躲	雹	极	若	丢	增	柴
锐	霜	萍	闻	城	滨	哄	藤	咬	贩
回	念	耸	制	份	去	搂	咱	懂	某
确	编	路	逆	虽	底	九	准	枉	填
任	始	捐	考	杭	葛	脉	诸	刚	纯
壮	烈	灼	税	俯	荤	宽	劝	翁	豫
怯	眠	窖	餐	揣	否	表	框	陕	鳞

答：

cù	miè	guǎi	nǎo	chí	jū	wō	tán	ōu	dūn
kào	tuī	xíng	pēi	xiè	róu	gě	liè	xìn	tíng
zǔ	wā	cì	xiàng	mǐn	còu	chuí	kǔn	zài	liú
xún	liè	guā	duǒ	báo	jí	ruò	diū	zēng	chái
ruì	shuāng	píng	wén	chéng	bīn	hǒng	téng	yǎo	fàn
huí	niàn	sǒng	zhì	fèn	qù	lǒu	zán	dǒng	mǒu
què	biān	lù	nì	suī	dǐ	jiǔ	zhǔn	wǎng	tián
rèn	shǐ	juān	kǎo	hang	gě	mài	zhù	gāng	chún
zhuàng	liè	zhuó	shuì	fǔ	hūn	kuān	quàn	wēng	yù
qiè	mián	jiào	cān	chuài	fǒu	biǎo	kuàng	shǎn	lín

读单音节字词练习 15

放	猛	刷	班	云	秦	爬	真	团	语
滚	富	确	棍	臀	秒	话	黄	瞥	炒
翠	躲	专	建	胚	操	凶	鱼	凑	须
救	冷	惹	捉	定	铝	迟	繁	学	洽
耳	冬	拧	智	徐	此	填	姜	水	钠
端	害	辆	苦	皿	蝶	俩	裹	丢	幅
枝	雄	母	资	该	渍	笼	诵	范	串
减	奖	咧	仄	僧	糟	题	配	双	锤
部	农	扭	旋	扁	波	睡	损	移	窥
穗	竞	憋	乖	岗	跳	瓮	媒	组	权

答：

fàng	měng	shuā	bān	yún	qín	pá	zhēn	tuán	yǔ
gǔn	fù	què	gùn	tún	miǎo	huà	huáng	piē	chǎo
cuì	duǒ	zhuān	jiàn	pēi	cāo	xiōng	yú	còu	xū
jiù	lěng	rě	zhuō	dìng	lǚ	chí	fán	xué	qià
ěr	dōng	nìng	zhì	xú	cǐ	tián	jiāng	shuǐ	nà
duān	hài	liàng	kǔ	mǐn	dié	liǎ	guǒ	diū	fú
zhī	xióng	mǔ	zī	gāi	zì	lóng	sòng	fàn	chuàn
jiǎn	jiǎng	liē	zè	sēng	zāo	tí	pèi	shuāng	chuí
bù	nóng	niǔ	xuán	biǎn	bō	shuì	sǔn	yí	kuī
suì	jìng	biē	guāi	gǎng	tiào	wèng	méi	zǔ	chà

读单音节字词练习 16

纲	对	坠	潘	轮	揣	霜	律	蹿	揪
袖	穷	仄	脱	赛	偷	流	饶	毒	锤
墩	疼	坏	宽	蒋	陈	兹	草	虎	曰
戳	执	杂	部	项	其	根	反	想	取
连	金	椎	原	基	请	躲	争	杭	凶
顶	霞	铁	厚	瓮	拧	凹	群	刺	站
脚	困	堆	煤	窟	丑	准	热	擀	饼
桥	递	临	始	粮	领	塔	边	歌	别
川	墓	瘸	选	斥	讼	凳	麝	频	眶
脓	灭	苇	乳	托	拗	醉	寡	徽	乏

答：

gāng	duì	zhuì	pān	lún	chuài	shuāng	lǜ	cuān	jiū
xiù	qióng	zè	tuō	sài	tōu	liú	ráo	dú	chuí
dūn	téng	huài	kuān	jiǎng	chén	zī	cǎo	hǔ	yuē
chuō	zhí	zá	bù	xiàng	qí	gēn	fǎn	xiǎng	qǔ
lián	jīn	zhuī	yuán	jī	qǐng	duǒ	zhēng	háng	xiōng
dǐng	xiá	tiě	hòu	wèng	nǐng	āo	qún	cì	zhàn
jiǎo	kùn	duī	méi	kū	chǒu	zhǔn	rè	gǎn	bǐng
qiáo	dì	lín	shǐ	liáng	lǐng	tǎ	biān	gē	bié
chuān	mù	qué	xuǎn	chì	sòng	dèng	shè	pín	kuàng
nóng	miè	wěi	rǔ	tuō	niù	zuì	guǎ	huī	fá

读单音节字词练习 17

绷	回	嘴	彻	润	缠	到	旗	梦	剩
紫	耍	活	挺	雪	残	贫	帮	全	凝

吮	局	猎	串	拐	装	美	每	寨	怀
啐	增	闻	铝	黄	密	龙	篇	柴	高
走	藤	训	喜	跟	填	挖	蜂	储	楼
抢	张	获	腊	踢	补	磁	增	填	境
损	鞭	帘	钠	兄	倚	攒	群	返	搓
碘	桩	锤	涝	尿	声	考	坟	煅	泰
捐	灼	璧	俯	锻	畅	鳞	擎	洁	标
眶	拽	廷	测	龚	垮	艳	荣	赦	祖

答：

bèng	huí	zuǐ	chè	rùn	chán	dào	qí	mèng	shèng
zǐ	shuǎ	huó	tǐng	xuě	cán	pín	bāng	quán	níng
shǔn	jú	liè	chuàn	guǎi	zhuāng	měi	měi	zhài	huái
cuì	zēng	wén	lǚ	huáng	mì	lóng	piān	chái	gāo
zǒu	téng	xùn	xǐ	gēn	tián	wā	fēng	chǔ	lóu
qiǎng	zhāng	huò	là	tī	bǔ	cí	zēng	tián	jìng
sǔn	biān	lián	nà	xiōng	yǐ	zǎn	qún	fǎn	cuō
diǎn	zhuāng	chuí	lào	niào	shēng	kǎo	fén	duàn	tài
juān	zhuó	bì	fǔ	duàn	chàng	lín	qíng	jié	biāo
kuàng	zhuài	tíng	cè	gōng	kuǎ	yàn	róng	shè	zǔ

读单音节字词练习 18

凭	甚	镁	爽	宗	棍	信	浅	愿	育
猫	瞧	很	装	曰	纲	特	既	党	苗
踹	于	留	奴	费	串	硅	始	才	辟
菌	狂	纯	神	拥	底	后	苦	腿	鬓
值	绝	耐	铁	虾	论	粮	脚	恰	迟
害	虽	象	臂	席	杀	抱	否	昂	品
般	酒	耗	恰	夸	桃	寻	桦	赘	店
摄	仍	饼	属	该	抿	滩	丛	篾	凶
室	器	准	别	握	软	拧	裹	嗓	翁
造	淮	佩	春	虑	绵	徽	抚	您	砸

答：

píng	shèn	měi	shuǎng	zōng	gùn	xìn	qiǎn	yuàn	yù
māo	qiáo	hěn	zhuāng	yuē	gāng	tè	jì	dǎng	miáo
chuài	yú	liú	nú	fèi	chuàn	guī	shǐ	cái	pì
jūn	kuáng	chún	shén	yōng	dǐ	hòu	kǔ	tuǐ	bìn
zhí	jué	nài	tiě	xiā	lùn	liáng	jiǎo	qià	chí
hài	suī	xiàng	bì	xí	shā	bào	fǒu	áng	pǐn

bān	jiǔ	hào	qià	kuā	táo	xún	huà	zhuì	diàn
shè	réng	bǐng	shǔ	gāi	mǐn	tān	cóng	miè	xiōng
shì	qì	zhǔn	bié	wò	ruǎn	nìng	guǒ	sǎng	wèng
zào	huái	pèi	chōng	lù	mián	huī	fǔ	nín	zá

读单音节字词练习 19

奎	别	圃	理	谬	愣	座	擎	据	站
锤	溶	素	繁	装	储	权	明	续	酸
紧	屯	冰	运	洞	捆	洽	领	执	灭
篇	牛	林	踢	党	柳	深	年	瓜	职
日	喂	尾	等	瘸	迟	像	能	演	恩
过	场	蜂	闯	瞎	海	霜	盖	测	拐
脚	刀	贴	渠	藻	题	溶	渡	这	宽
食	宗	蒋	球	滑	快	秒	翻	酿	桂
秘	蠢	宅	鬓	救	幸	擦	紫	搓	伍
缎	辩	龚	睡	童	韧	哈	藤	续	匪

答：

kuí	bié	pǔ	lǐ	miù	lèng	zuò	qíng	jù	zhàn
chuí	róng	sù	fán	zhuāng	chǔ	quán	míng	xù	suān
jǐn	tún	bīng	yùn	dòng	kǔn	qià	lǐng	zhí	miè
piān	niú	lín	tī	dǎng	liǔ	shēn	nián	guā	zhí
rì	wèi	wěi	děng	qué	chí	xiàng	néng	yǎn	ēn
guò	chǎng	fēng	chuǎng	xiā	hǎi	shuāng	gài	cè	guǎi
jiǎo	dāo	tiē	qú	zǎo	tí	róng	dù	zhè	kuān
shí	zōng	jiǎng	qiú	huá	kuài	miǎo	fān	niàng	guì
mì	chǔn	zhái	bìn	jiù	xìng	cā	zǐ	cuō	wǔ
duàn	biàn	gōng	shuì	tóng	rèn	hā	téng	xù	fěi

读单音节字词练习 20

锦	快	滴	圆	根	铜	让	堆	唬	椎
理	您	波	翻	兄	侧	猛	饶	病	梗
蔓	存	盘	复	锅	固	雪	需	次	垮
炸	浅	宁	拐	迟	瞥	活	管	昂	瘸
振	枉	荒	嘴	新	妃	兼	耐	越	紫
哭	常	琼	状	稍	腿	骂	戳	蹿	局
挤	取	闹	置	墙	存	印	夹	食	南
讽	垫	崩	酶	粪	魂	赛	猫	题	撇
僧	饼	臀	粒	泉	填	纵	双	缎	孔

哀	涩	穷	晤	倾	羔	晴	矮	蓄	江

答：

jǐn	kuài	dī	yuán	gēn	tóng	ràng	duī	hǔ	chuí
lǐ	nín	bō	fān	xiōng	cè	měng	ráo	bìng	gěng
màn	cún	pán	fù	guō	gù	xuě	xū	cì	kuǎ
zhá	qiǎn	níng	guǎi	chí	piē	huó	guǎn	áng	qué
zhèn	wǎng	huāng	zuǐ	xīn	fēi	jiān	nài	yuè	zǐ
kū	cháng	qióng	zhuàng	shāo	tuǐ	mà	chuō	cuān	jú
jǐ	qǔ	nào	zhì	qiáng	cún	yìn	jiā	shí	nán
fěng	diàn	bēng	méi	fèn	hún	sài	māo	tí	piē
sēng	bǐng	tún	lì	quán	tián	zòng	shuāng	duàn	kǒng
āi	sè	qióng	wù	qīng	gāo	qíng	ǎi	xù	jiāng

读单音节字词练习 21

器	绝	蹲	臊	颇	板	男	训	丢	架
熊	揣	液	冻	望	杀	凤	持	闯	视
醒	拉	此	懂	铝	疼	劝	风	刷	担
遭	团	磷	内	僧	揩	瓦	食	增	盔
竹	寒	明	流	尺	保	面	抢	装	并
甩	挂	越	振	台	虾	初	敲	鬼	死
赏	遮	胚	鼓	倾	存	旧	跟	放	次
团	碘	锤	琼	隐	谜	简	拖	壁	醉
告	晶	革	甫	软	贬	巷	框	渺	荒
宽	诫	崽	拽	聋	舱	辖	娘	麝	码

答：

qì	jué	dūn	sào	pō	bǎn	nán	xùn	diū	jià
xióng	chuāi	yè	dòng	wàng	shā	fèng	chí	chuǎng	shì
xǐng	lā	cǐ	dǒng	lǚ	téng	quàn	fēng	shuā	dān
zāo	tuán	lín	nèi	sēng	kāi	wǎ	shí	zēng	kuī
zhú	hán	míng	liú	chǐ	bǎo	miàn	qiǎng	zhuāng	bìng
shuǎi	guà	yuè	zhèn	tái	xiā	chū	qiāo	guǐ	sǐ
shǎng	zhē	pēi	gǔ	qīng	cún	jiù	gēn	fàng	cì
tuán	diǎn	chuí	qióng	yǐn	mí	jiǎn	tuō	bì	zuì
gào	jīng	gé	fǔ	ruǎn	biǎn	xiàng	kuàng	miǎo	huāng
kuān	jiè	zǎi	zhuài	lóng	cāng	xiá	niáng	shè	mǎ

读单音节字词练习 22

赋	围	总	照	临	翁	学	任	捽	此

需	准	座	流	挫	窝	嚷	脑	菌	帮
米	救	您	擦	浓	篇	游	秦	场	穷
臀	翠	换	笑	槐	移	陪	谬	晶	主
停	僧	虫	夫	蚁	眨	具	来	爽	盲
赏	空	阙	醒	足	虾	短	脾	者	洽
吨	窥	兵	荷	锥	品	若	锤	牢	奉
变	搁	始	肯	娘	该	寒	卦	桂	影
侯	泥	疆	蹄	贩	醇	特	篆	悲	爽
戌	遵	赠	谎	拐	泉	篾	德	施	骂

答：

fù	wéi	zǒng	zhào	lín	wēng	xué	rén	shuāi	cǐ
xū	zhǔn	zuò	liú	cuò	wō	rǎng	nǎo	jūn	bāng
mǐ	jiù	nín	cā	nóng	piān	yóu	qín	chǎng	qióng
tún	cuì	huàn	xiào	huái	yí	péi	miù	jīng	zhǔ
tíng	sēng	chóng	fū	yǐ	zhǎ	jù	lái	shuǎng	máng
shǎng	kōng	quē	xǐng	zú	xiā	duǎn	pí	zhě	qià
dūn	kuī	bīng	hé	zhuī	pǐn	ruò	chuí	láo	fèng
biàn	gē	shǐ	kěn	niáng	gāi	hán	guà	guì	yǐng
hòu	ní	jiāng	tí	fàn	chún	tè	zhuàn	bēi	shuǎng
shù	zūn	zèng	huǎng	guǎi	quán	miè	dé	shī	mà

读单音节字词练习 23

次	棒	尾	爹	约	音	缀	既	灯	陈
松	跑	报	超	要	题	权	谋	拐	选
扭	凡	青	滋	归	躲	磷	廓	笑	俩
退	部	学	改	采	抓	年	愈	果	担
瘸	静	菌	海	容	担	像	班	腿	冷
句	苗	晃	舜	绿	帮	人	训	雄	民
棍	别	堆	秋	川	逛	救	徒	擦	站
舞	雀	雄	坑	质	棉	房	颌	稀	加
甜	窗	造	锣	奉	赘	夸	瞥	膀	挺
嗓	泳	畦	瑟	鼎	踹	肥	缓	紫	聘

答：

cì	bàng	wěi	diē	yuē	yīn	zhuì	jì	dēng	chén
sōng	pǎo	bào	chāo	shuǎ	tí	quán	móu	guǎi	xuǎn
niǔ	fán	qīng	zī	guī	duǒ	lín	láng	xiào	liǎ
tuì	bù	xué	gǎi	cǎi	zhuā	nián	yù	guǒ	dān
qué	jìng	jūn	hǎi	róng	dān	xiàng	bān	tuǐ	lěng

jù	miáo	huàng	shùn	lù	bāng	rén	xùn	xióng	mín
gùn	bié	duī	qiū	chuān	guàng	jiù	tú	cā	zhàn
wǔ	què	xiōng	kēng	zhì	mián	fáng	hé	xī	jiā
tián	chuāng	zào	luó	fèng	zhuì	kuā	piē	è	tǐng
sǎng	yǒng	qí	sè	dǐng	chuài	féi	huǎn	zǐ	pìn

读单音节字词练习 24

定	死	夏	学	念	侵	据	尚	碗	逐
洽	增	富	泥	白	菌	灰	此	航	熊
层	株	全	床	鬓	嘴	刘	耍	沟	做
插	翅	拐	扯	整	滚	辆	球	喝	屯
非	面	穿	秦	旁	战	第	篇	瞧	松
崽	担	响	路	泡	啐	躯	破	威	捎
门	能	返	荒	抿	火	谬	酸	铜	瓮
植	矮	替	列	歌	醒	藻	祥	揩	肺
摘	队	奔	觅	幅	狂	耙	秀	怨	衰
擦	垮	姜	奸	肉	尸	惹	攒	蜕	焚

答：

dìng	sǐ	xià	xué	niàn	qīn	jù	shàng	wǎn	zhú
qià	zēng	fù	ní	bái	jūn	huī	cǐ	háng	xióng
céng	zhū	quán	chuáng	bìn	zuǐ	liú	shuǎ	gōu	zuò
chā	chì	guǎi	chě	zhěng	gǔn	liàng	qiú	hē	tún
fēi	miàn	chuān	qín	páng	zhàn	dì	piān	qiáo	sōng
zǎi	dān	xiǎng	lù	pào	cuì	qū	pò	wēi	shāo
mén	néng	fǎn	huāng	mǐn	huǒ	miù	suān	tóng	wèng
zhí	ǎi	tì	liè	gē	xǐng	zǎo	xiáng	kāi	fèi
zhāi	duì	bēn	mì	fú	kuáng	pá	xiù	yuàn	shuāi
cā	kuǎ	jiāng	jiān	ròu	shī	rě	zǎn	tuì	fén

读单音节字词练习 25

纲	座	饶	懂	赶	顿	霜	扛	算	吨
拐	猛	群	雄	瓦	寒	经	狗	宗	巢
歪	洪	霜	瞥	全	熊	快	躺	隔	出
腿	编	脾	抢	叠	举	棉	梢	张	键
酿	秦	枚	俩	抓	锐	准	室	款	阙
功	补	形	铝	铜	喷	曰	赦	丝	踩
捐	擦	震	缠	扭	细	瘤	锤	陶	冷
豆	器	垫	绷	扯	频	主	航	持	衡

赚	厅	翻	病	腹	豫	倪	帅	睡	裸
穷	穗	直	筒	赔	戍	叮	秘	装	缰

答：

gāng	zuò	ráo	dǒng	gǎn	dùn	shuāng	káng	suàn	dūn
guǎi	měng	qún	xióng	wǎ	hán	jǐng	gǒu	zōng	cháo
wāi	hóng	shuāng	piē	quán	xióng	kuài	tǎng	gé	chū
tuǐ	biān	pí	qiǎng	dié	jǔ	mián	shāo	zhāng	jiàn
niàng	qín	méi	liǎ	zhuā	ruì	zhǔn	shì	kuǎn	quē
gōng	bǔ	xíng	lǚ	tóng	pēn	yuē	shè	sī	cǎi
juān	cā	zhèn	chán	niǔ	xì	liú	chuí	táo	lěng
dòu	qì	diàn	bēng	chě	pín	zhǔ	háng	chí	héng
zhuàn	tīng	fān	bìng	fù	yù	ní	shuài	shuì	luǒ
qióng	suì	zhí	tǒng	péi	shù	dīng	mì	zhuāng	jiāng

读单音节字词练习 26

很	龙	灭	闽	艘	听	扰	通	敢	酒
宽	蹲	殖	柴	嫩	牛	谓	借	雄	狼
容	引	纯	拳	愈	跳	牌	去	门	娘
雪	棉	歌	握	瘸	匹	灵	我	归	推
丝	拴	架	挫	彭	挺	绑	瞧	烂	室
买	恩	装	腹	拽	嘴	刮	杭	联	百
风	乳	颖	遂	柳	体	津	氦	部	范
裙	脊	渍	密	年	矿	屏	双	费	罪
罚	锅	撤	膘	嗤	贡	钞	腱	掐	仍
水	旋	框	窃	汰	簇	棕	辛	锥	鬓

答：

hěn	lóng	miè	mǐn	sōu	tīng	rǎo	tōng	gǎn	jiǔ
kuān	dūn	zhí	chái	nèn	niú	wèi	jiè	xióng	láng
róng	yǐn	chún	quán	yù	tiào	pái	qù	mén	niáng
xuě	mián	gē	wò	qué	pǐ	líng	wǒ	guī	tuī
sī	shuān	jià	cuò	péng	tǐng	bǎng	qiáo	làn	shì
mǎi	ēn	zhuāng	fù	zhuài	zuǐ	guā	háng	lián	bǎi
fèng	rǔ	yǐng	suí	liǔ	tǐ	jīn	hài	bù	fàn
qún	jǐ	zì	mì	nián	kuàng	píng	shuāng	fèi	zuì
fá	guō	chè	biāo	chī	gòng	chāo	jiàn	qiā	réng
shuǐ	xuán	kuàng	qiè	tài	cù	zōng	xīn	zhuī	bìn

读单音节字词练习 27

狼	直	选	飘	搓	演	哈	伤	镍	性

笋	朵	球	鬓	氮	连	踹	隔	铝	宠
使	壕	编	查	堆	愣	替	冷	弥	换
殖	泵	凭	怪	穷	挤	揉	梢	图	纵
波	吨	劝	近	吹	拐	送	汤	沫	寅
别	考	俩	恩	兄	嫁	墩	侧	丝	摘
怒	灭	雀	组	表	泥	嗅	爽	紫	访
夸	遵	曰	纬	瞎	停	返	棉	汪	棍
躯	鸣	戳	峰	揪	话	妃	款	状	巷
帕	泰	吠	缰	柜	犊	锭	墓	拓	虑

答：

láng	zhí	xuǎn	piāo	cuō	yǎn	hā	shāng	niè	xìng
sǔn	duǒ	qiú	bìn	dàn	lián	chuài	gé	lǚ	chǒng
shǐ	háo	biān	chá	duī	lèng	tì	lěng	mí	huàn
zhí	bèng	píng	guài	qióng	jǐ	róu	shāo	tú	zòng
bō	dūn	quàn	jìn	chuī	guǎi	sòng	tāng	mò	yín
bié	kǎo	liǎ	ēn	xiōng	jià	dūn	cè	sī	zhāi
nù	miè	què	zǔ	biǎo	ní	xiù	shuǎng	zǐ	fǎng
kuā	zūn	yuē	wěi	xiā	tíng	fǎn	mián	wāng	gùn
qū	míng	chuō	fēng	jiū	huà	fēi	kuǎn	zhuàng	xiàng
pà	tài	fèi	jiāng	guì	dú	dìng	mù	tuò	lǜ

读单音节字词练习 28

笋	钱	对	瞎	歌	别	妄	此	扶	坑
帮	苦	咱	功	蝶	打	准	食	光	华
软	拽	持	察	曾	幼	笨	填	俩	轻
颇	锁	穷	纸	场	磷	喜	灭	这	装
学	善	酿	躲	臀	艘	辉	修	每	裴
推	买	陈	票	却	海	救	宗	挺	该
氧	盯	溶	匪	够	炉	填	却	户	增
缀	菌	挖	屏	僧	领	串	蛇	谜	拳
滨	咬	纸	舜	戳	撮	仿	皖	簇	峦
快	爽	暖	佩	烤	熊	汰	抓	让	影

答：

sǔn	qián	duì	xiā	gē	bié	wàng	cǐ	fú	kēng
bāng	kǔ	zán	gōng	dié	dǎ	zhǔn	shí	guāng	huá
ruǎn	zhuài	chí	chá	céng	yòu	bèn	tián	liǎ	qīng
pō	suǒ	qióng	zhǐ	chǎng	lín	xǐ	miè	zhè	zhuāng
xué	shàn	niàng	duǒ	tún	sōu	huī	xiū	měi	péi

tuī	mǎi	chén	piào	què	hǎi	jiù	zōng	tǐng	gāi
yǎng	dīng	róng	fěi	gòu	lú	tián	què	hù	zēng
zhuì	jūn	wā	píng	sēng	hé	chuàn	shé	mí	quán
bīn	yǎo	zhǐ	shùn	chuō	zuǒ	fǎng	wǎn	cù	luán
kuài	shuǎng	nuǎn	pèi	kǎo	xióng	tài	zhuā	ràng	yǐng

读单音节字词练习 29

再	快	须	瞧	命	攒	秦	扩	腿	化
学	病	棉	味	喊	村	酒	瞥	虑	产
盲	好	费	保	光	熊	内	抢	啐	既
逢	精	读	镇	筐	能	除	双	想	制
册	琼	夹	瓶	翻	寄	垮	谬	活	旁
闻	争	虾	沁	韵	请	唇	浅	鬓	穷
槐	德	适	则	转	底	柳	根	瑞	逗
令	捐	房	嘴	撒	标	渍	钙	脓	毛
替	曼	旋	经	讽	董	揣	洛	宠	咏
航	酸	遵	统	贡	孤	渺	褐	岳	诫

答：

zài	kuài	xū	qiáo	mìng	zǎn	qín	kuò	tuǐ	huà
xué	bìng	mián	wèi	hǎn	cūn	jiǔ	piē	lǜ	chǎn
máng	hǎo	fèi	bǎo	guāng	xióng	nèi	qiǎng	cuì	jì
féng	jīng	dú	zhèn	kuāng	néng	chú	shuāng	xiǎng	zhì
cè	qióng	jiā	píng	fān	jì	kuǎ	miù	huó	páng
wén	zhēng	xiā	qìn	yùn	qǐng	chún	qiǎn	bìn	qióng
huái	dé	shì	zé	zhuǎn	dǐ	liǔ	gēn	ruì	dòu
lìng	juān	fáng	zuǐ	sǎ	biāo	zì	gài	nóng	máo
tì	màn	xuán	jīng	fěng	dǒng	chuài	luò	chǒng	yǒng
háng	suān	zūn	tǒng	gòng	gū	miǎo	hè	yuè	jiè

读单音节字词练习 30

昂	赵	键	航	趋	恩	格	裂	局	颖
摆	擦	线	嘴	挂	核	滞	掐	场	抿
攥	眶	曰	别	瞪	飘	留	扰	权	跪
讽	挺	资	龛	暖	谈	新	球	捉	双
揉	案	始	被	颇	揣	窗	蟒	床	取
项	掐	高	捧	惹	族	端	拒	潮	雄
队	涨	鼠	滞	深	储	扭	腹	绘	遵
掂	头	快	浆	底	填	磁	沉	番	赘

锁	寡	婚	途	鸣	痛	踱	穗	屡	琼
坪	闻	仿	伊	酿	龚	妃	鬓	盟	伐

答：

áng	zhào	jiàn	háng	qū	ēn	gé	liè	jú	yǐng
bǎi	cā	xiàn	zuǐ	guà	hé	zhì	qiā	chǎng	mǐn
zuàn	kuàng	yuē	bié	dèng	piāo	liú	rǎo	quán	guì
fěng	tǐng	zī	wèng	nuǎn	tán	xīn	qiú	zhuō	shuāng
róu	àn	shǐ	bèi	pō	chuài	chuāng	mǎng	chuáng	qǔ
xiàng	qiā	gāo	pěng	rě	zú	duān	jù	cháo	xióng
duì	zhǎng	shǔ	zhì	shēn	chǔ	niǔ	fù	huì	zūn
diān	tóu	kuài	jiāng	dǐ	tián	cí	chén	fān	zhuì
suǒ	guǎ	hūn	tú	míng	tòng	duó	suì	lǚ	qióng
píng	wén	fǎng	yī	niàng	gōng	fēi	bìn	méng	fá

读单音节字词练习 31

区	喂	飘	买	额	敌	确	取	偏	臊
遭	增	马	尺	讽	酸	摆	抓	虾	黄
旧	满	拽	飘	墙	奏	银	便	热	拴
赖	顿	酒	把	想	曰	迟	竹	拴	扭
结	篾	厚	搞	甩	戳	侧	响	心	笨
含	啃	狗	凡	始	攒	肥	碘	冰	遵
精	四	破	戳	从	治	留	腹	熊	忍
倚	饭	获	确	棉	昂	霞	踹	宫	僧
摘	托	履	喘	旋	康	瓮	夸	聂	巫
穗	您	嚷	快	跳	衬	愧	艇	悲	顿

答：

qū	wèi	piāo	mǎi	é	dí	què	qǔ	piān	sào
zāo	zēng	mǎ	chǐ	fěng	suān	bǎi	zhuā	xiā	huáng
jiù	mǎn	zhuài	piāo	qiáng	zòu	yín	biàn	rè	shuān
lài	dùn	jiǔ	bǎ	xiǎng	yuē	chí	zhú	shuān	niǔ
jié	miè	hòu	gǎo	shuǎi	chuō	cè	xiǎng	xīn	bèn
hán	kěn	gǒu	fán	shǐ	zǎn	féi	diǎn	bīng	zūn
jīng	sì	pò	chuō	cóng	zhì	liú	fù	xióng	rěn
yǐ	fàn	huò	què	mián	áng	xiá	chuài	gōng	sēng
zhāi	tuō	lǚ	chuǎn	xuán	kāng	wèng	kuā	niè	wū
suì	nín	rǎng	kuài	tiào	chèn	kuì	tǐng	bēi	dùn

读单音节字词练习 32

闯	若	磷	举	现	唐	酒	品	快	视

俩	属	旋	跌	尊	骨	谈	桑	真	极
高	秦	场	贵	确	姿	筐	修	群	僧
隔	存	偷	归	染	狭	融	笔	安	嫩
嗅	肥	顶	简	秋	撇	病	越	特	揉
闪	擦	请	挖	龙	别	填	惧	钢	奎
海	墓	炒	登	颌	泥	耗	猛	睡	翅
房	冬	展	钓	砖	粗	镜	饵	棉	票
愤	唾	歉	抚	铭	祥	鬓	叙	队	帅
苇	泽	贡	串	劝	农	攥	抓	耙	双

答：

chuǎng	ruò	lín	jǔ	xiàn	táng	jiǔ	pǐn	kuài	shì
liǎ	shǔ	xuán	diē	zūn	gǔ	tán	sāng	zhēn	jí
gāo	qín	chǎng	guì	què	zī	kuāng	xiū	qún	sēng
gé	cún	tōu	guī	rǎn	xiá	róng	bǐ	ān	nèn
xiù	féi	dǐng	jiǎn	qiū	piě	bìng	yuè	tè	róu
shǎn	cā	qǐng	wā	lóng	bié	tián	jù	gāng	kuí
hǎi	mù	chǎo	dēng	hé	ní	hào	měng	shuì	chì
fáng	dōng	zhǎn	diào	zhuān	cū	jìng	ěr	mián	piào
fèn	tuò	qiàn	fǔ	míng	xiáng	bìn	xù	duì	shuài
wěi	zé	gòng	chuàn	quàn	nóng	zuǎn	zhuā	pá	shuāng

读单音节字词练习 33

醒	饭	秦	括	瘪	举	属	镜	跟	窄
课	马	铁	甜	锋	蹿	去	钠	菌	社
穷	椎	甩	滋	狂	肥	蒋	瞎	货	谬
乃	铁	键	该	缠	训	芽	沟	炙	同
撤	滨	能	响	抱	堆	遭	酒	损	选
瑞	镇	嗓	纵	老	雄	替	艘	任	短
汪	姿	侯	驴	填	逼	丢	谜	词	情
舜	规	鬼	鸟	越	蟒	缓	寨	禾	腐
棉	拖	部	吮	床	栋	隶	润	殿	裁
危	皇	葬	块	权	嚷	姜	蹄	刷	聘

答：

xǐng	fàn	qín	kuò	biě	jǔ	shǔ	jìng	gēn	zhǎi
kè	mǎ	tiě	tián	fēng	cuān	qù	nà	jūn	shè
qióng	zhuī	shuǎi	zī	kuáng	féi	jiǎng	xiā	huò	miù
nǎi	tiě	jiàn	gāi	chán	xùn	yá	gōu	zhì	tóng
chè	bīn	néng	xiǎng	bào	duī	zāo	jiǔ	sǔn	xuǎn

ruì	zhèn	sǎng	zòng	lǎo	xióng	tì	sōu	rén	duǎn
wāng	zī	hòu	lú	tián	bī	diū	mí	cí	qíng
shùn	guī	guǐ	niǎo	yuè	mǎng	huǎn	zhài	gǒng	fǔ
mián	tuō	bù	yǔn	chuáng	dòng	lì	rùn	diàn	cái
wēi	huáng	zàng	kuài	quán	rǎng	jiāng	tí	shuā	pìn

读单音节字词练习 34

睡	颇	把	怒	瞧	雕	鸣	封	品	拽
保	声	恒	光	算	讽	雀	昂	词	扯
凶	鱼	磁	挺	侄	盐	猛	快	持	据
亮	选	层	苯	来	体	标	霜	若	丝
镜	顿	锐	船	准	泽	高	捉	铝	所
球	碱	税	环	丢	徐	肥	哭	瞎	耐
放	磷	根	室	定	密	望	荷	醒	拳
篾	宽	产	装	纵	确	贵	洪	贩	熄
杖	殿	署	荚	焚	舜	烈	惹	绊	策
滋	牧	饶	槐	凝	寡	民	扎	陡	骗

答：

shuì	pō	bǎ	nù	qiáo	diāo	míng	fēng	pǐn	zhuài
bǎo	shēng	héng	guāng	suàn	fěng	què	áng	cí	chě
xiōng	yú	cí	tǐng	zhí	yán	měng	kuài	chí	jù
liàng	xuǎn	céng	běn	lái	tǐ	biāo	shuāng	ruò	sī
jìng	dùn	ruì	chuán	zhǔn	zé	gāo	zhuō	lǚ	suǒ
qiú	jiǎn	shuì	huán	diū	xú	féi	kū	xiā	nài
fàng	lín	gēn	shì	dìng	mì	wàng	hé	xǐng	quán
miè	kuān	chǎn	zhuāng	zòng	què	guì	hóng	fàn	xī
zhàng	diàn	shǔ	jiá	fén	shùn	liè	rě	bàn	cè
zī	mù	ráo	huái	níng	guǎ	mín	zhā	dǒu	piàn

读单音节字词练习 35

盏	扩	拐	操	铁	擦	瞄	扰	短	策
替	拖	菊	奴	府	瑞	屋	同	菌	抗
赶	全	壁	谬	穷	狗	讽	硅	始	算
凝	琼	营	篇	准	题	恩	揩	坑	情
姿	边	烂	瘸	华	盲	跑	再	首	徐
团	哈	跌	水	路	虾	捐	磁	隔	修
伏	晃	面	摆	小	装	硫	请	暖	针
堆	民	赤	甜	选	比	响	松	纲	肥

愣	瓶	宗	舜	结	致	躯	款	贩	栋
悦	韧	戳	笋	揣	滨	踱	抓	瘠	鄂

答：

zhǎn	kuò	guǎi	cāo	tiě	cā	miáo	rǎo	duǎn	cè
tì	tuō	jú	nú	fǔ	ruì	wū	tóng	jūn	kàng
gǎn	quán	bì	miù	qióng	gǒu	fěng	guī	shǐ	suàn
níng	qióng	yíng	piān	zhǔn	tí	ēn	kāi	kēng	qíng
zī	biān	làn	qué	huá	máng	pǎo	zài	shǒu	xú
tuán	hā	diē	shuǐ	lù	xiā	juān	cí	gé	xiū
fú	huǎng	miàn	bǎi	xiǎo	zhuāng	liú	qǐng	nuǎn	zhēn
duī	mín	chì	tián	xuǎn	bǐ	xiǎng	sōng	gāng	féi
lèng	píng	zōng	shùn	jié	zhì	qū	kuǎn	fàn	dòng
yuè	rèn	chuō	sǔn	chuài	bīn	duó	zhuā	jí	è

读单音节字词练习 36

松	航	谓	担	停	股	掉	感	引	遭
持	霜	键	社	旁	滋	资	恰	从	闪
绝	滚	厚	锤	群	托	摔	怀	鬓	冷
费	撤	瓦	举	棵	甜	绣	盆	群	视
就	薪	哪	草	屯	争	布	宗	蕊	杭
滋	叠	凭	触	恩	嫁	楼	徐	费	镍
瓮	楼	皴	版	狂	鸣	裹	病	赐	坠
增	娘	第	海	款	房	格	宝	棚	棍
逗	琼	卧	跌	耍	溜	损	片	淫	碎
瘤	蹿	瞥	翻	烘	精	皿	踹	伶	特

答：

sōng	háng	wèi	dān	tíng	gǔ	diào	gǎn	yǐn	zāo
chí	shuāng	jiàn	shè	páng	zī	zī	qià	cóng	shǎn
jué	gǔn	hòu	chuí	qún	tuō	shuāi	huái	bìn	lěng
fèi	chè	wǎ	jǔ	kē	tián	xiù	pén	qún	shì
jiù	xīn	nǎ	cǎo	tún	zhēng	bù	zōng	ruǐ	háng
zī	dié	píng	chù	ēn	jià	lóu	xú	fèi	niè
wèng	lóu	cūn	bǎn	kuáng	míng	guǒ	bìng	cì	zhuì
zēng	niáng	dì	hǎi	kuǎn	fáng	gé	bǎo	péng	gùn
dòu	qióng	wò	diē	shuǎ	liū	sǔn	piàn	yín	suì
liú	cuān	piē	fān	hōng	jīng	mǐn	chuài	líng	tè

读单音节字词练习 37

幅	运	掐	飘	紧	刺	尊	搔	刺	筏

冻	槐	溃	拒	葛	垮	胜	编	琼	糖
操	撒	敲	腿	盼	菌	卧	讲	视	灭
踹	厘	瓶	嗅	挤	提	具	资	香	挺
抿	罗	冰	微	族	算	嚷	叠	眨	采
雀	揣	虑	走	戳	海	缰	拆	骨	桃
割	常	团	编	缠	泥	流	惧	挥	鸣
过	德	道	志	杭	饭	增	娶	察	懂
改	掉	部	薪	愿	穷	续	寿	饵	浓
证	聋	披	霜	呛	损	扼	幸	梆	嫩

答：

fú	yùn	qiā	piāo	jǐn	cì	zūn	sāo	cì	fá
dòng	huái	kuì	jù	gě	kuǎ	shèng	biān	qióng	táng
cāo	sǎ	qiāo	tuǐ	pàn	jūn	wò	jiǎng	shì	miè
chuài	lí	píng	xiù	jǐ	tí	jù	zī	xiāng	tǐng
mǐn	luó	bīng	wēi	zú	suàn	rǎng	dié	zhǎ	cǎi
què	chuāi	lǜ	zǒu	chuō	hǎi	jiāng	chāi	gǔ	táo
gē	cháng	tuán	biān	chán	ní	liú	jù	huī	míng
guò	dé	dào	zhì	háng	fàn	zēng	qǔ	chá	dǒng
gǎi	diào	bù	xīn	yuàn	qióng	xù	shòu	ěr	nóng
zhèng	lóng	pī	shuāng	qiāng	sǔn	è	xìng	bāng	nèn

读单音节字词练习 38

奴	燃	轰	垮	选	团	弱	软	堵	钱
焚	帅	雨	翁	窝	些	却	烦	怪	引
轮	随	赖	寻	耸	苗	老	收	考	墙
棵	坠	糖	词	逢	既	掐	稍	雄	宫
酸	宗	春	紫	化	修	擦	尊	命	捉
愁	织	键	廓	郑	粉	拳	民	咱	您
躲	爹	簇	取	冷	比	殖	这	僧	复
懂	垂	像	罚	返	要	熊	使	捐	特
筐	链	屏	滚	贮	糕	煅	氦	美	徽
辟	脓	档	根	骗	刁	劝	添	踹	妆

答：

nú	rán	hōng	kuǎ	xuǎn	tuán	ruò	ruǎn	dǔ	qián
fén	shuài	yǔ	wēng	wō	xiē	què	fán	guài	yǐn
lún	suí	lài	xún	sǒng	miáo	lǎo	shōu	kǎo	qiáng
kē	zhuì	táng	cí	féng	jì	qiā	shāo	xióng	gōng
suān	zōng	chūn	zǐ	huà	xiū	cā	zūn	mìng	zhuō

chóu	zhī	jiàn	kuò	zhèng	fěn	quán	mín	zán	nín
duǒ	diē	cù	qǔ	lěng	bǐ	zhí	zhè	sēng	fù
dǒng	chuí	xiàng	fá	fǎn	shuǎ	xióng	shǐ	juān	tè
kuāng	liàn	píng	gǔn	zhù	gāo	duàn	hài	měi	huī
pì	nóng	dàng	gēn	piàn	diāo	quàn	tiān	chuài	zhuāng

读单音节字词练习 39

器	网	篇	绷	瓦	锤	欲	填	算	滚
阙	核	氮	筑	寨	拟	冯	徐	凝	林
穷	绣	很	颇	爽	旷	惩	秒	透	陪
该	愣	最	搅	溶	撮	陶	求	选	茎
蹲	蠢	吻	筛	晃	母	界	挂	绫	院
枪	夸	湖	掉	跟	另	雪	板	辞	扰
追	脸	宽	址	经	喂	拐	炕	穗	触
农	驹	钛	始	霞	要	蒙	价	幸	仿
特	拼	命	甫	虑	劝	膘	软	睡	辖
佐	谕	损	喷	碟	脓	皿	捻	焚	莫

答：

qì	wǎng	piān	bēng	wǎ	chuí	yù	tián	suàn	gǔn
quē	hé	dàn	zhù	zhài	nǐ	féng	xú	níng	lín
qióng	xiù	hěn	pō	shuǎng	kuàng	chéng	miǎo	tòu	péi
gāi	lèng	zuì	jiǎo	róng	zuǒ	táo	qiú	xuǎn	jīng
dūn	chǔn	wěn	shāi	huǎng	mǔ	jiè	guà	líng	yuàn
qiāng	kuā	hú	diào	gēn	lìng	xuě	bǎn	cí	rǎo
zhuī	liǎn	kuān	zhǐ	jīng	wèi	guǎi	kàng	suì	chù
nóng	jū	tài	shǐ	xiá	shuǎ	méng	jià	xìng	fǎng
tè	pīn	mìng	fǔ	lǜ	quàn	biāo	ruǎn	shuì	xiá
zuǒ	yù	sǔn	pēn	dié	nóng	mǐn	niǎn	fén	mò

读单音节字词练习 40

受	棉	缠	刮	丝	腿	装	群	讽	值
壁	窗	堆	权	飘	拴	症	魂	弱	揣
狗	啮	套	址	铁	怀	编	俩	局	部
患	来	菌	瞧	课	锐	紫	仄	鬓	爽
屯	跟	回	球	凶	阙	遵	崩	根	铝
雪	秋	瞥	染	慌	等	命	垂	锁	帽
丁	银	尺	快	早	蜜	专	炒	抓	茶
水	酒	翠	碘	集	夺	繁	割	愈	该

踢	终	坟	肉	尸	扎	歪	呛	控	存
僧	扰	戳	档	臀	攒	贮	洽	翔	鳖

答：

shòu	mián	chán	guā	sī	tuǐ	zhuāng	qún	fěng	zhí
bì	chuāng	duī	quán	piāo	shuān	zhēng	hún	ruò	chuài
gǒu	niè	tào	zhǐ	tiě	huái	biān	liǎ	jú	bù
huàn	lái	jūn	qiáo	kè	ruì	zǐ	zè	bìn	shuǎng
tún	gēn	huí	qiú	xiōng	quē	zūn	bēng	gēn	lǚ
xuě	qiū	piē	rǎn	huāng	děng	mìng	chuí	suǒ	mào
dīng	yín	chǐ	kuài	zǎo	mì	zhuān	chǎo	zhuā	chá
shuǐ	jiǔ	cuì	diǎn	jí	duó	fán	gē	yù	gāi
tī	zhōng	fén	ròu	shī	zhā	wāi	qiāng	kòng	cún
sēng	rǎo	chuō	dàng	tún	zǎn	zhù	qià	xiáng	biē

读单音节字词练习 41

挡	练	满	别	图	留	航	揍	吨	厩
源	艇	浅	谓	恩	射	智	寻	鬼	吃
居	椎	阙	金	牌	另	垂	藤	座	脚
请	轰	屯	掐	扰	急	温	吻	梦	慌
自	笋	怒	船	改	越	葬	闹	增	搓
皿	费	否	臊	爬	笨	拽	始	超	涩
雄	昂	俩	顶	惹	遭	九	瞥	淮	征
官	瓜	垫	驴	醉	范	揉	响	筒	比
踪	赘	福	穷	旋	伤	冬	筐	院	蹿
赛	蒋	碑	耍	饲	呛	戌	跳	粗	揩

答：

dǎng	liàn	mǎn	bié	tú	liú	háng	zòu	dūn	jiù
yuán	tǐng	qiǎn	wèi	ēn	shè	zhì	xún	guǐ	chī
jū	zhuī	quē	jīn	pái	lìng	chuí	téng	zuò	jiǎo
qǐng	hōng	tún	qiā	rǎo	jí	wēn	wěn	mèng	huāng
zì	sǔn	nù	chuán	gǎi	yuè	zàng	nào	zēng	cuō
mǐn	fèi	fǒu	sào	pá	bèn	zhuài	shǐ	chāo	sè
xióng	áng	liǎ	dǐng	rě	zāo	jiǔ	piē	huái	zhēng
guān	guā	diàn	lǘ	zuì	fàn	róu	xiǎng	tǒng	bǐ
zōng	zhuì	fú	qióng	xuán	shāng	dōng	kuāng	yuàn	cuān
sài	jiǎng	bēi	shuǎ	sì	qiàng	xū	tiào	cū	kāi

读单音节字词练习 42

利	智	滨	肥	拿	拐	劝	琼	廓	旁

黄	持	控	站	乳	状	撇	港	酿	折
臀	粉	增	麦	艘	疼	筐	耍	靠	城
爽	扭	据	果	怀	底	盼	俊	航	翁
训	秋	奔	戳	暖	林	愈	根	唇	昂
偏	村	戴	拐	狭	粮	秒	颇	拥	棵
甩	清	臊	明	否	嚷	酒	红	摄	病
惹	墓	遮	瘸	窥	宗	鼻	遭	改	屯
史	全	防	膜	锥	部	境	缎	续	怜
唾	问	崔	稳	舜	灭	乏	姜	瘪	黯

答：

lì	zhì	bīn	féi	ná	guǎi	quàn	qióng	kuò	páng
huáng	chí	kòng	zhàn	rǔ	zhuàng	piě	gǎng	niàng	zhé
tún	fěn	zēng	mài	sōu	téng	kuāng	shuǎ	kào	chéng
shuǎng	niǔ	jù	guǒ	huái	dǐ	pàn	jùn	háng	wēng
xùn	qiū	bēn	chuō	nuǎn	lín	yù	gēn	chún	áng
piān	cūn	dài	guǎi	xiá	liáng	miǎo	pō	yōng	kē
shuǎi	qīng	sào	míng	fǒu	rǎng	jiǔ	hóng	shè	bìng
rě	mù	zhē	qué	kuī	zōng	bí	zāo	gǎi	tún
shǐ	quán	fáng	mó	zhuī	bù	jìng	duàn	xù	lián
tuò	wèn	cuī	wěn	shùn	miè	fá	jiāng	biě	àn

读单音节字词练习 43

前	造	敲	越	甚	铝	穷	液	狼	怀
取	准	讨	卵	眨	若	滚	轮	全	磷
渍	宽	撇	书	崩	拐	钱	属	鸟	举
拽	碱	劝	杭	棉	觅	纯	考	课	腹
题	增	晒	裂	雾	团	壕	狭	脾	铜
戳	班	此	否	序	顶	缀	撒	游	擦
扛	明	新	死	奔	激	渍	泛	拱	锤
室	贴	训	甜	访	箱	择	蹿	买	征
叠	肯	兑	垫	绺	栋	您	瓮	蕊	赛
暖	氦	萤	册	鬓	框	瓢	桦	靴	峰

答：

qián	zào	qiāo	yuè	shèn	lǚ	qióng	yè	láng	huái
qǔ	zhǔn	tǎo	luǎn	zhǎ	ruò	gǔn	lún	quán	lín
zì	kuān	piē	shū	bēng	guǎi	qián	shǔ	niǎo	jǔ
zhuài	jiǎn	quàn	háng	mián	mì	chún	kǎo	kè	fù
tí	zēng	shài	liè	wù	tuán	háo	xiá	pí	tóng

chuō	bān	cǐ	fǒu	xù	dǐng	zhuì	sǎ	yóu	cā
káng	míng	xīn	sǐ	bēn	jī	zì	fàn	gǒng	chuí
shì	tiē	xùn	tián	fǎng	xiāng	zé	cuān	mǎi	zhēng
dié	kěn	duì	diàn	liǔ	dòng	nín	wèng	ruǐ	sài
nuǎn	hài	yíng	cè	zōng	kuàng	piáo	huà	xuē	fēng

读单音节字词练习 44

否	视	狂	掐	席	爬	墙	微	态	准
林	簇	团	兹	松	跑	瑞	点	感	狼
攒	铜	最	华	蛇	拽	我	德	滨	居
晒	命	念	兄	腭	羞	闽	高	铁	霞
曰	愈	水	奶	疼	姜	蟒	春	遭	型
薛	坐	卖	杀	针	酸	拆	撇	惧	冬
比	厚	搅	占	仍	焚	柳	对	风	著
氢	爬	倚	嚷	繁	迷	腐	刀	边	接
赐	劝	智	桑	困	搁	骂	绷	燎	穷
循	从	攫	淮	抓	棍	嗤	愤	爽	盖

答：

fǒu	shì	kuáng	qiā	xí	pá	qiáng	wēi	tài	zhǔn
lín	cù	tuán	zī	sōng	pǎo	ruì	diǎn	gǎn	láng
zǎn	tóng	zuì	huá	shé	zhuài	wǒ	dé	bīn	jū
shài	mìng	niàn	xiōng	è	xiū	mǐn	gāo	tiě	xiá
yuē	yù	shuǐ	nǎi	téng	jiāng	mǎng	chūn	zāo	xíng
xuē	zuò	mài	shā	zhēn	suān	chāi	piě	jù	dōng
bǐ	hòu	jiǎo	zhàn	réng	fén	liǔ	duì	fēng	zhù
qīng	pá	yǐ	rǎng	fán	mí	fǔ	dāo	biān	jiē
cì	quàn	zhì	sāng	kùn	gē	mà	bēng	liáo	qióng
xún	cóng	jué	huái	zhuā	gùn	chī	fèn	shuǎng	gài

读单音节字词练习 45

推	扰	蹿	论	宽	脆	陪	黄	架	鬓
辉	咱	戳	蛇	恰	指	坑	律	讨	待
沁	熊	能	崩	党	谋	染	跌	请	鼓
众	明	窗	画	谋	壁	属	责	佐	保
准	院	怒	陈	棉	脚	矿	非	家	体
区	捉	扯	揣	谬	写	滋	断	硅	寡
钢	谬	越	双	讲	神	隔	院	举	碎
却	肝	搔	峰	滚	新	稿	板	僧	街

策	此	密	选	诗	筑	踹	棉	涝	褪
操	焚	帅	抓	酿	祥	翁	腭	鳞	撬

答：

tuī	rǎo	cuān	lùn	kuān	cuì	péi	huáng	jià	bìn
huī	zán	chuō	shé	qià	zhǐ	kēng	lù	tǎo	dài
qìn	xióng	néng	bēng	dǎng	móu	rǎn	diē	qǐng	gǔ
zhòng	míng	chuāng	huà	móu	bì	shǔ	zé	zuǒ	bǎo
zhǔn	yuàn	nù	chén	mián	jiǎo	kuàng	fēi	jiā	tǐ
qū	zhuō	chě	chuài	miù	xiě	zī	duàn	guī	guǎ
gāng	miù	yuè	shuāng	jiǎng	shén	gé	yuàn	jǔ	suì
què	gān	sāo	fēng	gǔn	xīn	gǎo	bǎn	sēng	jiē
cè	cǐ	mì	xuǎn	shī	zhù	chuài	mián	lào	tuì
cāo	fén	shuài	zhuā	niàng	xiáng	wēng	è	lín	qiào

读单音节字词练习 46

拍	曹	熔	锤	腹	项	姿	飘	叠	紧
敝	簇	钢	选	困	枪	篾	裙	跌	流
苯	挺	泽	堆	滨	鞭	暖	额	迟	陇
挖	球	匪	挺	弱	瑟	贵	滋	脸	灰
改	帮	查	虚	喂	卵	腹	蚕	取	偷
揩	搜	冒	律	朵	肺	端	总	推	撇
职	镇	条	拢	软	祭	寒	熬	竖	鬼
整	男	抵	请	确	民	咱	该	鞭	愤
惑	稠	迅	仕	准	凶	舱	瓮	暂	嘴
岳	响	谎	怪	贾	祖	掠	祥	爽	蝶

答：

pāi	cáo	róng	chuí	fù	xiàng	zī	piāo	dié	jǐn
bì	cù	gāng	xuǎn	kùn	qiāng	miè	qún	diē	liú
běn	tǐng	zé	duī	bīn	biān	nuǎn	é	chí	lǒng
wā	qiú	fěi	tǐng	ruò	sè	guì	zī	liǎn	huī
gǎi	bāng	chá	xū	wèi	luǎn	fù	cán	qǔ	tōu
kāi	sōu	mào	lǜ	duǒ	fèi	duān	zǒng	tuī	piē
zhí	zhèn	tiáo	lǒng	ruǎn	jì	hán	áo	shù	guǐ
zhěng	nán	dǐ	qǐng	què	mín	zán	gāi	biān	fèn
huò	chóu	xùn	shì	zhǔn	xiōng	cāng	wèng	zàn	zuǐ
yuè	xiǎng	huǎng	guài	jiǎ	zǔ	lüè	xiáng	shuǎng	dié

读单音节字词练习 47

愈	甩	嚷	篇	德	别	紫	瞎	尚	贫

使	旋	最	熔	凭	掐	讲	抓	端	肯
群	枫	电	丝	英	鸣	扶	窗	布	辱
戳	破	雪	始	兄	锥	桥	果	昂	薛
洽	沟	吃	沙	耳	掉	穿	物	臊	总
篾	秦	密	拱	赤	舜	蹿	炖	瘸	啃
久	同	皿	隔	灯	理	蚕	突	漾	讽
镜	柳	扯	及	摘	体	棉	翻	猫	吞
镁	洞	续	捎	琼	权	腻	佐	侄	逛
侧	镍	枉	淮	夸	从	括	纺	匣	贩

答：

yù	shuǎi	rǎng	piān	dé	bié	zǐ	xiā	shàng	pín
shǐ	xuán	zuì	róng	píng	qiā	jiǎng	zhuā	duān	kěn
qún	fēng	diàn	sī	yīng	míng	fú	chuāng	bù	rǔ
chuō	pò	xuě	shǐ	xiōng	zhuī	qiáo	guǒ	áng	xuē
qià	gōu	chī	shā	ěr	diào	chuān	wù	sào	zǒng
miè	qín	mì	gǒng	chì	shùn	cuān	dùn	qué	kěn
jiǔ	tóng	mǐn	gé	dēng	lǐ	cán	tū	yàng	fěng
jìng	liǔ	chě	jí	zhāi	tǐ	mián	fān	māo	tūn
měi	dòng	xù	shāo	qióng	chà	nì	zuǒ	zhí	guàng
cè	niè	wǎng	huái	kuā	cóng	kuò	fǎng	xiá	fàn

读单音节字词练习 48

须	攒	球	热	锋	讲	老	瘸	战	能
林	醒	法	掐	擦	戳	准	槽	犯	栋
双	徐	该	源	待	钛	面	讽	拴	瘸
均	懂	请	桥	纵	低	锥	贫	托	苦
顿	墙	酸	捆	陪	线	谗	酿	后	股
久	党	超	唱	灭	雕	屏	增	胎	蟒
名	拐	洪	锐	醇	啄	逛	渔	扁	阻
轮	别	碗	雕	碰	瑟	寡	碟	钢	串
贪	搞	摇	睡	超	圣	拽	从	耳	螺
蛙	桑	抡	况	凿	吠	梢	要	蹄	趣

答：

xū	zǎn	qiú	rè	fēng	jiǎng	lǎo	qué	zhàn	néng
lín	xǐng	fǎ	qiā	cā	chuō	zhǔn	cáo	fàn	dòng
shuāng	xú	gāi	yuán	dài	tài	miàn	fěng	shuān	qué
jūn	dǒng	qǐng	qiáo	zòng	dī	zhuī	pín	tuō	kǔ
dùn	qiáng	suān	kǔn	péi	xiàn	chán	niàng	hòu	gǔ

jiǔ	dǎng	chāo	chàng	miè	diāo	píng	zēng	tāi	mǎng
míng	guǎi	hóng	ruì	chún	zhuó	guàng	yú	biǎn	zǔ
lún	bié	wǎn	diāo	pèng	sè	guǎ	dié	gāng	chuàn
tān	gǎo	sāo	shuì	chāo	shèng	zhuài	cóng	ěr	luó
wā	sāng	lūn	kuàng	záo	fèi	shāo	shuǎ	tí	qù

读单音节字词练习 49

特	刮	铝	撤	奎	钢	篾	树	棍	侄
舜	密	跑	使	均	丑	徐	翻	挫	瘸
持	原	软	讽	肯	墙	纯	扰	装	灰
亲	站	揍	铁	质	凶	躺	睡	暖	词
揉	囤	去	集	锉	菌	对	留	功	饶
醒	偶	拉	臊	兵	症	忘	爹	瓣	辆
捆	曰	麦	料	家	箭	旧	毛	瑞	责
席	水	免	藤	昂	拜	歌	渍	东	杈
拳	钛	夏	标	吠	抓	怒	霍	绒	锁
琼	帅	辟	仿	枣	待	陵	篾	焚	拽

答：

tè	guā	lǚ	chè	kuí	gāng	miè	shù	gùn	zhí
shùn	mì	pǎo	shǐ	jūn	chǒu	xú	fān	cuò	qué
chí	yuán	ruǎn	fěng	kěn	qiáng	chún	rǎo	zhuāng	huī
qīn	zhàn	zòu	tiě	zhì	xiōng	tǎng	shuì	nuǎn	cí
róu	dùn	qù	jí	cuò	jūn	duì	liú	gōng	ráo
xǐng	ǒu	lā	sào	bīng	zhēng	wàng	diē	bàn	liàng
kǔn	yuē	mài	liào	jiā	jiàn	jiù	máo	ruì	zé
xí	shuǐ	miǎn	téng	áng	bài	gē	zì	dōng	chà
quán	tài	xià	biāo	fèi	zhuā	nù	huò	róng	suǒ
qióng	shuài	pì	fǎng	zǎo	dài	líng	miè	fén	zhuài

读单音节字词练习 50

章	训	酒	室	喊	植	遵	寻	辅	慈
菜	筐	瞪	剑	输	远	跌	磷	嗓	总
晃	法	首	篾	江	棉	罗	超	过	雹
酸	近	锤	愈	明	礼	苗	凡	射	村
盖	俩	船	绝	粪	凡	拧	墙	腹	讨
脱	约	恩	航	土	塌	论	堆	蒙	衰
瓮	卖	旁	洽	柳	熊	丢	谎	布	快
整	坡	锐	端	饼	台	丙	踢	扒	做

妃	费	狠	瘪	吮	拽	穷	殿	障	秘
娘	葱	壕	驹	惹	每	蛙	团	擀	焚

答：

zhāng	xùn	jiǔ	shì	hǎn	zhí	zūn	xún	fǔ	cí
cài	kuāng	dèng	jiàn	shū	yuǎn	diē	lín	sǎng	zǒng
huàng	fǎ	shǒu	miè	jiāng	mián	luó	chāo	guò	báo
suān	jìn	chuí	yù	míng	lǐ	miáo	fán	shè	cūn
gài	liǎ	chuán	jué	gōng	fán	níng	qiáng	fù	tǎo
tuō	yuē	ēn	háng	tǔ	tā	lùn	duī	méng	shuāi
wèng	mài	páng	qià	liǔ	xióng	diū	huǎng	bù	kuài
zhěng	pō	ruì	duān	bǐng	tái	bǐng	tī	bā	zuò
fēi	fèi	hěn	biě	shǔn	zhuài	qióng	diàn	zhàng	mì
niáng	cōng	háo	jū	rě	měi	wā	tuán	gǎn	fén

读单音节字词练习 51

犯	根	直	棉	娘	德	蹿	拽	膜	队
清	劝	填	门	朵	崔	绷	该	太	亩
若	丝	标	收	讽	丢	捆	躺	瓶	瓮
补	扔	从	春	秦	理	奏	铝	凡	观
奴	越	劝	迟	价	非	讲	证	啐	莫
腿	史	孔	夏	选	切	瓦	顶	块	熊
别	渍	拐	赛	即	磷	乎	水	辨	旗
感	咧	硅	超	筐	刚	肥	求	嗤	幸
崽	揪	斋	冯	续	航	咂	损	滨	穷
篇	脓	筏	瞥	篆	选	溶	赠	鬓	局

答：

fàn	gēn	zhí	mián	niáng	dé	cuān	zhuài	mó	duì
qīng	quàn	tián	mén	duǒ	cuī	bēng	gāi	tài	mǔ
ruò	sī	biāo	shōu	fěng	diū	kǔn	tǎng	píng	wèng
bǔ	rēng	cóng	chūn	qín	lǐ	zòu	lǚ	fán	guān
nú	yuè	quàn	hí	jià	fēi	jiǎng	zhèng	cuì	mò
tuǐ	shǐ	kǒng	xià	xuǎn	qiè	wǎ	dǐng	kuài	xióng
bié	zì	guǎi	sài	jí	lín	hū	shuǐ	biàn	qí
gǎn	liě	guī	chāo	kuāng	gāng	féi	qiú	chī	xìng
zǎi	jiū	zhāi	féng	xù	háng	zā	sǔn	bīn	qióng
piān	nóng	fá	piē	zhuàn	xuǎn	róng	zèng	bìn	jú

读单音节字词练习 52

啃	致	棉	翻	钓	虎	选	器	炕	易

冻	铁	桥	兵	恨	短	鸟	喷	赏	旱
钱	捐	槽	抵	托	运	雪	像	摔	光
刷	命	搞	罗	民	毒	巧	理	损	变
廓	篾	吻	具	熬	簇	跑	头	破	踱
林	捅	装	歌	千	伞	费	芽	府	井
戴	罪	曹	绣	砖	雌	谬	娘	宝	瓜
祛	水	僧	拽	场	闰	瘤	齿	糖	藕
辉	讽	仄	靳	煅	鳖	双	晴	踹	坑
尊	荚	下	蔓	自	软	筛	碑	虑	让

答：

kěn	zhì	mián	fān	jūn	hǔ	xuǎn	qì	kàng	yì
dòng	tiě	qiáo	bīng	hèn	duǎn	niǎo	pēn	shǎng	hàn
qián	juān	cáo	dǐ	tuō	yùn	xuě	xiàng	shuāi	guāng
shuā	mìng	gǎo	luó	mín	dú	qiǎo	lǐ	sǔn	biàn
kuò	miè	wěn	jù	áo	cù	pǎo	tóu	pò	duó
lín	tǒng	zhuāng	gē	qiān	sǎn	fèi	yá	fǔ	jǐng
dài	zuì	cáo	xiù	zhuān	cí	miù	niáng	bǎo	guā
qū	shuǐ	sēng	zhuài	chǎng	rùn	liú	chǐ	táng	ǒu
huī	fěng	zè	jìn	duàn	biē	shuāng	qíng	chuài	kēng
zūn	jiá	xià	màn	zì	ruǎn	shāi	bēi	lǜ	ràng

读单音节字词练习 53

丑	攒	猛	缠	钢	酸	组	脏	次	梢
如	挨	闽	嫩	准	棉	坏	凶	共	殖
查	鬼	斗	秒	该	锁	夸	臊	罪	修
团	帮	皮	墨	飞	矣	铝	洽	酒	夹
权	村	拽	起	闰	奉	匣	挖	和	胜
叠	先	扶	训	脏	可	自	陈	果	棍
搅	谬	颇	部	扯	法	破	推	实	染
啐	敌	评	锁	通	瘸	装	田	版	掌
迟	晃	躯	拎	从	墩	表	续	问	软
您	恙	挟	姜	睹	庵	爽	履	杉	澡

答：

chǒu	zǎn	měng	chán	gāng	suān	zǔ	zāng	cì	shāo
rú	ái	mǐn	nèn	zhǔn	mián	huài	xiōng	gòng	zhí
chá	guǐ	dòu	miǎo	gāi	suǒ	kuā	sào	zuì	xiū
tuán	bāng	pí	mò	fēi	yǐ	lǚ	qià	jiǔ	jiā
quán	cūn	zhuài	qǐ	rùn	fèng	xiá	wā	hé	shèng

dié	xiān	fú	xùn	zāng	kě	zì	chén	guǒ	gùn
jiǎo	miù	pō	bù	chě	fǎ	pò	tuī	shí	rǎn
cuì	dí	píng	suǒ	tōng	qué	zhuāng	tián	bǎn	zhǎng
chí	huàng	qū	lǐn	cóng	dūn	biǎo	xù	wèn	ruǎn
nín	gāo	xié	jiāng	dǔ	ān	shuǎng	lǚ	shān	zǎo

读单音节字词练习 54

昊	甜	揩	愈	摸	锤	宗	春	闻	请
舛	霉	象	钟	约	赘	脉	铁	尿	粗
鞭	摔	纲	办	狂	笨	牛	填	戳	晨
肉	停	刷	查	瑞	簇	踹	使	捷	幅
鬓	美	罪	翻	辖	声	段	恨	取	此
扯	幅	瘸	棵	狼	损	黄	滋	首	八
顶	杂	老	卖	肝	撇	就	堵	疯	拐
志	低	潜	潘	蹿	防	造	拳	费	怨
特	萌	捶	灼	墩	偏	瓮	姜	撩	宽
琉	虹	觅	僧	耳	兹	权	肆	续	襟

答：

hào	tián	kāi	yù	mō	chuí	zōng	chūn	wén	qǐng
chuǎn	méi	xiàng	zhōng	yuē	zhuì	mài	tiě	niào	cū
biān	shuāi	gāng	bàn	kuáng	bèn	niú	tián	chuō	chén
ròu	tíng	shuā	chá	ruì	cù	chuài	shǐ	jié	fú
bìn	měi	zuì	fān	xiá	shēng	duàn	hèn	qǔ	cǐ
chě	fú	qué	kē	láng	sǔn	huáng	zī	shǒu	bā
dǐng	zá	lǎo	mài	gān	piē	jiù	dǔ	fēng	guǎi
zhì	dī	qián	pān	cuān	fáng	zào	quán	fèi	yuàn
tè	méng	chuí	zhuó	dūn	piān	wèng	jiāng	liáo	kuān
liú	hóng	mì	sēng	ěr	zī	quán	sì	xù	jīn

读单音节字词练习 55

球	智	训	测	取	高	苗	馁	或	醛
练	绝	洪	学	丰	眨	枪	放	挺	富
鬓	揣	爹	深	盘	俩	念	琛	握	葬
采	揉	锤	损	左	食	丢	因	屑	饶
舸	池	江	璋	资	汀	堪	级	筐	瓮
退	涮	再	喽	管	涌	钞	浓	特	蜷
徐	回	陪	恩	掐	体	修	宗	痉	递
盲	敲	锁	鸟	嗟	等	劝	舜	来	垌

部	刮	魂	民	别	粪	兄	谁	溯	惧
喘	铿	拽	绒	萍	龛	冷	屏	眯	汞

答：

qiú	zhì	xùn	cè	qǔ	gāo	miáo	něi	huò	quán
liàn	jué	hóng	xué	fēng	zhǎ	qiāng	fàng	tǐng	fù
bìn	chuāi	diē	shēn	pán	liǎ	niàn	chēn	wò	zàng
cǎi	róu	chuí	sǔn	zuǒ	shí	diū	yīn	xiè	ráo
gě	chí	jiāng	zhāng	zī	tīng	kān	jí	kuāng	wèng
tuì	shuàn	zài	lóu	guǎn	yǒng	chāo	nóng	tè	quán
xú	huí	péi	ēn	qiā	tī	xiū	zōng	fá	dì
máng	qiāo	suǒ	niǎo	jiē	děng	quàn	shùn	lái	gāng
bù	guā	hún	mín	bié	fèn	xiōng	shuí	sù	jù
chuǎn	kēng	zhuài	róng	píng	kān	lěng	píng	mī	gǒng

读单音节字词练习 56

璇	蕊	撒	掉	云	吮	新	猛	囊	峰
过	刀	凶	喷	内	履	额	待	图	且
怪	宽	棍	篙	轴	球	赘	匹	净	丰
润	撤	型	寒	叠	粉	却	暖	丝	哲
饿	劝	霜	雪	陵	僧	票	夏	钛	婧
戳	坑	愁	老	棉	别	烟	瘸	盲	铝
根	抢	堆	踩	墩	食	筐	操	溜	厅
胀	体	岱	智	颌	醉	夹	篾	耗	终
紫	屏	耍	乱	甫	键	殖	祠	晌	频
草	槐	问	寡	嗓	祖	舔	谬	撰	详

答：

xuán	ruǐ	sǎ	diào	yún	shǔn	xīn	měng	náng	fēng
guò	dāo	xiōng	pēn	nèi	lǚ	é	dài	tú	qiě
guài	kuān	gùn	gāo	zhóu	qiú	zhuì	pǐ	jìng	fēng
rùn	chè	xíng	hán	dié	fěn	què	nuǎn	sī	zhé
è	quàn	shuāng	xuě	líng	sēng	piào	xià	tài	jìng
chuō	kēng	chóu	lǎo	mián	bié	yān	qué	máng	lǚ
gēn	qiǎng	duī	cǎi	dūn	shí	kuāng	cāo	liū	tīng
zhàng	tǐ	dài	zhì	hé	zuì	jiá	miè	hào	zhōng
zǐ	píng	shuǎ	luàn	fǔ	jiàn	zhí	cí	shǎng	pín
cǎo	huái	wèn	guǎ	sǎng	zǔ	tiǎn	miù	zhuàn	xiáng

读单音节字词练习 57

熬	窥	滴	脱	储	责	训	若	闯	揣

瞎	据	法	浅	拐	请	躺	促	雄	珑
夹	拥	刘	篇	笨	资	掉	光	坑	就
前	酿	尊	贫	走	冽	藤	短	懂	专
铜	追	学	帜	咱	秒	绝	帮	微	此
春	恶	超	属	愈	案	荒	度	恰	狲
税	扛	铝	饶	打	渍	奶	绘	你	特
起	钉	拾	洪	格	腹	锁	碰	肝	峰
豁	臀	鳖	泉	铭	旁	穆	版	刃	伞
歪	琼	耸	婴	酿	攒	抓	吠	耿	徐

答：

áo	kuī	dī	tuō	chǔ	zé	xùn	ruò	chuǎng	chuāi
xiā	jū	fǎ	qiǎn	guǎi	qǐng	tǎng	cù	xióng	lóng
jiā	yōng	liú	piān	bèn	zī	diào	guāng	kēng	jiù
qián	niàng	zūn	pín	zǒu	liè	téng	duǎn	dǒng	zhuān
tóng	zhuī	xué	zhì	zán	miǎo	jué	bāng	wēi	cǐ
chūn	è	chāo	shǔ	yù	àn	huāng	dù	qià	sūn
shuì	káng	lǚ	ráo	dǎ	zì	nǎi	huì	nǐ	tè
qǐ	dīng	shí	hóng	gé	fù	suǒ	pèng	gān	fēng
huò	tún	biē	quán	míng	páng	mù	bǎn	rèn	sǎn
wāi	qióng	sǒng	yīng	niàng	zǎn	zhuā	fèi	gěng	xú

读单音节字词练习 58

筐	雄	德	谬	敲	攀	怀	值	顿	涮
粉	镜	蒋	望	举	海	跳	瘸	熊	扔
祥	众	对	情	尝	扣	滚	洪	恰	面
磁	秒	垮	银	戳	体	拿	别	团	惹
高	寻	针	欧	底	岁	趟	送	点	偶
镍	肥	窝	顶	同	满	吴	抢	徐	栓
颂	旁	瘤	光	暂	转	绣	遍	坐	纯
臊	彼	仄	汞	搬	收	租	航	搓	紫
撞	测	嘴	铆	仕	绫	拗	姜	昌	汝
豫	拼	痴	块	条	劝	最	碱	冰	根

答：

kuāng	xióng	dé	miù	qiāo	pān	huái	zhí	dùn	shuàn
fěn	jìng	jiǎng	wàng	jǔ	hǎi	tiào	qué	xióng	rēng
xiáng	zhòng	duì	qíng	cháng	kòu	gǔn	hóng	qià	miàn
cí	miǎo	kuǎ	yín	chuō	tǐ	ná	bié	tuán	rě
gāo	xún	zhēn	ōu	dǐ	suì	tāng	sòng	diǎn	ǒu

niè	féi	wō	dǐng	tóng	mǎn	wú	qiǎng	xú	shuān
sòng	páng	liú	guāng	zàn	zhuǎn	xiù	biàn	zuò	chún
sào	bǐ	zè	gǒng	bān	shōu	zū	háng	cuō	zǐ
zhuàng	cè	zuǐ	mǎo	shì	líng	niù	jiāng	chāng	rǔ
yù	pīn	chī	kuài	tiáo	quàn	zuì	jiǎn	bīng	gēn

读单音节字词练习 59

追	理	群	窥	渔	戳	甩	修	目	锋
如	瓜	怀	把	繁	氮	脱	环	流	恩
贫	宠	温	搔	态	始	枪	练	熊	锤
够	堆	甲	房	装	米	跃	安	结	猜
灌	共	填	隆	杭	棍	桩	鸟	债	涮
噻	民	瑟	憎	瘸	蹲	狭	孀	死	特
闯	秒	路	挑	该	举	声	步	自	屏
愤	则	鞭	端	驱	此	闪	旗	胀	集
做	红	佩	劝	瑞	叮	您	瞥	抓	琼
遵	愿	眶	凑	翁	妃	睬	掘	命	续

答：

zhuī	lǐ	qún	kuī	yú	chuō	shuǎi	xiū	mù	fēng
rú	guā	huái	bǎ	fán	dàn	tuō	huán	liú	ēn
pín	chǒng	wēn	sāo	tài	shǐ	qiāng	liàn	xióng	chuí
gòu	duī	jiǎ	fáng	zhuāng	mǐ	yuè	ān	jié	cāi
guàn	gòng	tián	lóng	háng	gùn	zhuāng	niǎo	zhài	shuàn
sāi	mín	sè	zèng	qué	dūn	xiá	shuāng	sǐ	tè
chuǎng	miǎo	lù	tiǎo	gāi	jǔ	shēng	bù	zì	píng
fèn	zé	biān	duān	qū	cǐ	shǎn	qí	zhàng	jí
zuò	hóng	pèi	quàn	ruì	dīng	nín	piē	zhuā	qióng
zūn	yuàn	kuàng	còu	wēng	fēi	cǎi	jué	mìng	xù

读单音节字词练习 60

缠	墙	基	痛	扔	状	核	喝	拐	硅
瘸	随	瞧	通	摘	笔	槽	边	民	云
藤	铝	亩	搜	扭	愿	挤	要	砌	欧
趟	被	飘	始	裂	修	杀	瓮	喘	徐
泽	词	盲	雄	脑	多	烧	国	蓝	建
持	球	本	嗟	掐	退	货	瞎	鬓	丝
缀	症	拿	瓶	准	认	端	锤	逢	嘴
属	喜	经	德	隔	烤	盲	擀	碟	崽

您	纺	铭	栋	豚	紫	笋	扳	炸	款
抚	从	问	块	饿	姜	筹	然	培	盖

答：

chán	qiáng	jī	tòng	rēng	zhuàng	hé	hē	guǎi	guī
qué	suí	qiáo	tōng	zhāi	bǐ	cáo	biān	mín	yún
téng	lǚ	mù	sōu	niǔ	yuàn	jǐ	shuǎ	qì	ōu
tāng	bèi	piāo	shǐ	liè	xiū	shā	wèng	chuǎn	xú
zé	cí	máng	xióng	nǎo	duō	shāo	guó	lán	jiàn
chí	qiú	běn	jiē	qia	tuì	huò	xiā	bìn	sī
zhuì	zhēng	ná	píng	zhǔn	rèn	duān	chuí	féng	zuǐ
shǔ	xǐ	jīng	dé	gé	kǎo	máng	gǎn	dié	zǎi
nín	fǎng	míng	dòng	tún	zǐ	sǔn	bān	zhá	kuǎn
fǔ	cóng	wèn	kuài	è	jiāng	chóu	rán	péi	gài

读单音节字词练习 61

蠢	持	舛	谬	糠	甲	髋	甚	祠	渍
杀	宗	浪	嘴	热	款	熊	瘸	铝	修
冯	刷	暖	扦	润	装	坯	脆	执	瞪
来	港	选	罗	条	产	意	凿	迭	杭
焚	零	粉	吮	坪	蝶	抿	顿	浅	蒋
道	流	患	掰	宗	该	糖	胚	死	甩
幅	怪	欲	铭	瑞	篆	低	倾	洽	筑
品	辉	洪	增	闯	翠	搁	迷	晚	碱
窄	琼	搓	损	肺	缀	吠	文	釉	臊
选	夸	斯	雄	漂	呛	贩	灭	钛	霜

答：

chǔn	chí	chuǎn	miù	kāng	jiǎ	kuān	shèn	cí	zì
shā	zōng	làng	zuǐ	rè	kuǎn	xióng	qué	lǚ	xiū
féng	shuā	nuǎn	qiān	rùn	zhuāng	pēi	cuì	zhí	dèng
lái	gǎng	xuǎn	luó	tiáo	chǎn	yì	záo	dié	háng
fén	líng	fěn	shǔn	píng	dié	mǐn	dùn	qiǎn	jiǎng
dào	liú	huàn	bāi	zōng	gāi	táng	pēi	sǐ	shuǎi
fú	guài	yù	míng	ruì	zhuàn	dī	qīng	qià	zhù
pǐn	huī	hóng	zēng	chuǎng	cuì	gē	mí	wǎn	jiǎn
zhǎi	qióng	cuō	sǔn	fèi	zhuì	fèi	wén	yòu	sào
xuǎn	kuā	sī	xióng	piào	qiāng	fàn	miè	tài	shuāng

读单音节字词练习 62

惹	讲	训	稍	瘸	棒	秦	劝	哭	若

硬	愈	睡	慌	职	擦	头	坏	往	推
讽	植	氮	贫	辆	岁	拐	竹	俩	舜
攒	琼	乳	柴	眨	泥	抓	铝	磁	通
摆	嚷	笑	残	纯	篾	拖	官	穷	恩
高	筋	深	反	掉	道	摔	叠	赛	编
使	躲	飘	肥	瞧	集	陆	自	幕	锋
考	访	颔	溶	秋	狂	罪	冰	瞥	稀
吨	光	冢	卵	丢	奸	拧	抻	竞	耸
碑	凳	羞	趣	啮	焚	瓮	岗	勉	扭

答：

rě	jiǎng	xùn	shāo	qué	bàng	qín	quàn	kū	ruò
yìng	yù	shuì	huāng	zhí	cā	tóu	huài	wǎng	tuī
fěng	zhí	dàn	pín	liàng	suì	guǎi	zhú	liǎng	shùn
zǎn	qióng	rǔ	chái	zhǎ	ní	zhuā	lǚ	cí	tōng
bǎi	rǎng	xiào	cán	chún	miè	tuō	guān	qióng	ēn
gāo	jīn	shēn	fǎn	diào	dào	shuāi	dié	sài	biān
shǐ	duǒ	piāo	féi	qiáo	jí	lù	zì	mù	fēng
kǎo	fǎng	hàn	róng	qiū	kuáng	zuì	bīng	piē	xī
dūn	guāng	zhǒng	luǎn	diū	jiān	nìng	chēn	jìng	sǒng
bēi	dèng	xiū	qù	niè	fén	wèng	gǎng	miǎn	niǔ

读单音节字词练习 63

队	筐	猛	磁	夏	善	跪	秋	夺	户
训	棉	例	凑	格	爽	叠	酿	抓	体
坡	滚	仄	棉	锦	丢	铝	容	除	洒
艇	槽	陈	蟒	撮	粒	推	时	掘	装
绷	非	秒	标	老	杭	缀	胚	艘	掐
航	炸	亲	楞	越	赛	霉	途	曹	裘
满	钢	患	载	筏	廓	陋	幅	颇	齿
瞥	兼	桦	枫	硅	请	缠	颈	凡	幸
浓	吮	踹	挑	枪	垮	恩	外	陷	穷
凿	瓮	软	帆	赠	惧	聘	币	眶	棍

答：

duì	kuāng	měng	cí	xià	shàn	guì	qiū	duó	hù
xùn	mián	lì	còu	gé	shuǎng	dié	niàng	zhuā	tǐ
pō	gǔn	zè	mián	jǐn	diū	lǚ	róng	chú	sǎ
tǐng	cáo	chén	mǎng	cuō	lì	tuī	shí	jué	zhuāng
bēng	fēi	miǎo	biāo	lǎo	háng	zhuì	pēi	sōu	qiā

háng	zhá	qīn	lèng	yuè	sài	méi	tú	cáo	qiú
mǎn	gāng	huàn	zài	fá	kuò	lòu	fú	pō	chǐ
piē	jiān	huà	fēng	guī	qǐng	chán	jǐng	fán	xìng
nóng	shǔn	chuài	tiāo	qiāng	kuǎ	ēn	wài	xiàn	qióng
záo	wèng	ruǎn	fān	zèng	jù	pìn	bì	kuàng	gùn

读单音节字词练习 64

焖	对	爽	裙	藤	哈	搞	鬓	属	营
类	器	讽	权	绝	要	熊	台	凭	雄
射	配	廓	始	翠	滴	国	暖	冰	飘
溶	找	椎	迸	回	壁	狭	粉	晃	实
凡	握	准	超	莫	戳	桑	甜	修	松
精	隔	此	林	夸	偶	恩	疼	掉	走
奎	啮	响	酿	缕	舜	丢	持	辨	除
讽	境	甩	吵	熔	搬	推	垄	仄	崇
遍	戳	遵	祈	撰	诫	俟	软	扭	艳
晴	俯	配	层	妃	淮	钙	座	特	劈

答：

mèn	duì	shuǎng	qún	téng	hā	gǎo	bìn	shǔ	yíng
lèi	qì	fěng	quán	jué	shuǎ	xióng	tái	píng	xióng
shè	pèi	kuò	shǐ	cuì	dī	guó	nuǎn	bīng	piāo
róng	zhǎo	zhuī	bèng	huí	bì	xiá	fěn	huǎng	shí
fán	wò	zhǔn	chāo	mò	chuō	sāng	tián	xiū	sōng
jīng	gé	cǐ	lín	kuā	ǒu	ēn	téng	diào	zǒu
kuí	niè	xiǎng	niàng	lǚ	shùn	diū	chí	biàn	chú
fěng	jìng	shuǎi	chǎo	róng	bān	tuī	lǒng	zè	chóng
biàn	chuō	zūn	qǐ	zhuàn	jiè	sì	ruǎn	niǔ	yàn
qíng	fǔ	pèi	céng	fēi	huái	gài	zuò	tè	pī

读单音节字词练习 65

据	筑	春	挨	蟒	猪	雄	鳃	奔	耐
残	瓶	娘	糟	肉	增	贫	始	修	瞥
碘	姿	掖	腐	全	歌	筐	抢	箭	照
怀	贵	哈	团	鬓	翼	迎	尺	爽	臀
熵	拖	虫	保	热	亲	钠	寻	快	穿
粒	房	雾	述	暂	取	撞	板	家	碟
鸟	容	鞋	堆	岭	雪	究	告	请	链
椎	党	撤	雕	体	擎	雌	垫	旨	桑

特	命	垛	吮	讽	醇	诫	滋	翠	嚷
讼	赤	宰	臊	攒	觅	症	扎	擀	表

答：

jù	zhù	chōng	ái	mǎng	zhū	xióng	sāi	bēn	nài
cán	píng	niáng	zāo	ròu	zēng	pín	shǐ	xiū	piē
diǎn	zī	yè	fǔ	quán	gē	kuāng	qiǎng	jiàn	zhào
huái	guì	hā	tuán	bìn	yì	yíng	chǐ	shuǎng	tún
shāng	tuō	chóng	bǎo	rè	qīn	nà	xún	kuài	chuān
lì	fáng	wù	shù	zàn	qǔ	zhuàng	bǎn	jiā	dié
niǎo	róng	xié	duī	lǐng	xuě	jiū	gào	qǐng	liàn
zhuī	dǎng	chè	diāo	tī	qíng	cí	diàn	zhǐ	sāng
tè	mìng	duò	shǔn	fěng	chún	jiè	zī	cuì	rǎng
sòng	chì	zǎi	sào	zǎn	mì	zhèng	zhā	gǎn	biǎo

读单音节字词练习 66

标	球	谬	刺	搭	部	怪	定	额	浅
蹿	凝	粒	蹲	耐	黄	船	恰	垮	滚
取	摔	键	狂	灰	林	耍	搜	珑	僧
皿	并	卧	愣	留	挤	找	死	杭	暖
既	疼	洞	买	遍	撇	债	尺	贫	翻
愿	昂	课	洽	归	热	标	寒	戳	鸟
磷	锤	屋	责	灭	劝	修	水	棕	米
春	酮	适	宽	简	装	痰	崩	团	早
试	脱	遵	架	讽	爽	舱	靴	拽	拒
匣	刃	雄	勇	滑	惹	滋	瘪	葬	眠

答：

biāo	qiú	miù	cì	dā	bù	guài	dìng	é	qiǎn
cuàn	níng	lì	dūn	nài	huáng	chuán	qià	kuǎ	gǔn
qǔ	shuāi	jiàn	kuáng	huī	lín	shuǎ	sōu	lóng	sēng
mǐn	bìng	wò	lèng	liú	jǐ	zhǎo	sǐ	háng	nuǎn
jì	téng	dòng	mǎi	biàn	piě	zhài	chǐ	pín	fān
yuàn	áng	kè	qià	guī	rè	biāo	hán	chuō	niǎo
lín	chuí	wū	zé	miè	quàn	xiū	shuǐ	zōng	mǐ
chūn	tóng	shì	kuān	jiǎn	zhuāng	tán	bēng	tuán	zǎo
shì	tuō	zūn	jià	fěng	shuǎng	cāng	xuē	zhuài	jù
xiá	rèn	xióng	yǒng	huá	rě	zī	biě	zàng	mián

读单音节字词练习 67

骨	沙	掐	垦	尊	熊	奉	份	凭	根

绝	缕	讽	侧	填	丝	瘸	筏	旗	策
所	颇	闪	电	型	猫	熊	话	殖	奴
座	腿	磷	马	狼	题	竹	兵	蹲	床
瞧	资	需	找	揣	灿	第	光	汞	忘
劝	挤	肥	兽	别	卵	参	熬	戳	品
穗	疼	某	准	亮	啮	盯	标	坠	剩
捕	筑	筋	骨	痴	摆	吃	扰	英	仄
适	革	辉	俯	杖	锥	缎	媒	赞	翁
祥	谬	资	握	撇	踹	拒	刃	槐	崽

答：

gǔ	shā	qiā	kěn	zūn	xióng	fèng	fèn	píng	gēn
jué	lǚ	fěng	cè	tián	sī	qué	fá	qí	cè
suǒ	pō	shǎn	diàn	xíng	māo	xióng	huà	zhí	nú
zuò	tuǐ	lín	mǎ	láng	tí	zhú	bīng	dūn	chuáng
qiáo	zī	xū	zhǎo	chuài	càn	dì	guāng	gǒng	wàng
quàn	jǐ	féi	shòu	bié	luǎn	cān	áo	chuō	pǐn
suì	téng	mǒu	zhǔn	liàng	niè	dīng	biāo	zhuì	shèng
bǔ	zhù	jīn	gǔ	chī	bǎi	chī	rǎo	yīng	zè
shì	gé	huī	fǔ	zhàng	zhuī	duàn	méi	zàn	wēng
xiáng	miù	zī	wò	piě	chuài	jù	rèn	huái	zǎi

读单音节字词练习 68

请	院	丢	苯	裙	遭	苗	望	视	份
揣	均	酿	暗	雄	疼	盔	掏	软	滚
远	此	却	能	读	讲	华	采	球	盲
虾	安	绝	兹	狂	蛇	施	路	先	冻
爽	浓	捉	梦	别	辆	国	买	轮	听
滨	猎	害	段	桑	凹	准	徐	撇	刹
拥	翻	挑	灰	谬	催	扭	属	搞	隧
清	夏	肢	务	藻	返	炸	婚	帮	犁
苏	浸	退	阵	撬	煌	佐	舔	蹿	瑟
瞥	危	劈	惹	痕	惧	怪	砸	纺	键

答：

qǐng	yuàn	diū	běn	qún	zāo	miáo	wàng	shì	fèn
chuài	jūn	niàng	àn	xióng	téng	kuī	tāo	ruǎn	gǔn
yuǎn	cǐ	què	néng	dú	jiǎng	huá	cǎi	qiú	máng
xiā	ān	jué	zī	kuáng	shé	shī	lù	xiān	dòng
shuǎng	nóng	zhuō	mèng	bié	liàng	guó	mǎi	lún	tīng

bīn	liè	hài	duàn	sāng	āo	zhǔn	xú	piē	chà
yōng	fān	tiāo	huī	miù	cuī	niǔ	shǔ	gǎo	suì
qīng	xià	zhī	wù	zǎo	fǎn	zhá	hūn	bāng	lí
sū	jìn	tuì	zhèn	qiào	huáng	zuǒ	tiǎn	cuān	sè
piē	wēi	pī	rě	hén	jù	guài	zá	fǎng	jiàn

读单音节字词练习 69

乳	偏	内	隔	幅	抓	双	裙	脆	信
周	翠	据	迭	谬	群	揣	罢	昂	矮
豪	帅	欲	领	喜	做	店	轮	推	学
情	晒	软	就	功	港	颂	河	虾	陪
温	娘	鲸	蔗	鼓	洽	食	刘	暨	挺
摆	仄	奘	抱	兹	撇	刺	偷	紧	掉
抿	晃	喘	砍	肢	房	琼	逢	醉	臊
庄	除	笨	改	墨	僧	抵	反	财	虫
吨	罗	谁	妆	盏	娶	桦	咏	瓮	愚
衰	晓	帕	选	灌	国	凿	拎	却	甫

答：

rǔ	piān	nèi	gé	fú	zhuā	shuāng	qún	cuì	xìn
zhōu	cuì	jù	dié	miù	qún	chuài	bà	áng	ǎi
háo	shuài	yù	lǐng	xǐ	zuò	diàn	lún	tuī	xué
qíng	shài	ruǎn	jiù	gōng	gǎng	sòng	hé	xiā	péi
wēn	niáng	jīng	zhè	gǔ	qià	shí	liú	jì	tǐng
bǎi	zè	zàng	bào	zī	piě	cì	tōu	jǐn	diào
mǐn	huàng	chuǎn	kǎn	zhī	fáng	qióng	féng	zuì	sào
zhuāng	chú	bèn	gǎi	mò	sēng	dǐ	fǎn	cái	chóng
dūn	luó	shuí	zhuāng	zhǎn	qǔ	huà	yǒng	wèng	yú
shuāi	xiǎo	pà	xuǎn	guàn	guó	záo	līn	què	fǔ

读单音节字词练习 70

海	凭	笑	啃	取	撞	顿	拐	沟	刮
宗	善	块	舱	掉	划	霜	波	酒	电
换	后	闻	涮	脱	架	镍	连	脂	紫
沙	额	染	抓	爬	底	蜷	葱	争	池
冰	感	撤	槽	群	铝	肥	轩	曰	想
猫	居	敌	楞	锐	僧	逛	否	词	稍
堆	烈	网	谬	改	拧	滨	适	卵	硬
嵌	病	跟	押	腿	奉	组	特	批	咱

精	面	体	灼	簧	锯	沁	掘	软	忠
穷	鸟	辟	扔	命	尊	踹	埠	抓	拓

答：

hǎi	píng	xiào	kěn	qǔ	zhuàng	dùn	guǎi	gōu	guā
zōng	shàn	kuài	cāng	diào	huá	shuāng	bō	jiǔ	diàn
huàn	hòu	wén	shuàn	tuō	jià	niè	lián	zhī	zǐ
shā	é	rǎn	zhuā	pá	dǐ	quán	cōng	zhēng	chí
bīng	gǎn	chè	cáo	qún	lǚ	féi	xuān	yuē	xiǎng
māo	jū	dí	lèng	ruì	sēng	guàng	fǒu	cí	shāo
duī	liè	wǎng	miù	gǎi	níng	bīn	shì	luǎn	yìng
qiàn	bìng	gēn	yā	tuǐ	fèng	zǔ	tè	pī	zán
jīng	miàn	tǐ	zhuó	huáng	jù	qìn	jué	ruǎn	zhōng
qióng	niǎo	pì	rēng	mìng	zūn	chuài	bù	zhuā	tuò

读单音节字词练习 71

粗	耍	获	润	通	现	挺	甩	崩	迭
美	尚	愿	脆	娘	扣	做	等	熊	肥
情	舜	阻	虎	讽	辆	峦	闷	脱	巡
核	雀	蒋	徐	环	批	捉	爬	脚	痛
遮	团	骇	准	翻	奎	惹	鬓	脊	脸
瞎	晃	苯	绣	遭	制	随	始	踹	高
境	瘸	蹩	顿	港	裙	擒	锤	福	寅
偷	甜	脓	萌	资	扯	破	防	尊	羞
拗	祖	舔	续	蝶	赘	琼	妄	概	冯
祛	瓮	腔	铆	眶	剜	茂	韧	弥	泰

答：

cū	shuǎ	huò	rùn	tōng	xiàn	tǐng	shuǎi	bēng	dié
měi	shàng	yuàn	cuì	niáng	kòu	zuò	děng	xióng	féi
qíng	shùn	zǔ	hǔ	fěng	liàng	luán	mēn	tuō	xún
hé	què	jiǎng	xú	huán	pī	zhuō	pá	jiǎo	tòng
zhē	tuán	hài	zhǔn	fān	kuí	rě	bìn	jǐ	liǎn
xiā	huàng	běn	xiù	zāo	zhì	suí	shǐ	chuài	gāo
jìng	qué	biē	dùn	gǎng	qún	qín	chuí	fú	yín
tōu	tián	nóng	méng	zī	chě	pò	fáng	zūn	xiū
niù	zǔ	tiǎn	xù	dié	zhuì	qióng	wàng	gài	féng
qū	wèng	qiāng	mǎo	kuàng	wān	mào	rèn	mí	tài

读单音节字词练习 72

修	吨	饶	植	留	早	凶	听	雾	苦

官	要	感	须	名	抓	宽	装	核	铝
别	运	团	甚	嗅	锤	从	座	排	冯
谋	顿	值	捆	装	训	醒	越	吃	猎
笋	峡	鸟	鬓	困	砸	暖	棉	板	亩
缩	跟	层	谬	赶	刺	躲	责	冯	瘸
遵	事	怀	光	抢	理	钾	捉	虽	通
追	滤	航	返	偷	楚	拔	柴	甜	帮
拳	径	乏	寝	软	瞥	翁	恩	昌	持
争	申	怪	谎	危	峡	刷	笛	忠	跑

答：

xiū	dūn	ráo	zhí	liú	zǎo	xiōng	tīng	wù	kǔ
guān	shuǎ	gǎn	xū	míng	zhuā	kuān	zhuāng	hé	lǚ
bié	yùn	tuán	shèn	xiù	chuí	cóng	zuò	pái	féng
móu	dùn	zhí	kǔn	zhuāng	xùn	xǐng	yuè	chī	liè
sǔn	xiá	niǎo	bìn	kùn	zá	nuǎn	mián	bǎn	mǔ
suō	gēn	céng	miù	gǎn	cì	duǒ	zé	féng	qué
zūn	shì	huái	guāng	qiǎng	lǐ	jiǎ	zhuō	suī	tōng
zhuī	lǜ	háng	fǎn	tōu	chǔ	bá	chái	tián	bāng
quán	jìng	fá	qǐn	ruǎn	piē	wēng	ēn	chāng	chí
zhēng	shēn	guài	huǎng	wēi	xiá	shuā	dí	zhōng	pǎo

读单音节字词练习 73

尿	轰	摔	彭	尚	跟	填	全	产	快
敲	琼	捉	垓	掏	紫	拐	亲	拦	宗
反	向	闯	均	鞭	戳	首	腿	哈	辆
驰	滨	苦	拴	外	移	装	翠	痛	留
店	裹	扎	帕	球	磁	顶	艘	舛	穷
攒	满	阻	抱	篾	朵	蹄	值	侧	圣
民	开	任	常	崩	披	丢	风	柔	寄
堵	笋	链	拜	防	隔	枉	嘴	肥	撇
浆	杂	脉	美	刷	论	能	腥	蕊	恐
隋	稳	自	奴	株	篝	掐	伶	豪	踞

答：

niào	hōng	shuāi	péng	shàng	gēn	tián	quán	chǎn	kuài
qiāo	qióng	zhuō	gāi	tāo	zǐ	guǎi	qīn	lán	zōng
fǎn	xiàng	chuǎng	jūn	biān	chuō	shǒu	tuǐ	hā	liàng
chí	bīn	kǔ	shuān	wài	yí	zhuāng	cuì	tòng	liú
diàn	guǒ	zhā	pà	qiú	cí	dǐng	sōu	chuǎn	qióng

zǎn	mǎn	zǔ	bào	miè	duǒ	tí	zhí	cè	shèng
mín	kāi	rèn	cháng	bēng	pī	diū	fēng	róu	jì
dǔ	sǔn	liàn	bài	fáng	gé	wǎng	zuǐ	féi	piě
jiāng	zá	mài	měi	shuā	lùn	néng	xīng	ruǐ	kǒng
suí	wěn	zì	nú	zhū	huáng	qiā	líng	háo	jù

读单音节字词练习 74

戳	摘	面	遵	根	怀	碱	堆	怒	情
腹	流	愈	垂	室	苗	炙	越	陪	揣
碳	虽	迸	网	管	电	墙	徐	训	若
每	扛	异	秋	飘	遭	笋	藤	赘	摆
苏	灵	像	洽	冰	瞥	格	阙	搓	救
酿	洪	离	部	从	紫	团	花	挤	核
霜	厚	茎	肿	翻	抿	讽	止	扭	港
确	南	茬	茶	棵	房	保	残	思	容
粗	躺	遍	篆	琼	惧	澈	荆	夸	改
昂	蛙	块	润	影	揍	申	虹	嫡	憋

答：

chuō	zhāi	miàn	zūn	gēn	huái	jiǎn	duī	nù	qíng
fù	liú	yù	chuí	shì	miáo	zhì	yuè	péi	chuài
tàn	suī	bèng	wǎng	guǎn	diàn	qiáng	xú	xùn	ruò
měi	káng	yì	qiū	piāo	zāo	sǔn	téng	zhuì	bǎi
sū	líng	xiàng	qià	bīng	piē	gé	quē	cuō	jiù
niàng	hóng	lí	bù	cóng	zǐ	tuán	huā	jǐ	hé
shuāng	hòu	jīng	zhǒng	fān	mǐn	fěng	zhǐ	niǔ	gǎng
què	nán	chá	chá	kē	fáng	bǎo	cán	sī	róng
cū	tǎng	biàn	zhuàn	qióng	jù	chè	jīng	kuā	gǎi
áng	wā	kuài	rùn	yǐng	zòu	shēn	hóng	dí	biē

读单音节字词练习 75

波	垂	此	筐	溜	底	室	陪	根	架
锤	连	韧	赛	蕊	请	裙	脉	死	秒
店	任	泛	标	特	举	屯	瓶	幼	块
卵	穷	训	执	丛	纯	仄	蹿	温	叠
晒	乱	兑	拉	凹	皿	稍	春	括	放
瞎	怪	爽	瓮	狗	躺	短	翻	区	扶
约	愿	对	骗	整	火	准	族	细	充
牛	择	站	搞	怀	法	浆	绣	瓜	病

澈	字	灼	水	觅	签	碑	刺	殷	躯
启	笋	陡	瘪	攒	聘	踪	柴	撬	祥

答：

bō	chuí	cǐ	kuāng	liū	dǐ	shì	péi	gēn	jià
chuí	lián	rèn	sài	ruǐ	qǐng	qún	mài	sǐ	miǎo
diàn	rèn	fàn	biāo	tè	jǔ	tún	píng	yòu	kuài
luǎn	qióng	xùn	zhí	cóng	chún	zè	cuàn	wēn	dié
shài	luàn	duì	lā	āo	mǐn	shāo	chōng	kuò	fàng
xiā	guài	shuǎng	wèng	gǒu	tǎng	duǎn	fān	qū	fú
yuē	yuàn	duì	piàn	zhěng	huǒ	zhǔn	zú	xì	chōng
niú	zé	zhàn	gǎo	huái	fǎ	jiāng	xiù	guā	bìng
chè	zì	zhuó	shuǐ	mì	qiān	bēi	cì	yīn	qū
qǐ	sǔn	dǒu	biě	zǎn	pìn	zōng	chái	qiào	xiáng

读单音节字词练习 76

宋	躲	磷	丝	拐	肺	遵	娘	集	陈
氧	胃	恰	晒	戳	老	懂	潘	爽	榫
点	凶	端	组	刷	藤	灰	瘸	天	高
凑	喳	迭	视	镍	拽	笋	肢	虚	反
嗅	功	门	建	纸	源	喷	醒	跳	装
具	溶	镍	润	对	枪	持	瓮	北	看
缠	柳	特	字	跃	棉	瓶	求	增	猛
疼	扰	访	话	走	勤	雄	感	箱	害
粪	聊	糠	畦	维	蹿	穗	铭	批	过
卯	快	乳	柄	踪	宅	促	麝	逛	讽

答：

sòng	duǒ	lín	sī	guǎi	fèi	zūn	niáng	jí	chén
yǎng	wèi	qià	shài	chuō	lǎo	dǒng	pān	shuǎng	sǔn
diǎn	xiōng	duān	zǔ	shuā	téng	huī	qué	tiān	gāo
còu	zhā	dié	shì	niè	zhuài	sǔn	zhī	xū	fǎn
xiù	gōng	mén	jiàn	zhǐ	yuán	pēn	xǐng	tiào	zhuāng
jù	róng	niè	rùn	duì	qiāng	chí	wèng	běi	kàn
chán	liǔ	tè	zì	yuè	mián	píng	qiú	zēng	měng
téng	rǎo	fǎng	huà	zǒu	qín	xióng	gǎn	xiāng	hài
fèn	liáo	kāng	qí	wéi	cuān	suì	míng	pī	guò
mǎo	kuài	rǔ	bǐng	zōng	zhái	cù	shè	guàng	fěng

读单音节字词练习 77

饿	弯	操	篾	总	昂	理	菌	闯	准

揩	练	查	定	读	刺	厚	丢	飞	棍
抓	孰	约	拔	慌	寻	括	猛	静	凶
摆	铝	归	极	酸	起	俩	歪	投	怪
装	撇	修	纸	冻	湖	拖	徐	谬	抱
棒	填	内	锤	词	民	嘴	蹲	迷	卦
鸟	赛	海	透	巴	暖	谬	额	表	举
恰	根	狡	戳	德	贫	臂	饶	袖	颂
贵	吃	脱	腐	霜	蠢	续	佩	热	龚
夸	翁	渍	桑	淫	刃	勇	疮	选	帅

答：

è	wān	cāo	miè	zǒng	áng	lǐ	jūn	chuǎng	zhǔn
kāi	liàn	chá	dìng	dú	cì	hòu	diū	fēi	gùn
zhuā	shú	yuē	bá	huāng	xún	kuò	měng	jìng	xiōng
bǎi	lǚ	guī	jí	suān	qǐ	liǎ	wāi	tóu	guài
zhuāng	piě	xiū	zhǐ	dòng	hú	tuō	xú	miù	bào
bàng	tián	nèi	chuí	cí	mín	zuǐ	dūn	mí	guà
niǎo	sài	hǎi	tòu	bā	nuǎn	miù	é	biǎo	jǔ
qià	gēn	jiǎo	chuō	dé	pín	bì	ráo	xiù	sòng
guì	chī	tuō	fǔ	shuāng	chǔn	xù	pèi	rè	gōng
kuā	wēng	zì	sāng	yín	rèn	yǒng	chuāng	xuǎn	shuài

读单音节字词练习 78

捆	喷	绝	窄	增	选	别	嚷	攒	挖
垮	照	寨	缩	爽	卧	犯	嘴	根	久
艘	隔	表	铝	反	局	纯	撮	仅	迟
敲	寻	喝	超	体	闷	拉	类	丢	赵
沟	食	斥	鬓	额	水	内	龙	陪	月
满	趟	变	公	母	逢	航	吨	穷	甜
拐	贫	蟒	标	追	读	愣	回	皙	举
喝	准	副	命	且	填	咱	海	挺	测
爽	锡	收	请	步	捐	眶	暖	块	批
频	缔	怒	疆	耙	来	娘	扛	愿	尚

答：

kǔn	pēn	jué	zhǎi	zēng	xuǎn	bié	rǎng	zǎn	wā
kuǎ	zhào	zhài	suō	shuǎng	wò	fàn	zuǐ	gēn	jiǔ
sōu	gé	biǎo	lǚ	fǎn	jú	chún	zuǒ	jǐn	chí
qiāo	xún	hē	chāo	tǐ	mēn	lā	lèi	diū	zhào
gōu	shí	chì	bìn	é	shuǐ	nèi	lóng	péi	yuè

mǎn	tāng	biàn	gōng	mǔ	féng	háng	dūn	qióng	tián
guǎi	pín	mǎng	biāo	zhuī	dú	lèng	huí	zàn	jǔ
hē	zhǔn	fù	mìng	qiě	tián	zán	hǎi	tǐng	cè
shuǎng	xī	shōu	qǐng	bù	juān	kuàng	nuǎn	kuài	pī
pín	dì	nù	jiāng	pá	lái	niáng	káng	yuàn	shàng

读单音节字词练习 79

原	报	词	料	饶	洪	剂	矿	营	凤
首	凶	盆	恰	党	菜	选	杯	踹	穷
德	久	滨	闹	词	拉	吨	念	特	敲
串	训	尺	盔	遵	地	摸	考	参	杂
丢	兹	兵	润	要	围	足	店	贵	决
掐	志	甩	摇	学	亲	拴	脱	别	航
讽	嘴	周	瞎	溜	理	谬	顶	伞	捉
挺	剩	额	箭	熔	翻	摆	胆	鬼	乳
泪	郭	弃	翁	暮	蚀	晨	锦	桩	篆
耐	触	谕	耸	退	症	鸟	痕	乖	媚

答：

yuán	bào	cí	liào	ráo	hóng	jì	kuàng	yíng	fèng
shǒu	xiōng	pén	qià	dǎng	cài	xuǎn	bēi	chuài	qióng
dé	jiǔ	bīn	nào	cí	lā	dūn	niàn	tè	qiāo
chuàn	xùn	chǐ	kuī	zūn	dì	mō	kǎo	cān	zá
diū	zī	bīng	rùn	shuǎ	wéi	zú	diàn	guì	jué
qiā	zhì	shuǎi	yáo	xué	qīn	shuān	tuō	bié	háng
fěng	zuǐ	zhōu	xiā	liū	lǐ	miù	dǐng	sǎn	zhuō
tǐng	shèng	é	jiàn	róng	fān	bǎi	dǎn	guǐ	rǔ
lèi	guō	qì	wēng	mù	shí	chén	jǐn	zhuāng	zhuàn
nài	chù	yù	sǒng	tuì	zhèng	niǎo	hén	guāi	mèi

读单音节字词练习 80

崩	簧	懂	润	瘸	熊	颇	场	府	均
爽	软	话	胚	次	肉	剃	毛	坑	腿
滨	抢	嗅	握	标	点	氦	翁	需	缰
印	缴	份	瞄	裙	踵	澄	端	俩	通
皿	团	闹	沁	恩	填	胜	全	台	囊
球	造	蛇	语	荒	讲	幅	尺	蟒	国
先	损	景	蠢	水	闻	理	字	垂	竹
纵	战	撤	鸣	领	掌	拐	阙	鳞	尊

遗	罗	非	嘴	翻	舂	督	擦	虑	拽
所	策	丙	肆	刊	镍	枢	垮	舂	癌

答：

bēng	huáng	dǒng	rùn	qué	xióng	pō	chǎng	fǔ	jūn
shuǎng	ruǎn	huà	pēi	cì	ròu	tì	máo	kēng	tuǐ
bīn	qiǎng	xiù	wò	biāo	diǎn	hài	wēng	xū	jiāng
yìn	jiǎo	fèn	miáo	qún	zhǒng	chéng	duān	liǎ	tōng
mǐn	tuán	nào	qìn	ēn	tián	shèng	quán	tái	náng
qiú	zào	shé	yǔ	huāng	jiǎng	fú	chǐ	mǎng	guó
xiān	sǔn	jǐng	chǔn	shuǐ	wén	lǐ	zì	chuí	zhú
zòng	zhàn	chè	míng	lǐng	zhǎng	guǎi	quē	lín	zūn
yí	luó	fēi	zuǐ	fān	chōng	dū	cā	lǜ	zhuài
suǒ	cè	bǐng	sì	kān	niè	shū	kuǎ	chōng	ái

读单音节字词练习 81

瞎	形	润	猫	拴	龙	恨	染	劝	头
装	顿	进	鸟	举	滨	咱	连	跳	飞
坠	钢	摆	此	瓮	匹	揣	遭	寻	墙
瞥	怀	铝	垮	网	体	学	宋	绷	需
决	遂	丢	病	治	灭	串	暗	伤	勒
瞧	抿	囤	点	虾	琼	扎	训	闯	楼
寨	袖	绝	层	倾	彼	酒	粉	硅	脑
听	蹿	用	夺	繁	滋	崩	股	疼	母
戳	潜	追	核	端	引	捆	营	斯	块
诉	瞻	镍	惹	税	蒋	梁	逛	贵	刷

答：

xiā	xíng	rùn	māo	shuān	lóng	hèn	rǎn	quàn	tóu
zhuāng	dùn	jìn	niǎo	jǔ	bīn	zán	lián	tiào	fēi
zhuì	gāng	bǎi	cǐ	wèng	pǐ	chuài	zāo	xún	qiáng
piē	huái	lǚ	kuǎ	wǎng	tǐ	xué	sòng	bēng	xū
jué	suì	diū	bìng	zhì	miè	chuàn	àn	shāng	lè
qiáo	mǐn	tún	diǎn	xiā	qióng	zhā	xùn	chuǎng	lóu
zhài	xiù	jué	céng	qīng	bǐ	jiǔ	fěn	guī	nǎo
tīng	cuān	yòng	duó	fán	zī	bēng	gǔ	téng	mǔ
chuō	qián	zhuī	hé	duān	yǐn	kǔn	yíng	sī	kuài
sù	zhān	niè	rě	shuì	jiǎng	liáng	guàng	guì	shuā

读单音节字词练习 82

奉	猫	势	嘴	紫	怀	块	虾	肯	钗

冰	亩	摄	瞥	雪	括	准	热	瞧	鬓
需	爬	惨	训	铝	欧	词	念	退	拐
筏	粮	耐	寡	货	细	郭	却	酒	究
封	擦	鸟	微	喷	顶	毛	痕	终	屯
非	洞	软	狂	复	进	全	醇	扭	僧
熊	摇	板	资	解	网	嗓	球	追	袋
撰	话	寄	零	免	含	访	改	神	部
添	抿	怯	输	泉	腐	娶	罩	炖	捻
戳	从	谎	篓	佐	耿	嚎	觅	德	涩

答：

fèng	māo	shì	zuǐ	zǐ	huái	kuài	xiā	kěn	chāi
bīng	mǔ	shè	piē	xuě	kuò	zhǔn	rè	qiáo	bìn
xū	pá	cǎn	xùn	lǚ	ōu	cí	niàn	tuì	guǎi
fá	liáng	nài	guǎ	huò	xì	guō	què	jiǔ	jiū
fēng	cā	niǎo	wēi	pēn	dǐng	máo	hén	zhōng	tún
fēi	dòng	ruǎn	kuáng	fù	jìn	quán	chún	niǔ	sēng
xióng	yáo	bǎn	zī	jiě	wǎng	sǎng	qiú	zhuī	dài
zhuàn	huà	jì	líng	miǎn	hán	fǎng	gǎi	shén	bù
tiān	mǐn	qiè	shū	quán	fǔ	qǔ	zhào	dùn	niǎn
chuō	cóng	huǎng	lǒu	zuǒ	gěng	háo	mì	dé	sè

读单音节字词练习 83

定	铁	兵	能	雀	产	凶	冷	扭	瞎
压	谓	姿	琼	攒	刷	躺	群	伸	掉
颇	否	银	环	迟	选	缩	筐	写	准
辆	酸	拽	总	改	体	煌	班	磁	苗
盆	江	笨	搞	宗	鬓	晃	陶	揩	唇
命	界	要	浓	蹲	鬼	停	肥	晒	确
瑞	久	初	粗	奏	密	捉	戳	篾	指
酒	柳	枫	春	缠	拐	牙	路	居	射
倾	瞪	辛	论	绵	遂	骗	纺	致	蕊
龚	怜	踹	畦	舔	悔	愁	枉	赠	趣

答：

dìng	tiě	bīng	néng	què	chǎn	xiōng	lěng	niǔ	xiā
yā	wèi	zī	qióng	zǎn	shuā	tǎng	qún	shēn	diào
pō	fǒu	yín	huán	chí	xuǎn	suō	kuāng	xiě	zhǔn
liàng	suān	zhuài	zǒng	gǎi	tǐ	huáng	bān	cí	miáo
pén	jiāng	bèn	gǎo	zōng	bìn	huàng	táo	kāi	chún

mìng	jiè	shuǎ	nóng	dūn	guǐ	tíng	féi	shài	què
ruì	jiǔ	chū	cū	zòu	mì	zhuō	chuō	miè	zhǐ
jiǔ	liǔ	fēng	chūn	chán	guǎi	yá	lù	jū	shè
qīng	dèng	xīn	lùn	mián	suì	piàn	fǎng	zhì	ruǐ
gōng	lián	chuài	qí	tiǎn	huǐ	chóu	wǎng	zèng	qù

读单音节字词练习 84

放	蒋	官	局	雄	捆	紫	蕊	喷	仓
病	狂	确	冷	寡	迟	走	多	灭	弱
云	揣	让	掐	尾	者	族	瞎	吮	指
府	依	升	边	找	绝	快	挑	损	内
风	权	嘴	岛	县	该	磙	甜	娘	红
秦	案	仄	辖	修	返	提	耳	谱	孟
胚	举	画	抖	室	避	许	腐	瀑	砂
清	黄	国	考	房	培	裸	氦	慈	途
缔	噎	准	睡	状	陵	掐	衬	软	绊
脓	操	厩	蟒	屏	焚	鳏	埠	瞄	杭

答：

fàng	jiǎng	guān	jú	xióng	kǔn	zǐ	ruǐ	pēn	cāng
bìng	kuáng	què	lěng	guǎ	chí	zǒu	duō	miè	ruò
yún	chuài	ràng	qiā	wěi	zhě	zú	xiā	shǔn	zhǐ
fǔ	nóng	shēng	biān	zhǎo	jué	kuài	tiāo	sǔn	nèi
fēng	quán	zuǐ	dǎo	xiàn	gāi	gǔn	tián	niáng	hóng
qín	àn	zè	xiá	xiū	fǎn	tí	ěr	pǔ	mèng
pēi	jǔ	huà	dǒu	shì	bì	xǔ	fǔ	pù	shā
qīng	huáng	guó	kǎo	fáng	péi	luǒ	hài	cí	tú
dì	yē	zhǔn	shuì	zhuàng	líng	qiā	chèn	ruǎn	bàn
nóng	cāo	jiù	mǎng	píng	fén	guān	bù	miáo	háng

读单音节字词练习 85

锁	绝	感	老	细	撇	锐	农	决	歌
品	遵	破	氢	居	挺	歪	反	穷	费
寒	苏	迭	源	致	陶	族	杭	捆	窗
秋	丝	官	取	亩	抽	菌	留	轮	袖
昂	啃	篇	雄	瞧	部	密	贵	越	信
键	测	矿	闯	房	能	追	徐	买	粒
神	蒋	搓	表	猫	香	琛	疯	器	坑
批	室	虾	蹿	润	恰	篾	甜	港	管

端	腿	纯	熵	蹲	藤	滋	拳	耸	掠
瓮	怪	筏	觅	槽	闽	丙	双	沪	局

答：

suǒ	jué	gǎn	lǎo	xì	piě	ruì	nóng	jué	gē
pǐn	zūn	pò	qīng	jū	tǐng	wāi	fǎn	qióng	fèi
hán	sū	dié	yuán	zhì	táo	zú	háng	kǔn	chuāng
qiū	sī	guān	qǔ	mǔ	chōu	jūn	liú	lún	xiù
áng	kěn	piān	xióng	qiáo	bù	mì	guì	yuè	xìn
jiàn	cè	kuàng	chuǎng	fáng	néng	zhuī	xú	mǎi	lì
shén	jiǎng	cuō	biǎo	māo	xiāng	chēn	fēng	qì	kēng
pī	shì	xiā	cuān	rùn	qià	miè	tián	gǎng	guǎn
duān	tuǐ	chún	shāng	dūn	téng	zī	quán	sǒng	lüè
wèng	guài	fá	mì	cáo	mǐn	bǐng	shuāng	hù	jú

读单音节字词练习 86

访	组	锥	齿	瑞	索	宗	欧	弯	竟
糖	寻	络	穷	盖	操	粒	满	钱	灶
读	窥	钟	吃	撇	邢	蹲	卖	砸	摔
徐	刺	疼	愿	蠢	蜕	隔	丞	法	喜
局	亲	凝	绒	颇	刷	乱	霖	泪	痛
翠	狂	丢	透	奶	缎	果	瞧	怪	晒
连	狗	颗	饵	挣	镁	抚	标	凝	变
搔	核	流	充	脊	锋	潮	亩	狼	旱
抢	滚	淮	爽	却	橱	团	靳	笨	坪
申	蛙	算	槐	沏	俟	愿	飘	嚷	贩

答：

fǎng	zǔ	zhuī	chǐ	ruì	suǒ	zōng	ōu	wān	jìng
táng	xún	luò	qióng	gài	cāo	lì	mǎn	qián	zào
dú	kuī	zhōng	chī	piě	xíng	dūn	mài	zá	shuāi
xú	cì	téng	yuàn	chǔn	tuì	gé	chéng	fǎ	xǐ
jú	qīn	níng	róng	pō	shuā	luàn	lín	lèi	tòng
cuì	kuáng	diū	tòu	nǎi	duàn	guǒ	qiáo	guài	shài
lián	gǒu	kē	ěr	zhèng	měi	fǔ	biāo	níng	biàn
sāo	hé	liú	chōng	jǐ	fēng	cháo	mǔ	láng	hàn
qiǎng	gǔn	huái	shuǎng	què	chú	tuán	jìn	bèn	píng
shēn	wā	suàn	huái	qī	sì	yuàn	piāo	rǎng	fàn

读单音节字词练习 87

补	坠	沟	款	哉	鼓	器	要	掉	采

轮	熊	果	讽	却	盘	筐	戳	烦	碱
猪	涉	赏	讨	皿	丝	侄	没	挺	闻
亩	款	嫩	屯	把	题	枚	吃	专	棉
拓	槽	硬	刺	扇	勒	动	幅	驾	品
堆	烧	持	局	妃	恰	熔	扯	鬃	啐
顿	想	透	鬓	匹	仄	修	灰	姿	浅
镜	漆	踹	充	酿	壁	焚	遭	访	尊
怪	睡	皇	虑	镍	厩	群	羽	敝	叮
僧	淮	磁	妄	绺	苏	软	鳖	杠	拗

答：

bǔ	zhuì	gōu	kuǎn	zāi	gǔ	qì	shuǎ	diào	cǎi
lún	xióng	guǒ	fěng	què	pán	kuāng	chuō	fán	jiǎn
zhū	shè	shǎng	tǎo	mǐn	sī	zhí	méi	tǐng	wén
mǔ	kuǎn	nèn	tún	bǎ	tí	méi	chī	zhuān	mián
tuò	cáo	yìng	cì	shàn	lēi	dòng	fú	jià	pǐn
duī	shāo	chí	jú	fēi	qià	róng	chě	zōng	cuì
dùn	xiǎng	tòu	bìn	pǐ	zè	xiū	huī	zī	qiǎn
jìng	qī	chuài	chōng	niàng	bì	fén	zāo	fǎng	zūn
guài	shuì	huáng	lǜ	niè	jiù	qún	yǔ	bì	dīng
sēng	huái	cí	wàng	liǔ	sū	ruǎn	biē	gàng	niù

读单音节字词练习 88

暖	救	掘	满	怀	凶	谗	鬃	牧	仍
燃	老	基	劝	害	佐	晃	钟	顶	随
提	趣	秋	薛	憾	躲	盼	缫	铝	裙
弱	琼	族	炕	灵	盲	臀	恰	龙	内
嘴	凡	叠	铁	陈	滨	崩	嚷	瘸	准
仄	扭	掏	瘤	芽	爽	戴	细	蛇	填
摘	固	遭	款	修	颇	酒	罪	封	管
布	跟	舜	视	丛	屏	航	齿	腐	渍
翁	店	桌	闽	程	选	睡	焚	质	策
蛆	苇	酿	尿	怪	蠢	麝	裁	置	祥

答：

nuǎn	jiù	jué	mǎn	huái	xiōng	chán	zōng	mù	réng
rán	lǎo	jī	quàn	hài	zuǒ	huǎng	zhōng	dǐng	suí
tí	qù	qiū	xuē	hàn	duǒ	pàn	sāo	lǚ	qún
ruò	qióng	zú	kàng	líng	máng	tún	qià	lóng	nèi
zuǐ	fán	dié	tiě	chén	bīn	bēng	rǎng	qué	zhǔn

zè	niǔ	tāo	liú	yá	shuǎng	dài	xì	shé	tián
zhāi	gù	zāo	kuǎn	xiū	pō	jiǔ	zuì	fēng	guǎn
bù	gēn	shùn	shì	cóng	píng	háng	chǐ	fǔ	zì
wēng	diàn	zhuō	mǐn	chéng	xuǎn	shuì	fén	zhì	cè
qū	wěi	niàng	niào	guài	chǔn	shè	cái	zhì	xiáng

读单音节字词练习 89

恩	富	愁	敲	穷	加	戴	颇	路	症
尊	蹿	场	讽	要	搞	寒	握	实	瘸
菌	命	苯	歌	窠	懂	此	谬	提	凹
遵	破	别	堆	揉	矿	腹	锅	锻	帮
论	滚	赘	流	软	缠	睡	毡	越	朵
待	挑	幕	硬	酿	砸	篇	徐	震	闯
思	乏	冷	井	修	啐	唇	稍	盘	房
廓	捆	器	塔	锁	艘	准	摘	揪	吴
腔	街	赖	阙	劝	悲	雕	瞥	离	扛
啮	凝	虾	袜	笋	觅	鬓	诸	踪	艇

答：

ēn	fù	chóu	qiāo	qióng	jiā	dài	pō	lù	zhèng
zūn	cuān	chǎng	fěng	shuǎ	gǎo	hán	wò	shí	qué
jūn	mìng	běn	gē	kē	dǒng	cǐ	miù	tí	āo
zūn	pò	bié	duī	róu	kuàng	fù	guō	duàn	bāng
lùn	gǔn	zhuì	liú	ruǎn	chán	shuì	zhān	yuè	duǒ
dài	tiāo	mù	yìng	niàng	zá	piān	xú	zhèn	chuǎng
sī	fá	lěng	jǐng	xiū	cuì	chún	shāo	pán	fáng
kuò	kǔn	qì	tǎ	suǒ	sōu	zhǔn	zhāi	jiū	wú
qiāng	jiē	lài	quē	quàn	bēi	diāo	piē	lí	káng
niè	níng	xiā	wà	sǔn	mì	bìn	zhū	zōng	tǐng

读单音节字词练习 90

秦	犯	凿	蛹	暖	寻	趋	辆	坏	修
特	再	虚	润	苗	拧	磷	撇	温	躺
担	沁	块	冽	溯	铜	买	躬	梦	读
裸	扰	阙	获	增	霜	琼	闽	凭	西
浆	音	树	矮	渍	选	窥	流	果	蜂
居	尾	德	谱	确	贵	旨	潮	白	倾
棉	室	册	掐	板	踢	鸟	箭	赠	池
舜	豫	敌	挟	章	臊	容	赋	舰	哨

贬	找	蠢	梆	卵	诵	层	屡	源	涩
穷	砍	曹	恨	垮	喂	碟	绛	染	扎

答：

qín	fàn	záo	yǒng	nuǎn	xún	qū	liàng	huài	xiū
tè	zài	xū	rùn	miáo	níng	lín	piě	wēn	tǎng
dān	qìn	kuài	liè	sù	tóng	mǎi	gōng	mèng	dú
luǒ	rǎo	quē	huò	zēng	shuāng	qióng	mǐn	píng	xī
jiāng	yīn	shù	ǎi	zì	xuǎn	kuī	liú	guǒ	fēng
jū	wěi	dé	pǔ	què	guì	zhǐ	cháo	bái	qīng
mián	shì	cè	qiā	bǎn	tī	niǎo	jiàn	zèng	chí
shùn	yù	dí	xié	zhāng	sào	róng	fù	jiàn	shào
biǎn	zhǎo	chǔn	bāng	luǎn	sòng	céng	lǚ	yuán	sè
qióng	kǎn	cáo	hèn	kuǎ	wèi	dié	jiàng	rǎn	zhā

读单音节字词练习 91

抓	贫	酒	楼	礼	缀	戳	棉	却	竟
毒	夏	帮	叠	尿	寻	赛	搅	藤	逐
词	准	领	磷	改	病	盲	费	扰	怪
紧	睬	囤	蹭	饼	礼	娶	听	歪	堆
熔	翠	准	特	虫	恨	逼	场	份	耍
桥	室	闯	抢	饿	考	轮	用	软	撞
饶	绝	搞	添	枫	密	修	欲	穷	唱
趾	撇	宗	拧	府	稀	丢	驼	许	漆
讽	民	雇	吮	坪	捉	块	暖	晾	运
搀	航	蔓	瑟	葱	踞	饲	卅	坛	谎

答：

zhuā	pín	jiǔ	lóu	lǐ	zhuì	chuō	mián	què	jìng
dú	xià	bāng	dié	niào	xún	sài	jiǎo	téng	zhú
cí	zhǔn	lǐng	lín	gǎi	bìng	máng	fèi	rǎo	guài
jǐn	cǎi	tún	cèng	bǐng	lǐ	qǔ	tīng	wāi	duī
róng	cuì	zhǔn	tè	chóng	hèn	bī	chǎng	fèn	shuǎ
qiáo	shì	chuǎng	qiǎng	è	kǎo	lún	yòng	ruǎn	zhuàng
ráo	jué	gǎo	tiān	fēng	mì	xiū	yù	qióng	chàng
zhǐ	piē	zōng	níng	fǔ	xī	diū	tuó	xǔ	qī
fěng	mín	gù	shǔn	píng	zhuō	kuài	nuǎn	liàng	yùn
chān	háng	màn	sè	cōng	jù	sì	sà	tán	huǎng

读单音节字词练习 92

遂	坏	滋	草	兼	磷	孽	先	蹿	塔

涌	啐	求	跳	夏	抢	判	科	母	拒
坑	叠	想	踹	定	蒂	戳	熔	试	筐
酸	摔	搜	鬃	轮	霜	瘸	棉	债	翁
穿	泽	保	慌	绝	讽	瞧	懂	秦	棒
霖	洽	领	该	锥	精	安	勉	损	滚
捞	粉	表	江	虎	皱	柳	渍	美	果
酶	乱	猫	迟	翻	该	日	颔	剩	填
俯	觅	蠢	戌	双	劝	枉	跟	氖	啼
窍	祠	寡	帛	您	艇	鳖	估	撇	榻

答：

suì	huài	zī	cǎo	jiān	lín	niè	xiān	cuān	tǎ
yǒng	cuì	qiú	tiào	xià	qiǎng	pàn	kē	mǔ	jù
kēng	dié	xiǎng	chuài	dìng	dì	chuō	róng	shì	kuāng
suān	shuāi	sōu	zōng	lún	shuāng	qué	mián	zhài	wēng
chuān	zé	bǎo	huāng	jué	fěng	qiáo	dǒng	qín	bàng
lín	qià	lǐng	gāi	zhuī	jīng	ān	miǎn	sǔn	gǔn
lāo	fěn	biǎo	jiāng	hǔ	zhòu	liǔ	zì	měi	guǒ
méi	luàn	māo	chí	fān	gāi	rì	hàn	shèng	tián
fǔ	mì	chǔn	xū	shuāng	quàn	wǎng	gēn	nǎi	tí
qiào	cí	guǎ	bó	nín	tǐng	biē	gū	piě	tà

读单音节字词练习 93

藤	桑	铝	拖	粉	节	遂	推	任	渍
晚	均	始	镇	酿	丝	厚	碱	班	狗
轰	获	菌	道	肥	论	倍	软	钠	滨
浅	裹	惧	鬼	草	洗	固	闯	秦	桶
筐	秋	硬	取	蒋	鬓	白	俩	载	团
清	存	密	昂	选	叠	方	就	括	尿
要	铜	翅	型	堆	摔	攒	绘	志	柜
程	纸	免	咱	碱	海	录	遭	热	获
仨	吮	痹	锻	阙	澈	嫖	迭	温	瞄
谕	瓮	铭	划	廷	贩	尸	灭	则	屏

答：

téng	sāng	lǚ	tuō	fěn	jié	suì	tuī	rèn	zì
wǎn	jūn	shǐ	zhèn	niàng	sī	hòu	jiǎn	bān	gǒu
hōng	huò	jūn	dào	féi	lùn	bèi	ruǎn	nà	bīn
qiǎn	guǒ	jù	guǐ	cǎo	xǐ	gù	chuǎng	qín	tǒng
kuāng	qiū	yìng	qǔ	jiǎng	bìn	bái	liǎ	zǎi	tuán

qīng	cún	mì	áng	xuǎn	dié	fāng	jiù	kuò	niào
shuǎ	tóng	chì	xíng	duī	shuāi	zǎn	huì	zhì	guì
chéng	zhì	miǎn	zán	jiǎn	hǎi	lù	zāo	rè	huò
sā	shǔn	bì	duàn	quē	chè	piáo	dié	wēn	miáo
yù	wèng	míng	huá	tíng	fàn	shī	miè	zé	píng

读单音节字词练习 94

群	端	拧	揣	凶	奔	别	救	屋	执
赶	戳	牌	暗	舌	引	臊	姿	标	果
鲁	底	爽	某	缕	液	吃	嚷	祭	扭
伤	瘸	训	陈	掉	坠	遵	台	廓	撒
遵	灭	微	点	嫁	测	兹	宽	掐	绘
嘴	题	海	揉	请	死	捐	瞧	家	鲸
肝	耸	喷	箭	序	差	轮	嗓	溃	返
狂	顶	繁	整	葬	谬	报	垦	勇	屯
撞	屏	戳	驹	甫	嗤	锐	攒	奠	棕
志	官	轫	敝	寡	镍	淮	劝	吠	靴

答：

qún	duān	níng	chuài	xiōng	bēn	bié	jiù	wū	zhí
gǎn	chuō	pái	àn	shé	yǐn	sào	zī	biāo	guǒ
lǔ	dǐ	shuǎng	mǒu	lǚ	yè	chī	rǎng	jì	niǔ
shāng	qué	xùn	chén	diào	zhuì	zūn	tái	kuò	sǎ
zūn	miè	wēi	diǎn	jià	cè	zī	kuān	qiā	huì
zuǐ	tí	hǎi	róu	qǐng	sǐ	juān	qiáo	jiā	jīng
gān	sǒng	pēn	jiàn	xù	xiū	lún	sǎng	kuì	fǎn
kuáng	dǐng	fán	zhěng	zàng	miù	bào	kěn	yǒng	tún
zhuàng	píng	chuō	jū	fǔ	chī	ruì	zǎn	diàn	zōng
zhì	guān	rèn	bì	guǎ	niè	huái	quàn	fèi	xuē

读单音节字词练习 95

冷	戴	络	棒	枪	获	航	遵	份	臊
取	准	暂	戳	高	纯	琼	蚕	甚	渍
核	掷	杭	桥	需	腹	求	派	测	渺
填	瘸	兼	金	春	挤	轰	室	信	赖
狼	甩	棒	残	惧	宗	硬	拐	胡	捐
推	擦	暖	抬	寻	掉	抢	松	端	娘
硅	肯	乳	稳	猛	怒	溜	厅	逢	熬
蒸	撇	篇	忍	绝	瞎	闰	除	垮	抿

温	标	埠	啸	连	甜	拴	遗	骗	坛
谕	锤	煳	拐	盔	培	扰	揪	郭	烦

答：

lěng	dài	luò	bàng	qiāng	huò	háng	zūn	fèn	sào
qǔ	zhǔn	zàn	chuō	gāo	chún	qióng	cán	shèn	zì
hé	zhì	háng	qiáo	xū	fù	qiú	pài	cè	miǎo
tián	qué	jiān	jīn	chūn	jǐ	hōng	shì	xìn	lài
láng	shuǎi	bàng	cán	jù	zōng	yìng	guǎi	hú	juān
tuī	cā	nuǎn	tái	xún	diào	qiǎng	sòng	duān	niáng
guī	kěn	rǔ	wěn	měng	nù	liū	tīng	féng	áo
zhēng	piě	piān	rěn	jué	xiā	rùn	chú	kuà	mǐn
wēn	biāo	bù	xiào	lián	tián	shuān	yí	piàn	tán
yù	chuí	hú	guǎi	kuī	péi	rǎo	jiū	guō	fán

读单音节字词练习 96

浅	资	选	桑	训	偏	恨	学	谬	瘸
据	缩	刷	捧	歪	哪	纯	棍	钱	始
盘	酒	敢	煤	软	藤	云	怀	爹	温
醒	狭	狂	造	苗	瓶	另	团	厚	嫩
补	舜	粉	越	酿	首	僧	善	闽	锤
粗	硅	饶	台	洽	穴	堵	惹	斥	瞧
牧	别	晒	董	熔	晃	幅	虑	鬓	箭
放	粒	舂	脱	翅	仄	德	扯	冯	添
踱	掐	抿	准	锂	琼	锉	芯	盖	叮
垮	瓮	匾	袖	辉	快	策	宰	噪	傲

答：

qiǎn	zī	xuǎn	sāng	xùn	piān	hèn	xué	miù	qué
jū	suō	shuā	pěng	wāi	nǎ	chún	gùn	qián	shǐ
pán	jiǔ	gǎn	méi	ruǎn	téng	yún	huái	diē	wēn
xǐng	xiá	kuáng	zào	miáo	píng	lìng	tuán	hòu	nèn
bǔ	shùn	fěn	yuè	niàng	shǒu	sēng	shàn	mǐn	chuí
cū	guī	ráo	tái	qià	xué	dǔ	rě	chì	qiáo
mù	bié	shài	dǒng	róng	huàng	fú	lǜ	bìn	jiàn
fàng	lì	chōng	tuō	chì	zè	dé	chě	féng	tiān
duó	qiā	mǐn	zhǔn	lǐ	qióng	cuò	xīn	gài	dīng
kuǎ	wèng	biǎn	xiù	huī	kuài	cè	zǎi	zào	ào

读单音节字词练习 97

犯	伸	幅	棍	耍	帮	舜	虎	钠	酒

环	别	煤	边	潘	饶	爽	蟒	抓	敲
劝	滨	振	瑞	讨	考	此	沟	歪	翅
根	剂	抬	戳	嫩	敌	熊	法	昂	类
徐	枝	碰	损	灭	挫	访	丝	慢	专
标	准	松	灾	嗅	址	筐	扯	印	董
先	男	瓮	虑	营	农	丢	资	筛	均
蹿	令	揉	撑	总	谁	钙	摄	港	魂
寡	甩	碱	鼻	特	灰	攒	订	乱	穷
揣	国	讽	歉	溯	铡	勇	危	葬	革

答：

fàn	shēn	fú	gùn	shuǎ	bāng	shùn	hǔ	nà	jiǔ
huán	bié	méi	biān	pān	ráo	shuǎng	mǎng	zhuā	qiāo
quàn	bīn	zhèn	ruì	tǎo	kǎo	cǐ	gōu	wāi	chì
gēn	jì	tái	chuō	nèn	dí	xióng	fǎ	áng	lèi
xú	zhī	pèng	sǔn	miè	cuò	fǎng	sī	màn	zhuān
biāo	zhǔn	sōng	zāi	xiù	chě	kuāng	chě	yìn	dǒng
xiān	nán	wèng	lǜ	yíng	nóng	diū	zī	shāi	jūn
cuān	lìng	róu	chēng	zǒng	shuí	gài	shè	gǎng	hún
guǎ	shuǎi	jiǎn	bí	tè	huī	zǎn	dìng	luàn	qióng
chuài	guó	fěng	qiàn	sù	zhá	yǒng	wēi	zàng	gé

读单音节字词练习 98

射	堆	挺	玩	瞥	裙	静	迟	闽	抱
凶	铝	廓	瞧	浪	品	念	扔	远	国
德	补	滴	命	该	密	攒	偶	修	讽
含	脂	辞	谬	秒	稍	拐	穿	精	乳
挂	酿	宗	攒	走	道	派	退	雄	饭
扭	徐	臊	褪	理	囊	瘸	夸	盘	耍
笋	裙	弱	额	奔	食	究	辨	域	羹
雕	责	隋	柳	孔	枪	摔	取	镁	愧
惧	准	寄	擎	掠	蹄	宽	兹	翁	嗅
谎	敢	锄	乖	杖	最	全	痕	诚	傲

答：

shè	duī	tǐng	wán	piē	qún	jìng	chí	mǐn	bào
xiōng	lǚ	kuò	qiáo	làng	pǐn	niàn	rēng	yuǎn	guó
dé	bǔ	dī	mìng	gāi	mì	zǎn	ǒu	xiū	fěng
hán	zhī	cí	miù	miǎo	shāo	guǎi	chuān	jīng	rǔ
guà	niàng	zōng	zǎn	zǒu	dào	pài	tuì	xióng	fàn

niǔ	xú	sào	tuì	lǐ	náng	qué	kuā	pán	shuǎ
sǔn	qún	ruò	é	bēn	shí	jiū	biàn	yù	gēng
diāo	zé	suí	liǔ	kǒng	qiāng	shuāi	qǔ	měi	kuì
jù	zhǔn	jì	qíng	lüè	tí	kuān	zī	wēng	xiù
huǎng	gǎn	chú	guāi	zhàng	zuì	quán	hén	jiè	ào

第 2 章　读多音节词语

读多音节词语（100 个音节），限时 2.5 分钟，共 20 分。

读多音节词语练习 1

贯彻	发放	扎根	吞没	改造
牛皮	飞驰	水蒸气	临床	蟾蜍
直辖市	断定	晌午	学科	缅怀
蕴藏	终了	民歌	冷水	啧啧
授权	顺风	司空见惯	沸点	高潮
暂行	雄蕊	胖墩儿	解放军	勉强
花儿	坐镇	强壮	光辉	小孩儿
明媚	容纳	会计	啼笑皆非	光学
乞讨	恰当	揭穿	所属	加快
挑刺儿	施工	无穷	谋害	记号

答：

guànchè	fāfàng	zhāgēn	tūnmò	gǎizào
niúpí	fēichí	shuǐzhēngqì	línchuáng	chánchú
zhíxiáshì	duàndìng	shǎngwu	xuékē	miǎnhuái
yùncáng	zhōngliǎo	míngē	lěngshuǐ	zézé
shòuquán	shùnfēng	sīkōngjiànguàn	fèidiǎn	gāocháo
zànxíng	xióngruǐ	pàngdūnr	jiěfàngjūn	miǎnqiǎng
huār	zuòzhèn	qiángzhuàng	guānghuī	xiǎoháir
míngmèi	róngnà	kuàijì	tíxiàojiēfēi	guāngxué
qǐtǎo	qiàdàng	jiēchuān	suǒshǔ	jiākuài
tiāocìr	shīgōng	wúqióng	móuhài	jìhao

读多音节词语练习 2

自称	恶劣	目光	碰撞	犯法
逆流	规范化	余粮	千方百计	顺势
传承	从军	苍穹	三角形	粮仓
美酒	矿藏	倘使	色光	吞并
临时	天窗儿	协约	根茎	反比
拾掇	眉头	辉煌	纵队	答案
玩意儿	真菌	富翁	认识论	下等
血肉	孤陋寡闻	瞎子	锅盖儿	头儿
苛刻	掌握	诊所	贫穷	左边

察觉	选取	糟粕	模糊	衰老

答：

zìchēng	èliè	mùguāng	pèngzhuàng	fànfǎ
nìliú	guīfànhuà	yúliáng	qiānfāngbǎijì	shùnshì
chuánchéng	cóngjūn	cāngqióng	sānjiǎoxíng	liángcāng
měijiǔ	kuàngcáng	tǎngshǐ	sèguāng	tūnbìng
línshí	tiānchuāngr	xiéyuē	gēnjīng	fǎnbǐ
shíduo	méitóu	huīhuáng	zòngduì	dá'àn
wányìr	zhēnjūn	fùwēng	rènshílùn	xiàděng
xuèròu	gūlòuguǎwén	xiāzi	guōgàir	tóur
kēkè	zhǎngwò	zhěnsuǒ	pínqióng	zuǒbiān
chájué	xuǎnqǔ	zāopò	móhu	shuāilǎo

读多音节词语练习 3

高傲	眉飞色舞	广泛	独创	格调
花白	助长	神经质	退还	检索
遵循	丢掉	针鼻儿	涅槃	假想
窘迫	姓氏	装置	毛驴儿	皑皑
唱腔	脖颈	健儿	作坊	穷人
夹缝儿	妈妈	痛快	虐待	继承权
策略	着重	致使	拱手	胳膊
宦官	合法	嶙峋	口罩儿	橱窗
调价	写生	贫穷	担当	工艺品
残存	家眷	抖擞	青睐	软化

答：

gāo'ào	méifēisèwǔ	guǎngfàn	dúchuàng	gédiào
huābái	zhùzhǎng	shénjīngzhì	tuìhuán	jiǎnsuǒ
zūnxún	diūdiào	zhēnbír	nièpàn	jiǎxiǎng
jiǒngpò	xìngshì	zhuāngzhì	máolúr	ái'ái
chàngqiāng	bógěng	jiàn'ér	zuōfang	qióngrén
jiāfèngr	māma	tòngkuài	nüèdài	jìchéngquán
cèlüè	zhuózhòng	zhìshǐ	gǒngshǒu	gēbo
huànguān	héfǎ	línxún	kǒuzhàor	chúchuāng
tiáojià	xiěshēng	pínqióng	dāndāng	gōngyìpǐn
cáncún	jiājuàn	dǒusǒu	qīnglài	ruǎnhuà

读多音节词语练习 4

评剧	兼职	粮仓	柔软	阻挡

毁灭	农耕	率领	药方儿	侵略
商榷	农村	除尘	侵蚀	篮球
保险丝	凉爽	名字	辨别	水獭
酸枣	目瞪口呆	确认	财会	袅袅
废渣	爱国	茶馆儿	领导	筛选
许久	着想	刻画	揣摩	笑话儿
俊俏	风帆	混沌	颓废	自传
畏惧	代表作	泯灭	水火	贫穷
探寻	调价	门洞儿	合格	徒工

答：

píngjù	jiānzhí	liángcāng	róuruǎn	zǔdǎng
huǐmiè	nónggēng	shuàilǐng	yàofāngr	qīnlüè
shāngquè	nóngcūn	chúchén	qīnshí	lánqiú
bǎoxiǎnsī	liángshǎng	míngzi	biànbié	shuǐtǎ
suānzǎo	mùdèngkǒudāi	quèrèn	cáikuài	niǎoniǎo
fèizhā	àiguó	cháguǎnr	lǐngdǎo	shāixuǎn
xǔjiǔ	zhuóxiǎng	kèhuà	chuǎimó	xiàohuar
jùnqiào	fēngfān	hùndùn	tuífèi	zìzhuàn
wèijù	dàibiǎozuò	mǐnmiè	shuǐhuǒ	pínqióng
tànxún	tiáojià	méndòngr	hégé	túgōng

读多音节词语练习 5

辉煌	血脉	增生	尊贵	装潢
翡翠	栏杆	指点	电流	侦破
采取	陶瓷	瞠目结舌	崇敬	耳垂儿
殴打	捣鬼	方法论	栽培	区别
内地	曲解	打嗝儿	运算	决死
讨好	劳累	雄蕊	蕴涵	保姆
婆婆	凉快	将近	特赦	调控
打盹儿	清真寺	雄伟	创立	着落
纽扣	琢磨	投标	蜷缩	儒学
生计	做工	温泉	胸襟	日程

答：

huīhuáng	xuèmài	zēngshēng	zūnguì	zhuānghuáng
fěicuì	lángān	zhǐdiǎn	diànliú	zhēnpò
cǎiqǔ	táocí	chēngmùjiéshé	chóngjìng	ěrchuír
ōudǎ	dǎoguǐ	fāngfǎlùn	zāipéi	qūbié
nèidì	qūjiě	dǎgér	yùnsuàn	juésǐ

tǎohǎo	láolèi	xióngruǐ	yùnhán	bǎomǔ
pópo	liángkuai	jiāngjìn	tèshè	tiáokòng
dǎdǔnr	qīngzhēnsì	xióngwěi	chuànglì	zhuóluò
niǔkòu	zuómo	tóubiāo	quánsuō	rúxué
shēngjì	zuògōng	wēnquán	xiōngjīn	rìchéng

读多音节词语练习 6

在行	欠缺	军需	蓬勃	触目惊心
作怪	稳当	蜕化	抓阄儿	罚款
袅袅	浪花	遏止	甚而	包干儿
飞驰	确实	润滑	镊子	工程师
处理	球赛	田园	归队	陌生
讨好	骚扰	胸腔	女王	穷困
收摊儿	揣测	测量	堕落	小学生
总得	风采	下跌	明白	评价
幼儿	随军	贴近	连贯	豆角儿
折叠	鼻子	红润	没落	壮志

答：

zàiháng	qiànquē	jūnxū	péngbó	chùmùjīngxīn
zuòguài	wěndang	tuìhuà	zhuājiūr	fákuǎn
niǎoniǎo	lànghuā	èzhǐ	shèn’ér	bāogānr
fēichí	quèshí	rùnhuá	nièzi	gōngchéngshī
chǔlǐ	qiúsài	tiányuán	guīduì	mòshēng
tǎohǎo	sāorǎo	xiōngqiāng	nǚwáng	qióngkùn
shōutānr	chuǎicè	cèliáng	duòluò	xiǎoxuéshēng
zǒngděi	fēngcǎi	xiàdiē	míngbai	píngjià
yòu’ér	suíjūn	tiējìn	liánguàn	dòujiǎor
zhédié	bízi	hóngrùn	mòluò	zhuàngzhì

读多音节词语练习 7

联盟	财权	阶级	琵琶	俯首
稻子	流畅	装束	痛快	学科
下跌	奥运会	实施	存折	炯炯
僧侣	立国	鞋带儿	征文	爽快
蜂巢	充血	洽谈	格调	损伤
锯齿儿	责成	大相径庭	咨询	品评
胚胎	指头	柔弱	流通	盲肠
血肉	骤然	班主任	虐待	稳妥

翡翠	卑鄙	装饰	送信儿	精华
恰当	损坏	嘴脸	折磨	模范

答：

liánméng	cáiquán	jiējí	pípá	fǔshǒu
dàozi	liúchàng	zhuāngshù	tòngkuài	xuékē
xiàdiē	àoyùnhuì	shíshī	cúnzhé	jiǒngjiǒng
sēnglǚ	lìguó	xiédàir	zhēngwén	shuǎngkuai
fēngcháo	chōngxuè	qiàtán	gédiào	sǔnshāng
jùchǐr	zéchéng	dàxiāngjìngtíng	zīxún	pǐnpíng
pēitāi	zhǐtou	róuruò	liútōng	mángcháng
xuèròu	zhòurán	bānzhǔrèn	nüèdài	wěntuǒ
fěicuì	bēibǐ	zhuāngshì	sòngxìnr	jīnghuá
qiàdàng	sǔnhuài	zuǐliǎn	zhémó	mófàn

读多音节词语练习 8

无须	追肥	穿越	探询	口罩儿
唾沫	谋略	痴呆	踉跄	水獭
总队	连绵	加热	窘迫	审理
仍然	穷困	揣测	小辫儿	酒家
拆迁	番茄	螺旋桨	将就	定期
遵守	嗓门儿	袅袅	总管	皑皑
政策	背风	壮丁	怯懦	富翁
挨个儿	实话	熟睡	腐朽	念叨
鼻涕	从众	方向盘	吞并	濒临
臼齿	琳琅满目	辉煌	贴切	恒定

答：

wúxū	zhuīféi	chuānyuè	tànxún	kǒuzhàor
tuòmo	móulüè	chīdāi	liàngqiàng	shuǐtǎ
zǒngduì	liánmián	jiārè	jiǒngpò	shěnlǐ
réngrán	qióngkùn	chuǎicè	xiǎobiànr	jiǔjiā
chāiqiān	fānqié	luóxuánjiǎng	jiāngjiu	dìngqī
zūnshǒu	sǎngménr	niǎoniǎo	zǒngguǎn	ái'ái
zhèngcè	bèifēng	zhuàngdīng	qiènuò	fùwēng
āigèr	shíhuà	shúshuì	fǔxiǔ	niàndao
bítì	cóngzhòng	fāngxiàngpán	tūnbìng	bīnlín
jiùchǐ	línlángmǎnmù	huīhuáng	tiēqiè	héngdìng

读多音节词语练习 9

灭绝	整编	衰竭	从军	亲信

条子	板擦儿	损坏	全权	月亮
垮台	淋漓尽致	作价	铿锵	干杯
统率	稿纸	手绢儿	漠然	凶手
玛瑙	眼底	职责	客车	菩萨
税法	教科书	略微	短处	辖区
终究	波涛	胡同儿	病变	活命
风姿	贫穷	虐待	萌发	渺茫
配制	接见	耳膜儿	转让	逊色
光彩	走访	乘务员	旅客	粮食

答：

mièjué	zhěngbiān	shuāijié	cóngjūn	qīnxìn
tiáozi	bǎncār	sǔnhuài	quánquán	yuèliang
kuǎtái	línlíjìnzhì	zuòjià	kēngqiāng	gānbēi
tǒngshuài	gǎozhǐ	shǒujuànr	mòrán	xiōngshǒu
mǎnǎo	yǎndǐ	zhízé	kèchē	púsà
shuìfǎ	jiàokēshū	lüèwēi	duǎnchù	xiáqū
zhōngjiū	bōtāo	hútòngr	bìngbiàn	huómìng
fēngzī	pínqióng	nüèdài	méngfā	miǎománg
pèizhì	jiējiàn	ěrmór	zhuǎnràng	xùnsè
guāngcǎi	zǒufǎng	chéngwùyuán	lǚkè	liángshi

读多音节词语练习 10

亵渎	子女	流传	啧啧	清风
富翁	清真寺	争端	手绢儿	装配
探寻	公共	炽烈	逃学	麻花儿
询问	检索	标兵	排斥	退让
盲目	贫穷	挑刺儿	冷暖	抢夺
化工	隔阂	比例尺	价值	日程
摘除	雨水	召开	双亲	打盹儿
退回	女儿	学费	爽快	眼睑
汗流浃背	森林	草丛	遵守	穷困
反响	沙漠	构件	末日	作坊

答：

xièdú	zǐnǚ	liúchuán	zézé	qīngfēng
fùwēng	qīngzhēnsì	zhēngduān	shǒujuànr	zhuāngpèi
tànxún	gōnggòng	chìliè	táoxué	máhuār
xúnwèn	jiǎnsuǒ	biāobīng	páichì	tuìràng
mángmù	pínqióng	tiāocìr	lěngnuǎn	qiǎngduó

huàgōng	géhé	bǐlìchǐ	jiàzhí	rìchéng
zhāichú	yǔshuǐ	zhàokāi	shuāngqīn	dǎdǔnr
tuìhuí	nǚ'ér	xuéfèi	shuǎngkuai	yǎnjiǎn
hànliújiābèi	sēnlín	cǎocóng	zūnshǒu	qióngkùn
fǎnxiǎng	shāmò	gòujiàn	mòrì	zuōfang

读多音节词语练习 11

北方	光能	拍卖	上书	司空见惯
扭曲	名字	标本	坏人	蚕食
粮仓	进化论	模范	靴子	初期
夹缝儿	富翁	顶点	专制	疼痛
投案	回归	打杂儿	胸腔	脊髓
消融	清白	窘迫	衰弱	民工
疲倦	早点	贴切	伪装	门槛儿
垮台	遵循	蓄电池	隔阂	琢磨
逗乐儿	扭转	齿轮	幼儿	老者
着想	蕴藏	橱窗	恰好	省略

答：

běifāng	guāngnéng	pāimài	shàngshū	sīkōngjiànguàn
niǔqū	míngzi	biāoběn	huàirén	cánshí
liángcāng	jìnhuàlùn	mófàn	xuēzi	chūqī
jiāfèngr	fùwēng	dǐngdiǎn	zhuānzhì	téngtòng
tóu'àn	huíguī	dǎzár	xiōngqiāng	jǐsuǐ
xiāoróng	qīngbái	jiǒngpò	shuāiruò	míngōng
píjuàn	zǎodiǎn	tiēqiè	wěizhuāng	ménkǎnr
kuǎtái	zūnxún	xùdiànchí	géhé	zuómo
dòulèr	niǔzhuǎn	chǐlún	yòu'ér	lǎozhě
zhuóxiǎng	yùncáng	chúchuāng	qiàhǎo	shěnglüè

读多音节词语练习 12

钢琴	天资	释放	家族	序曲
明亮	惶惑	里程碑	领口	生怕
坏死	稀奇	退休	遵循	刀刃儿
围裙	错觉	转告	水兵	绝着儿
搜刮	穷人	推理	半截儿	贫穷
流传	手脚	农忙	吃香	再会
太太	东道主	传送	爽朗	发疯
普法	职员	安顿	惦念	人影儿

存折	可耻	选种	富翁	蛮干
描画	别开生面	作价	揣测	胳膊

答：

gāngqín	tiānzī	shìfàng	jiāzú	xùqǔ
míngliàng	huánghuò	lǐchéngbēi	lǐngkǒu	shēngpà
huàisǐ	xīqí	tuìxiū	zūnxún	dāorènr
wéiqún	cuòjué	zhuǎngào	shuǐbīng	juézhāor
sōuguā	qióngrén	tuīlǐ	bànjiér	pínqióng
liúchuán	shǒujiǎo	nóngmáng	chīxiāng	zàihuì
tàitai	dōngdàozhǔ	chuánsòng	shuǎnglǎng	fāfēng
pǔfǎ	zhíyuán	āndùn	diànniàn	rényǐngr
cúnzhé	kěchǐ	xuǎnzhǒng	fùwēng	mángàn
miáohuà	biékāishēngmiàn	zuòjià	chuǎicè	gēbo

读多音节词语练习 13

长城	僵死	泡菜	胸腔	挑剔
旅馆	遵循	命中	能人	转化
对待	手绢儿	推翻	偏颇	衰弱
纸板	临床	南瓜	顶牛儿	沉默
大显身手	民航	觉察	资格	揣测
烈日	违约	剪纸	北半球	磷肥
轰鸣	爱国	别致	秋季	迅速
掉价儿	糟糕	强壮	口哨儿	脱胎
苍穹	富翁	选取	轮子	地下水
蜂房	月饼	目录	综合	亏损

答：

chángchéng	jiāngsǐ	pàocài	xiōngqiāng	tiāoti
lǚguǎn	zhūnxún	mìngzhòng	néngrén	zhuǎnhuà
duìdài	shǒujuànr	tuīfān	piānpō	shuāiruò
zhǐbǎn	línchuáng	nánguā	dǐngniúr	chénmò
dàxiǎnshēnshǒu	mínháng	juéchá	zīgé	chuǎicè
lièrì	wéiyuē	jiǎnzhǐ	běibànqiú	línféi
hōngmíng	àiguó	biézhì	qiūjì	xùnsù
diàojiàr	zāogāo	qiángzhuàng	kǒushàor	tuōtāi
cāngqióng	fùwēng	xuǎnqǔ	lúnzi	dìxiàshuǐ
fēngfáng	yuèbing	mùlù	zōnghé	kuīsǔn

读多音节词语练习 14

规模	可口	环流	举足轻重	软弱

失实	自救	漆器	稳产	作怪
变态	劳累	转化	送信儿	窗帘
史诗	发疯	洽谈	想象力	懊恼
混凝土	驱车	随军	甚而	规则
快活	放电	穷人	诀别	搜寻
找茬儿	村庄	花瓶儿	厉害	木工
裁缝	当家	变更	享有	窘迫
选种	月初	名牌儿	担当	水产
存亡	非得	纽带	庄子	苗条

答：

guīmó	kěkǒu	huánliú	jǔzúqīngzhòng	ruǎnruò
shīshí	zìjiù	qīqì	wěnchǎn	zuòguài
biàntài	láolèi	zhuǎnhuà	sòngxìnr	chuānglián
shǐshī	fāfēng	qiàtán	xiǎngxiànglì	àonǎo
hùnníngtǔ	qūchē	suíjūn	shèn'ér	guīzé
kuàihuo	fàngdiàn	qióngrén	juébié	sōuxún
zhǎochár	cūnzhuāng	huāpíngr	lìhai	mùgōng
cáifeng	dāngjiā	biàngēng	xiǎngyǒu	jiǒngpò
xuǎnzhǒng	yuèchū	míngpáir	dāndāng	shuǐchǎn
cúnwáng	fēiděi	niǔdài	zhuāngzǐ	miáotiao

读多音节词语练习 15

绝境	雄蕊	抓紧	此起彼伏	逝世
坎肩儿	分子	婆婆	围裙	高烧
明媚	科学家	切割	归队	落户
钦差	辩证法	首创	女士	思忖
装载	专断	香肠儿	戳穿	彩色
一下儿	年画	衰退	梨核儿	拐杖
跳蚤	流量	整顿	微风	腐朽
旁人	大略	把柄	安全	农耕
人群	雨伞	调节	昨天	老总
昏黄	埋头	名单	胸口	冲动

答：

juéjìng	xióngruǐ	zhuājǐn	cǐqǐbǐfú	shìshì
kǎnjiānr	fēnzǐ	pópo	wéiqún	gāoshāo
míngmèi	kēxuéjiā	qiēgē	guīduì	luòhù
qīnchāi	biànzhèngfǎ	shǒuchuàng	nǚshì	sīcǔn
zhuāngzài	zhuānduàn	xiāngchángr	chuōchuān	cǎisè

yīxiàr	niánhuà	shuāituì	líhér	guǎizhàng
tiàozao	liúliàng	zhěngdùn	wēifēng	fǔxiǔ
pángrén	dàlüè	bǎbǐng	ānquán	nónggēng
rénqún	yǔsǎn	tiáojié	zuótiān	lǎozǒng
hūnhuáng	máitóu	míngdān	xiōngkǒu	chōngdòng

读多音节词语练习 16

现役	衡量	起床	童子	清偿
更正	维持	准许	短处	分流
脑瓜儿	描摹	领略	水波	支架
水草	统率	青睐	选手	牛仔裤
穿戴	忠诚	咨询	刀刃儿	方才
缺损	早晚	费劲	穷困	色盲
年头儿	快活	抓获	日光	祖母
人群	世界观	色调	辞典	东方
支配	谋略	皇家	小说儿	会谈
推翻	别具一格	爸爸	奖品	凶恶

答：

xiànyì	héngliáng	qǐchuáng	tóngzǐ	qīngcháng
gēngzhèng	wéichí	zhǔnxǔ	duǎnchù	fēnliú
nǎoguār	miáomó	lǐnglüè	shuǐbō	zhījià
shuǐcǎo	tǒngshuài	qīnglài	xuǎnshǒu	niúzǎikù
chuāndài	zhōngchéng	zīxún	dāorènr	fāngcái
quēsǔn	zǎowǎn	fèijìn	qióngkùn	sèmáng
niántóur	kuàihuo	zhuāhuò	rìguāng	zǔmǔ
rénqún	shìjièguān	sèdiào	cídiǎn	dōngfāng
zhīpèi	móulüè	huángjiā	xiǎoshuōr	huìtán
tuīfān	biéjùyīgé	bàba	jiǎngpǐn	xiōng'è

读多音节词语练习 17

直肠	顶峰	衰竭	稀奇	自愿
宦官	泪珠儿	追加	人权	车辆
水井	别扭	懊恼	躯壳	挑拨
共产党	爱戴	打倒	摧残	茁壮
眉飞色舞	软禁	扣子	混合	粗略
自发	果冻儿	波长	琵琶	贫穷
蒙古包	实在	女神	衰弱	门铃儿
搜寻	防范	增添	统领	滑雪

描画	酒家	天窗儿	失败	周岁
勇猛	临床	穷困	探寻	现象

答：

zhícháng	dǐngfēng	shuāijié	xīqí	zìyuàn
huànguān	lèizhūr	zhuījiā	rénquán	chēliàng
shuǐjǐng	bièniu	àonǎo	qūqiào	tiǎobō
gòngchǎndǎng	àidài	dǎdǎo	cuīcán	zhuózhuàng
méifēisèwǔ	ruǎnjìn	kòuzi	hùnhé	cūlüè
zìfā	guǒdòngr	bōcháng	pípá	pínqióng
ménggǔbāo	shízai	nǚshén	shuāiruò	ménlíngr
sōuxún	fángfàn	zēngtiān	tǒnglǐng	huáxuě
miáohuà	jiǔjiā	tiānchuāngr	shībài	zhōusuì
yǒngměng	línchuáng	qióngkùn	tànxún	xiànxiàng

读多音节词语练习 18

上涨	轻骑	皮革	测算	穷人
离职	科学家	眯缝	虐待	胖墩儿
装置	回环	英雄	笼统	娘家
薄弱	萌发	手套儿	总归	在位
化妆品	相连	明快	揣测	津贴
装运	推辞	目瞪口呆	稳产	翱翔
滚动	潺潺	腐朽	凝视	法律
修补	编造	手绢儿	莲花	军人
蜂巢	郊区	壶盖儿	说唱	铁轨
类似	恰巧	左面	损失	被子

答：

shàngzhǎng	qīngqí	pígé	cèsuàn	qióngrén
lízhí	kēxuéjiā	mīfeng	nüèdài	pàngdūnr
zhuāngzhì	huíhuán	yīngxióng	lǒngtǒng	niángjia
bóruò	méngfā	shǒutàor	zǒngguī	zàiwèi
huàzhuāngpǐn	xiānglián	míngkuài	chuǎicè	jīntiē
zhuāngyùn	tuīcí	mùdèngkǒudāi	wěnchǎn	áoxiáng
gǔndòng	chánchán	fǔxiǔ	níngshì	fǎlǜ
xiūbǔ	biānzào	shǒujuànr	liánhuā	jūnrén
fēngcháo	jiāoqū	húgàir	shuōchàng	tiěguǐ
lèisì	qiàqiǎo	zuǒmiàn	sǔnshī	bèizi

读多音节词语练习 19

垂柳	精简	天灾	突围	发射

东家	处理	混沌	写字台	苍穹
考虑	热量	共产党	百货	明快
扫荡	贫血	走神儿	责任	损伤
持之以恒	婆婆	衰弱	胸襟	版本
大娘	管辖	全貌	硕士	哀愁
没词儿	退回	小巧	话题	签订
追求	能干	味觉	主旨	总结
风光	安装	纽扣儿	丰富	逊色
贯穿	毛驴儿	种群	语词	民兵

答：

chuíliǔ	jīngjiǎn	tiānzāi	tūwéi	fāshè
dōngjia	chǔlǐ	hùndùn	xiězìtái	cāngqióng
kǎolǜ	rèliàng	gòngchǎndǎng	bǎihuò	míngkuài
sǎodàng	pínxuè	zǒushénr	zérèn	sǔnshāng
chízhīyǐhéng	pópo	shuāiruò	xiōngjīn	bǎnběn
dàniáng	guǎnxiá	quánmào	shuòshì	āichóu
méicír	tuìhuí	xiǎoqiǎo	huàtí	qiāndìng
zhuīqiú	nénggàn	wèijué	zhǔzhǐ	zǒngjié
fēngguāng	ānzhuāng	niǔkòur	fēngfù	xùnsè
guànchuān	máolǘr	zhǒngqún	yǔcí	mínbīng

读多音节词语练习 20

富翁	干旱	良久	直肠	增值
箩筐	大人物	论点	签字	窘迫
手绢儿	下行	水鸟	争光	升华
听从	偏偏	虐待	缩短	解体
暴风雪	琐碎	惆怅	软化	领土
穷困	中秋	靴子	模仿	洽谈
阴云	哥们儿	追寻	害虫	呢绒
彩礼	传导	表白	漫不经心	猖狂
耗费	透亮儿	衰竭	甚而	村子
责怪	没趣	打嗝儿	遏制	水渠

答：

fùwēng	gānhàn	liángjiǔ	zhícháng	zēngzhí
luókuāng	dàrénwù	lùndiǎn	qiānzì	jiǒngpò
shǒujuànr	xiàxíng	shuǐniǎo	zhēngguāng	shēnghuá
tīngcóng	piānpiān	nüèdài	suōduǎn	jiětǐ
bàofēngxuě	suǒsuì	chóuchàng	ruǎnhuà	lǐngtǔ

qióngkùn	zhōngqiū	xuēzi	mófǎng	qiàtán
yīnyún	gēmenr	zhuīxún	hàichóng	níróng
cǎilǐ	chuándǎo	biǎobái	mànbùjīngxīn	chāngkuáng
hàofèi	tòuliàngr	shuāijié	shèng'ér	cūnzi
zéguài	méiqù	dǎgér	èzhì	shuǐqú

读多音节词语练习 21

风车	韵味	号召	流量	债权
飞行器	臼齿	佛法	做梦	冰棍儿
凶恶	沧桑	搜寻	通红	推广
打鸣儿	戳穿	能耐	水准	时光
劫持	品德	哺乳	眷恋	进化论
隆重	辖区	缺口	冉冉	电镀
伙伴	苍穹	教堂	调配	水手
私下	瓜子儿	自转	文官	折磨
草皮	余粮	门槛儿	潜在	冰天雪地
分别	迷糊	摔跤	少儿	纽带

答：

fēngchē	yùnwèi	hàozhào	liúliàng	zhàiquán
fēixíngqì	jiùchǐ	fófǎ	zuòmèng	bīnggùnr
xiōng'è	cāngsāng	sōuxún	tōnghóng	tuīguǎng
dǎmíngr	chuōchuān	néngnai	shuǐzhǔn	shíguāng
jiéchí	pǐndé	bǔrǔ	juànliàn	jìnhuàlùn
lóngzhòng	xiáqū	quēkǒu	rǎnrǎn	diàndù
huǒbàn	cāngqióng	jiàotáng	diàopèi	shuǐshǒu
sīxià	guāzǐr	zìzhuàn	wénguān	zhémó
cǎopí	yúliáng	ménkǎnr	qiánzài	bīngtiānxuědì
fēnbié	míhu	shuāijiāo	shào'ér	niǔdài

读多音节词语练习 22

粪便	中层	赛跑	漆器	关卡
重工业	调皮	罪孽	执勤	妹妹
娘家	瓜瓤儿	钢铁	老鼠	人均
雄姿	缩短	目瞪口呆	濒临	名流
罪状	酒盅儿	白天	卧室	短缺
市场	收摊儿	富翁	普选	兄弟
发疯	快乐	电磁场	脑海	保持
创口	水井	昏黄	昏暗	追寻

懒散	衰变	聚居	差错	学校
条子	合作	人影儿	莫非	乘凉

答：

fènbiàn	zhōngcéng	sàipǎo	qīqì	guānqiǎ
zhònggōngyè	tiáopí	zuìniè	zhíqín	mèimei
niángjia	guārángr	gāngtiě	lǎoshǔ	rénjūn
xióngzī	suōduǎn	mùdèngkǒudāi	bīnlín	míngliú
zuìzhuàng	jiǔzhōngr	báitiān	wòshì	duǎnquē
shìchǎng	shōutānr	fùwēng	pǔxuǎn	xiōngdi
fāfēng	kuàilè	diàncíchǎng	nǎohǎi	bǎochí
chuāngkǒu	shuǐjǐng	hūnhuáng	hūn'àn	zhuīxún
lǎnsǎn	shuāibiàn	jùjū	chācuò	xuéxiào
tiáozi	hézuò	rényǐngr	mòfēi	chéngliáng

读多音节词语练习 23

致密	丝绒	谴责	穷困	嫁接
盟国	摸黑儿	出厂	天边	作怪
交响乐	安全	老头儿	祈求	穷人
身段	石笋	富翁	收摊儿	挫折
年轮	女王	车床	领事馆	幸而
插队	题词	反比	回信	目瞪口呆
培训	爪子	财会	跳高儿	内容
在行	水肿	功夫	杀菌	证据
影响	呆板	病灶	分别	小品
流放	大略	皇家	折磨	老化

答：

zhìmì	sīróng	qiǎnzé	qióngkùn	jiàjiē
méngguó	mōhēir	chūchǎng	tiānbiān	zuòguài
jiāoxiǎngyuè	ānquán	lǎotóur	qíqiú	qióngrén
shēnduàn	shísǔn	fùwēng	shōutānr	cuòzhé
niánlún	nǚwáng	chēchuáng	lǐngshìguǎn	xìng'ér
chāduì	tící	fǎnbǐ	huíxìn	mùdèngkǒudāi
péixùn	zhuǎzi	cáikuài	tiàogāor	nèiróng
zàiháng	shuǐzhǒng	gōngfu	shājūn	zhèngjù
yǐngxiǎng	dāibǎn	bìngzào	fēnbié	xiǎopǐn
liúfàng	dàlüè	huángjiā	zhémó	lǎohuà

读多音节词语练习 24

杂居	转弯	村民	城墙	花瓶儿
爽朗	脱胎	复发	面条儿	泛滥
创办	宽容	婆婆	古董	妥协
诀别	思量	盛夏	记事儿	霉菌
恒定	好比	扭转	心肠	惆怅
指点	分娩	留存	埋葬	大惊小怪
爱国	规劝	回忆录	准确	甚而
缺少	刀背儿	思考	雄蕊	甜菜
使者	区分	空军	筹备	私有制
无暇	纵队	扭曲	日光	啧啧

答：

zájū	zhuǎnwān	cūnmín	chéngqiáng	huāpíngr
shuǎnglǎng	tuōtāi	fùfā	miàntiáor	fànlàn
chuàngbàn	kuānróng	pópo	gǔdǒng	tuǒxié
juébié	sīliang	shèngxià	jìshìr	méijūn
héngdìng	hǎobǐ	niǔzhuǎn	xīncháng	chóuchàng
zhǐdiǎn	fēnmiǎn	liúcún	máizàng	dàjīngxiǎoguài
àiguó	guīquàn	huíyìlù	zhǔnquè	shèn’ér
quēshǎo	dāobèir	sīkǎo	xióngruǐ	tiáncài
shǐzhě	qūfēn	kōngjūn	chóubèi	sīyǒuzhì
wúxiá	zòngduì	niǔqū	rìguāng	zézé

读多音节词语练习 25

雪花	流量	退出	展望	探听
小米	苍穹	对等	抽签	凉快
繁殖	号码儿	作家	谱写	卓著
花瓣	皑皑	冻疮	开窍儿	政权
类群	是非	草拟	明媚	讽刺
顺便	红领巾	洁白	温暖	识破
私人	必需品	价钱	佛寺	火星儿
责怪	顺势	语重心长	柔软	投靠
包袱	田埂	滚动	大婶儿	吹牛
随军	蚂蚁	抉择	啧啧	观光

答：

xuěhuā	liúliàng	tuìchū	zhǎnwàng	tàntīng
xiǎomǐ	cāngqióng	duìděng	chōuqiān	liángkuai
fánzhí	hàomǎr	zuòjiā	pǔxiě	zhuózhù

huābàn	ái'ái	dòngchuāng	kāiqiàor	zhèngquán
lèiqún	shìfēi	cǎonǐ	míngmèi	fěngcì
shùnbiàn	hónglǐngjīn	jiébái	wēnnuǎn	shípò
sīrén	bìxūpǐn	jiàqián	fósì	huǒxīngr
zéguài	shùnshì	yǔzhòngxīncháng	róuruǎn	tóukào
bāofu	tiángěng	gǔndòng	dàshěnr	chuīniú
suíjūn	mǎyǐ	juézé	zézé	guānguāng

读多音节词语练习 26

青铜	宾馆	自封	卫兵	泄气
手掌	物价	专程	苍穹	广泛
柔软	猛烈	棉花	爽快	懂得
中间人	持续	门槛儿	咨询	更改
逃脱	早春	惦念	老者	袅袅
鼻梁儿	花旦	诉说	投放	下巴
板擦儿	压迫	直觉	摸黑儿	排放
垂钓	啧啧	远景	群落	相思
缺损	董事会	硫磺	贞操	皑皑
税率	触目惊心	穷困	啤酒	贵妃

答:

qīngtóng	bīnguǎn	zìfēng	wèibīng	xièqì
shǒuzhǎng	wùjià	zhuānchéng	cāngqióng	guǎngfàn
róuruǎn	měngliè	miánhuā	shuǎngkuai	dǒngdé
zhōngjiānrén	chíxù	ménkǎnr	zīxún	gēnggǎi
táotuō	zǎochūn	diànniàn	lǎozhě	niǎoniǎo
bíliángr	huādàn	sùshuō	tóufàng	xiàba
bǎncār	yāpò	zhíjué	mōhēir	páifàng
chuídiào	zézé	yuǎnjǐng	qúnluò	xiāngsī
quēsǔn	dǒngshìhuì	liúhuáng	zhēncāo	ái'ái
shuìlǜ	chùmùjīngxīn	qióngkùn	píjiǔ	guìfēi

读多音节词语练习 27

支配	直径	迅速	过火	轻描淡写
扩张	娘家	爽快	遍布	刀枪
提成儿	纲领	装置	风姿	典礼
头发	扫射	导管	调价	霉菌
传承	凶恶	总管	没准儿	水波
碎步儿	排球	人伦	养老	穷困

旋涡	奶牛	宗法	然后	自从
锯齿儿	沟通	社会学	双亲	民航
自称	残缺	机械化	物品	勒令
面粉	水产	语调	人才	胎儿

答:

zhīpèi	zhíjìng	xùnsù	guòhuǒ	qīngmiáodànxiě
kuòzhāng	niángjia	shuǎngkuai	biànbù	dāoqāng
tíchéngr	gānglǐng	zhuāngzhì	fēngzī	diǎnlǐ
tóufa	sǎoshè	dǎoguǎn	tiáojià	méijūn
chuánchéng	xiōng'è	zǒngguǎn	méizhǔnr	shuǐbō
suìbùr	páiqiú	rénlún	yǎnglǎo	qióngkùn
xuánwō	nǎiniú	zōngfǎ	ránhòu	zìcóng
jùchǐr	gōutōng	shèhuìxué	shuāngqīn	mínháng
zìchēng	cánquē	jīxièhuà	wùpǐn	lèlìng
miànfěn	shuǐchǎn	yǔdiào	réncái	tāi'ér

读多音节词语练习 28

威风	缺损	贫困	对等	首长
育才	说穿	直率	差额	没谱儿
电动	花圈	回环	解渴	云层
专家	搜查	容量	拉链儿	炯炯
行径	通红	在这儿	林子	粉笔
闹事	流利	单纯	探寻	冰天雪地
坩埚	淘汰	设防	自在	男女
超声波	归侨	母本	末尾	小鬼
嗓门儿	强求	职权	字画	纺织品
矿床	乡下	柔弱	覆灭	局促

答:

wēifēng	quēsǔn	pínkùn	duìděng	shǒuzhǎng
yùcái	shuōchuān	zhíshuài	chā'é	méipǔr
diàndòng	huāquān	huíhuán	jiěkě	yúncéng
zhuānjiā	sōuchá	róngliàng	lāliànr	jiǒngjiǒng
xíngjìng	tōnghóng	zàizhèr	línzi	fěnbǐ
nàoshì	liúlì	dānchún	tànxún	bīngtiānxuědì
gānguō	táotài	shèfáng	zìzai	nánnǚ
chāoshēngbō	guīqiáo	mǔběn	mòwěi	xiǎoguǐ
sǎngménr	qiǎngqiú	zhíquán	zìhuà	fǎngzhīpǐn
kuàngchuáng	xiāngxia	róuruò	fùmiè	júcù

读多音节词语练习 29

视觉	砍伐	顺风	承袭	亏损
味道	主旨	空军	奶奶	牙签儿
人群	火光	强渡	小葱儿	称道
谈天	此起彼伏	粮仓	卖命	察觉
凶恶	命脉	蹂躏	泪珠儿	民房
上山	本体	定价	鬼脸	通则
专制	表率	选票	女工	短语
头子	肺结核	涡流	衰弱	嘴唇
环抱	坩埚	当家	创造性	花盆儿
雄姿	僧侣	别致	强求	随后

答：

shìjué	kǎnfá	shùnfēng	chéngxí	kuīsǔn
wèidào	zhǔzhǐ	kōngjūn	nǎinai	yáqiānr
rénqún	huǒguāng	qiángdù	xiǎocōngr	chēngdào
tántiān	cǐqǐbǐfú	liángcāng	màimìng	chájué
xiōng’è	mìngmài	róulìn	lèizhūr	mínfáng
shàngshān	běntǐ	dìngjià	guǐliǎn	tōngzé
zhuānzhì	biǎoshuài	xuǎnpiào	nǚgōng	duǎnyǔ
tóuzi	fèijiéhé	wōliú	shuāiruò	zuǐchún
huánbào	gānguō	dāngjiā	chuàngzàoxìng	huāpénr
xióngzī	sēnglǚ	biézhì	qiǎngqiú	suíhòu

读多音节词语练习 30

牵动	安家	切片	穷尽	辐射
命名	笑话儿	搜寻	痛快	疼痛
旭日	暴风雪	破裂	因子	俯首
肿瘤	诽谤	拇指	铭文	虐待
出类拔萃	慨然	转瞬	围裙	黄昏
推广	事实	旅馆	铁索	积极性
侨民	粪便	草场	支援	凉快
对比	滋生	加塞儿	年华	然而
后跟儿	窘迫	吹牛	尊称	啧啧
栅栏儿	高超	宣传	抢夺	党章

答：

qiāndòng	ānjiā	qiēpiàn	qióngjìn	fúshè
mìngmíng	xiàohuàr	sōuxún	tòngkuài	téngtòng
xùrì	bàofēngxuě	pòliè	yīnzǐ	fǔshǒu

zhǒngliú	fěibàng	mǔzhǐ	míngwén	nüèdài
chūlèibácuì	kǎirán	zhuǎnshùn	wéiqún	huánghūn
tuīguǎng	shìshí	lǚguǎn	tiěsuǒ	jījíxìng
qiáomín	fēnbiàn	cǎochǎng	zhīyuán	liángkuai
duìbǐ	zīshēng	jiāsāir	niánhuá	rán'ér
hòugēnr	jiǒngpò	chuīniú	zūnchēng	zézé
zhàlanr	gāochāo	xuānchuán	qiǎngduó	dǎngzhāng

读多音节词语练习 31

吞并	瞎子	长处	民歌	脖颈儿
孕育	乡下	未曾	纷飞	名列前茅
黄色	欠缺	新居	袅袅	流程
只好	囚犯	柔软	饭盒儿	潮水
拖拉机	当代	表皮	周转	领略
使者	灾荒	炯炯	毒打	说穿
骨髓	面目	势能	信贷	快板儿
抢购	尊敬	写字台	从容	匹配
水獭	葬礼	恩赐	少儿	随军
划分	果冻儿	痛快	完全	夸张

答：

tūnbìng	xiāzi	chángchù	míngé	bógěngr
yùnyù	xiāngxia	wèicéng	fēnfēi	mínglièqiánmáo
huángsè	qiànquē	xīnjū	niǎoniǎo	liúchéng
zhǐhǎo	qiúfàn	róuruǎn	fànhér	cháoshuǐ
tuōlājī	dāngdài	biǎopí	zhōuzhuǎn	lǐnglüè
shǐzhě	zāihuāng	jiǒngjiǒng	dúdǎ	shuōchuān
gǔsuǐ	miànmù	shìnéng	xìndài	kuàibǎnr
qiǎnggòu	zūnjìng	xiězìtái	cóngróng	pǐpèi
shuǐtǎ	zànglǐ	ēncì	shào'ér	suíjūn
huàfēn	guǒdòngr	tòngkuài	wánquán	kuāzhāng

读多音节词语练习 32

蜂巢	衰老	当差	撒谎	察觉
慈悲	民工	影响	人权	没准儿
忘怀	截然	小品	再造	随军
天亮	可取	绝对	内地	专栏
蜂房	逊色	垮台	留声机	花圈
公职	蜕变	食物链	手套儿	下跌

创作	扭转	穷困	小曲儿	通航
策略	公会	此起彼伏	壮观	婆婆
名单	有数儿	爱人	粪便	雄姿
车站	始祖	叮咛	盟国	差价

答：

fēngcháo	shuāilǎo	dāngchāi	sāhuǎng	chájué
cíbēi	míngōng	yǐngxiǎng	rénquán	méizhǔnr
wànghuái	jiérán	xiǎopǐn	zàizào	suíjūn
tiānliàng	kěqǔ	juéduì	nèidì	zhuānlán
fēngfáng	xùnsè	kuǎtái	liúshēngjī	huāquān
gōngzhí	tuìbiàn	shíwùliàn	shǒutàor	xiàdiē
chuàngzuò	niǔzhuǎn	qióngkùn	xiǎoqǔr	tōngháng
cèlüè	gōnghuì	cǐqǐbǐfú	zhuàngguān	pópo
míngdān	yǒushùr	àirén	fènbiàn	xióngzī
chēzhàn	shǐzǔ	dīngníng	méngguó	chājià

读多音节词语练习 33

斑驳	猩猩	杂粮	供奉	蓬乱
明媚	冲刷	掉价儿	混合	柔顺
指点	损坏	超导体	少儿	窘迫
罪过	头盔	专区	哪里	兄弟
脑髓	排场	蕴藏	飞翔	灾民
棒球儿	丢脸	庄重	国防	亲王
聊天儿	结果	石子儿	切割	纷飞
愉快	狭隘	接近	犬齿	土产
刺杀	不动声色	策略	门板	辉煌
牛仔裤	完整	人均	周期	学徒

答：

bānbó	xīngxing	záliáng	gòngfèng	péngluàn
míngmèi	chōngshuā	diàojiàr	hùnhé	róushùn
zhǐdiǎn	sǔnhuài	chāodǎotǐ	shào’ér	jiǒngpò
zuìguò	tóukuī	zhuānqū	nǎlǐ	xiōngdi
nǎosuǐ	páichǎng	yùncáng	fēixiáng	zāimín
bàngqiú	diūliǎn	zhuāngzhòng	guófáng	qīnwáng
liáotiānr	jiéguǒ	shízǐr	qiēgē	fēnfēi
yúkuài	xiá’ài	jiējìn	quǎnchǐ	tǔchǎn
cìshā	bùdòngshēngsè	cèlüè	ménbǎn	huīhuáng
niúzǎikù	wánzhěng	rénjūn	zhōuqī	xuétú

读多音节词语练习 34

白人	折中	搬迁	夸张	箱子
出场	窘迫	放大镜	新兴	铁轨
毛驴儿	公事	废旧	火罐儿	致密
松鼠	杰出	窈窕	参军	蜂房
啧啧	明日	狭隘	目瞪口呆	黄昏
贫穷	烤火	温和	揣摩	鱼漂儿
嫁妆	孙女	增生	欠缺	手软
饭菜	小丑儿	同班	四围	领略
大理石	墙根	悬念	纯粹	天资
推断	水果	群岛	逆流	制备

答：

báirén	zhézhōng	bānqiān	kuāzhāng	xiāngzi
chūchǎng	jiǒngpò	fàngdàjìng	xīnxīng	tiěguǐ
máolǘr	gōngshì	fèijiù	huǒguànr	zhìmì
sōngshǔ	jiéchū	yǎotiǎo	cānjūn	fēngfáng
zézé	míngrì	xiá'ài	mùdèngkǒudāi	huánghūn
pínqióng	kǎohuǒ	wēnhé	chuǎimó	yúpiāor
jiàzhuang	sūnnǚ	zēngshēng	qiànquē	shǒuruǎn
fàncài	xiǎochǒur	tóngbān	sìwéi	lǐnglüè
dàlǐshí	qiánggēn	xuánniàn	chúncuì	tiānzī
tuīduàn	shuǐguǒ	qúndǎo	nìliú	zhìbèi

读多音节词语练习 35

专制	红娘	形成	原本	决定
窘迫	抓阄儿	衰弱	扇面儿	校风
贴切	论调	改悔	明快	胆略
喇叭	蛋清儿	挑拨	苍穹	食管
眉毛	球体	车厢	正比例	追随
端庄	空旷	子女	随军	滔滔
下旬	花盆儿	内海	国歌	富翁
当事人	裁决	幼儿	死守	附录
昂首	濒临	总称	减免	初春
非法	啧啧	万紫千红	狭长	采取

答：

zhuānzhì	hóngniáng	xíngchéng	yuánběn	juédìng
jiǒngpò	zhuājiūr	shuāiruò	shànmiànr	xiàofēng
tiēqiè	lùndiào	gǎihuǐ	míngkuài	dǎnlüè

lǎba	dànqīngr	tiǎobō	cāngqióng	shíguǎn
méimao	qiútǐ	chēxiāng	zhèngbǐlì	zhuīsuí
duānzhuāng	kōngkuàng	zǐnǚ	suíjūn	tāotāo
xiàxún	huāpéngr	nèihǎi	guógē	fùwēng
dāngshìrén	cáijué	yòu'ér	sīshǒu	fùlù
ángshǒu	bīnlín	zǒngchēng	jiǎnmiǎn	chūchūn
fēifǎ	zézé	wànzǐqiānhóng	xiácháng	cǎiqǔ

读多音节词语练习 36

贫穷	辉煌	评定	新陈代谢	迷蒙
通风	展览	啧啧	流量	甲状腺
非得	施肥	省略	灾情	苟且
田园	头发	比武	衰变	作怪
框架	刀把儿	哀怨	军区	舞场
从此	迷宫	欢腾	搜刮	墨水儿
紫菜	困难	吵架	认识论	破产
木耳	猖獗	碎步儿	过年	统制
转化	轮船	许可	枪支	寻找
叫好儿	死伤	削弱	丢掉	穷人

答：

pínqióng	huīhuáng	píngdìng	xīnchéndàixiè	míméng
tōngfēng	zhǎnlǎn	zézé	liúliàng	jiǎzhuàngxiàn
fēiděi	shīféi	shěnglüè	zāiqíng	gǒuqiě
tiányuán	tóufa	bǐwǔ	shuāibiàn	zuòguài
kuāngjià	dāobàr	āiyuàn	jūnqū	wǔchǎng
cóngcǐ	mígōng	huānténg	sōuguā	mòshuǐr
zǐcài	kùnnán	chǎojià	rènshílùn	pòchǎn
mù'ěr	chāngjué	suìbùr	guònián	tǒngzhì
zhuǎnhuà	lúnchuán	xǔkě	qiāngzhī	xúnzhǎo
jiàohǎor	sǐshāng	xuēruò	diūdiào	qióngrén

读多音节词语练习 37

偏爱	疯子	点滴	干冰	痰盂儿
春秋	穷困	空旷	才华	光泽
光彩	胡同儿	随军	衰落	选手
尿素	铁轨	学龄	弱小	春雷
脑海	换算	小儿	满怀	有的放矢
冷清	追加	天使	啧啧	强求

金字塔	车门	复发	俯首	帮忙
下跌	雄蕊	传令	半道儿	乘凉
居民	中世纪	围裙	味道	找茬儿
层面	婆婆	着重	根本	知觉

答：

piān’ài	fēngzi	diǎndī	gānbīng	tányúr
chūnqiū	qióngkùn	kōngkuàng	cáihuá	guāngzé
guāngcǎi	hútòngr	suíjūn	shuāiluò	xuǎnshǒu
niàosù	tiěguǐ	xuélíng	ruòxiǎo	chūnkléi
nǎohǎi	huànsuàn	xiǎo’ér	mǎnhuái	yǒudìfàngshǐ
lěngqīng	zhuījiā	tiānshǐ	zézé	qiǎngqiú
jīnzìtǎ	chēmén	fùfā	fǔshǒu	bāngmáng
xiàdiē	xióngruǐ	chuánlìng	bàndàor	chéngliáng
jūmín	zhōngshìjì	wéiqún	wèidào	zhǎochár
céngmiàn	pópo	zhuózhòng	gēnběn	zhījué

读多音节词语练习 38

风车	脍炙人口	声波	大略	辩护人
陶瓷	电讯	莫非	平房	远景
木耳	幌子	权贵	狭长	使得
再会	民歌	驱车	顺心	本体
磁力	手段	绝着儿	总共	穿插
碍事	性别	主角儿	涅槃	包干儿
虽然	恰巧	盲肠	宰相	索取
作怪	村庄	流量	同盟	大多数
换取	脑髓	委婉	先锋	挑剔
抓阄儿	玲珑	炯炯	装运	年华

答：

fēngchē	kuàizhìrénkǒu	shēngbō	dàlüè	biànhùrén
táocí	diànxùn	mòfēi	píngfáng	yuǎnjǐng
mù’er	huǎngzi	quánguì	xiácháng	shǐdé
zàihuì	míngē	qūchē	shùnxīn	běntǐ
cílì	shǒuduàn	juézhāor	zǒnggòng	chuānchā
àishì	xìngbié	zhǔjuér	nièpán	bāogānr
suīrán	qiàqiǎo	mángcháng	zǎixiàng	suǒqǔ
zuòguài	cūnzhuāng	liúliàng	tóngméng	dàduōshù
huànqǔ	nǎosuǐ	wěiwǎn	xiānfēng	tiāoti
zhuājiūr	línglóng	jiǒngjiǒng	zhuāngyùn	niánhuá

读多音节词语练习 39

出卖	悲观	卑下	中秋	折合
桥头	灯泡儿	难怪	水果	陶瓷
贫穷	走访	鼻涕	民族	人行道
两岸	顺风	征询	充斥	嘴脸
穷人	大婶儿	借款	池子	丧事
葵花	一块儿	卓著	脸盘儿	描摹
在场	运送	物化	检举	虚构
昏黄	中学	佛典	猎犬	反比
市民	推广	放大镜	略微	层次
奶奶	大相径庭	缺少	热流	枷锁

答：

chūmài	bēiguān	bēixià	zhōngqiū	zhéhé
qiáotóu	dēngpàor	nánguài	shuǐguǒ	táocí
pínqióng	zǒufǎng	bítì	mínzú	rénxíngdào
liǎng'àn	shùnfēng	zhēngxún	chōngchì	zuǐliǎn
qióngrén	dàshěnr	jièkuǎn	chízi	sāngshì
kuíhuā	yīkuàir	zhuóyzhù	liǎnpánr	miáomó
zàichǎng	yùnsòng	wùhuà	jiǎnjǔ	xūgòu
hūnhuáng	zhōngxué	fódiǎn	lièquǎn	fǎnbǐ
shìmín	tuīguǎng	fàngdàjìng	lüèwēi	céngcì
nǎinai	dàxiāngjìngtíng	quēshǎo	rèliú	jiāsuǒ

读多音节词语练习 40

血型	搁置	官方	残缺	侍从
子女	有数儿	穷人	昏黄	圣诞节
画面	骚扰	捣毁	条子	天边
冲刷	棍棒	开阔	纽扣	触目惊心
疲倦	自行车	白糖	娘家	打转儿
特区	恶劣	装配	搜寻	民办
富翁	围裙	冷水	坐落	漂流
追查	魔法	凉水	兄弟	嗓门儿
坏人	冷饮	漆器	锯齿儿	指点
转嫁	胎儿	非凡	总共	光彩

答：

xuèxíng	gēzhì	guānfāng	cánquē	shìcóng
zǐnǚ	yǒushùr	qióngrén	hūnhuáng	shèngdànjié
huàmiàn	sāorǎo	dǎohuǐ	tiáozi	tiānbiān

chōngshuā	gùnbàng	kāikuò	niǔkòu	chùmùjīngxīn
píjuàn	zìxíngchē	báitáng	niángjia	dǎzhuànr
tèqū	èliè	zhuāngpèi	sōuxún	mínbàn
fùwēng	wéiqún	lěngshuǐ	zuòluò	piāoliú
zhuīchá	mófǎ	liángshuǐ	xiōngdi	sǎngménr
huàirén	lěngyǐn	qīqì	jùchǐr	zhǐdiǎn
zhuǎnjià	tāi'ér	fēifán	zǒnggòng	guāngcǎi

读多音节词语练习 41

姥姥	着力	使劲	谅解	夸奖
不锈钢	穿插	甚而	吵嘴	悔改
选择	决策	征收	私下	弟兄
倘使	字条	强调	梨核儿	愉快
融洽	若无其事	前锋	分别	蕴藏
挥发	稳妥	孙女	磁场	冰棍儿
平安	曲轴	化肥	莫非	在这儿
杆菌	中学生	尖端	缅怀	标兵
松软	债券	充满	敏感	顶牛儿
糟粕	凶猛	佩戴	吞吐	矿床

答：

lǎolao	zhuólì	shǐjìn	liàngjiě	kuājiǎng
bùxiùgāng	chuānchā	shèn'ér	chǎozuǐ	huǐgǎi
xuǎnzé	juécè	zhēngshōu	sīxià	dìxiong
tǎngshǐ	zìtiáo	qiángdiào	líhér	yúkuài
róngqià	ruòwúqíshì	qiánfēng	fēnbié	yùncáng
huīfā	wěntuǒ	sūnnǚ	cíchǎng	bīnggùnr
píng'ān	qūzhóu	huàféi	mòfēi	zàizhèr
gǎnjūn	zhōngxuéshēng	jiānduān	miǎnhuái	biāobīng
sōngruǎn	zhàiquàn	chōngmǎn	mǐngǎn	dǐngniúr
zāopò	xiōngměng	pèidài	tūntǔ	kuàngchuáng

读多音节词语练习 42

探寻	大略	传承	货币	生成
四边形	飞快	水准	聊天儿	喷泉
折中	囚犯	商场	壮实	好比
供求	火星儿	啧啧	娘家	酝酿
寡妇	叫好儿	吞没	天命	下等
亲笔	颓废	殖民地	领略	柔软

矿区	大公无私	尽早	愿望	衰竭
诗篇	房租	骨髓	存款	炯炯
重叠	大伙儿	摧残	魔爪	乐趣
流血	皑皑	改写	仇人	满载

答：

tànxún	dàlüè	chuánchéng	huòbì	shēngchéng
sìbiānxíng	fēikuài	shuǐzhǔn	liáotiānr	pēnquán
zhéhzhōng	qiúfàn	shāngchǎng	zhuàngshi	hǎobǐ
gōngqiú	huǒxīngr	zézé	niángjia	yùnniàng
guǎfu	jiàohǎor	tūnmò	tiānmìng	xiàděng
qīnbǐ	tuífèi	zhímíndì	lǐnglüè	róuruǎn
kuàngqū	dàgōngwúsī	jǐnzǎo	yuànwàng	shuāijié
shīpiān	fángzū	gǔsuǐ	cúnkuǎn	jiǒngjiǒng
chóngdié	dàhuǒr	cuīcán	mózhǎo	lèqù
liúxuè	áiái	gǎixiě	chóurén	mǎnzài

读多音节词语练习 43

命名	房东	专科	大豆	缺点
皮肉	幌子	渺小	工资	手套儿
请求	缺少	皑皑	旭日	栅栏儿
降价	过关	水草	分流	辨别
石笋	池子	别针儿	烟草	雄辩
退回	根据地	总称	随军	宣传
冷饮	春雷	漠然	直率	矿区
八仙桌	娘家	在这儿	徒工	蜂房
僧侣	衰落	产品	疾驰	无可奈何
吞吐	苍穹	凝望	培训	谎话

答：

mìngmíng	fángdōng	zhuānkē	dàdòu	quēdiǎn
píròu	huǎngzi	miǎoxiǎo	gōngzī	shǒutàor
qǐngqiú	quēshǎo	áiái	xùrì	zhàlanr
jiàngjià	guòguān	shuǐcǎo	fēnliú	biànbié
shísǔn	chízi	biézhēnr	yāncǎo	xióngbiàn
tuìhuí	gēnjùdì	zǒngchēng	suíjūn	xuānchuán
lěngyǐn	chūnléi	mòrán	zhíshuài	kuàngqū
bāxiānzhuō	niángjia	zàizhèr	túgōng	fēngfáng
sēnglǚ	shuāiluò	chǎnpǐn	jíchí	wúkěnàihé
tūntǔ	cāngqióng	níngwàng	péixùn	huǎnghuà

读多音节词语练习 44

阶层	鞭子	罪名	奋不顾身	丢掉
实话	疮疤	火罐儿	短跑	热量
特定	贫穷	水牛	跳高儿	潺潺
潦倒	巍峨	混沌	派出所	资源
怂恿	搪塞	推卸	军机	冉冉
询问	领略	港口	侄子	中学生
序曲	飞快	作家	壶盖儿	开采
临近	胸腔	之前	夹缝儿	苍茫
离奇	守法	转轴	全能	揣摩
天明	装备	写法	年会	末梢

答：

jiēcéng	biānzi	zuìmíng	fènbùgùshēn	diūdiào
shíhuà	chuāngbā	huǒguànr	duǎnpǎo	rèliàng
tèdìng	pínqióng	shuǐniú	tiàogāor	chánchán
liáodǎo	wēi'é	hùndùn	pàichūsuǒ	zīyuán
sǒngyǒng	tángsè	tuīxiè	jūnjī	rǎnrǎn
xúnwèn	lǐnglüè	gǎngkǒu	zhízi	zhōngxuéshēng
xùqǔ	fēikuài	zuòjiā	húgàir	kāicǎi
línjìn	xiōngqiāng	zhīqián	jiāfèngr	cāngmáng
líqí	shǒufǎ	zhuànzhóu	quánnéng	chuǎimó
tiānmíng	zhuāngbèi	xiěfǎ	niánhuì	mòshāo

读多音节词语练习 45

揣摩	培训	双亲	呆滞	账房
表明	着落	可口	蜂房	试剂
将来	弄虚作假	友好	炯炯	人次
按钮	平衡木	女儿	杂粮	随军
亲切	追随	后跟儿	打点	滑雪
吞食	关卡	提成儿	真切	参赛
取舍	维修	工资	策略	绕远儿
弊病	到处	谈天	红包儿	连队
传染病	夸张	垄断	委派	小米
春光	吞没	旋风	叔叔	自发

答：

chuǎimó	péixùn	shuāngqīn	dāizhì	zhàngfáng
biǎomíng	zhuóluò	kěkǒu	fēngfáng	shìjì
jiānglái	nòngxūzuòjiǎ	yǒuhǎo	jiǒngjiǒng	réncì

ànniǔ	pínghéngmù	nǚ'ér	záliáng	suíjūn
qīnqiè	zhuīsuí	hòugēnr	dǎdiǎn	huáxuě
tūnshí	guānqiǎ	tíchéngr	zhēnqiè	cānsài
qǔshě	wéixiū	gōngzī	cèlüè	ràoyuǎnr
bìbìng	dàochù	tántiān	hóngbāor	liánduì
chuánrǎnbìng	kuāzhāng	lǒngduàn	wěipài	xiǎomǐ
chūnguāng	tūnmò	xuànfēng	shūshu	zìfā

读多音节词语练习 46

搜刮	糟糕	超额	富翁	光景
守法	衰落	低层	皇宫	土壤
混沌	尺子	下边	帮忙	放射线
同名	板擦儿	加深	衰弱	炯炯
空白	淋漓尽致	凭吊	归队	农垦
起火	反复	成就	小雪	预算
奶奶	墨汁儿	地平线	流量	铿锵
自由	辗转	探询	泯灭	啧啧
打晃儿	围裙	春雷	正确	转播
退回	赛跑	出圈儿	磁铁	身躯

答：

sōuguā	zāogāo	chāo'é	fùwēng	guāngjǐng
shǒufǎ	shuāiluò	dīcéng	huánggōng	tǔrǎng
hùndùn	chǐzi	xiàbiān	bāngmáng	fàngshèxiàn
tóngmíng	bǎncār	jiāshēn	shuāiruò	jiǒngjiǒng
kòngbái	línlíjìnzhì	píngdiào	guīduì	nóngkěn
qǐhuǒ	fǎnfù	chéngjiù	xiǎoxuě	yùsuàn
nǎinai	mòzhīr	dìpíngxiàn	liúliàng	kēngqiāng
zìyóu	zhǎnzhuǎn	tànxún	mǐnmiè	zézé
dǎhuàngr	wéiqún	chūnléi	zhèngquè	zhuǎnbō
tuìhuí	sàipǎo	chūquānr	cítiě	shēnqū

读多音节词语练习 47

加热	啧啧	幌子	探询	临摹
乒乓球	坐标	恰似	壮丁	根本
梨核儿	双向	贫穷	滑稽	快板儿
蕴藏	远程	茶点	水手	疼痛
缺点	犬齿	皑皑	润滑	转弯
兴高采烈	女方	穷困	讲理	台风

终止	丑陋	吹嘘	东正教	衰竭
雇工	图钉儿	爆发	方面	流传
关心	半截儿	贞操	自费	瞬时
妹妹	恼火	莫大	琐碎	入学

答：

jiārè	zézé	huǎngzi	tànxún	línmó
pīngpāngqiú	zuòbiāo	qiàsì	zhuàngdīng	gēnběn
líhér	shuāngxiàng	pínqióng	huájī	kuàibǎnr
yùncáng	yuǎnchéng	chádiǎn	shuǐshǒu	téngtòng
quēdiǎn	quǎnchǐ	áiái	rùnhuá	zhuǎnwān
xìnggāocǎiliè	nǚfāng	qióngkùn	jiǎnglǐ	táifēng
zhōngzhǐ	chǒulòu	chuīxū	dōngzhèngjiào	shuāijié
gùgōng	túdīngr	bàofā	fāngmiàn	liúchuán
guānxīn	bànjiér	zhēncāo	zìfèi	shùnshí
mèimei	nǎohuǒ	mòdà	suǒsuì	rùxué

读多音节词语练习 48

成虫	通车	逃跑	归队	肚脐儿
偏偏	资格	女生	慈祥	房子
穷人	辩证法	诀别	小偷儿	牛顿
村庄	领主	安全	许可	泯灭
加塞儿	小褂	肛门	爸爸	工作日
末梢	丈量	裁军	调价	潺潺
转脸	近代	落款儿	性情	月份
女儿	锐利	装潢	老总	实施
所有	坏事	探询	行会	穷苦
眉飞色舞	握手	败坏	春秋	递增

答：

chéngchóng	tōngchē	táopǎo	guīduì	dùqír
piānpiān	zīgé	nǚshēng	cíxiáng	fángzi
qióngrén	biànzhèngfǎ	juébié	xiǎotōur	niúdùn
cūnzhuāng	lǐngzhǔ	ānquán	xǔkě	mǐnmiè
jiāsāir	xiǎoguà	gāngmén	bàba	gōngzuòrì
mòshāo	zhàngliáng	cáijūn	tiáojià	chánchán
zhuǎnliǎn	jìndài	luòkuǎnr	xìngqíng	yuèfèn
nǚ’ér	ruìlì	zhuānghuáng	lǎozǒng	shíshī
suǒyǒu	huàishì	tànxún	hánghuì	qióngkǔ
méifēisèwǔ	wòshǒu	bàihuài	chūnqiū	dìzēng

读多音节词语练习 49

车厢	甚而	鼻涕	天资	生成
舞曲	推敲	家眷	强烈	安培
独断	举足轻重	天平	女郎	露馅儿
分蘖	软弱	寻找	慷慨	感慨
公法	水牛	水肿	被子	锐角
轮子	指引	抖动	戳穿	未必
凶狠	联合国	蛋黄儿	揣测	标兵
锋芒	适当	加塞儿	留存	石膏
化妆品	穷尽	岳父	学期	搜寻
找茬儿	逃命	光彩	损坏	默默

答：

chēxiāng	shèn'ér	bítì	tiānzī	shēngchéng
wǔqǔ	tuīqiāo	jiājuàn	qiángliè	ānpéi
dúduàn	jǔzúqīngzhòng	tiānpíng	nǚláng	lòuxiànr
fēnniè	ruǎnruò	xúnzhǎo	kāngkǎi	gǎnkǎi
gōngfǎ	shuǐniú	shuǐzhǒng	bèizi	ruìjiǎo
lúnzi	zhǐyǐn	dǒudòng	chuōchuān	wèibì
xiōnghěn	liánhéguó	dànhuángr	chuǎicè	biāobīng
fēngmáng	shìdàng	jiāsāir	liúcún	shígāo
huàzhuāngpǐn	qióngjìn	yuèfù	xuéqī	sōuxún
zhǎochár	táomìng	guāngcǎi	sǔnhuài	mòmò

读多音节词语练习 50

支撑	人才	抽查	灵魂	退缩
现代化	啧啧	夹击	率领	犬齿
赶快	丝绒	种群	跑腿儿	描画
仿佛	只管	伪装	笼统	休眠
羽毛球	略微	血脉	大娘	苦果
对偶	娘家	人均	设防	大伙儿
存放	窘迫	增生	尊称	半道儿
凉爽	针鼻儿	贫穷	汇编	血管
精灵	主管	贴切	蚕丝	眉开眼笑
调拨	驱除	梯子	信念	收拾

答：

zhīchēng	réncái	chōuchá	línghún	tuìsuō
xiàndàihuà	zézé	jiājī	shuàilǐng	quǎnchǐ
gǎnkuài	sīróng	zhǒngqún	pǎotuǐr	miáohuà

fǎngfú	zhǐguǎn	wěizhuāng	lǒngtǒng	xiūmián
yǔmáoqiú	lüèwēi	xuèmài	dàniáng	kǔguǒ
duì'ǒu	niángjia	rénjūn	shèfáng	dàhuǒr
cúnfàng	jiǒngpò	zēngshēng	zūnchēng	bàndàor
liángshuǎng	zhēnbír	pínqióng	huìbiān	xuèguǎn
jīnglíng	zhǔguǎn	tiěqiè	cánsī	méikāiyǎnxiào
diàobō	qūchú	tīzi	xìnniàn	shōushi

读多音节词语练习 51

突破	渺茫	毛骨悚然	推选	长者
台风	凉快	柜台	洗澡	雪片
缺憾	资财	方法	东欧	衰落
死守	送信儿	装运	求救	戳穿
年会	传说	审理	八卦	澄清
吃饭	实话	嘹亮	矿区	定名
胳膊	石子儿	穷困	混合物	绿肥
真菌	参加	稳定	天边	蜜枣儿
春光	游击队	尽早	苍穹	纳入
鞋带儿	下跌	钟表	职能	配备

答：

tūpò	miǎománg	máogǔsǒngrán	tuīxuǎn	zhǎngzhě
táifēng	liángkuai	guìtái	xǐzǎo	xuěpiàn
quēhàn	zīcái	fāngfǎ	dōng'ōu	shuāiluò
sǐshǒu	sòngxìnr	zhuāngyùn	qiújiù	chuōchuān
niánhuì	chuánshuō	shěnlǐ	bāguà	chéngqīng
chīfàn	shíhuà	liáoliàng	kuàngqū	dìngmíng
gēbo	shízǐr	qióngkùn	hùnhéwù	lǜféi
zhēnjūn	cānjiā	wěndìng	tiānbiān	mìzǎor
chūnguāng	yóujīduì	jǐnzǎo	cāngqióng	nàrù
xiédàir	xiàdiē	zhōngbiǎo	zhínéng	pèibèi

读多音节词语练习 52

美观	粗放	双重	衰弱	领事馆
脱胎	月初	分量	搜寻	市价
减产	疲倦	花朵	影响	喝彩
钦差	衰变	绝着儿	贫困	种群
熊猫	牛仔裤	推算	茄子	夸大
差点儿	眉毛	弹劾	煎熬	规律

私自	理直气壮	钢镚儿	风波	胸膛
袅袅	尊称	番茄	准许	回合
罪名	琉璃	小葱儿	壮丁	反驳
懂得	把守	问卷	恰如	烹饪

答：

měiguān	cūfàng	shuāngchóng	shuāiruò	lǐngshìguǎn
tuōtāi	yuèchū	fènliàng	sōuxún	shìjià
jiǎnchǎn	píjuàn	huāduǒ	yǐngxiǎng	hècǎi
qīnchāi	shuāibiàn	juézhāor	pínkùn	zhǒngqún
xióngmāo	niúzǎikù	tuīsuàn	qiézi	kuādà
chàdiǎnr	méimao	tánhé	jiān’áo	guīlǜ
sīzì	lǐzhíqìzhuàng	gāngbèngr	fēngbō	xiōngtáng
niǎoniǎo	zūnchēng	fānqié	zhǔnxǔ	huíhé
zuìmíng	liúlí	xiǎocōngr	zhuàngdīng	fǎnbó
dǒngdé	bǎshǒu	wènjuàn	qiàrú	pēngrèn

读多音节词语练习 53

时空	亲家	婆婆	新娘	加深
走访	明快	豪情	皇权	轻快
追寻	泪珠儿	老练	猜测	长者
蛮干	短缺	调试	食物链	各别
小偷儿	节拍	牛顿	胎儿	密闭
大略	尖锐	体育场	左手	对等
萌发	查询	罪状	本土	松散
风姿	火锅儿	漫画	非得	环抱
巢穴	顺从	炯炯	鼻梁儿	春秋
富翁	热爱	语重心长	官司	成年

答：

shíkōng	qìngjia	pópo	xīnniáng	jiāshēn
zǒufǎng	míngkuài	háoqíng	huángquán	qīngkuài
zhuīxún	lèizhūr	lǎoliàn	cāicè	zhǎngzhě
mángàn	duǎnquē	tiáoshì	shíwùliàn	gèbié
xiǎotōur	jiépāi	niúdùn	tāi’ér	mìbì
dàlüè	jiānruì	tǐyùchǎng	zuǒshǒu	duìděng
méngfā	cháxún	zuìzhuàng	běntǔ	sōngsǎn
fēngzī	huǒguōr	mànhuà	fēiděi	huánbào
cháoxué	shùncóng	jiǒngjiǒng	bíliángr	chūnqiū
fùwēng	rè’ài	yǔzhòngxīncháng	guānsi	chéngnián

读多音节词语练习 54

偏偏	庄稼	挑剔	一丝不苟	损伤
冒昧	远景	女人	觉察	霓虹灯
支撑	揣摩	亲临	人才	前世
转折	流传	抽空儿	明亮	纽带
咨询	恶霸	改组	硫磺	得当
硕士	凶恶	鲁莽	着力	瓜子儿
佛法	作家	退回	反省	板块
总得	冰棍儿	稻草	顺手	富翁
贴切	犬齿	颓丧	开玩笑	学会
种群	包干儿	穷人	骗局	相逢

答：

piānpiān	zhuāngjia	tiāoti	yīsībùgǒu	sǔnshāng
màomèi	yuǎnjǐng	nǚrén	juéchá	níhóngdēng
zhīchēng	chuǎimó	qīnlín	réncái	qiánshì
zhuǎnzhé	liúchuán	chōukòngr	míngliàng	niǔdài
zīxún	èbà	gǎizǔ	liúhuáng	dédàng
shuòshì	xiōng’è	lǔmǎng	zhuólì	guāzǐr
fófǎ	zuòjiā	tuìhuí	fǎngxǐng	bǎnkuài
zǒngděi	bīnggùnr	dàocǎo	shùnshǒu	fùwēng
tiēqiè	quǎnchǐ	tuísàng	kāiwánxiào	xuéhuì
zhǒngqún	bāogānr	qióngrén	piànjú	xiāngféng

读多音节词语练习 55

玩耍	相连	消失	试看	热血
门口儿	功率	风波	湿润	凉快
棉田	纳闷儿	松散	传承	情不自禁
钻头	羽毛球	魔爪	陶醉	评价
合群儿	朝霞	评选	搜寻	融化
苍翠	酣睡	奶粉	挑子	呵斥
果品	夹击	枢纽	准备	壮烈
大气层	火光	主管	炯炯	登场
自愿	领主	飞碟	的确	差点儿
皑皑	奇怪	白费	方略	通常

答：

wánshuǎ	xiānglián	xiāoshī	shìkàn	rèxuè
ménkǒur	gōnglǜ	fēngbō	shīrùn	liángkuai
miántián	nàmènr	sōngsǎn	chuánchéng	qíngbùzìjīn

zuàntóu	yǔmáoqiú	mózhǎo	táozuì	píngjià
héqúnr	zhāoxiá	píngxuǎn	sōuxún	rónghuà
cāngcuì	hānshuì	nǎifěn	tiāozi	hēchì
guǒpǐn	jiājī	shūniǔ	zhǔnbèi	zhuàngliè
dàqìcéng	huǒguāng	zhǔguǎn	jiǒngjiǒng	dēngchǎng
zìyuàn	lǐngzhǔ	fēidié	díquè	chàdiǎnr
ái'ái	qíguài	báifèi	fānglüè	tōngcháng

读多音节词语练习 56

不久	飞船	轻浮	香水	锯齿儿
当家	命脉	从军	穷困	冲动
弹劾	掌管	未曾	棉球儿	飞快
云端	女皇	身价	指南针	前期
齐啬	开采	播放	小雪	稚嫩
邪恶	脚掌	蹂躏	灯泡儿	尊贵
田赋	贫穷	包罗万象	琐碎	领略
升华	设立	只好	地产	推广
破除	猕猴	写字台	麻子	挑子
收工	绕远儿	衰弱	灯光	把柄

答：

bùjiǔ	fēichuán	qīngfú	xiāngshuǐ	jùchǐr
dāngjiār	mìngmài	cóngjūn	qióngkùn	chōngdòng
tánhé	zhǎngguǎn	wèicéng	miánqiúr	fēikuài
yúnduān	nǚhuáng	shēnjià	zhǐnánzhēn	qiánqī
lìnsè	kāicǎi	bōfàng	xiǎoxuě	zhìnèn
xié'è	jiǎozhǎng	róulìn	dēngpàor	zūnguì
tiánfù	pínqióng	bāoluówànxiàng	suǒsuì	lǐnglüè
shēnghuá	shèlì	zhǐhǎo	dìchǎn	tuīguǎng
pòchú	míhóu	xiězìtái	mázi	tiāozi
shōugōng	ràoyuǎnr	shuāiruò	dēngguāng	bǎbǐng

读多音节词语练习 57

血肉	矿产	浅显	秋风	亮光
斑白	吹嘘	武打	政权	目不转睛
造句	循环	判决书	灾民	琐碎
炽烈	丢掉	统帅	框架	后跟儿
浓眉	揣摩	签订	审理	提纯
证券	整理	年岁	跑调儿	区别

埋藏	空军	佛法	略微	啧啧
工艺品	慈祥	滔滔	人影儿	花蕾
雌雄	倘使	侄子	妨害	税额
架势	南方	茶馆儿	混浊	多寡

答：

xuèròu	kuàngchǎn	qiǎnxiǎn	qiūfēng	liàngguāng
bānbái	chuīxū	wǔdǎ	zhèngquán	mùbùzhuǎnjīng
zàojù	xúnhuán	pànjuéshū	zāimín	suǒsuì
chìliè	diūdiào	tǒngshuài	kuàngjià	hòugēnr
nóngméi	chuǎimó	qiāndìng	shěnlǐ	tíchún
zhèngquàn	zhěnglǐ	niánsuì	pǎodiàor	qūbié
máicáng	kōngjūn	fófǎ	lüèwēi	zézé
gōngyìpǐn	cíxiáng	tāotāo	rényǐngr	huālěi
cíxióng	tǎngshǐ	zhízi	fánghài	shuì’é
jiàshi	nánfāng	cháguǎnr	húnzhuó	duōguǎ

读多音节词语练习 58

监视	转轴	无知	格调	劳动者
掠夺	破坏	秋收	体味	鼓掌
衰败	接洽	回环	城墙	提纯
胆小鬼	民房	非同小可	明白	疟疾
打鸣儿	蕴藏	清偿	自封	灾害
自尊	老本儿	发狂	任凭	税率
相持	送信儿	流落	收摊儿	瀑布
搬家	凶恶	操持	摩擦	审美
年岁	准许	子女	劝解	体检
运送	铿锵	观光	花朵	仍然

答：

jiānshì	zhuànzhóu	wúzhī	gédiào	láodòngzhě
lüèduó	pòhuài	qiūshōu	tǐwèi	gǔzhǎng
shuāibài	jiēqià	huíhuán	chéngqiáng	tíchún
dǎnxiǎoguǐ	mínfáng	fēitóngxiǎokě	míngbai	nüèji
dǎmíngr	yùncáng	qīngcháng	zìfēng	zāihài
zìzūn	lǎoběnr	fākuáng	rènpíng	shuìlǜ
xiāngchí	sòngxìnr	liúluò	shōutānr	pùbù
bānjiā	xiōng’è	cāochí	mócā	shěnměi
niánsuì	zhǔnxǔ	zǐnǚ	quànjiě	tǐjiǎn
yùnsòng	kēngqiāng	guānguāng	huāduǒ	réngrán

读多音节词语练习 59

折叠	不论	承认	石榴	香肠儿
高明	风雨	人群	总管	小鞋儿
厮杀	值得	指明	懊恼	死守
过量	贪污	人权	挑刺儿	情趣
小儿	维生素	广场	追踪	沙丘
脱胎	甲板	走访	娘家	归队
病变	千钧一发	配角	综合	转化
防护林	存在	收成	可耻	加快
对待	装潢	赔款	脸蛋儿	脑海
充血	凶残	秘密	吞没	紧迫

答：

zhédié	bùlùn	chéngrèn	shíliu	xiāngchángr
gāomíng	fēngyǔ	rénqún	zǒngguǎn	xiǎoxiér
sīshā	zhídé	zhǐmíng	àonǎo	sǐshǒu
guòliàng	tānwū	rénquán	tiāocìr	qíngqù
xiǎo'ér	wéishēngsù	guǎngchǎng	zhuīzōng	shāqiū
tuōtāi	jiǎbǎn	zǒufǎng	niángjia	guīduì
bìngbiàn	qiānjūnyīfà	pèijué	zōnghé	zhuǎnhuà
fánghùlín	cúnzài	shōuchéng	kěchǐ	jiākuài
duìdài	zhuānghuáng	péikuǎn	liǎndànr	nǎohǎi
chōngxuè	xiōngcán	mìmì	tūnmò	jǐnpò

读多音节词语练习 60

约法	罗列	清偿	姿态	搜寻
反比	膀胱	结晶	奔波	焕然一新
反光	败坏	掉价儿	甚而	充塞
储量	责任感	推举	海区	卓著
口水	能耐	保存	贫穷	冲刷
忘怀	复发	果冻儿	啧啧	自我
转脸	明媚	职称	纽扣儿	苍穹
高傲	电灯	宣誓	老鼠	刺绣
枝条	随军	向日葵	打点	蒙昧
确切	聊天儿	转嫁	通婚	学识

答：

yuēfǎ	luóliè	qīngcháng	zītài	sōuxún
fǎnbǐ	pángguāng	jiéjīng	bēnbō	huànrányīxīn
fǎnguāng	bàihuài	diàojiàr	shèn'ér	chōngsè

chǔliàng	zérèngǎn	tuījǔ	hǎiqū	zhuózhù
kǒushuǐ	néngnai	bǎocún	pínqióng	chōngshuā
wànghuái	fùfā	guǒdòngr	zézé	zìwǒ
zhuǎnliǎn	míngmèi	zhíchēng	niǔkòur	cāngqióng
gāo'ào	diàndēng	xuānshì	lǎoshǔ	cìxiù
zhītiáo	suíjūn	xiàngrìkuí	dǎdiǎn	méngmèi
quèqiè	liáotiānr	zhuǎnjià	tōnghūn	xuéshí

读多音节词语练习 61

否决	富翁	人声	东风	先天
虐待	饮水	柔软	蕴藏	时常
不像话	区别	理直气壮	魔力	抬头
少儿	操劳	枷锁	火海	叮咛
蒜瓣儿	寻求	声称	推断	奋发
敏感	爽快	遵从	唱歌儿	窘迫
裤子	穷困	缺德	下肢	大妈
蜜枣儿	票据	围嘴儿	垂死	响亮
切除	红领巾	天鹅	旋律	着重
标准	栽培	美酒	杠杆	怀念

答：

fǒujué	fùwēng	rénshēng	dōngfēng	xiāntiān
nüèdài	yǐnshuǐ	róuruǎn	yùncáng	shícháng
bùxiànghuà	qūbié	lǐzhíqìzhuàng	mólì	táitóu
shào'ér	cāoláo	jiāsuǒ	huǒhǎi	dīngníng
suànbànr	xúnqiú	shēngchēng	tuīduàn	fènfā
mǐngǎn	shuǎngkuai	zūncóng	chànggēr	jiǒngpò
kùzi	qióngkùn	quēdé	xiàzhī	dàmā
mìzǎor	piàojù	wéizuǐr	chuísǐ	xiǎngliàng
qiēchú	hónglǐngjīn	tiān'é	xuánlǜ	zhuózhòng
biāozhǔn	zāipéi	měijiǔ	gànggǎn	huáiniàn

读多音节词语练习 62

山涧	亲临	量子	买卖	东家
纳粹	埋藏	拱手	征求	框架
绕远儿	兄弟	火锅儿	电灯	调停
追击	招标	资方	惆怅	无可奈何
人群	繁杂	逝世	奥运会	短波
磨损	雄伟	鼻梁儿	分别	消沉

乒乓球	天资	年岁	耻辱	壮烈
祖国	疯狂	选种	测试	程序
团聚	画展	没谱儿	金额	学费
保管	通话	缺损	情感	率领

答：

shānjiàn	qīnlín	liàngzǐ	mǎimài	dōngjia
nàcuì	máicáng	gǒngshǒu	zhēngqiú	kuàngjià
ràoyuǎnr	xiōngdi	huǒguōr	diàndēng	tiáotíng
zhuījī	zhāobiāo	zīfāng	chóuchàng	wúkěnàihé
rénqún	fánzá	shìshì	àoyùnhuì	duǎnbō
mósǔn	xióngwěi	bíliángr	fēnbié	xiāochén
pīngpāngqiú	tiānzī	niánsuì	chǐrǔ	zhuàngliè
zǔguó	fēngkuáng	xuǎnzhǒng	cèshì	chéngxù
tuánjù	huàzhǎn	méipǔr	jīn'é	xuéfèi
bǎoguǎn	tōnghuà	quēsǔn	qínggǎn	shuàilǐng

读多音节词语练习 63

风驰电掣	自称	胸脯	白费	情态
混合	标兵	天窗	张贴	策略
花丛	集装箱	随军	雄伟	想法
人次	晌午	师父	接洽	把守
开掘	年份	八仙桌	人群	愚蠢
硫酸	流产	手绢儿	率领	关卡
亢进	衣兜儿	统率	末日	作案
蜜枣儿	回去	债券	血色	蒙昧
摩登	逃跑	归队	侄子	领主
总共	袅袅	栏杆	耳光	频道

答：

fēngchídiànchè	zìchēng	xiōngpú	báifèi	qíngtài
hùnhé	biāobīng	tiānchuāng	zhāngtiē	cèlüè
huācóng	jízhuāngxiāng	suíjūn	xiōngwéi	xiǎngfǎ
réncì	shǎngwu	shīfu	jiēqià	bǎshǒu
kāijué	niánfèn	bāxiānzhuō	rénqún	yúchǔn
liúsuān	liúchǎn	shǒujuànr	shuāilǐng	guānqiǎ
kàngjìn	yīdōur	tǒngshuài	mòrì	zuò'àn
mìzǎor	huíqù	zhàiquàn	xuèsè	méngmèi
módēng	táopǎo	guīduì	zhízi	lǐngzhǔ
zǒnggòng	niǎoniǎo	lángān	ěrguāng	píndào

读多音节词语练习 64

在场	婆婆	起来	眉开眼笑	坩埚
重逢	打晃儿	橱窗	清偿	民法
红火	电视剧	解体	眷恋	顺心
铁轨	碎步儿	受训	胸口	衰变
两岸	只管	头痛	坏死	壮观
照片儿	矛盾	袅袅	穷人	夸张
娘家	患者	温泉	罪名	体味
彼此	啧啧	老本儿	作家	中秋
石笋	导语	裁军	血泪	风帆
大学生	丘陵	雌蕊	民房	出入

答：

zàichǎng	pópo	qǐlái	méikāiyǎnxiào	gānguō
chóngféng	dǎhuàngr	chúchuāng	qīngcháng	mínfǎ
hónghuǒ	diànshìjù	jiětǐ	juànliàn	shùnxīn
tiěguǐ	suìbùr	shòuxùn	xiōngkǒu	shuāibiàn
liǎng'àn	zhǐguǎn	tóutòng	huàisǐ	zhuàngguān
zhàopiānr	máodùn	niǎoniǎo	qióngrén	kuāzhāng
niángjia	huànzhě	wēnquán	zuìmíng	tǐwèi
bǐcǐ	zézé	lǎoběnr	zuòjiā	zhōngqiū
shísǔn	dǎoyǔ	cáijūn	xuèlèi	fēngfān
dàxuéshēng	qiūlíng	círuǐ	mínfáng	chūrù

读多音节词语练习 65

采取	撤退	瓜分	墓碑	混合
陡坡	把手	亏损	体操	声称
玫瑰	举止	喇叭	火锅儿	超额
蔑视	品尝	针鼻儿	平房	潜在
相传	水运	龙卷风	袅袅	虐待
租赁	抓阄儿	矿床	买主	耳鸣
炯炯	下旬	只好	损坏	公公
牵连	绕远儿	团体	转播	心脏
适量	轻率	肆无忌惮	座位	形容词
赞叹	下跌	扣留	缺德	芬芳

答：

cǎiqǔ	chètuì	guāfēn	mùbēi	hùnhé
dǒupō	bǎshǒu	kuīsǔn	tǐcāo	shēngchēng
méiguī	jǔzhǐ	lǎba	huǒguōr	chāo'é

mièshì	pǐncháng	zhēnbír	píngfáng	qiánzài
xiāngchuán	shuǐyùn	lóngjuǎnfēng	niǎoniǎo	nüèdài
zūlìn	zhuājiūr	kuàngchuáng	mǎizhǔ	ěrmíng
jiǒngjiǒng	xiàxún	zhǐhǎo	sǔnhuài	gōnggong
qiānlián	ràoyuǎnr	tuántǐ	zhuǎnbō	xīnzàng
shìliàng	qīngshuài	sìwújìdàn	zuòwèi	xíngróngcí
zàntàn	xiàdiē	kòuliú	quēdé	fēnfāng

读多音节词语练习 66

窘迫	初春	克己	搜寻	端详
开窍儿	全球	折腾	缩短	矮小
出场	上流	衰亡	测量	玛瑙
富翁	天花板	塑造	家禽	断定
拉链儿	手稿	争夺	追肥	嘴唇
打晃儿	汉子	庄子	年头儿	磁铁
表白	过分	规范	可取	然而
事实	明媚	百家争鸣	风光	衰老
运用	胁迫	贫血	经纪人	比拟
汇率	学制	穷人	总共	通航

答：

jiǒngpò	chūchūn	kèjǐ	sōuxún	duānxiáng
kāiqiàor	quánqiú	zhēteng	suōduǎn	ǎixiǎo
chūchǎng	shàngliú	shuāiwáng	cèliáng	mǎnǎo
fùwēng	tiānhuābǎn	sùzào	jiāqín	duàndìng
lāliànr	shǒugǎo	zhēngduó	zhuīféi	zuǐchún
dǎhuàngr	hànzi	zhuāngzǐ	niántóur	cítiě
biǎobái	guòfèn	guīfàn	kěqǔ	rán'ér
shìshí	míngmèi	bǎijiāzhēngmíng	fēngguāng	shuāilǎo
yùnyòng	xiépò	pínxuè	jīngjìrén	bǐnǐ
huìlǜ	xuézhì	qióngrén	zǒnggòng	tōngháng

读多音节词语练习 67

逗留	婴儿	坦率	忘恩负义	闭塞
综合	直观	纽扣儿	电视台	成虫
喷发	升学	嶙峋	采访	回归
厢房	沮丧	朝政	财权	生平
多边形	嘴唇	装饰	陀螺	袅袅
红旗	坎肩儿	尊重	自我	解决

关卡	大褂儿	谱写	勒令	军民
兄弟	冉冉	双亲	光彩	头发
驱车	哺乳	追加	宝贝	沉没
眉毛	面条儿	量子	穷困	坏死

答：

dòuliú	yīng’ér	tǎnshuài	wàng’ēnfùyì	bìsè
zōnghé	zhíguān	niǔkòur	diànshìtái	chéngchóng
pēnfā	shēngxué	línxún	cǎifǎng	huíguī
xiāngfáng	jǔsàng	cháozhèng	cáizhèng	shēngpíng
duōbiānxíng	zuǐchún	zhuāngshì	tuóluó	niǎoniǎo
hóngqí	kǎnjiānr	zūnzhòng	zìwǒ	jiějué
guānqiǎ	dàguàr	pǔxiě	lèlìng	jūnmín
xiōngdi	rǎnrǎn	shuāngqīn	guāngcǎi	tóufa
qūchē	bǔrǔ	zhuījiā	bǎobèi	chénmò
méimao	miàntiáor	liàngzǐ	qióngkùn	huàisǐ

读多音节词语练习 68

衰老	争执	学费	贵妃	繁忙
合群儿	天堂	支援	平时	瞄准
男女	劳动日	分别	刺穿	送信儿
包装	硫磺	专程	满嘴	市价
传承	大显身手	开采	交接	化合物
贫穷	统率	孙女	响亮	末日
古董	架子	戏法儿	字画	饥饿
破裂	缺口	罪恶	党委	太太
出国儿	冰晶	穷困	情感	民国
搜寻	流程	典雅	标榜	罪过

答：

shuāilǎo	zhēngzhí	xuéfèi	guìfēi	fánmáng
héqúnr	tiāntáng	zhīyuán	píngshí	miáozhǔn
nánnǚ	láodòngrì	fēnbié	cìchuān	sòngxìnr
bāozhuāng	liúhuáng	zhuānchéng	mǎnzuǐ	shìjià
chuánchéng	dàxiǎnshēnshǒu	kāicǎi	jiāojiē	huàhéwù
pínqióng	tǒngshuài	sūnnǚ	xiǎngliàng	mòrì
gǔdǒng	jiàzi	xìfǎr	zìhuà	jī’è
pòliè	quēkǒu	zuì’è	dǎngwěi	tàitai
chūguór	bīngjīngr	qióngkùn	qínggǎn	mínguó
sōuxún	liúchéng	diǎnyǎ	biāobǎng	zuìguò

读多音节词语练习 69

冷暖	裁军	调停	时间	眯缝
线轴儿	通风	虚心	推测	虽说
刻不容缓	车床	感慨	挂钩	全球
粮仓	马铃薯	飞快	折叠	穷尽
拼死	惶惑	审理	雄浑	背包
眼角	家长	棍棒	随身	在哪儿
渔夫	吞没	寻找	驰骋	地道
围嘴儿	靴子	顶牛儿	表皮	唱腔
覆灭	两岸	工资	老人家	支持
婉转	破坏	抖动	欠缺	说明

答：

lěngnuǎn	cáijūn	tiáotíng	shíjiān	mīfeng
xiànzhóur	tōngfēng	xūxīn	tuīcè	suīshuō
kèbùrónghuǎn	chēchuáng	gǎnkǎi	guàgōu	quánqiú
liángcāng	mǎlíngshǔ	fēikuài	zhédié	qióngjìn
pīnsǐ	huánghuò	shěnlǐ	xiónghún	bēibāo
yǎnjiǎo	jiāzhǎng	gùnbàng	suíshēn	zàinǎr
yúfū	tūnmò	xúnzhǎo	chíchěng	dìdao
wéizuǐr	xuēzi	dǐngniúr	biǎopí	chàngqiāng
fùmiè	liǎng'àn	gōngzī	lǎorénjiā	zhīchí
wǎnzhuǎn	pòhuài	dǒudòng	qiànquē	shuōmíng

读多音节词语练习 70

粮食	值得	窘迫	发呆	假装
女方	所有	在行	队列	水产
再婚	支票	官方	终点	乞讨
略微	毛驴儿	前程	幌子	溺爱
垫圈	穆斯林	滔滔	尊称	板擦儿
破坏	至此	折叠	蒜瓣儿	坐落
强求	水花	把手	可能	因而
雄蕊	腾飞	杏仁儿	围裙	悬挂
首创	名下	苗条	公积金	快慢
长久	血腥	奋不顾身	储存	空军

答：

liángshi	zhídé	jiǒngpò	fādāi	jiǎzhuāng
nǚfāng	suǒyǒu	zàiháng	duìliè	shuǐchǎn
zàihūn	zhīpiào	guānfāng	zhōngdiǎn	qǐtǎo

lüèwēi	máolǘr	qiánchéng	huǎngzi	nì'ài
diànquān	mùsīlín	tāotāo	zūnchēng	bǎncār
pòhuài	zhìcǐ	zhédié	suànbànr	zuòluò
qiǎngqiú	shuǐhuā	bǎshǒu	kěnéng	yīn'ér
xióngruǐ	téngfēi	xìngrénr	wéiqún	xuánguà
shǒuchuàng	míngxià	miáotiao	gōngjījīn	kuàimàn
chángjiǔ	xuèxīng	fènbùgùshēn	chǔcún	kōngjūn

读多音节词语练习 71

独一无二	下跌	终止	进程	唾沫
翻滚	直率	行径	加塞儿	搜索
甜菜	可悲	砂轮儿	取暖	贫穷
摸黑儿	改写	悄悄	留成	冲刷
疯狂	子女	潺潺	韭菜	配合
罪状	手稿	双重	木炭	诋毁
字句	富翁	保管	打点	抓紧
喧嚷	回避	人群	认识论	蜂房
谋略	奥运会	天子	左边	雪亮
牛皮	轻重	哥们儿	血糖	测量

答：

dúyīwúèr	xiàdiē	zhōngzhǐ	jìnchéng	tuòmo
fāngǔn	zhíshuài	xíngjìng	jiāsāir	sōusuǒ
tiáncài	kěbēi	shālúnr	qǔnuǎn	pínqióng
mōhēir	gǎixiě	qiāoqiāo	liúchéng	chōngshuā
fēngkuáng	zǐnǚ	chánchán	jiǔcài	pèihé
zuìzhuàng	shǒugǎo	shuāngchóng	mùtàn	dǐhuǐ
zìjù	fùwēng	bǎoguǎn	dǎdiǎn	zhuājǐn
xuānrǎng	huíbì	rénqún	rènshílùn	fēngfáng
móulüè	àoyùnhuì	tiānzǐ	zuǒbiān	xuěliàng
niúpí	qīngzhòng	gēménr	xuètáng	cèliáng

读多音节词语练习 72

定都	专卖	怀疑	欠缺	小巧
金融	蜗牛	挥发	匣子	天亮
可口	重叠	理解	总得	图画
猜测	爸爸	赤手空拳	方略	光泽
毛驴儿	潺潺	富翁	过分	保养
损坏	沧桑	机关	安理会	牛犊

传播	盛夏	没准儿	命脉	捏造
更正	平均	手套儿	多寡	形象
硕士	侵略	贫穷	锯齿儿	随军
漂白粉	雄蕊	症状	天资	甚而

答：

dìngdū	zhuānmài	huáiyí	qiànquē	xiǎoqiǎo
jīnróng	wōniú	huīfā	xiázi	tiānliàng
kěkǒu	chóngdié	lǐjiě	zǒngděi	túhuà
cāicè	bàba	chìshǒukōngquán	fānglüè	guāngzé
máolǘr	chánchán	fùwēng	guòfèn	bǎoyǎng
sǔnhuài	cāngsāng	jīguān	ānlǐhuì	niúdú
chuánbō	shèngxià	méizhǔnr	mìngmài	niēzào
gēngzhèng	píngjūn	shǒutàor	duōguǎ	xíngxiàng
shuòshì	qīnlüè	pínqióng	jùchǐr	suíjūn
piǎobáifěn	xióngruǐ	zhèngzhuàng	tiānzī	shèn'ér

读多音节词语练习 73

干涉	自愿	瓜分	爽快	红包儿
娘家	猎犬	情景	车床	电池
大人物	零碎	软骨	蒸腾	虐待
讲解	牡丹	前提	手掌	客房
自尊	决心	小辫儿	拍卖	种群
推举	听从	出类拔萃	苗头	贫血
非凡	超声波	穷困	征询	脑瓜儿
上马	缩短	玩意儿	破坏	放置
点火	合流	锁链	致使	老总
雌雄	尘埃	尊贵	荒谬	辖区

答：

gānshè	zìyuàn	guāfēn	shuǎngkuai	hóngbāor
niángjia	lièquǎn	qíngjǐng	chēchuáng	diànchí
dàrénwù	língsuì	ruǎngǔ	zhēngténg	nüèdài
jiǎngjiě	mǔdān	qiántí	shǒuzhǎng	kèfáng
zìzūn	juéxīn	xiǎobiànr	pāimài	zhǒngqún
tuījǔ	tīngcóng	chūlèibácuì	miáotou	pínxuè
fēifán	chāoshēngbō	qióngkùn	zhēngxún	nǎoguār
shàngmǎ	suōduǎn	wányìr	pòhuài	fàngzhì
diǎnhuǒ	héliú	suǒliàn	zhìshǐ	lǎozǒng
cíxióng	chén'āi	zūnguì	huāngmiù	xiáqū

读多音节词语练习 74

热烈	热血	目不转睛	团伙	垂钓
衰亡	流水线	芬芳	驱车	粮食
字画	波动	奖品	田园	搜查
狭窄	独断	胡同儿	曲面	改制
搜寻	穷困	大学生	安装	分寸
彼此	驰骋	种群	推翻	临界
死板	修好	颈椎	坩埚	花瓶儿
漆器	衰弱	耳鸣	改造	杂院儿
老总	矿石	留存	登场	袅袅
造价	年头儿	开放	窘迫	妹妹

答：

rèliè	rèxuè	mùbùzhuǎnjīng	tuánhuǒ	chuídiào
shuāiwáng	liúshuǐxiàn	fēnfāng	qūchē	liángshi
zìhuà	bōdòng	jiǎngpǐn	tiányuán	sōuchá
xiázhǎi	dúsduàn	hútòngr	qūmiàn	gǎizhì
sōuxún	qióngkùn	dàxuéshēng	ānzhuāng	fēncùn
bǐcǐ	chíchěng	zhǒngqún	tuīfān	línjiè
sǐbǎn	xiūhǎo	jǐngzhuī	gānguō	huāpíngr
qīqì	shuāiruò	ěrmíng	gǎizào	záyuànr
lǎozǒng	kuàngshí	liúcún	dēngchǎng	niǎoniǎo
zàojià	niántóur	kāifàng	jiǒngpò	mèimei

读多音节词语练习 75

欠缺	丢失	历来	花朵	审美
灭绝	偏重	搜索	孕育	遵循
敏锐	胆小鬼	耳膜儿	嫁接	荷包
利弊	停战	天窗儿	穿插	率领
墨汁儿	加快	棍棒	自费	水准
豹子	推选	袅袅	委婉	中层
缝合	台词	血肉	可耻	状况
进行曲	贫穷	阻挡	清偿	同胞
根深蒂固	粮食	红娘	作风	财权
大褂儿	胸脯	硫酸	蜂房	接合

答：

qiànquē	diūshī	lìlái	huāduǒ	shěnměi
mièjué	piānzhòng	sōusuǒ	yùnyù	zūnxún
mǐnruì	dǎnxiǎoguǐ	ěrmór	jiàjiē	hébāo

lìbì	tíngzhàn	tiānchuāngr	chuānchā	shuàilǐng
mòzhīr	jiākuài	gùnbàng	zìfèi	shuǐzhǔn
bàozi	tuīxuǎn	niǎoniǎo	wěiwǎn	zhōngcéng
fénghé	táicí	xuèròu	kěchǐ	zhuàngkuàng
jìnxíngqǔ	pínqióng	zǔdǎng	qīngcháng	tóngbāo
gēnshēndìgù	liángshi	hóngniáng	zuòfēng	cáiquán
dàguàr	xiōngpú	liúsuān	fēngfáng	jiēhé

读多音节词语练习 76

枷锁	幌子	日见	胸脯	生产力
综合	面颊	嶙峋	抓阄儿	掠夺
审美	讨饭	关门	差点儿	孙女
能量	怀抱	选手	壮大	自我
穷困	偶尔	撇开	瓜瓤儿	探询
专程	确切	饮水	制备	水井
过关	史册	出其不意	加强	值得
苗条	俗人	吞并	反省	财会
蜗牛	风暴	调动	老头儿	埋葬
车子	洪亮	回归线	脂肪	屈从

答：

jiāsuǒ	huǎngzi	rìjiàn	xiōngpú	shēngchǎnlì
zōnghé	miànjiá	línxún	zhuājiūr	lüèduó
shěnměi	tǎofàn	guānmén	chàdiǎnr	sūnnǚ
néngliàng	huáibào	xuǎnshǒu	zhuàngdà	zìwǒ
qióngkùn	ǒu’ěr	piēkāi	guārángr	tànxún
zhuānchéng	quèqiè	yǐnshuǐ	zhìbèi	shuǐjǐng
guòguān	shǐcè	chūqíbùyì	jiāqiáng	zhídé
miáotiao	súrén	tūnbìng	fǎnxǐng	cáikuài
wōniú	fēngbào	diàodòng	lǎotóur	máizàng
chēzi	hóngliàng	huíguīxiàn	zhīfáng	qūcóng

读多音节词语练习 77

挑拨	装运	隧道	先锋	孙子
缺德	学年	汗流浃背	宣泄	回转
介质	水蒸气	自在	凭空	甚而
广场	同化	尊敬	着想	舞曲
抖擞	哺乳	偏颇	戳穿	加快
吞并	跳高儿	爽快	宝塔	软化

富翁	驾驭	殴打	山梁	合群儿
说唱	劳累	紫菜	门洞儿	民房
美感	奶牛	穷人	胆小鬼	蜜蜂
记事儿	灵芝	民工	赤诚	猜测

答：

tiǎobō	zhuāngyùn	suìdào	xiānfēng	sūnzi
quēdé	xuénián	hànliújiābèi	xuānxiè	huízhuǎn
jièzhì	shuǐzhēngqì	zìzai	píngkōng	shèn’ér
guǎngchǎng	tónghuà	zūnjìng	zhuóxiǎng	wǔqǔ
dǒusǒu	bùrǔ	piānpō	chuōchuān	jiākuài
tūnbìng	tiàogāor	shuǎngkuai	bǎotǎ	ruǎnhuà
fùwēng	jiàyù	ōudǎ	shānliáng	héqúnr
shuōchàng	láolèi	zǐcài	méndòngr	mínfáng
měigǎn	nǎiniú	qióngrén	dǎnxiǎoguǐ	mìfēng
jìshìr	língzhī	míngōng	chìchéng	cāicè

读多音节词语练习 78

花萼	水运	流浪	孙女	模仿
奇怪	流程	急中生智	肥水	夸大
颓废	天窗儿	蝴蝶	雄姿	主旨
混沌	蛋清儿	现象	年迈	学士
继承人	雌蕊	叛乱	高超	出圈儿
学问	管辖	拼凑	苍茫	改口
受灾	波澜	警犬	体贴	贫穷
做梦	专制	荷包	电量	合群儿
做工	导演	发表	农家	富翁
麻子	锦标赛	铁索	爽快	并举

答：

huā’è	shuǐyùn	liúlàng	sūnnǚ	mófǎng
qíguài	liúchéng	jízhōngshēngzhì	féishuǐ	kuādà
tuífèi	tiānchuāngr	húdié	xióngzī	zhǔzhǐ
hùndùn	dànqīngr	xiànxiàng	niánmài	xuéshì
jìchéngrén	círuǐ	pànluàn	gāochāo	chūquānr
xuéwèn	guǎnxiá	pīncòu	cāngmáng	gǎikǒu
shòuzāi	bōlán	jǐngquǎn	tǐtiē	pínqióng
zuòmèng	zhuānzhì	hébāo	diànliàng	héqúnr
zuògōng	dǎoyǎn	fābiǎo	nóngjiā	fùwēng
mázi	jǐnbiāosài	tiěsuǒ	shuǎngkuai	bìngjǔ

读多音节词语练习 79

胸腔	需求	人民	宁可	兴高采烈
时代	债券	前天	偷偷	比拟
电光	四散	吵嘴	隆冬	海拔
中华	导演	枕头	家常	总称
思虑	丢掉	半截儿	苛刻	发挥
蜜枣儿	唱腔	配备	富翁	飘落
衰弱	夹缝儿	继承人	循环	泉水
简略	仿佛	没准儿	吞没	衰落
壮志	血腥	平均	博物馆	始祖
渔民	刺耳	观光	和尚	尊称

答：

xiōngqiāng	xūqiú	rénmín	nìngkě	xìnggāocǎiliè
shídài	zhàiquàn	qiántiān	tōutōu	bǐnǐ
diànguāng	sìsàn	chǎozuǐ	lóngdōng	hǎibá
zhōnghuá	dǎoyǎn	zhěntou	jiācháng	zǒngchēng
sīlǜ	diūdiào	bànjiér	kēkè	fāhuī
mìzǎor	chàngqiāng	pèibèi	fùwēng	piāoluò
shuāiruò	jiāfèngr	jìchéngrén	xúnhuán	quánshuǐ
jiǎnlüè	fǎngfú	méizhǔnr	tūnmò	shuāiluò
zhuàngzhì	xuèxīng	píngjūn	bówùguǎn	shǐzǔ
yúmín	cì'ěr	guānguāng	héshang	zūnchēng

读多音节词语练习 80

填塞	浪花	买卖	轻骑	捐税
流氓	悲哀	手指	电灯	蛮干
软骨	工资	穷尽	推力	胡同儿
依次	抓获	香肠儿	婆婆	濒临
车床	人群	直辖市	芬芳	丢掉
举止	明快	富翁	标准	写法
顺手	配角	钾肥	找茬儿	咨询
快速	总统	恶作剧	暖流	英雄
蒜瓣儿	黄昏	增添	水草	包罗万象
成年	青稞	地层	虐待	苟且

答：

tiánsè	lànghuā	mǎimai	qīngqí	juānshuì
liúmáng	bēi'āi	shǒuzhǐ	diàndēng	mángàn
ruǎngǔ	gōngzī	qióngjìn	tuīlì	hútòngr

yīcì	zhuāhuò	xiāngchángr	pópo	bīnlín
chēchuáng	rénqún	zhíxiáshì	fēnfāng	diūdiào
jǔzhǐ	míngkuài	fùwēng	biāozhǔn	xiěfǎ
shùnshǒu	pèijué	jiǎféi	zhǎochár	zīxún
kuàisù	zǒngtǒng	èzuòjù	nuǎnliú	yīngxiōng
suànbànr	huánghūn	zēngtiān	shuǐcǎo	bāoluówànxiàng
chéngnián	qīngkē	dìcéng	nüèdài	gǒuqiě

读多音节词语练习 81

杂粮	种群	潺潺	保存	神学
鹅卵石	保留	条子	手指	确切
电灯	雄性	客车	矿床	一块儿
清风	纷飞	一贯	自来水	加热
祸害	吞并	回归	指点	嫁妆
供需	马匹	照常	蝴蝶	衰落
字画	没谱儿	共通	嗓门儿	牛顿
搜索	蜜枣儿	挂念	能量	窘迫
财权	水獭	天才	军区	筹备
消防	目不转睛	冉冉	忘我	薪金

答：

záliáng	zhǒngqún	chánchán	bǎocún	shénxué
éluǎnshí	bǎoliú	tiáozi	shǒuzhǐ	quèqiè
diàndēng	xióngxìng	kèchē	kuàngchuáng	yīkuàir
qīngfēng	fēnfēi	yīguàn	zìláishuǐ	jiārè
huòhài	tūnbìng	huíguī	zhǐdiǎn	jiàzhuang
gōngxū	mǎpǐ	zhàocháng	húdié	shuāiluò
zìhuà	méipǔr	gòngtōng	sǎngménr	niúdùn
sōusuǒ	mìzǎor	guàniàn	néngliàng	jiǒngpò
cáiquán	shuǐtǎ	tiāncái	jūnqū	chóubèi
xiāofáng	mùbùzhuǎnjīng	rǎnrǎn	wàngwǒ	xīnjīn

读多音节词语练习 82

偶然	惩办	棉田	首尾	啧啧
黄土	重工业	牛顿	随军	烤火
虚线	别扭	自费	恢复	典礼
初春	黄昏	发疯	嗓门儿	转向
跑腿儿	光学	保留	俊俏	别出心裁
芝麻	轻骑	女神	传说	老人家

衰亡	脉搏	掉价儿	题词	征收
过冬	明快	抓紧	眼镜儿	犬齿
放大	领略	感慨	雌雄	总算
倘使	凄凉	遮盖	贫穷	配对

答：

ǒurán	chéngbàn	miántián	shǒuwěi	zézé
huángtǔ	zhònggōngyè	niúdùn	suíjūn	kǎohuǒ
xūxiàn	bièniu	zìfèi	huīfù	diǎnlí
chūchūn	huánghūn	fāfēng	sǎngménr	zhuǎnxiàng
pǎotuǐr	guāngxué	bǎoliú	jùnqiào	biéchūxīncái
zhīma	qīngqí	nǚshén	chuánshuō	lǎorénjiā
shuāiwáng	màibó	diàojiàr	tící	zhēngshōu
guòdōng	míngkuài	zhuājǐn	yǎnjìngr	quǎnchǐ
fàngdà	lǐnglüè	gǎnkǎi	cíxióng	zǒngsuàn
tǎngshǐ	qīliáng	zhēgài	pínqióng	pèiduì

读多音节词语练习 83

装点	驱车	骆驼	响应	非法
假日	疯狂	处理	顶牛儿	硝酸
诀别	穷人	共产党	通婚	核实
自我	背后	领主	增收	贫乏
虐待	婚礼	裁决	举足轻重	搪塞
恰当	果品	花冠	事实	雌雄
包干儿	民办	消磨	跑腿儿	闷热
台阶	沉淀	戏法儿	中层	自尊
舞场	前面	凉快	小儿	蒸馏水
水运	随军	债券	懊恼	快感

答：

zhuāngdiǎn	qūchē	luòtuo	xiǎngyìng	fēifǎ
jiàrì	fēngkuáng	chǔlǐ	dǐngniúr	xiāosuān
juébié	qióngrén	gòngchǎndǎng	tōnghūn	héshí
zìwǒ	bèihòu	lǐngzhǔ	zēngshōu	pínqióng
nüèdài	hūnlǐ	cáijué	jǔzúqīngzhòng	tángsè
qiàdàng	guǒpǐn	huāguān	shìshí	cíxióng
bāogānr	mínbàn	xiāomó	pǎotuǐr	mēnrè
táijiē	chéndiàn	xìfǎr	zhōngcéng	zìzūn
wǔchǎng	qiánmiàn	liángkuai	xiǎo'ér	zhēngliúshuǐ
shuǐyùn	suíjūn	zhàiquàn	àonǎo	kuàigǎn

读多音节词语练习 84

裁军	错综复杂	卓越	豪华	衰弱
怎么	半空	撒谎	祈求	墨汁儿
相似	尖端	炯炯	引水	临终
认定	耗费	体操	共产党	偏旁
跳高儿	去年	吞没	侄女	开春儿
乡下	绷带	短缺	清静	鬼脸
和谐	马褂	丰富	广场	子女
安定	哲学	假日	水土	专长
衰败	自称	劝慰	生产力	识别
投标	富翁	门口儿	轮流	搜寻

答：

cáijūn	cuòzōngfùzá	zuóyuè	háohuá	shuāiruò
zěnmē	bànkōng	sāhuǎng	qǐqiú	mòzhīr
xiāngsì	jiānduān	jiǒngjiǒng	yǐnshuǐ	línzhōng
rèndìng	hàofèi	tǐcāo	gòngchǎndǎng	piānpáng
tiàogāor	qùnián	tūnmò	zhínǚ	kāichūnr
xiāngxia	bēngdài	duǎnquē	qīngjìng	guǐliǎn
héxié	mǎguà	fēngfù	guǎngchǎng	zǐnǚ
āndìng	zhéxué	jiàrì	shuǐtǔ	zhuāncháng
shuāibài	zìchēng	quànwèi	shēngchǎnlì	shíbié
tóubiāo	fùwēng	ménkǒur	lúnliú	sōuxún

读多音节词语练习 85

畅快	鞭策	拆除	婆婆	黄色
冉冉	恰好	岂有此理	埋葬	大自然
表白	退回	家常	哥们儿	争论
嘴唇	首脑	味觉	笼统	聚居
飞碟	军装	门洞儿	支持	详情
选手	病变	控诉	夏令	果品
转身	花草	蜂房	复发	火锅儿
填塞	天职	轮流	胸腔	转眼
围裙	泥坑	萧条	大褂儿	学生
金龟子	密切	时而	枢纽	哀悼

答：

chàngkuài	biāncè	chāichú	pópo	huángsè
rǎnrǎn	qiàhǎo	qǐyǒucǐlǐ	máizàng	dàzìrán
biǎobái	tuìhuí	jiācháng	gēmenr	zhēnglùn

zuǐchún	shǒunǎo	wèijué	lǒngtǒng	jùjū
fēidié	jūnzhuāng	méndòngr	zhīchí	xiángqíng
xuǎnshǒu	bìngbiàn	kòngsù	xiàlìng	guǒpǐn
zhuǎnshēn	huācǎo	fēngfáng	fùfā	huǒguōr
tiánsè	tiānzhí	lúnliú	xiōngqiāng	zhuǎnyǎn
wéiqún	níkēng	xiāotiāo	dàguàr	xuéshēng
jīnguīzǐ	mìqiè	shí'ér	shūniǔ	āidào

读多音节词语练习 86

关怀	风驰电掣	创造	训练	论理
开窍儿	听话	菱形	工商业	结局
奶牛	融洽	深厚	因而	顽皮
租借	婆婆	打赌	尾声	适量
追寻	抽空儿	闺女	损坏	蛋白质
此刻	迷茫	亲爱	指点	增高
推辞	团伙	茁壮	板擦儿	恰似
飞翔	收摊儿	省略	最近	宣传
仿佛	笔者	求学	容忍	左边
保姆	马褂	炯炯	苗条	缺损

答：

guānhuái	fēngchídiànchè	chuàngzào	xùnliàn	lùnlǐ
kāiqiào	tīnghuà	língxíng	gōngshāngyè	jiéjú
nǎiniú	róngqià	shēnhòu	yīn'ér	wánpí
zūjiè	pópo	dǎdǔ	wěishēng	shìliàng
zhuīxún	chōukòngr	guīnü	sǔnhuài	dànbáizhì
cǐkè	mímáng	qīn'ài	zhǐdiǎn	zēnggāo
tuīcí	tuánhuǒ	zhuózhuàng	bǎncār	qiàsì
fēixiáng	shōutānr	shěnglüè	zuìjìn	xuānchuán
fǎngfú	bǐzhě	qiúxué	róngrěn	zuǒbiān
bǎomǔ	mǎguà	jiǒngjiǒng	miáotiao	quēsǔn

读多音节词语练习 87

痴呆	真菌	排除	调停	呢绒
胸口	药方儿	妹妹	保管	渔民
光泽	升腾	分子	蒜瓣儿	追寻
恶劣	嫁接	破裂	情不自禁	天灾
小雪	首饰	犬齿	虽然	响亮
存亡	衰弱	笔法	后跟儿	钾肥

选拔	争取	正常	水准	作怪
贫穷	史册	胆略	联合国	名次
富翁	号码儿	隆重	年画	独创
请求	牛顿	氨基酸	通话	对抗

答：

chīdāi	zhēnjūn	páichú	tiáotíng	níróng
xiōngkǒu	yàofāngr	mèimei	bǎoguǎn	yúmín
guāngzé	shēnténg	fēnzǐ	suànbànr	zhuīxún
èliè	jiàjiē	pòliè	qíngbùzìjīn	tiānzāi
xiǎoxuě	shǒushi	quǎnchǐ	suīrán	xiǎngliàng
cúnwáng	shuàiruò	bǐfǎ	hòugēnr	jiǎféi
xuǎnbá	zhēngqǔ	zhèngcháng	shuǐzhǔn	zuòguài
pínqióng	shǐcè	dǎnlüè	liánhéguó	míngcì
fùwēng	hàomǎr	lóngzhòng	niánhuà	dúchuàng
qǐngqiú	niúdùn	ānjīsuān	tōnghuà	duìkàng

读多音节词语练习 88

穷困	啧啧	当代	侵权	靴子
墨汁儿	抢先	烹调	车床	飘落
找茬儿	壮大	女王	苟且	宝贝
窘迫	太太	随时	投靠	写法
领略	香火	纽带	剪纸	通红
西欧	快板儿	熟睡	放肆	另行
然而	毛驴儿	扭转	参军	贵宾
缅怀	作家	瓜分	继承人	珍藏
梦寐以求	历程	运送	规格	督促
穿山甲	黄昏	顺势	富翁	熔点

答：

qióngkùn	zézé	dāngdài	qīnquán	xuēzi
mòzhīr	qiǎngxiān	pēngtiáo	chēchuáng	piāoluò
zhǎochár	zhuàngdà	nǚwáng	gǒuqiě	bǎobèi
jiǒngpò	tàitai	suíshí	tóukào	xiěfǎ
lǐnglüè	xiānghuǒ	niǔdài	jiǎnzhǐ	tōnghóng
xī'ōu	kuàibǎnr	shúshuì	fàngsì	lìngxíng
rán'ér	máolǘr	niǔzhuǎn	cānjūn	guìbīn
miǎnhuái	zuòjiā	guāfēn	jìchéngrén	zhēncáng
mèngmèiyǐqiú	lìchéng	yùnsòng	guīgé	dūcù
chuānshānjiǎ	huánghūn	shùnshì	fùwēng	róngdiǎn

读多音节词语练习 89

粗壮	跳舞	规章	行星	比方
吹嘘	雌雄	胖墩儿	假使	穿山甲
前世	成全	短跑	名称	确认
悲哀	祸害	赞叹	奖品	顺口
壮烈	扭转	侵略	到底	军民
脖颈儿	重合	啧啧	佛法	乞讨
寻找	连累	通婚	酒盅儿	儿女
石棉	维持	纳闷儿	挂钩	购买
不可思议	雄姿	余粮	再会	了结
琐碎	大多数	轻快	蜂房	容忍

答：

cūzhuàng	tiàowǔ	guīzhāng	xíngxīng	bǐfāng
chuīxū	cíxióng	pàngdūnr	jiǎshǐ	chuānshānjiǎ
qiánshì	chéngquán	duǎnpǎo	míngchēng	quèrèn
bēi'āi	huòhài	zàntàn	jiǎngpǐn	shùnkǒu
zhuàngliè	niǔzhuǎn	qīnlüè	dàodǐ	jūnmín
bógěngr	chónghé	zézé	fófǎ	qǐtǎo
xúnzhǎo	liánlèi	tōnghūn	jiǔzhōngr	érnǚ
shímián	wéichí	nàmènr	guàgōu	gòumǎi
bùkěsīyì	xióngzī	yúliáng	zàihuì	liǎojié
suǒsuì	dàduōshù	qīngkuài	fēngfáng	róngrěn

读多音节词语练习 90

蜂房	出版	支流	说话	生发
内情	围裙	辅导	荟萃	不像话
公关	买卖	穷尽	林带	穿山甲
地表	稳定	球场	天资	砂轮儿
借贷	道谢	思忖	赤手空拳	杂音
小辫儿	罪孽	嫁妆	装置	及格
凶残	偶尔	私人	偏颇	知情
烤火	揣摩	门口儿	通则	孙女
罪证	蜜蜂	土语	膀胱	软弱
统帅	探询	香肠儿	领略	隔绝

答：

fēngfáng	chūbǎn	zhīliú	shuōhuà	shēngfā
nèiqíng	wéiqún	fǔdǎo	huìcuì	bùxiànghuà
gōngguān	mǎimài	qióngjìn	líndài	chuānshānjiǎ

dìbiǎo	wěndìng	qiúchǎng	tiānzī	shālúnr
jièdài	dàoxiè	sīcǔn	chìshǒukōngquán	záyīn
xiǎobiànr	zuìniè	jiàzhuang	zhuāngzhì	jígé
xiōngcān	ǒu'ěr	sīrēn	piānpō	zhīqíng
kǎohuǒ	chuǎimó	ménkǒur	tōngzé	sūnnǚ
zuìzhèng	mìfēng	tǔyǔ	pángguāng	ruǎnruò
tǒngshuài	tànxún	xiāngchángr	lǐnglüè	géjué

读多音节词语练习 91

全体	叙说	防汛	婆家	耳垂儿
失灵	声浪	推翻	打垮	转告
抖擞	角色	外祖父	雄姿	糟糕
精彩	确切	巨额	窗子	北半球
弄虚作假	专长	富翁	欣然	临床
面条儿	生理	莫非	母本	昏黄
泥泞	童工	一块儿	隔阂	人权
海带	美酒	蕴藏	标准	追赶
统率	照片儿	对答	猎人	平滑
缩短	勉强	雌雄	支撑	适量

答：

quántǐ	xùshuō	fángxùn	pójia	ěrchuír
shīlíng	shēnglàng	tuīfān	dǎkuǎ	zhuǎngào
dǒusǒu	juésè	wàizǔfù	xióngzī	zāogāo
jīngcǎi	quèqiè	jù'é	chuāngzi	běibànqiú
nòngxūzuòjiǎ	zhuāncháng	fùwēng	xīnrán	línchuáng
miàntiáor	shēnglǐ	mòfēi	mǔběn	hūnhuáng
nínìng	tógōng	yīkuàir	géhé	rénquán
hǎidài	měijiǔ	yùncáng	biāozhǔn	zhuīgǎn
tǒngshuài	zhàopiānr	duìdá	lièrén	pínghuá
suōduǎn	miǎnqiǎng	cíxióng	zhīchēng	shìliàng

读多音节词语练习 92

自费	风浪	篮球	根深蒂固	失声
幸而	衰败	跑腿儿	体检	袅袅
橱窗	窗子	执行	飞驰	识别
天花	新学	网球	保守	眺望
相关	破裂	恶作剧	军民	打垮
孙女	白色	贫穷	专门	拆迁

果冻儿	飞快	热烈	盲目	远景
模范	杂院儿	柔弱	吓唬	辉煌
干脆	专程	自强	半导体	领略
追加	打盹儿	裁军	穷困	从众

答：

zìfèi	fēnglàng	lánqiú	gēnshēndìgù	shīshēng
xìng'ér	shuāibài	pǎotuǐr	tǐjiǎn	niǎoniǎo
chúchuāng	chuāngzi	zhíxíng	fēichí	shíbié
tiānhuā	xīnxué	wǎngqiú	bǎoshǒu	tiàowàng
xiānguān	pòliè	èzuòjù	jūnmín	dǎkuǎ
sūnnǚ	báisè	pínqióng	zhuānmén	chāiqiān
guǒdòngr	fēikuài	rèliè	mángmù	yuǎnjǐng
mófàn	záyuànr	róuruò	xiàhu	huīhuáng
gāncuì	zhuānchéng	zìqiáng	bàndǎotǐ	lǐnglüè
zhuījiā	dǎdǔnr	cáijūn	qióngkùn	cóngzhòng

读多音节词语练习 93

越发	分家	正视	顺从	滔滔
美满	年岁	嘹亮	讴歌	名堂
拒绝	电磁波	党委	攻击	壮实
乳牛	大伙儿	女生	贫穷	冲撞
刀把儿	口岸	轻骑	清算	供奉
运算	听任	化合物	别针儿	加快
曲目	选票	改悔	轮流	说穿
躲闪	政权	可耻	昔日	嘴唇
长相	资格	鞋带儿	胸怀	楼房
天子	暴君	别出心裁	嘴脸	莫非

答：

yuèfā	fēnjiā	zhèngshì	shùncóng	tāotāo
měimǎn	niánsuì	liáoliàng	ōugē	míngtang
jùjué	diàncíbō	dǎngwěi	gōngjī	zhuàngshi
rǔniú	dàhuǒr	nǚshēng	pínqióng	chōngzhuàng
dāobàr	kǒu'àn	qīngqí	qīngsuàn	gòngfèng
yùnsuàn	tīngrèn	huàhéwù	biézhēnr	jiākuài
qǔmù	xuǎnpiào	gǎihuǐ	lúnliú	shuōchuān
duǒshǎn	zhèngquán	kěchǐ	xīrì	zuǐchún
zhǎngxiàng	zīgé	xiédàir	xiōnghuái	lóufáng
tiānzǐ	bàojūn	biéchūxīncái	zuǐliǎn	mòfēi

读多音节词语练习 94

吃亏	轻描淡写	拐棍	突围	车夫
水鸟	投放	再见	必然性	梦幻
留恋	冲刷	雄壮	荒谬	做功
茶馆儿	袋子	跑调儿	水运	攫取
没准儿	捐款	穷人	执勤	姥姥
损坏	保守	偏颇	火把	宁肯
粗俗	市价	奖赏	通航	安全
削弱	此外	随军	通风	信贷
避雷针	恶劣	女方	增强	一下儿
电磁	萌发	折叠	投产	光泽

答：

chīkuī	qīngmiáodànxiě	guǎigùn	tūwéi	chēfū
shuǐniǎo	tóufàng	zàijiàn	bìránxìng	mènghuàn
liúliàn	chōngshuā	xióngzhuàng	huāngmiù	zuògōng
cháguǎnr	dàizi	pǎodiàor	shuǐyùn	juéqǔ
méizhǔnr	juānkuǎn	qióngrén	zhíqín	lǎolao
sǔnhuài	bǎoshǒu	piānpō	huǒbǎ	nìngkěn
cūsú	shìjià	jiǎngshǎng	tōngháng	ānquán
xuēruò	cǐwài	suíjūn	tōngfēng	xìndài
bìléizhēn	èliè	nǚfāng	zēngqiáng	yīxiàr
diàncí	méngfā	zhédié	tóuchǎn	guāngzé

读多音节词语练习 95

夸张	轮子	童工	亏损	碎步儿
配方	增值	巍峨	此起彼伏	间隔
衰弱	漠视	云层	生日	大婶儿
躯干	新年	保护色	头子	掠夺
缺点	钾肥	惆怅	中学生	命令
夸奖	奖赏	牛皮	老虎	命脉
胸襟	遵从	窃取	探询	丢人
法宝	炽烈	船家	光亮	火苗儿
好歹	壮大	退回	贫穷	小偷儿
潺潺	温暖	渊博	旋转	在职

答：

kuāzhāng	lúnzi	tónggōng	kuīsǔn	suìbùr
pèifāng	zēngzhí	wēi'é	cǐqǐbǐfú	jiàngé
shuāiruò	mòshì	yúncéng	shēngrì	dàshěnr

qūgàn	xīnnián	bǎohùsè	tóuzi	lüèduó
quēdiǎn	jiǎféi	chóuchàng	zhōngxuéshēng	mìnglìng
kuājiǎng	jiǎngshǎng	niúpí	lǎohǔ	mìngmài
xiōngjīn	zūncóng	qièqǔ	tànxún	diūrén
fǎbǎo	chìliè	chuánjiā	guāngliàng	huǒmiáor
hǎodǎi	zhuàngdà	tuìhuí	pínqióng	xiǎotōur
chánchán	wēnnuǎn	yuānbó	xuánzhuǎn	zàizhí

读多音节词语练习 96

厌倦	新学	拐杖	宫女	打铁
天花板	仓促	腹腔	澄清	装饰
缓解	摩托	碎步儿	朝霞	略微
奥妙	饭盒儿	憎恨	停泊	排球
行程	曲子	水果	硕大	随军
飘然	敲打	放射线	富翁	牌价
脍炙人口	纽扣	美德	钉子	思忖
只管	隆冬	濒临	礼让	老本儿
水运	再造	秘密	炯炯	年头儿
幻想	春雷	供求	车床	准绳

答：

yànjuàn	xīnxué	guǎizhàng	gōngnǚ	dǎtiě
tiānhuābǎn	cāngcù	fùqiāng	chéngqīng	zhuāngshì
huǎnjiě	mótuō	suìbùr	zhāoxiá	lüèwēi
àomiào	fànhér	zènghèn	tíngbó	páiqiú
xíngchéng	qǔzi	shuǐguǒ	shuòdà	suíjūn
piāorán	qiāodǎ	fàngshèxiàn	fùwēng	páijià
kuàizhìrénkǒu	niǔkòu	měidé	dīngzi	sīcǔn
zhǐguǎn	lóngdōng	bīnlín	lǐràng	lǎoběnr
shuǐyùn	zàizào	mìmì	jiǒngjiǒng	niántóur
huànxiǎng	chūnléi	gōngqiú	chēchuáng	zhǔnshéng

读多音节词语练习 97

口腔	兴衰	妥善	狂欢	铁轨
临床	保留	人民币	汗流浃背	下边
木耳	冲破	相对	古典	色彩
恩人	石子儿	春风	堕落	掉头
草拟	阶层	扭曲	中转	论据
主宰	眉毛	账房	笔杆儿	中旬

牵连	成虫	茶花	失实	远古
乐师	鞋带儿	自在	忘怀	这么
跳高儿	随军	窘迫	忘却	染色体
清净	发疯	学会	贫穷	打垮

答：

kǒuqiāng	xīngshuāi	tuǒshàn	kuánghuān	tiěguǐ
línchuáng	bǎoliú	rénmínbì	hànliújiābèi	xiàbiān
mù'ěr	chōngpò	xiāngduì	gǔdiǎn	sècǎi
ēnrén	shízǐr	chunfēng	duòluò	diàotóu
cǎonǐ	jiēcéng	niǔqū	zhōngzhuǎn	lùnjù
zhǔzǎi	méimao	zhàngfáng	bǐgǎnr	zhōngxún
qiānlián	chéngchóng	cháhuā	shīshí	yuǎngǔ
yuèshī	xiédàir	zìzai	wànghuái	zhème
tiàogāo	suíjūn	jiǒngpò	wàngquè	rǎnsètǐ
qīngjìng	fāfēng	xuéhuì	pínqióng	dǎkuǎ

读多音节词语练习 98

千方百计	富翁	等到	冲动	热闹
事实	奖品	下列	卓著	周刊
领取	线索	奇怪	回环	标准化
流畅	自然	观光	小鬼	棉花
水波	人才	真菌	夹缝儿	雪片
沙发	粽子	回忆录	方略	孙女
警犬	警车	扩充	围裙	胸腔
没词儿	折叠	吞并	团圆	洗澡
出差	赞叹	爽快	把门儿	丢失
民歌	耳膜儿	僧侣	虐待	头疼

答：

qiānfāngbǎijì	fùwēng	děngdào	chōngdòng	rènao
shìshí	jiǎngpǐn	xiàliè	zhuózhù	zhōukān
lǐngqǔ	xiànsuǒ	qíguài	huíhuán	biāozhǔnhuà
liúchàng	zìrán	guānguāng	xiǎoguǐ	miánhuā
shuǐbō	réncái	zhēnjūn	jiāfèngr	xuěpiàn
shāfā	zòngzi	huíyìlù	fānglüè	sūnnǚ
jǐngquǎn	jǐngchē	kuòchōng	wéiqún	xiōngqiāng
méicír	zhédié	tūnbìng	tuányuán	xǐzǎo
chūchāi	zàntàn	shuǎngkuai	bǎménr	diūshī
míngē	ěrmór	sēnglǚ	nüèdài	tóuténg

读多音节词语练习 99

中层	钳工	心疼	特别	反比
病根	衰变	铁丝	啧啧	实施
炯炯	名牌儿	马匹	飞快	佛学
女儿	增殖	土产	开外	亲切
绝着儿	婶子	女人	丑陋	软弱
蛋黄儿	中旬	随军	琢磨	转换
青翠	家喻户晓	亮光	特长	水手
美貌	开春	胰岛素	倒挂	流浪
棍棒	无从	戏法儿	丢掉	插话
全权	肺活量	战略	对虾	作坊

答：

zhōngcéng	qiángōng	xīnténg	tèbié	fǎnbǐ
bìnggēn	shuāibiàn	tiěsī	zézé	shíshī
jiǒngjiǒng	míngpáir	mǎpǐ	fēikuài	fóxué
nǚ’ér	zēngzhí	tǔchǎn	kāiwài	qīnqiè
juézhāor	shěnzi	nǚrén	chǒulòu	ruǎnruò
dànhuángr	zhōngxún	suíjūn	zuómo	zhuǎnhuàn
qīngcuì	jiāyùhùxiǎo	liànguāng	tècháng	shuǐshǒu
měimào	kāichūn	yídǎosù	dàoguà	liúlàng
gùnbàng	wúcóng	xìfǎr	diūdiào	chāhuà
quánquán	fèihuóliàng	zhànlüè	duìxiā	zuōfang

读多音节词语练习 99

庄重	加快	挥手	转化	蜂房
打嗝儿	戳穿	窘迫	将就	切磋
旋涡	董事会	恰似	倘使	大厦
完全	飞天	蜜枣儿	开学	袖子
门面	版本	贫穷	光明	手掌
花蕊	悲观	代表	渔村	思量
举例	小巧	捏造	水运	免费
脸蛋儿	归途	成虫	必然性	虐待
负载	合群儿	揣测	走廊	淋漓尽致
超额	吞吐	农垦	索性	平整

答：

zhuāngzhòng	jiākuài	huīshǒu	zhuǎnhuà	fēngfáng
dǎgér	chuōchuān	jiǒngpò	jiāngjiù	qiēcuō
xuánwō	dǒngshìhuì	qiàsì	tǎngshǐ	dàshà

wánquán	fēitiān	mìzǎor	kāixué	xiùzi
ménmiàn	bǎnběn	pínqióng	guāngmíng	shǒuzhǎng
huāruǐ	bēiguān	dàibiǎo	yúcūn	sīliang
jùlì	xiǎoqiǎo	niēzào	shuǐyùn	miǎnfèi
liǎndànr	guītú	chéngchóng	bìránxìng	nüèdài
fùzài	héqúnr	chuǎicè	zǒuláng	línlíjìnzhì
chāo'é	tūntǔ	nóngkěn	suǒxìng	píngzhěng

读多音节词语练习 100

中性	冉冉	病床	昏黄	真菌
起草	童话	肥料	排斥	凭空
不计其数	价值	饵料	早晚	筷子
责怪	蜂房	羞涩	凶恶	认识论
加重	爵士	古典	蒙昧	切口
打杂儿	缺少	来临	标兵	做活儿
船台	磁铁	推算	奖赏	胸脯
默默	奶牛	哲学	威风	天窗儿
全面	闺女	雨点儿	当选	规范化
对称	收购	城墙	转运	濒临

答：

zhōngxìng	rǎnrǎn	bìngchuáng	hūnhuáng	zhēnjūn
qǐcǎo	tónghuà	féiliào	páichì	píngkōng
bùjìqíshù	jiàzhí	ěrliào	zǎowǎn	kuàizi
zéguài	fēngfáng	xiūsè	xiōng'è	rènshílùn
jiāzhòng	juéshì	gǔdiǎn	méngmèi	qiēkǒu
dǎzár	quēshǎo	láilín	biāobīng	zuòhuór
chuántái	cítiě	tuīsuàn	jiǎngshǎng	xiōngpú
mòmò	nǎiniú	zhéxué	wēifēng	tiānchuāngr
quánmiànr	guīnü	yǔdiǎnr	dāngxuǎn	guīfànhuà
duìchèng	shōugòu	chéngqiáng	zhuǎnyùn	bīnlín

读多音节词语练习 101

因子	追加	热泪	进程	好比
探寻	灌区	虽然	围裙	珍宝
水准	莫非	贫穷	跑腿儿	相交
总算	症结	可口	秀才	碍事
兄弟	壮丽	大庆	揣摩	旦角儿
流量	揣测	忽而	赤手空拳	跳动

分发	都城	语调	凝望	脸盘儿
提名	区别	奶粉	行家	盲肠
在座	负荷	蒙古包	年华	通过
石子儿	四边形	顺手	血管	村庄

答：

yīnzǐ	zhuījiā	rèlèi	jìnchéng	hǎobǐ
tànxún	guànqū	suīrán	wéiqún	zhēnbǎo
shuǐzhǔn	mòfēi	pínqióng	pǎotuǐr	xiāngjiāo
zǒngsuàn	zhēngjié	kěkǒu	xiùcai	àishì
xiōngdi	zhuànglì	dàqìng	chuǎimó	dànjuér
liúliàng	chuǎicè	hū'ér	chìshǒukōngquán	tiàodòng
fēnfā	dūchéng	yǔdiào	níngwàng	liǎnpánr
tímíng	qūbié	nǎifěn	hángjiā	mángcháng
zàizuò	fùhè	ménggǔbāo	niánhuá	tōngguò
shízǐr	sìbiānxíng	shùnshǒu	xuèguǎn	cūnzhuāng

读多音节词语练习 102

通报	流通	假定	放大	茶馆儿
表象	婆婆	补贴	富翁	水花
自流	没准儿	爽快	改组	科学院
虽然	过年	金黄	烧伤	送别
首尾	过关	潦倒	明快	风驰电掣
宗法	栖息	穷尽	恰当	门铃儿
奔腾	简单	绿化	远景	脆弱
贫穷	西欧	探询	自治区	准确
买主	纸浆	逊色	传承	没词儿
贞操	奶牛	裂缝	行会	遵守

答：

tōngbào	liútōng	jiǎdìng	fàngdà	cháguǎnr
biǎoxiàng	pópo	bǔtiē	fùwēng	shuǐhuā
zìliú	méizhǔnr	shuǎngkuai	gǎizǔ	kēxuéyuàn
suīrán	guònián	huángjīn	shāoshāng	sòngbié
shǒuwěi	guòguān	liáodǎo	míngkuài	fēngchídiànchè
zōngfǎ	qīxī	qióngjìn	qiàdàng	ménlíngr
bēnténg	jiǎndān	lǜhuà	yuǎnjǐng	cuìruò
pínqióng	xī'ōu	tànxún	zìzhìqū	zhǔnquè
mǎizhǔ	zhǐjiāng	xùnsè	chuánchéng	méicír
zhēncāo	nǎiniú	lièfèng	hánghuì	zūnshǒu

读多音节词语练习 103

灾害	欠缺	随从	急救	蛤蟆
刀刃儿	女士	着想	逗乐儿	性别
官兵	时而	微微	玫瑰	出生率
表象	兄弟	药方儿	诸侯	南瓜
流放	莲子	作价	不可一世	司法
皇家	产品	追随	泯灭	冻疮
模仿	放射性	脑瓜儿	拼搏	人权
纯正	中旬	短跑	吞吐	起床
铜钱	慈爱	脚趾	俊俏	掠夺
赞叹	关怀	可口	天才	省城

答：

zāihài	qiànquē	suícóng	jíjiù	háma
dāorènr	nǚshì	zhuóxiǎng	dòulèr	xìngbié
guānbīng	shí'ér	wēiwēi	méiguī	chūshēnglǜ
biǎoxiàng	xiōngdi	yàofāngr	zhūhóu	nánguā
liúfàng	liánzǐ	zuòjià	bùkěyīshì	sīfǎ
huángjiā	chǎnpǐn	zhuīsuí	mǐnmiè	dòngchuāng
mófǎng	fàngshèxìng	nǎoguār	pīnbó	rénquán
chúnzhèng	zhōngxún	duǎnpǎo	tūntǔ	qǐchuáng
tóngqián	cí'ài	jiǎozhǐ	jùnqiào	lüèduó
zàntàn	guānhuái	kěkǒu	tiāncái	shěngchéng

读多音节词语练习 104

母本	淋漓尽致	吹嘘	头颅	打嗝儿
雪亮	欠缺	儿孙	出差	分兵
运费	炯炯	大伙儿	成全	开炮
上下	糟糕	埋葬	慈爱	表演
纽扣	电视剧	照相	楼房	蛋黄儿
沸腾	围裙	自转	鲜花	顺从
推广	董事会	哥哥	可喜	传布
随从	铁索	清风	抓获	批准
魔力	统帅	专家	冉冉	顶牛儿
差别	温泉	胖子	衰竭	描摹

答：

mǔběn	línlíjìnzhì	chuīxū	tóulú	dǎgér
xuěliàng	qiànquē	érsūn	chūchāi	fēnbīng
yùnfèi	jiǒngjiǒng	dàhuǒr	chéngquán	kāipào

shàngxià	zāogāo	máizàng	cí'ài	biǎoyǎn
niǔkòu	diànshìjù	zhàoxiàng	lóufáng	dànhuángr
fèiténg	wéiqún	zìzhuàn	xiānhuā	shùncóng
tuīguǎng	dǒngshìhuì	gēge	kěxǐ	chuánbù
suícóng	tiěsuǒ	qīngfēng	zhuāhuò	pīzhǔn
mólì	tǒngshuài	zhuānjiā	rǎnrǎn	dǐngniúr
chābié	wēnquán	pàngzi	shuāijié	miáomó

读多音节词语练习 105

传承	缅怀	谬论	兑现	蛾子
啜泣	早晚	贵宾	总体	拍摄
胸口	掌权	通红	广播	出人意料
血腥	盟国	讲解	自从	环球
贫穷	随即	核实	加塞儿	难堪
探询	泪珠儿	状态	奖品	粉刺
维生素	军队	收拾	恰好	愚蠢
奏鸣曲	聊天儿	学年	逮到	飞碟
挂帅	村庄	鲁莽	支持	女儿
软弱	发放	脖颈儿	把柄	方略

答：

chuánchéng	miǎnhuái	miùlùn	duìxiàn	ézi
chuòqì	zǎowǎn	guìbīn	zǒngtǐ	pāishè
xiōngkǒu	zhǎngquán	tōnghóng	guǎngbō	chūrényìliào
xuèxīng	méngguó	jiǎngjiě	zìcóng	huánqiú
pínqióng	suíjí	héshí	jiāsāir	nánkān
tànxún	lèizhūr	zhuàngtài	jiǎngpǐn	fěncì
wéishēngsù	jūnduì	shōushi	qiàhǎo	yúchǔn
zòumíngqǔ	liáotiānr	xuénián	dǎidào	fēidié
guàshuài	cūnzhuāng	lǔmǎng	zhīchí	nǚ'ér
ruǎnruò	fāfàng	bógěngr	bǎbǐng	fānglüè

读多音节词语练习 106

陆路	决死	快乐	观光	值得
总体	职权	水花	长城	适量
门框	紫外线	脑瓜儿	哲人	难怪
荟萃	说穿	高傲	门口儿	初春
私法	火种	总得	村庄	女婿
球赛	表白	收摊儿	名师	运气

炯炯	未曾	流放	停泊	宝塔
切点	方便	轻声	驻军	旦角儿
当下	奏鸣曲	仍然	挥发	贫民
悦耳	偏颇	啼笑皆非	下跌	香火

答：

lùlù	juésǐ	kuàilè	guāngguāng	zhídé
zǒngtǐ	zhíquán	shuǐhuā	chángchéng	shìliàng
ménkuāng	zǐwàixiàn	nǎoguār	zhérén	nánguài
huìcuì	shuōchuān	gāo'ào	ménkǒur	chūchūn
sīfǎ	huǐzhǒng	zǒngděi	cūnzhuāng	nǚxu
qiúsài	biǎobái	shōutānr	míngshī	yùnqi
jiǒngjiǒng	wèicéng	liúfàng	tíngbó	bǎotǎ
qiēdiǎn	fāngbiàn	qīngshēng	zhùjūn	dànjuér
dāngxià	zǒumíngqǔ	réngrán	huīfā	pínmín
yuè'ěr	piānpō	tíxiàojiēfēi	xiàdiē	xiānghuǒ

读多音节词语练习 107

穷困	曲牌	清澈	名次	转化
代理人	抓紧	探寻	偏颇	回顾
娘家	满口	半导体	光顾	手软
羞耻	挥发	啼笑皆非	路程	吞噬
脸蛋儿	思索	加快	观测	房间
成亲	孕育	总统	水肿	大娘
忙活	虐待	别针儿	罪名	富翁
芝麻	财权	小熊儿	衡量	爽朗
高傲	标本	送信儿	佛经	保守
求知	衰弱	啧啧	略微	尊称

答：

qióngkùn	qǔpái	qīngchè	míngcì	zhuǎnhuà
dàilǐrén	zhuājǐn	tànxún	piānpō	huígù
niángjia	mǎnkǒu	bàndǎotǐ	guānggù	shǒuruǎn
xiūchǐ	huīfā	tíxiàojiēfēi	lùchéng	tūnshì
liǎndànr	sīsuǒ	jiākuài	guāncè	fángjiān
chéngqīn	yùnyù	zǒngtǒng	shuǐzhǒng	dàniáng
mánghuo	nüèdài	biézhēnr	zuìmíng	fùwēng
zhīma	cáiquán	xiǎoxióngr	héngliáng	shuǎnglǎng
gāo'ào	biāoběn	sòngxìnr	fójīng	bǎoshǒu
qiúzhī	shuāiruò	zézé	lüèwēi	zūnchēng

读多音节词语练习 108

来历	奥妙	衰竭	错综复杂	挑拨
阴森	打晃儿	求生	厂家	标准化
政权	日光	颓废	客车	古兰经
船舱	隔绝	雪亮	偏僻	准许
受训	推翻	纤毛	神色	穷尽
雄伟	蛋清儿	子女	快感	打铁
流动	胖墩儿	丰富	装运	奶奶
保险	明亮	推迟	门口儿	规章
恰似	起火	转播	无从	适时
包子	祸害	成虫	软禁	耳鸣

答：

láilì	àomiào	shuāijié	cuòzōngfùzá	tiǎobō
yīnsēn	dǎhuàngr	qiúshēng	chǎngjiā	biāozhǔnhuà
zhèngquán	rìguāng	tuífèi	kèchē	gǔlánjīng
chuáncāng	géjué	xuěliàng	piānpì	zhǔnxǔ
shòuxùn	tuīfān	xiānmáo	shénsè	qióngjìn
xióngwěi	dànqīngr	zǐnǚ	kuàigǎn	dǎtiě
liúdòng	pàndūnr	fēngfù	zhuāngyùn	nǎinai
bǎoxiǎn	míngliàng	tuīchí	méngkǒur	guīzhāng
qiàsì	qǐhuǒ	zhuǎnbō	wúcóng	shìshí
bāozi	huòhài	chéngchóng	ruǎnjìn	ěrmíng

读多音节词语练习 109

进攻	真菌	潺潺	随军	涂抹
规格	社会学	贫穷	挑子	存亡
短波	百家争鸣	正确	美酒	自律
相持	炽烈	亲切	号码儿	日程
画报	悬空	小米	所谓	守法
白菜	壮丁	胖墩儿	天理	幼儿
简朴	手枪	一块儿	山村	蜂房
窗户	责怪	报废	古老	花萼
水闸	硫酸	丢掉	直辖市	总统
杏仁儿	男女	天资	穷人	堕落

答：

jìngōng	zhēnjūn	chánchán	suíjūn	túmǒ
guīgé	shèhuìxué	pínqióng	tiāozi	cúnwáng
duǎnbō	bǎijiāzhēngmíng	zhèngquè	měijiǔ	zìlǜ

xiāngchí	chìliè	qīnqiè	hàomǎr	rìchéng
huàbào	xuánkōng	xiǎomǐ	suǒwèi	shǒufǎ
báicài	zhuàngdīng	pàngdūnr	tiānlǐ	yòu'ér
jiǎnpǔ	shǒuqiāng	yīkuàir	shāncūn	fēngfáng
chuānghu	zéguài	bàofèi	gǔlǎo	huā'è
shuǐzhá	liúsuān	diūdiào	zhíxiáshì	zǒngtǒng
xìngrénr	nánnǚ	tiānzī	qióngrén	duòluò

读多音节词语练习 110

蒙昧	前期	祝愿	绒毛	坩埚
破产	打扰	分配	团体	水车
恩赐	舞场	饭盒儿	在家	创新
富翁	穷困	领略	贵宾	电视台
从军	惶惑	鞭子	采访	支流
孙女	神经质	凶手	成风	蒜瓣儿
年画	头子	苛刻	短语	总归
对偶	僵化	确切	标榜	鞋带儿
充饥	逃跑	了如指掌	描摹	奇怪
砂轮儿	征询	娘家	率领	兴修

答：

méngmèi	qiánqī	zhùyuàn	róngmáo	gānguō
pòchǎn	dǎrǎo	fēnpèi	tuántǐ	shuǐchē
ēncì	wǔchǎng	fànhér	zàijiā	chuàngxīn
fùwēng	qióngkùn	lǐnglüè	guìbīn	diànshìtái
cóngjūn	huánghuò	biānzi	cǎifǎng	zhīliú
sūnnǚ	shénjīngzhì	xiōngshǒu	chéngfēng	suànbànr
niánhuà	tóuzi	kēkè	duǎnyǔ	zǒngguī
duì'ǒu	jiānghuà	quèqiè	biāobǎng	xiédàir
chōngjī	táopǎo	liǎorúzhǐzhǎng	miáomó	qíguài
shālúnr	zhēngxún	niángjia	shuàilǐng	xīngxiū

读多音节词语练习 111

年画	饵料	栖息	坐镇	海风
日食	勇敢	开春儿	创新	畅快
矫揉造作	厮杀	水稻	调停	壶盖儿
奔波	啧啧	炯炯	春秋	马铃薯
车厢	远古	专断	富翁	门铃儿
推翻	片断	正直	下列	化妆

口水	确切	取材	眉毛	寻求
网点	统帅	两岸	联合国	执拗
具备	屏风	从此	随军	赶趟儿
抵偿	孙女	东家	风暴	贫血

答：

niánhuà	ěrliào	qīxī	zuòzhèng	hǎifēng
rìshí	yǒnggǎn	kāichūnr	chuàngxīn	chàngkuài
jiǎoróuzàozuò	sīshā	shuǐdào	tiáotíng	húgàir
bēnbō	zézé	jiǒngjiǒng	chūnqiū	mǎlíngshǔ
chēxiāng	yuǎngǔ	zhuānduàn	fùwēng	ménlíngr
tuīfān	piànduàn	zhèngzhí	xiàliè	huàzhuāng
kǒushuǐ	quèqiè	qǔcái	méimao	xúnqiú
wǎngdiǎn	tǒngshuài	liǎng'àn	liánhéguó	zhíniù
jùbèi	píngfēng	cóngcǐ	suíjūn	gǎntàngr
dǐcháng	sūnnǚ	dōngjia	fēngbào	pínxuè

读多音节词语练习 112

啧啧	正常	窃取	盼望	雌雄
雄姿	标兵	脑瓜儿	选种	破案
吞没	染色	知觉	密闭	类群
冰棍儿	运算	分兵	虔诚	传承
腐朽	衰竭	来临	栽培	大褂
红火	假若	如释重负	摧毁	确切
蜂房	东道主	根据	美酒	走私
税利	她们	顶牛儿	诋毁	衰老
施加	村民	天窗	开玩笑	相关
悦耳	可口	大伙儿	天堂	凉爽

答：

zézé	zhèngcháng	qièqǔ	pànwàng	cíxióng
xióngzī	biāobīng	nǎoguār	xuǎnzhǒng	pò'àn
tūnmò	rǎnsè	zhījué	mìbì	lèiqún
bīnggùnr	yùnsuàn	fēnbīng	qiánchéng	chuánchéng
fǔxiǔ	shuāijié	láilín	zāipéi	dàguà
hónghuo	jiǎruò	rúshìzhòngfù	cuīhuǐ	quèqiè
fēngfáng	dōngdàozhǔ	gēnjù	měijiǔ	zǒusī
shuìlì	tāmen	dǐngniúr	dǐhuǐ	shuāilǎo
shījiā	cūnmín	tiānchuāng	kāiwánxiào	xiāngguān
yuè'ěr	kěkǒu	dàhuǒr	tiāntáng	liángshuǎng

读多音节词语练习 113

句法	泡菜	丰满	朝拜	摸黑儿
高粱	旅客	羞耻	直达	停顿
私下	反省	出生率	方略	戳穿
真菌	侵蚀	衰败	小鬼	贫穷
烟卷儿	蜗牛	职权	融化	总理
条款	切磋	恶棍	阻挡	送别
把柄	转化	健儿	雪茄	纽扣儿
探询	自强	棉田	辉煌	天经地义
泪珠儿	受罪	眉毛	国防	注射器
品德	光荣	衰亡	成人	虐待

答：

jùfǎ	pàocài	fēngmǎn	cháobài	mōhēir
gāoliang	lǚkè	xiūchǐ	zhídá	tíngdùn
sīxià	fǎnxǐng	chūshēnglǜ	fānglüè	chuōchuān
zhēnjūn	qīnshí	shuāibài	xiǎoguǐ	pínqióng
yānjuǎnr	wōniú	zhíquán	rónghuà	zǒnglǐ
tiáokuǎn	qiēcuō	ègùn	zǔdǎng	sòngbié
bǎbǐng	zhuǎnhuà	jiàn'ér	xuějiā	niǔkòur
tànxún	zìqiáng	miántián	huīhuáng	tiānjīngdìyì
lèizhūr	shòuzuì	méimao	guófáng	zhùshèqì
pǐndé	guāngróng	shuāiwáng	chéngrén	nüèdài

读多音节词语练习 114

北方	别出心裁	测量	螺丝	感想
随同	装扮	专家	抽空儿	富翁
推翻	啧啧	平衡木	确切	左面
虐待	烟花	寻求	婆婆	古典
大略	小脑	荒废	成家	鼻涕
找茬儿	额定	遵循	外在	女人
人民币	施工	失声	甜美	混沌
螳螂	秋风	旋转	豆角儿	炯炯
量词	手稿	追随	爽快	冒尖儿
元帅	软化	领取	稚气	充斥

答：

běifāng	biéchūxīncái	cèliáng	luósī	gǎnxiǎng
suítóng	zhuāngbàn	zhuānjiā	chōukòngr	fùwēng
tuīfān	zézé	pínghéngmù	quèqiè	zuǒmiàn

nüèdài	yānhuā	xúnqiú	pópo	gǔdiǎn
dàlüè	xiǎonǎo	huāngfèi	chéngjiā	bítì
zhǎochár	édìng	zūnxún	wàizài	nǚrén
rénmínbì	shīgōng	shīshēng	tiánměi	hùndùn
tángláng	qiūfēng	xuánzhuǎn	dòujiǎor	jiǒngjiǒng
liàngcí	shǒugǎo	zhuīsuí	shuǎngkuai	màojiānr
yuánshuài	ruǎnhuà	lǐngqǔ	zhìqì	chōngchì

读多音节词语练习 115

水渠	烈火	婆婆	非同小可	职能
倘使	终结	信贷	损坏	张贴
罪恶	比例尺	鼓舞	刺耳	庄稼
儒学	啧啧	选送	把守	参军
源流	雄伟	邮戳儿	滔滔	签证
再会	增强	杀菌	女方	茶馆儿
臣民	凉爽	吃饭	鼻梁儿	分兵
貌似	棉花	生产力	拐棍	当家
跑调儿	返回	穷困	女工	美景
欠缺	专断	入口	修订	人才

答：

shuǐqú	lièhuǒ	pópo	fēitóngxiǎokě	zhínéng
tǎngshǐ	zhōngjié	xìndài	sǔnhuài	zhāngtiē
zuì'è	bǐlìchǐ	gǔwǔ	cì'ěr	zhuāngjia
rúxué	zézé	xuǎnsòng	bǎshǒu	cānjūn
yuánliú	xióngwěi	yóuchuōr	tāotāo	qiānzhèng
zàihuì	zēngqiáng	shājūn	nǚfāng	cháguǎnr
chénmín	liángshuǎng	chīfàn	bíliángr	fēnbīng
màosì	miánhua	shēngchǎnlì	guǎigùn	dāngjiā
pǎodiàor	fǎnhuí	qióngkùn	nǚgōng	měijǐng
qiànquē	zhuānduàn	rùkǒu	xiūdìng	réncái

读多音节词语练习 116

缺德	指导	条约	加工	磨损
烤火	涤纶	整休	相称	繁忙
凶恶	选手	转弯	总管	辨别
强壮	斧子	人群	父辈	金丝猴
琐事	打嗝儿	床位	临床	锯齿儿
衰落	蜻蜓	退休	掉价儿	前方

地表	诗篇	吞没	刻不容缓	融化
方才	贫穷	口罩儿	咨询	展览
哈密瓜	眷恋	生成	推举	水平
彩礼	埋葬	奴才	罪孽	妖怪

答：

quēdé	zhǐdǎo	tiáoyuē	jiāgōng	mósǔn
kǎohuǒ	dílún	zhěngxiū	xiāngchèn	fánmáng
xiōng’è	xuǎnshǒu	zhuǎnwān	zǒngguǎn	biànbié
qiángzhuàng	fǔzi	rénqún	fùbèi	jīnsīhóu
suǒshì	dǎgér	chuángwèi	línchuáng	jùchǐr
shuāiluò	qīngtíng	tuìxiū	diàojiàr	qiánfāng
dìbiǎo	shīpiān	tūnmò	kèbùrónghuǎn	rónghuà
fāngcái	pínqióng	kǒuzhàor	zīxún	zhǎnlǎn
hāmìguā	juànliàn	shēngchéng	tuījǔ	shuǐpíng
cǎilǐ	máizàng	núcai	zuìniè	yāoguài

读多音节词语练习 117

温泉	汉字	旅客	事实	当然
里程碑	水牛	莫非	破案	暴风雪
旅馆	绝食	充电	跑腿儿	云层
霜期	跳高儿	下落	苗条	前面
触目惊心	折中	贵妃	村庄	遵守
装运	领土	奶奶	搜索	加快
鞋带儿	虽然	粉笔	坐镇	穿插
胸腔	啧啧	抖动	茶馆儿	将就
民航	听从	富翁	考取	健儿
润滑	行当	把柄	胸怀	劣质

答：

wēnquán	hànzì	lǚkè	shìshí	dāngrán
lǐchéngbēi	shuǐniú	mòfēi	pò’àn	bàofēngxuě
lǚguǎn	juéshí	chōngdiàn	pǎotuǐr	yúncéng
shuāngqī	tiàogāor	xiàluò	miáotiao	qiánmiàn
chùmùjīngxīn	zhézhōng	guìfēi	cūnzhuāng	zūnshǒu
zhuāngyùn	lǐngtǔ	nǎinai	sōusuǒ	jiākuài
xiédàir	suīrán	fěnbǐ	zuòzhèn	chuānchā
xiōngqiāng	zézé	dǒudòng	cháguǎnr	jiāngjiu
mínháng	tīngcóng	fùwēng	kǎoqǔ	jiàn’ér
rùnhuá	hángdang	bǎbǐng	xiōnghuái	lièzhì

读多音节词语练习 118

垫圈	脑髓	理直气壮	风帆	搜查
往往	揣摩	专注	翱翔	总得
规则	跳高儿	推辞	懦弱	步兵
潺潺	责任	透亮儿	黄昏	拼凑
冒尖儿	随从	折中	硕士	牛顿
破烂	垮台	鲁莽	改观	笔法
昆曲	狂风	佩戴	社团	人群
小鞋儿	海里	炯炯	下巴	自封
名字	深秋	红领巾	浴场	初夏
爵士乐	电灯	写实	耳鸣	群居

答：

diànquān	nǎosuǐ	lǐzhíqìzhuàng	fēngfān	sōuchá
wǎngwǎng	chuǎimó	zhuānzhù	áoxiáng	zǒngděi
guīzé	tiàogāor	tuīcí	nuòruò	bùbīng
chánchán	zérèn	tòuliàngr	huánghūn	pīncòu
màojiānr	suícóng	zhézhōng	shuòshì	niúdùn
pòlàn	kuǎtái	lǔmǎng	gǎiguān	bǐfǎ
kūnqǔ	kuángfēng	pèidài	shètuán	rénqún
xiǎoxiér	hǎilǐ	jiǒngjiǒng	xiàba	zìfēng
míngzi	shēnqiū	hónglǐngjīn	yùchǎng	chūxià
juéshìyuè	diàndēng	xiěshí	ěrmíng	qúnjū

读多音节词语练习 119

茁壮	货币	非法	专人	走访
短波	穷困	非同小可	长城	偏颇
胆略	小鞋儿	短缺	工商业	辉煌
知道	虐待	门铃儿	包庇	在座
亭子	村子	统率	骨髓	网球
村民	富翁	选举	回归	脚手架
不适	耳光	炽烈	牙刷儿	热量
军区	透亮儿	财会	虔诚	骚扰
寒颤	凶恶	娘家	统领	牛皮
电器	改选	真菌	省城	牧民

答：

zhuózhuàng	huòbì	fēifǎ	zhuānrén	zǒufǎng
duǎnbō	qióngkùn	fēitóngxiǎokě	chángchéng	piānpō
dǎnlüè	xiǎoxiér	duǎnquē	gōngshāngyè	huīhuáng

zhīdào	nüèdài	ménlíngr	bāobì	zàizuò
tíngzi	cūnzi	tǒngshuài	gǔsuǐ	wǎngqiú
cūnmín	fùwēng	xuǎnjǔ	huíguī	jiǎoshǒujià
bùshì	ěrguāng	chìliè	yáshuār	rèliàng
jūnqū	tòuliàngr	cáikuài	qiánchéng	sāorǎo
hánzhàn	xiōng'è	niángjia	tǒnglǐng	niúpí
diànqì	gǎixuǎn	zhēnjūn	shěngchéng	mùmín

读多音节词语练习 120

渺茫	长者	雄伟	侨胞	管理
矿产	干旱	假若	省略	思忖
说理	图钉儿	摩擦	铁轨	断定
纳闷儿	画片	考取	寻求	村庄
女皇	副作用	凉快	奋发	摸黑儿
逃亡	废止	排队	天经地义	害羞
表白	长城	主角	穷人	世界观
简便	赛跑	夹缝儿	对偶	办学
自称	遵循	统领	辛勤	水手
耻辱	啧啧	职权	思量	冲刷

答：

miǎománg	zhǎngzhě	xióngwěi	qiáobāo	guǎnlǐ
kuàngchǎn	gānhàn	jiǎruò	shěnglüè	sīcǔn
shuōlǐ	túdīngr	mócā	tiěguǐ	duàndìng
nàmènr	huàpiàn	kǎoqǔ	xúnqiú	cūnzhuāng
nǚhuáng	fùzuòyòng	liángkuai	fènfā	mōhēir
táowáng	fèizhǐ	páiduì	tiānjīngdìyì	hàixiū
biǎobái	chángchéng	zhǔjué	qióngrén	shìjièguān
jiǎnbiàn	sàipǎo	jiāfèngr	duì'ǒu	bànxué
zìchēng	zūnxún	tǒnglǐng	xīnqín	shuǐshǒu
chǐrǔ	zézé	zhíquán	sīliang	chōngshuā

读多音节词语练习 121

衰退	充斥	帮忙	脂肪	填塞
夹子	自满	自力更生	水蒸气	专家
乳牛	头号	窘迫	想象力	人民
远程	垂钓	投标	受训	尽管
烈士	痰盂儿	平行	凭空	缺陷
空旷	橱窗	主宰	苍穹	绝着儿

猜测	飞禽	火锅儿	粪便	关怀
染色	类别	取舍	中旬	混沌
篱笆	打盹儿	奶牛	梅花	高傲
明矾	检索	打猎	富翁	全文

答：

shuāituì	chōngchì	bāngmáng	zhīfáng	tiánsè
jiāzi	zìmǎn	zìlìgēngshēng	shuǐzhēngqì	zhuānjiā
rǔniú	tóuhào	jiǒngpò	xiǎngxiànglì	rénmín
yuǎnchéng	chuídiào	tóubiāo	shòuxùn	jǐnguǎn
lièshì	tányúr	píngxíng	píngkōng	quēxiàn
kōngkuàng	chúchuāng	zhǔzǎi	cāngqióng	juézhāor
cāicè	fēiqín	huǒguōr	fènbiàn	guānhuái
rǎnsè	lèibié	qǔshě	zhōngxún	hùndùn
líba	dǎdǔnr	nǎiniú	méihuā	gāo'ào
míngfán	jiǎnsuǒ	dǎliè	fùwēng	quánwén

读多音节词语练习 122

风波	声称	流畅	适当	退回
车床	行凶	可口	解散	一下儿
开花	剧本	磷肥	错综复杂	买卖
装置	圆舞曲	美学	糟粕	宦官
种群	题词	当作	合群儿	家人
怒放	丢掉	催化剂	早晚	衰弱
借贷	濒临	墙头	袅袅	准许
恶劣	照片儿	日食	顺风	全权
相似	主管	天边	绝对	把门儿
聆听	公公	私产	配偶	衰老

答：

fēngbō	shēngchēng	liúchàng	shìdàng	tuìhuí
chēchuáng	xíngxiōng	kěkǒu	jiěsàn	yīxiàr
kāihuā	jùběn	línféi	cuòzōngfùzá	mǎimai
zhuāngzhì	yuánwǔqǔ	měixué	zāopò	huànguān
zhǒngqún	tící	dàngzuò	héqúnr	jiārén
nùfàng	diūdiào	cuīhuàjì	zǎowǎn	shuāiruò
jièdài	bīnlín	qiángtóu	niǎoniǎo	zhǔnxǔ
èliè	zhàopiānr	rìshí	shùnfēng	quánquán
xiāngsì	zhǔguǎn	tiānbiān	juéduì	bǎménr
língtīng	gōnggong	sīchǎn	pèi'ǒu	shuāilǎo

读多音节词语练习 123

封闭	热烈	雄伟	私下	自得
偏颇	检索	衰亡	家庭	啄木鸟
确认	攻关	药方儿	天敌	军队
穷困	广博	对等	转换	辩证法
求实	作风	把门儿	嘴巴	潺潺
滔滔	领取	凉爽	掌权	理想
人均	快乐	实施	铁丝	灾荒
举足轻重	泯灭	奶牛	充斥	壶盖儿
丑恶	烟卷儿	苍翠	学习	寡妇
少儿	小丑	贫困	梅花	种类

答：

fēngbì	rèliè	xióngwěi	sīxià	zìdé
piānpō	jiǎnsuǒ	shuāiwáng	jiātíng	zhuómùniǎo
quèrèn	gōngguān	yàofāngr	tiāndí	jūnduì
qióngkùn	guǎngbó	duìděng	zhuǎnhuàn	biànzhèngfǎ
qiúshí	zuòfēng	bǎménr	zuǐba	chánchán
tāotāo	lǐngqǔ	liángshuǎng	zhǎngquán	lǐxiǎng
rénjūn	kuàilè	shíshī	tiěsī	zāihuāng
jǔzúqīngzhòng	mǐnmiè	nǎiniú	chōngchì	húgàir
chǒu'è	yānjuǎnr	cāngcuì	xuéxí	guǎfu
shào'ér	xiǎochǒu	pínkùn	méihuā	zhǒnglèi

读多音节词语练习 124

刚好	确实	农家	贩子	勘测
代价	硕士	把手	退回	老头儿
充斥	相处	鞋带儿	留成	嘴唇
追求	胎儿	装潢	浓缩	手软
分居	语法	思忖	大惊小怪	空话
枪毙	笑话儿	缺损	蕴藏	消费品
丢失	谴责	鲁莽	真菌	名字
微波	末日	穷苦	女王	领土
盘旋	门面	专政	提成儿	断定
恋爱	国歌	保证金	造反	烈日

答：

gānghǎo	quèshí	nóngjiā	fànzi	kāncè
dàijià	shuòshì	bǎshǒu	tuìhuí	lǎotóur
chōngchì	xiāngchǔ	xiédàir	liúchéng	zuǐchún

zhuīqiú	tāi'ér	zhuānghuáng	nóngsuō	shǒuruǎn
fēnjū	yǔfǎ	sīcǔn	dàjīngxiǎoguài	kōnghuà
qiāngbì	xiàohuar	quēsǔn	yùncáng	xiāofèipǐn
diūshī	qiǎnzé	lǔmǎng	zhēnjūn	míngzi
wēibó	mòrì	qióngkǔ	nǚwáng	lǐngtǔ
pánxuán	ménmiàn	zhuānzhèng	tíchéngr	duàndìng
liàn'ài	guógē	bǎozhèngjīn	zàofǎn	lièrì

读多音节词语练习 125

公社	扭转	年轮	宽恕	开创
协奏曲	高层	从中	小熊儿	缺损
畅快	继承人	烫伤	只好	扶持
非得	自律	凉爽	对偶	微弱
大伙儿	顶端	佳话	阴云	年岁
棉球儿	探寻	命令	蛋黄儿	走访
衰落	挖掘	栽植	各别	此起彼伏
命脉	朝霞	海里	哥哥	自封
婆婆	小品	坍塌	全身	检讨
成虫	追随	颁布	穷人	倔强

答：

gōngshè	niǔzhuǎn	niánlún	kuānshù	kāichuàng
xiézòuqǔ	gāocéng	cóngzhōng	xiǎoxióngr	quēsǔn
chàngkuài	jìchéngrén	tàngshāng	zhǐhǎo	fúchí
fēiděi	zìlǜ	liángshuǎng	duì'ǒu	wēiruò
dàhuǒr	dǐngduān	jiāhuà	yīnyún	niánsuì
miánqiúr	tànxún	mìnglìng	dànhuángr	zǒufǎng
shuāiluò	wājué	zāizhí	gèbié	cǐqǐbǐfú
mìngmài	zhāoxiá	hǎilǐ	gēge	zìfēng
pópo	xiǎopǐn	tāntā	quánshēn	jiǎntǎo
chéngchóng	zhuīsuí	bānbù	qióngrén	juéjiàng

读多音节词语练习 126

繁杂	从军	行车	牢笼	雄壮
中秋	蜕变	古朴	女皇	南瓜
叫好儿	衰弱	沧桑	富翁	可口
谋略	甲虫	自费	铁轨	真菌
透亮	人影儿	全权	囚犯	体魄
主人翁	眯缝	恶劣	子女	世事

亲信	苍穹	戳穿	作怪	雨点儿
回环	学校	水准	装饰	冰天雪地
里程碑	磨损	自杀	华北	胖墩儿
变色	逮到	降价	买卖	开关

答：

fánzá	cóngjūn	xíngchē	láolóng	xióngzhuàng
zhōngqiū	tuìbiàn	gǔpǔ	nǚhuáng	nánguā
jiàohǎor	shuāiruò	cāngsāng	fùwēng	kěkǒu
móulüè	jiǎchóng	zìfèi	tiěguǐ	zhēnjūn
tòuliàng	rényǐngr	quánquán	qiúfàn	tǐpò
zhǔrénwēng	mīfeng	èliè	zǐnǚ	shìshì
qīnxìn	cāngqióng	chuōchuān	zuòguài	yǔdiǎnr
huíhuán	xuéxiào	shuǐzhǔn	zhuāngshì	bīngtiānxuědì
lǐchéngbēi	mósǔn	zìshā	huáběi	pàngdūnr
biànsè	dǎidào	jiàngjià	mǎimai	kāiguān

读多音节词语练习 127

田埂	曲折	情不自禁	赤裸	霓虹灯
实话	顺风	财会	吞没	先知
贫穷	富翁	随军	拟人	充血
软骨	鲜血	愉快	掠夺	瓜子儿
热烈	丢失	明镜	粉末儿	潺潺
腾飞	改组	子宫	打鸣儿	车厢
旋律	庄稼	嫁妆	劝导	劳动力
撇开	苗条	退回	沧桑	走神儿
脑髓	装配	奖赏	厄运	货币
把守	报废	婉转	苍穹	求婚

答：

tiángěng	qūzhé	qíngbùzìjīn	chìluǒ	níhóngdēng
shíhuà	shùnfēng	cáikuài	tūnmò	xiānzhī
pínqióng	fùwēng	suíjūn	nǐrén	chōngxuè
ruǎngǔ	xiānxuè	yúkuài	lüèduó	guāzǐr
rèliè	diūshī	míngjìng	fěnmòr	chánchán
téngfēi	gǎizǔ	zǐgōng	dǎmíngr	chēxiāng
xuánlǜ	zhuāngjia	jiàzhuang	quàndǎo	láodònglì
piēkāi	miáotiao	tuìhuí	cāngsāng	zǒushénr
nǎosuǐ	zhuāngpèi	jiǎngshǎng	èyùn	huòbì
bǎshǒu	bàofèi	wǎnzhuǎn	cāngqióng	qiúhūn

读多音节词语练习 128

罗列	扩张	强国	发毛	假设
生成	小夜曲	自家	秀才	母本
完全	决死	柔软	记事儿	空旷
浪花	天资	软骨	苗条	东经
辛勤	蓄电池	叮咛	阅兵	没准儿
流水	帮办	村庄	深层	合群儿
广袤	破碎	怀念	窘迫	周而复始
改良	痛恨	挥发	铁轨	寻求
富翁	超常	脸盘儿	专车	整体
内在	抖动	散发	再造	兄弟

答：

luóliè	kuòzhāng	qiángguó	fāmáo	jiǎshè
shēngchéng	xiǎoyèqǔ	zìjiā	xiùcai	mǔběn
wánquán	juésǐ	róuruǎn	jìshìr	kōngkuàng
lànghuā	tiānzī	ruǎngǔ	miáotiao	dōngjīng
xīnqín	xùdiànchí	dīngníng	yuèbīng	méizhǔnr
liúshuǐ	bāngbàn	cūnzhuāng	shēncéng	héqúnr
guǎngmào	pòsuì	huáiniàn	jiǒngpò	zhōu'érfùshǐ
gǎiliáng	tònghèn	huīfā	tiěguǐ	xúnqiú
fùwēng	chāocháng	liǎnpánr	zhuānchē	zhěngtǐ
nèizài	dǒudòng	sànfā	zàizào	xiōngdi

读多音节词语练习 129

强化	变迁	专程	坦率	通婚
双方	分兵	判决书	杂院儿	骚扰
夺取	装饰	自我	对流	尽快
小熊儿	田埂	牛皮	汽水	没词儿
红火	邪恶	领海	肉质	围裙
改写	构造	摧残	标本	琳琅满目
东方	徒工	西方	整理	评定
吹牛	装运	倔强	熊猫	大陆架
船家	夸大	可耻	自在	传承
模特儿	着手	区分	孙女	白色

答：

qiánghuà	biànqiān	zhuānchéng	tǎnshuài	tōnghūn
shuāngfāng	fēnbīng	pànjuéshū	záyuànr	sāorǎo
duóqǔ	zhuāngshì	zìwǒ	duìliú	jǐnkuài

xiǎoxióngr	tiángěng	niúpí	qìshuǐ	méicír
hónghuo	xié'è	lǐnghǎi	ròuzhì	wéiqún
gǎixiě	gòuzào	cuīcán	biāoběn	línlángmǎnmù
dōngfāng	túgōng	xīfāng	zhěnglǐ	píngdìng
chuīniú	zhuāngyùn	juéjiàng	xióngmāo	dàlùjià
chuánjiā	kuādà	kěchǐ	zìzai	chuánchéng
mótèr	zhuóshǒu	qūfēn	sūnnǚ	báisè

读多音节词语练习 130

混浊	操劳	坏蛋	轿车	僧侣
柔软	水蒸气	恶化	书法	死板
温存	莫非	钢铁	掌权	矿床
冰天雪地	命脉	支流	视网膜	确证
犬齿	下巴	佳节	人影儿	主意
胡同儿	朝代	乡亲	品评	匈奴
总体	纽扣	悦耳	杯子	审理
衰败	追悼	序曲	没谱儿	发疯
悼念	口水	自尊	国歌	军粮
饭馆儿	交流	随从	探寻	戳穿

答：

húnzhuó	cāoláo	huàidàn	jiàochē	sēnglǚ
róuruǎn	shuǐzhēngqì	èhuà	shūfǎ	sǐbǎn
wēncún	mòfēi	gāngtiě	zhǎngquán	kuàngchuáng
bīngtiānxuědì	mìngmài	zhīliú	shìwǎngmó	quèzhèng
quǎnchǐ	xiàba	jiājié	rényǐngr	zhǔyi
hútòngr	cháodài	xiāngqīn	pǐnpíng	xiōngnú
zǒngtǐ	niǔkòu	yuè'ěr	bēizi	shěnlǐ
shuāibài	zhuīdào	xùqǔ	méipǔr	fāfēng
dàoniàn	kǒushuǐ	zìzūn	guógē	jūnliáng
fànguǎnr	jiāoliú	suícóng	tànxún	chuōchuān

读多音节词语练习 131

亲信	翻滚	军官	困扰	名堂
损坏	短波	小孩儿	贴切	凶残
合群儿	偏偏	走访	划分	暴风雨
车床	同志	追随	蜷缩	起火
名家	倍增	常住	大显身手	流程
开凿	有劲儿	命脉	少儿	感想

流毒	商榷	雄伟	攀登	粉笔
娘家	怪事	矿床	旅馆	财力
竹子	罪名	容纳	挑刺儿	电视剧
乳牛	退位	决裂	隆重	差额

答：

qīnxìn	fāngǔn	jūnguān	kùnrǎo	míngtang
sǔnhuài	duǎnbō	xiǎoháir	tiēqiè	xiōngcán
héqúnr	piānpiān	zǒufǎng	huàfēn	bàofēngyǔ
chēchuáng	tóngzhì	zhuīsuí	quánsuō	qǐhuǒ
míngjiā	bèizēng	chángzhù	dàxiǎnshēnshǒu	liúchéng
kāizáo	yǒujìnr	mìngmài	shào'ér	gǎnxiǎng
liúdú	shāngquè	xióngwěi	pāndēng	fěnbǐ
niángjia	guàishì	kuàngchuáng	lǚguǎn	cáilì
zhúzi	zuìmíng	róngnà	tiāocìr	diànshìjù
rǔniú	tuìwèi	juéliè	lóngzhòng	chā'é

读多音节词语练习 132

字画	适时	兄弟	成风	得天独厚
推论	垂柳	随军	检举	光波
成虫	富翁	额外	一块儿	训练
喧嚷	掌管	美满	总称	缺口
旦角儿	琢磨	授权	泥泞	满载
岛屿	松懈	快艇	茁壮	奴才
铁轨	金刚石	稍稍	人才	官办
胡同儿	存活	花瓶儿	悄悄	方略
恰似	想象力	质变	闷热	把柄
专家	贫穷	溜达	分子	肥皂

答：

zìhuà	shìshí	xiōngdi	chéngfēng	détiāndúhòu
tuīlùn	chuíliǔ	suíjūn	jiǎnjǔ	guāngbō
chéngchóng	fùwēng	éwài	yīkuàir	xùnliàn
xuānrǎng	zhǎngguǎn	měimǎn	zǒngchēng	quēkǒu
dànjuér	zuómo	shòuquán	nínìng	mǎnzài
dǎoyǔ	sōngxiè	kuàitǐng	zhuózhuàng	núcai
tiěguǐ	jīngāngshí	shāoshāo	réncái	guānbàn
hútòngr	cúnhuó	huāpíngr	qiāoqiāo	fānglüè
qiàsì	xiǎngxiànglì	zhìbiàn	mēnrè	bǎbǐng
zhuānjiā	pínqióng	liūda	fēnzǐ	féizào

读多音节词语练习 133

旅程	讴歌	荒唐	长城	人均
体味	款项	露馅儿	灭火	大本营
吃亏	围裙	奶牛	全身	品种
自从	在哪儿	佳话	劳力	和睦
贫穷	引水	沧桑	阐明	琢磨
小雪	眯缝	迟到	北半球	顺势
损坏	平安	凉快	记事儿	带电
恰如	跳高儿	倔强	天边	丢掉
特色	举足轻重	自尊	观光	风帆
拱手	卓著	瓷砖	雄蕊	写法

答：

lǚchéng	ōugē	huāngtáng	chángchéng	rénjūn
tǐwèi	kuǎnxiàng	lòuxiànr	mièhuǒ	dàběnyíng
chīkuī	wéiqún	nǎiniú	quánshēn	pǐnzhǒng
zìcóng	zàinǎr	jiāhuà	láolì	hémù
pínqióng	yǐnshuǐ	cāngsāng	chǎnmíng	zuómo
xiǎoxuě	mīfeng	chídào	běibànqiú	shùnshì
sǔnhuài	píng'ān	liángkuai	jìshìr	dàidiàn
qiàrú	tiàogāor	juéjiàng	tiānbiān	diūdiào
tèsè	jǔzúqīngzhòng	zìzūn	guānguāng	fēngfān
gǒngshǒu	zhuózhù	cízhuān	xióngruǐ	xiěfǎ

读多音节词语练习 134

家具	胸腔	真诚	舌苔	富翁
卧室	硫磺	农产品	恶霸	袅袅
相得益彰	偏旁	电动	青霉素	泯灭
灭绝	诊所	统购	国防	搜寻
泉水	财会	显眼	转化	掠夺
感染	自家	环流	挺拔	瓜瓤儿
存在	发还	条子	对等	采写
包袱	穷人	逝世	泪珠儿	历经
合群儿	风暴	缺口	装修	春光
造句	耳垂儿	统率	蒙蔽	嘴唇

答：

jiājù	xiōngqiāng	zhēnchéng	shétāi	fùwēng
wòshì	liúhuáng	nóngchǎnpǐn	èbà	niǎoniǎo
xiāngdéyìzhāng	piānpáng	diàndòng	qīngméisù	mǐnmiè

mièjué	zhěnsuǒ	tǒnggòu	guófáng	sōuxún
quánshuǐ	cáikuài	xiǎnyǎn	zhuǎnhuà	lüèduó
gǎnrǎn	zìjiā	huánliú	tǐngbá	guārángr
cúnzài	fāhuán	tiáozi	duìděng	cǎixiě
bāofu	qióngrén	shìshì	lèizhūr	lìjīng
héqúnr	fēngbào	quēkǒu	zhuāngxiū	chūnguāng
zàojù	ěrchuír	tǒngshuài	méngbì	zuǐchún

读多音节词语练习 135

雪茄	逮到	新学	画笔	冲天
豆角儿	试行	探询	技术员	遏止
杀菌	增生	贫穷	纸板	柔软
废话	猎犬	广博	葡萄糖	魔法
会合	母本	眷恋	追随	火葬
包罗万象	专车	命脉	气球	随身
丢失	夹缝儿	奶粉	青春	渔场
凉快	穷困	早春	猖狂	没词儿
古典	总共	虐待	桌子	聊天儿
烈日	拼凑	政策	宫女	司法

答：

xuějiā	dǎidào	xīnxué	huàbǐ	chōngtiān
dòujiǎor	shìxíng	tànxún	jìshùyuán	èzhǐ
shājūn	zēngshēng	pínqióng	zhǐbǎn	róuruǎn
fèihuà	lièquǎn	guǎngbó	pútáotáng	mófǎ
huìhé	mǔběn	juànliàn	zhuīsuí	huǒzàng
bāoluówànxiàng	zhuānchē	mìngmài	qìqiú	suíshēn
diūshī	jiāfèngr	nǎifěn	qīngchūn	yúchǎng
liángkuai	qióngkùn	zǎochūn	chāngkuáng	méicír
gǔdiǎn	zǒnggòng	nüèdài	zhuōzi	liáotiānr
lièrì	pīncòu	zhèngcè	gōngnǚ	sīfǎ

读多音节词语练习 136

帮忙	财权	成虫	贫血	警告
败坏	朝廷	协奏曲	摸黑儿	硫酸
利润	带动	只好	瞬时	悄悄
泯灭	陆路	瓜子儿	催眠	专著
纷繁	娘家	茁壮	法宝	躲闪
金字塔	破碎	别扭	奖赏	桂冠

山歌	顺从	在哪儿	屏风	均匀
微微	对虾	体检	走访	田园
脍炙人口	填补	穷人	凶恶	蛋清儿
红火	戏谑	僧侣	理科	车床

答：

bāngmáng	cáiquán	chéngchóng	pínxuè	jǐnggào
bàihuài	cháotíng	xiézòuqǔ	mōhēir	liúsuān
lìrùn	dàidòng	zhǐhǎo	shùnshí	qiāoqiāo
mǐnmiè	lùlù	guāzǐr	cuīmián	zhuānzhù
fēnfán	niángjia	zhuózhuàng	fǎbǎo	duǒshǎn
jīnzìtǎ	pòsuì	bièniu	jiǎngshǎng	guìguān
shāngē	shùncóng	zàinǎr	píngfēng	jūnyún
wēiwēi	duìxiā	tǐjiǎn	zǒufǎng	tiányuán
kuàizhìrénkǒu	tiánbǔ	qióngrén	xiōng'è	dànqīngr
hónghuo	xìxuè	sēnglǚ	lǐkē	chēchuáng

读多音节词语练习 137

机智	体贴	追加	色光	连同
草场	对接	抖动	球赛	昨天
疯子	随从	毛驴儿	生怕	病故
病根	埋伏	臼齿	喧嚷	手指
前锋	容纳	水产	明确	口罩儿
诈骗	米饭	咨询	没准儿	丹顶鹤
因而	粗略	亮光	恶化	胸怀
科学家	围裙	说穿	漂亮	火罐儿
心慌	穷困	心不在焉	袅袅	乞讨
论据	衰亡	身长	自封	短波

答：

jīzhì	tǐtiē	zhuījiā	sèguāng	liántóng
cǎochǎng	duìjiē	dǒudòng	qiúsài	zuótiān
fēngzi	suícóng	máolǘr	shēngpà	bìnggù
bìnggēn	máifú	jiùchǐ	xuānrǎng	shǒuzhǐ
qiánfēng	róngnà	shuǐchǎn	míngquè	kǒuzhàor
zhàpiàn	mǐfàn	zīxún	méizhǔnr	dāndǐnghè
yīn'ér	cūlüè	liàngguāng	èhuà	xiōnghuái
kēxuéjiā	wéiqún	shuōchuān	piàoliang	huǒguànr
xīnhuāng	qióngkùn	xīnbùzàiyān	niǎoniǎo	qǐtǎo
lùnjù	shuāiwáng	shēncháng	zìfēng	duǎnbō

读多音节词语练习 138

章程	苍穹	推辞	亲昵	末日
绿洲	胆小鬼	别致	脊髓	戳穿
清风	狭长	电视台	挑子	造就
宁肯	平素	审美	械斗	僧侣
蜜枣儿	曲折	衰老	衰变	打发
演化	水草	吞噬	娘家	脸谱
分割	辩驳	麻花儿	富翁	尊称
空军	种群	眼镜儿	治学	皑皑
刻不容缓	姿态	休想	轮流	民国
冻疮	否决	火罐儿	恍然	劝慰

答：

zhāngchéng	cāngqióng	tuīcí	qīnnì	mòrì
lǜzhōu	dǎnxiǎoguǐ	biézhì	jǐsuǐ	chuōchuān
qīngfēng	xiácháng	diànshìtái	tiāozi	zàojiù
nìngkěn	píngsù	shěnměi	xièdòu	sēnglǚ
mìzǎor	qūzhé	shuāilǎo	shuāibiàn	dǎfa
yǎnhuà	shuǐcǎo	tūnshì	niángjia	liǎnpǔ
fēngē	biànbó	máhuār	fùwēng	zūnchēng
kōngjūn	zhǒngqún	yǎnjìngr	zhìxué	áiái
kèbùrónghuǎn	zītài	xiūxiǎng	lúnliú	mínguó
dòngchuāng	fǒujué	huǒguànr	huǎngránr	quànwèi

读多音节词语练习 139

人才	汇报	命令	增添	想法
人群	何尝	难看	霉菌	渺茫
指点	碍事	爪子	流传	开春儿
标兵	奢侈	泥坑	婉转	迫害
接洽	天窗	有劲儿	盛会	退缩
自豪	提纲	戏法儿	缺乏	确保
绿洲	果冻儿	篮球	非得	拐棍
随心所欲	浓烈	抖动	图书馆	分别
名家	小儿	集装箱	存折	普选
衰老	窘迫	策动	无穷	绳子

答：

réncái	huìbào	mìnglìng	zēngtiān	xiǎngfǎ
rénqún	hécháng	nánkàn	méijūn	miǎománg
zhǐdiǎn	àishì	zhuǎzi	liúchuán	kāichūnr

biāobīng	shēchí	níkēng	wǎnzhuǎn	pòhài
jiēqià	tiānchuāng	yǒujìnr	shènghuì	tuìsuō
zìháo	tígāng	xìfǎr	quēfá	quèbǎo
lùzhōu	guǒdòngr	lánqiú	fēiděi	guǎigùn
suíxīnsuǒyù	nóngliè	dǒudòng	túshūguǎn	fēnbié
míngjiā	xiǎo'ér	jízhuāngxiāng	cúnzhé	pǔxuǎn
shuāilǎo	jiǒngpò	cèdòng	wúqióng	shéngzi

读多音节词语练习 140

能手	笼络	惆怅	牵涉	留存
绝食	避雷针	之后	思忖	啧啧
普法	心思	穷困	略微	主宰
张贴	跑调儿	短小	风帆	安装
吃惊	与日俱增	统帅	下跌	辉煌
草率	奶牛	把门儿	装运	通红
毛驴儿	早日	美感	覆盖	铁青
穷尽	默默	假定	向日葵	灌溉
悬挂	欠缺	戳穿	香肠儿	遍布
似的	稳妥	葵花	随军	频繁

答：

néngshǒu	lǒngluò	chóuchàng	qiānshè	liúcún
juéshí	bìléizhēn	zhīhòu	sīcǔn	zézé
pǔfǎ	xīnsi	qióngkùn	lüèwēi	zhǔzǎi
zhāngtiē	pǎodiàor	duǎnxiǎo	fēngfān	ānzhuāng
chījīng	yǔrìjùzēng	tǒngshuài	xiàdiē	huīhuáng
cǎoshuài	nǎiniú	bǎménr	zhuāngyùn	tōnghóng
máolǘr	zǎorì	měigǎn	fùgài	tiěqīng
qióngjìn	mòmò	jiǎdìng	xiàngrìkuí	guàngài
xuánguà	qiànquē	chuōchuān	xiāngchángr	biànbù
shìde	wěntuǒ	kuíhuā	suíjūn	pínfán

读多音节词语练习 141

硕大	指摘	损失	射门	自尊
花蕊	宣泄	雨点儿	叮咛	珍珠
老总	流转	侧重	水獭	交加
架势	狂奔	缓解	群岛	近似
富翁	欠缺	随时	果冻儿	秘密
前仆后继	光亮	详情	部落	开学

感染	留存	胎儿	图钉儿	雄伟
车床	钢销儿	风暴	安插	子女
浪费	传承	核桃	农产品	蜕变
朋友	财会	播放	勾画	描摹

答:

shuòdà	zhǐzhāi	sǔnshī	shèmén	zìzūn
huāruǐ	xuānxiè	yǔdiǎnr	dīngníng	zhēnzhū
lǎozǒng	liúzhuǎn	cèzhòng	shuǐtǎ	jiāojiā
jiàshi	kuángbēn	huǎnjiě	qúndǎo	jìnsì
fùwēng	qiànquē	suíshí	guǒdòngr	mìmì
qiánpūhòujì	guāngliàng	xiángqíng	bùluò	kāixué
gǎnrǎn	liúcún	tāi'ér	túdīngr	xióngwěi
chēchuáng	gāngxiāor	fēngbào	ānchā	zǐnǚ
làngfèi	chuánchéng	hétao	nóngchǎnpǐn	tuìbiàn
péngyou	cáikuài	bōfàng	gōuhuà	miáomó

读多音节词语练习 142

辉煌	凄凉	退位	资格	南瓜
质子	坡地	送信儿	推举	表白
垫底儿	苍穹	模特儿	咨询	遵循
热量	召开	扭转	命名	弟兄
罗列	图腾	损坏	不锈钢	姑姑
早点	耗费	参看	蜷缩	方法
认真	水鸟	玲珑	授粉	配偶
邮戳儿	窃取	解答	豪爽	减免
存亡	百家争鸣	确实	冲刷	充血
尽快	穿山甲	远程	排斥	政法

答:

huīhuáng	qīliáng	tuìwèi	zīgé	nánguā
zhìzǐ	pōdì	sòngxìnr	tuījǔ	biǎobái
diàndǐr	cāngqióng	mótèr	zīxún	zūnxún
rèliàng	zhàokāi	niǔzhuǎn	mìngmíng	dìxiong
luóliè	túténg	sǔnhuài	bùxiùgāng	gūgu
zǎodiǎn	hàofèi	cānkàn	quánsuō	fāngfǎ
rènzhēn	shuǐniǎo	línglóng	shòufěn	pèi'ǒu
yóuchuōr	qièqǔ	jiědá	háoshuǎng	jiǎnmiǎn
cúnwáng	bǎijiāzhēngmíng	quèshí	chōngshuā	chōngxuè
jǐnkuài	chuānshānjiǎ	yuǎnchéng	páichì	zhèngfǎ

读多音节词语练习 143

国歌	反倒	女儿	洪亮	颁布
临床	前天	脚趾	首饰	抽空儿
遵循	复活	名家	影响	盘旋
恩人	留声机	片段	谬论	太太
围裙	天色	没准儿	重合	命中
缺德	快感	拇指	短波	笑话儿
大略	衰竭	雌雄	追肥	脑髓
稿纸	与日俱增	苍穹	亲自	富翁
水汽	那些	沧桑	分水岭	调价
自在	钢镚儿	窗口	传承	拼搏

答：

guógē	fǎndào	nǚ'ér	hóngliàng	bānbù
línchuáng	qiántiān	jiǎozhǐ	shǒushi	chōukòngr
zūnxún	fùhuó	míngjiā	yǐngxiǎng	pánxuán
ēnrén	liúshēngjī	piànduàn	miùlùn	tàitai
wéiqún	tiānsè	méizhǔnr	chónghé	mìngzhòng
quēdé	kuàigǎn	mǔzhǐ	duǎnbō	xiàohuar
dàlüè	shuāijié	cíxióng	zhuīféi	nǎosuǐ
gǎozhǐ	yǔrìjùzēng	cāngqióng	qīnzì	fùwēng
shuǐqì	nàxiē	cānsāng	fēngshuǐlǐng	tiáojià
zìzai	gāngbèngr	chuāngkǒu	chuánchéng	pīnbó

读多音节词语练习 144

揣摩	孙女	暑假	充斥	苍穹
放大镜	这个	戳穿	苦恼	自力更生
非凡	矜持	理想	蕴涵	孩子
亲切	自尊	徒工	人群	许久
招考	对待	蒸发	小偷儿	脂粉
天边	采矿	白话文	从容	肚脐儿
受热	面貌	体味	水獭	耳光
左边	家园	硝酸	凶猛	蛋黄儿
两旁	转手	命令	血泪	隔绝
获取	胖墩儿	按钮	识别	追随

答：

chuǎimó	sūnnǚ	shǔjià	chōngchì	cāngqióng
fàngdàjìng	zhège	chuōchuān	kǔnǎo	zìlìgēngshēng
fēifán	jīnchí	lǐxiǎng	yùnhán	háizi

qīnqiè	zìzūn	túgōng	rénqún	xǔjiǔ
zhāokǎo	duìdài	zhēngfā	xiǎotōur	zhīfěn
tiānbiān	cǎikuàng	báihuàwén	cóngróng	dùqír
shòurè	miànmào	tǐwèi	shuǐtǎ	ěrguāng
zuǒbiān	jiāyuán	xiāosuān	xiōngměng	dànhuángr
liǎngpáng	zhuǎnshǒu	mìnglìng	xuèlèi	géjué
huòqǔ	pàngdūnr	ànniǔ	shíbié	zhuīsuí

读多音节词语练习 145

世事	规范	责怪	辩驳	平滑
小雪	热血	专职	牙签儿	下等
琐碎	假设	袅袅	缩短	遮盖
踉跄	引导	门框	推翻	炯炯
查询	里程碑	子女	担当	爽朗
全身	老头儿	饭菜	不胫而走	权威
红火	棍子	崎岖	滴灌	军装
花瓶儿	末日	财会	吞噬	酒盅儿
草场	芙蓉	退位	主流	天资
联邦	平衡木	泯灭	拆卸	春分

答：

shìshì	guīfàn	zéguài	biànbó	pínghuá
xiǎoxuě	rèxuè	zhuānzhí	yáqiānr	xiàděng
suǒsuì	jiǎshè	niǎoniǎo	suōduǎn	zhēgài
liàngqiàng	yǐndǎo	ménkuàng	tuīfān	jiǒngjiǒng
cháxún	lǐchéngbēi	zǐnǚ	dāndāng	shuǎnglǎng
quánshēn	lǎotóur	fàncài	bùjìng'érzǒu	quánwēi
hónghuo	gùnzi	qíqū	dīguàn	jūnzhuāng
huāpíngr	mòrì	cáikuài	tūnshì	jiǔzhōngr
cǎochǎng	fúróng	tuìwèi	zhǔliú	tiānzī
liánbāng	pínghéngmù	mǐnmiè	chāixiè	chūnfēn

读多音节词语练习 146

凶猛	射程	随军	掠夺	配偶
高贵	理解	全权	渠道	天主教
民航	思忖	秋风	乐章	主宰
年画	八仙桌	学识	干瘪	痛恨
创史	蒜瓣儿	凶恶	车床	广大
鼻梁儿	婆家	防范	奖品	贵妃

容纳	财会	村子	统率	水牛
考取	报刊	力量	了如指掌	灾情
殿下	轰鸣	听话	衣兜儿	传说
蒙昧	豆角儿	自我	询问	屠宰

答：

xiōngměng	shèchéng	suíjūn	lüèduó	pèi'ǒu
gāoguì	lǐjiě	quánquán	qúdào	tiānzhǔjiào
mínháng	sīcǔn	qiūfēng	yuèzhāng	zhǔzǎi
niánhuà	bāxiānzhuō	xuéshí	gānbiě	tònghèn
chuàngshǐ	suànbànr	xiōng'è	chēchuáng	guǎngdà
bíliángr	pójia	fángfàn	jiǎngpǐn	guìfēi
róngnà	cáikuài	cūnzi	tǒngshuài	shuǐniú
kǎoqǔ	bàokān	lìliàng	liǎorúzhǐzhǎng	zāiqíng
diànxià	hōngmíng	tīnghuà	yīdōur	chuánshuō
méngmèi	dòujiǎor	zìwǒ	xúnwèn	túzǎi

读多音节词语练习 147

病情	转运	治学	恰当	稳妥
融洽	新娘	房子	没谱儿	暖瓶
新郎	表白	社论	花色	火罐儿
追求	贴切	风驰电掣	冉冉	玻璃
复发	锯齿儿	纽带	调拨	昏黄
审美	资财	改写	催化剂	追随
围困	胸口	天资	老总	招考
摔跤	选举	穷尽	天窗儿	统率
角色	广场	偶尔	杂粮	功夫
迷蒙	大多数	剖面	云层	善战

答：

bìngqíng	zhuǎnyùn	zhìxué	qiàdàng	wěntuǒ
róngqià	xīnniáng	fángzi	méipǔr	nuǎnpíng
xīnláng	biǎobái	shèlùn	huāsè	huǒguànr
zhuīqiú	tiēqiè	fēngchídiànchè	rǎnrǎn	bōli
fùfā	jùchǐr	niǔdài	diàobō	hūnhuáng
shěnměi	zīcái	gǎixiě	cuīhuàjì	zhuīsuí
wéikùn	xiōngkǒu	tiānzī	lǎozǒng	zhāokǎo
shuāijiāo	xuǎnjǔ	qióngjìn	tiānchuāngr	tǒngshuài
juésè	guǎngchǎng	ǒu'ěr	záliáng	gōngfu
míméng	dàduōshù	pōumiàn	yúncéng	shànzhàn

读多音节词语练习 148

胸有成竹	吃惊	获得	群岛	梅花
厂家	水獭	真菌	败坏	首尾
富翁	自尊	苛刻	掌管	思忖
流转	和气	顺从	推算	小葱儿
衰弱	双向	并肩	架势	人缘儿
牛皮	埋葬	烦琐	方略	徒工
小子	保险	坑道	对待	老本儿
抽查	频繁	图钉儿	南瓜	冷却
辩证法	来去	铁轨	贫穷	集装箱
公民	缺憾	炽烈	儿女	默默

答：

xiōngyǒuchéngzhú	chījīng	huòdé	qúndǎo	méihuā
chǎngjiā	shuǐtǎ	zhēnjūn	bàihuài	shǒuwěi
fùwēng	zìzūn	kēkè	zhǎngguǎn	sīcǔn
liúzhuǎn	héqì	shùncóng	tuīsuàn	xiǎocōngr
shuāiruò	shuāngxiàng	bìngjiān	jiàshi	rényuánr
niúpí	máizàng	fánsuǒ	fānglüè	túgōng
xiǎozi	bǎoxiǎn	kēngdào	duìdài	lǎoběnr
chōuchá	pínfán	túdīngr	nánguā	lěngquè
biànzhèngfǎ	láiqù	tiěguǐ	pínqióng	jízhuāngxiāng
gōngmín	quēhàn	chìliè	érnǚ	mòmò

读多音节词语练习 149

分别	器件	群岛	胎儿	美满
定点	长期	矿产	功率	女王
胸有成竹	品味	改选	受骗	当作
专著	人群	恶臭	裂缝	蒸馏水
损坏	科学院	滋生	残存	末日
将近	从来	麻花儿	啧啧	冰晶
差事	腐朽	田赋	坐标	跑腿儿
听取	恰似	观光	血红	打转儿
水獭	袅袅	臂膀	昏黄	绕道
墨汁儿	唆使	凉快	胸襟	甲虫

答：

fēnbié	qìjiàn	qúndǎo	tāi'ér	měimǎn
dìngdiǎn	chángqī	kuàngchǎn	gōnglǜ	nǚwáng
xiōngyǒuchéngzhú	pǐnwèi	gǎixuǎn	shòupiàn	dàngzuò

zhuānzhù	rénqún	èchòu	lièfèng	zhēngliúshuǐ
sǔnhuài	kēxuéyuàn	zīshēng	cáncún	mòrì
jiāngjìn	cónglái	máhuār	zézé	bīngjīng
chāishì	fǔxiǔ	tiánfù	zuòbiāo	pǎotuǐr
tīngqǔ	qiàsì	guāngguāng	xuèhóng	dǎzhuànr
shuǐtǎ	niǎoniǎo	bìbǎng	hūnhuáng	ràodào
mòzhīr	suōshǐ	liángkuai	xiōngjīn	jiǎchóng

读多音节词语练习 150

成材	转向	屡次	京师	拾掇
灯泡儿	自尊	魔鬼	局面	装潢
融洽	主管	拉链儿	实习	轻松
传承	羽毛球	富翁	连累	损坏
试卷	穷困	战犯	麻花儿	当场
血汗	口吻	宁可	胎儿	人群
写字台	重兵	流淌	招标	纷飞
捣鬼	作风	偏颇	别出心裁	倔强
特赦	民办	奇怪	一会儿	假若
袅袅	逊色	靶场	对偶	头骨

答：

chéngcái	zhuǎnxiàng	lǚcì	jīngshī	shíduo
dēngpàor	zìzūn	móguǐ	júmiàn	zhuānghuáng
róngqià	zhǔguǎn	lāliànr	shíxí	qīngsōng
chuánchéng	yǔmáoqiú	fùwēng	liánlèi	sǔnhuài
shìjuàn	qióngkùn	zhànfàn	máhuār	dāngchǎng
xuèhàn	kǒuwěn	nìngkě	tāi'ér	rénqún
xiězìtái	zhòngbīng	liútǎng	zhāobiāo	fēnfēi
dǎoguǐ	zuòfēng	piānpō	biéchūxīncái	juéjiàng
tèshè	mínbàn	qíguài	yīhuìr	jiǎruò
niǎoniǎo	xùnsè	bǎchǎng	duìǒu	tóugǔ

读多音节词语练习 151

沙发	歧途	橱窗	如实	童工
退却	规律	海岛	作风	制裁
抓阄儿	名下	稿纸	如此	丝线
随军	奶粉	辽阔	各别	干杯
盲从	贴切	安全	垫底儿	裙子
凉爽	命令	弄虚作假	啧啧	画外音

窘迫	损坏	民房	美学	穷困
蛋黄儿	手表	转换	守卫	雪片
奔波	长城	田园	纽扣儿	打交道
享乐	率领	指甲	传承	批准

答：

shāfā	qítú	chúchuāng	rúshí	tónggōng
tuìquè	guīlù	hǎidǎo	zuòfēng	zhìcái
zhuājiūr	míngxiā	gǎozhǐ	rúcǐ	sīxiàn
suíjūn	nǎifěn	liáokuò	gèbié	gānbēi
mángcóng	tiēqiè	ānquán	diàndǐr	qúnzi
liángshuǎng	mìnglìng	nòngxūzuòjiǎ	zézé	huàwàiyīn
jiǒngpò	sǔnhuài	mínfáng	měixué	qióngkùn
dànhuángr	shǒubiǎo	zhuǎnhuàn	shǒuwèi	xuěpiàn
bēnbō	chángchéng	tiányuán	niǔkòur	dǎjiāodào
xiǎnglè	shuàilǐng	zhījia	chuánchéng	pīzhǔn

读多音节词语练习 152

破坏	恒定	天窗	开启	纵横
墓葬	枷锁	冒尖儿	仿佛	学制
灾民	别具一格	随处	自然界	转变
瞬时	难为	民工	退化	垫底儿
搜刮	准时	英雄	跑调儿	软弱
流量	老虎	子女	喷泉	反响
下旬	穷困	腿脚	揣测	内乱
蜻蜓	东欧	粉末儿	退位	超额
真菌	取材	国歌	中学生	胆略
爸爸	理睬	秋收	创伤	直肠

答：

pòhuài	héngdìng	tiānchuāng	kāiqǐ	zònghéng
mùzàng	jiāsuǒ	màojiānr	fǎngfú	xuézhì
zāimín	biéjùyīgé	suíchù	zìránjiè	zhuǎnbiàn
shùnshí	nánwei	míngōng	tuìhuà	diàndǐr
sōuguā	zhǔnshí	yīngxióng	pǎodiàor	ruǎnruò
liúliàng	lǎohǔ	zǐnǚ	pēnquán	fǎnxiǎng
xiàxún	qióngkùn	tuǐjiǎo	chuǎicè	nèiluàn
qīngtíng	dōng'ōu	fěnmòr	tuìwèi	chāo'é
zhēnjūn	qǔcái	guógē	zhōngxuéshēng	dǎnlüè
bàba	lǐcǎi	qiūshōu	chuāngshāng	zhícháng

读多音节词语练习 153

失实	牧民	合格	奔跑	耳机
长年	回去	夹缝儿	凉快	探询
怂恿	面目	混沌	高超	假如
炯炯	传承	广阔	在这儿	方略
症状	铁轨	白话文	传说	绿肥
热血	天经地义	摧残	轻松	篮球
礼法	职权	衰变	倍增	群岛
小偷儿	安宁	童子	打鸣儿	防备
握手	箱子	港口	血泊	转身
派出所	字画	装卸	丢掉	亲临

答：

shīshí	mùmín	hégé	bēnpǎo	ěrjī
chángnián	huíqù	jiāfèngr	liángkuai	tànxún
sǒngyǒng	miànmù	hùndùn	gāochāo	jiǎrú
jiǒngjiǒng	chuánchéng	guǎngkuò	zàizhèr	fānglüè
zhèngzhuàng	tiěguǐ	báihuàwén	chuánshuō	lǜféi
rèxuè	tiānjīngdìyì	cuīcán	qīngsōng	lánqiú
lǐfǎ	zhíquán	shuāibiàn	bèizēng	qúndǎo
xiǎotōur	ānníng	tóngzǐ	dǎmíngr	fángbèi
wòshǒu	xiāngzi	gǎngkǒu	xuèpō	zhuǎnshēn
pàichūsuǒ	zìhuà	zhuāngxiè	diūdiào	qīnlín

读多音节词语练习 154

红娘	投资	吞噬	全面	工程师
木耳	恶劣	蜕化	孙女	风波
培训	名列前茅	追究	泪花	围嘴儿
对答	贫穷	小葱儿	弟兄	角逐
狂热	照片儿	紫菜	官场	分发
场景	灌区	假说	老板	分子
戳穿	条纹	走访	直辖市	难怪
固态	大略	眼底	运送	摆布
起火	磨损	招标	双向	相声
蛋清儿	仍旧	合金	财会	临床

答：

hóngniáng	tóuzī	tūnshì	quánmiàn	gōngchéngshī
mùěr	èliè	tuìhuà	sūnnǚ	fēngbō
péixùn	mínglièqiánmáo	zhuījiū	lèihuā	wéizuǐr

duìdá	pínqióng	xiǎocōngr	dìxiong	juézhú
kuángrè	zhàopiānr	zǐcài	guānchǎng	fēnfā
chǎngjǐng	guànqū	jiǎshuō	lǎobǎn	fēnzǐ
chuōchuān	tiáowén	zǒufǎng	zhíxiáshì	nánguài
gùtài	dàlüè	yǎndǐ	yùnsòng	bǎibù
qǐhuǒ	mósǔn	zhāobiāo	shuāngxiàng	xiàngsheng
dànqīngr	réngjiù	héjīn	cáikuài	línchuáng

读多音节词语练习 155

遗风	天堂	摔跤	符合	缺德
富翁	领海	围裙	笔杆儿	婆家
缺损	休想	矿床	转折	饱满
皑皑	杀菌	小丑	粗糙	结算
辖区	雌蕊	量变	钢镚儿	丢掉
赶趟儿	过程	电阻	推算	神化
水龙头	穷困	懦弱	芝麻	综合
一阵儿	划分	漠然	子女	赤手空拳
炽烈	保证金	贫民	自尊	搭配
流量	水肿	兄弟	行径	年迈

答：

yífēng	tiāntáng	shuāijiāo	fúhé	quēdé
fùwēng	lǐnghǎi	wéiqún	bǐgǎnr	pójia
quēsǔn	xiūxiǎng	kuàngchuáng	zhuǎnzhé	bǎomǎn
ái'ái	shājūn	xiǎochǒu	cūcāo	jiésuàn
xiáqū	círuǐ	liàngbiàn	gāngbèngr	diūdiào
gǎntàngr	guòchéng	diànzǔ	tuīsuàn	shénhuà
shuǐlóngtóu	qióngkùn	nuòruò	zhīma	zōnghé
yīzhènr	huàfēn	mòrán	zǐnǚ	chìshǒukōngquán
chìliè	bǎozhèngjīn	pínmín	zìzūn	dāpèi
liúliàng	shuǐzhǒng	xiōngdi	xíngjìng	niánmài

读多音节词语练习 156

随身	反比	默然	失声	饭盒儿
遵循	执勤	确切	脚背	条子
伸缩	抵挡	瓜瓤儿	策略	流派
春分	琢磨	软骨	凶恶	购置
祸害	省略	追随	笑话儿	芭蕾舞
应允	核能	转告	采写	填空

无穷	矿床	加工	理想	抬头
纽扣	超前	大相径庭	全民	面貌
聚居	自封	打盹儿	船家	辞职
不动产	女方	偏旁	最终	衰老

答：

suíshēn	fǎnbǐ	mòrán	shīshēng	fànhér
zūnxún	zhíqín	quèqiè	jiǎobèi	tiáozi
shēnsuō	dǐdǎng	guārángr	cèlüè	liúpài
chūnfēn	zuómo	ruǎngǔ	xiōng'è	gòuzhì
huòhài	shěnglüè	zhuīsuí	xiàohuar	bāléiwǔ
yīngyǔn	hénéng	zhuǎngào	cǎixiě	tiánkòng
wúqióng	kuàngchuáng	jiāgōng	lǐxiǎng	táitóu
niǔkòu	chāoqián	dàxiāngjìngtíng	quánmín	miànmào
jùjū	zìfēng	dǎdǔnr	chuánjiā	cízhí
bùdòngchǎn	nǚfāng	piānpáng	zuìzhōng	shuāilǎo

读多音节词语练习 157

村庄	风姿	张贴	家喻户晓	调皮
内燃机	哀愁	玫瑰	掠夺	胆略
首脑	胸襟	本分	榨取	社会学
亏损	从事	大褂儿	长城	木工
啧啧	佛法	选种	安家	明快
风暴	灵堂	失恋	量变	思忖
水运	酒盅儿	浅海	刀枪	缩短
裙子	年华	兄弟	首创	小孩儿
软弱	鼓舞	命名	排斥	快板儿
铁蹄	亲临	破旧	温泉	装备

答：

cūnzhuāng	fēngzī	zhāngtiē	jiāyùhùxiǎo	tiáopí
nèiránjī	āichóu	méiguī	lüèduó	dǎnlüè
shǒunǎo	xiōngjīn	běnfèn	zhàqǔ	shèhuìxué
kuīsǔn	cóngshì	dàguàr	chángchéng	mùgōng
zézé	fófǎ	xuǎnzhǒng	ānjiā	míngkuài
fēngbào	língtáng	shīliàn	liàngbiàn	sīcǔn
shuǐyùn	jiǔzhōngr	qiǎnhǎi	dāoqiāng	suōduǎn
qúnzi	niánhuá	xiōngdi	shǒuchuàng	xiǎoháir
ruǎnruò	gǔwǔ	mìngmíng	páichì	kuàibǎnr
tiětí	qīnlín	pòjiù	wēnquán	zhuāngbèi

读多音节词语练习 158

损坏	授课	能耐	军训	请求
出产	加塞儿	职权	贴切	照片儿
蜂房	命脉	实施	双方	计算
针鼻儿	爽快	打赌	蒙蔽	规程
规格	濒临	火苗儿	指导	座位
美好	自修	洪亮	洽谈	转脸
幸而	纽扣	春雷	病原体	窘迫
学堂	普选	恩人	错综复杂	感光
雄蕊	缺德	车辆	自动化	检举
甜菜	纯粹	标语	掌握	守法

答：

sǔnhuài	shòukè	néngnai	jūnxùn	qǐngqiú
chūchǎn	jiāsāir	zhíquán	tiēqiè	zhàopiānr
fēngfáng	mìngmài	shíshī	shuāngfāng	jìsuàn
zhēnbír	shuǎngkuai	dǎdǔ	méngbì	guīchéng
guīgé	bīnlín	huǒmiáor	zhǐdǎo	zuòwèi
měihǎo	zìxiū	hóngliàng	qiàtán	zhuǎnliǎn
xìng’ér	niǔkòu	chūnléi	bìngyuántǐ	jiǒngpò
xuétáng	pǔxuǎn	ēnrén	cuòzōngfùzá	gǎnguāng
xióngruǐ	quēdé	chēliàng	zìdònghuà	jiǎnjǔ
tiáncài	cúncuì	biāoyǔ	zhǎngwò	shǒufǎ

读多音节词语练习 159

休眠	磁场	内科	番茄	围裙
追寻	火星儿	架子	通风	本体
成才	风趣	穿插	折中	懂得
平衡木	史诗	一目了然	欢快	凉快
创造性	窘迫	知道	嫩绿	肚脐儿
灌溉	虐待	搜刮	顺势	梨核儿
高傲	然而	厂房	调价	座位
把守	留存	检举	喧嚷	装载
泯灭	版本	贫穷	引水	归队
露馅儿	缺损	僵死	抓获	通则

答：

xiūmián	cíchǎng	nèikē	fānqié	wéiqún
zhuīxún	huǒxīngr	jiàzi	tōngfēng	běntǐ
chéngcái	fēngqù	chuānchā	zhézhōng	dǒngdé

pínghéngmù	shìshī	yīmùliǎorán	huānkuài	liángkuai
chuàngzàoxìng	jiǒngpò	zhīdào	nènlǜ	dùqír
guàngài	nüèdài	sōuguā	shùnshì	líhér
gāo'ào	rán'ér	chǎngfáng	tiáojià	zuòwèi
bǎshǒu	liúcún	jiǎnjǔ	xuānrǎng	zhuāngzài
mǐnmiè	bǎnběn	pínqióng	yǐnshuǐ	guīduì
lòuxiànr	quēsǔn	jiāngsī	zhuāhuò	tōngzé

读多音节词语练习 160

性情	爽快	招考	糕点	童工
衰退	笔者	袅袅	海里	苍白
商船	视察	女婿	各自	求婚
当事人	各别	软化	周而复始	洽谈
蒙昧	脸蛋儿	飞行	特权	交接
温度计	从众	装运	自觉	打晃儿
硫酸	所谓	嘴脸	棍棒	城墙
薪金	跑腿儿	征询	雄蕊	字画
粉笔	牧民	掠夺	杂粮	偏颇
参赛	邮戳儿	穷困	家产	埋伏

答：

xìngqíng	shuǎngkuai	zhāokǎo	gāodiǎn	tónggōng
shuāituì	bǐzhě	niǎoniǎo	hǎilǐ	cāngbái
shāngchuán	shìchá	nǚxu	gèzì	qiúhūn
dāngshìrén	gèbié	ruǎnhuà	zhōu'érfùshǐ	qiàtán
méngmèi	liǎndànr	fēixíng	tèquán	jiāojiē
wēndùjì	cóngzhòng	zhuāngyùn	zìjué	dǎhuàngr
liúsuān	suǒwèi	zuǐliǎn	gùnbàng	chéngqiáng
xīnjīn	pǎotuǐr	zhēngxún	xióngruǐ	zìhuà
fěnbǐ	mùmín	lüèduó	záliáng	piānpō
cānsài	yóuchuōr	qióngkùn	jiāchǎn	máifú

读多音节词语练习 161

热带	外交	哀愁	综合	富翁
吉普车	春风	穷困	南瓜	垂直
针鼻儿	自律	迅速	顶点	市民
连同	当家	铁蹄	余地	粉末儿
清风	锦标赛	损坏	实况	妹妹
傻瓜	烟卷儿	削弱	选取	胜仗

回合	苍穹	默念	流程	富强
板擦儿	口岸	着重	使馆	最后
融资	滔滔	草本	雪片	大惊小怪
凉爽	流浪	关卡	镊子	找寻

答：

rèdài	wàijiāo	āichóu	zōnghé	fùwēng
jípǔchē	chūnfēng	qióngkùn	nánguā	chuízhí
zhēnbír	zìlù	xùnsù	dǐngdiǎn	shìmín
liántóng	dāngjiā	tiětí	yúdì	fěnmòr
qīngfēng	jǐnbiāosài	sǔnhuài	shíkuàng	mèimei
shǎguā	yānjuǎnr	xuěruò	xuǎnqǔ	shèngzhàng
huíhé	cāngqióng	mòniàn	liúchéng	fùqiáng
bǎncār	kǒu'àn	zhuózhòng	shǐguǎn	zuìhòu
róngzī	tāotāo	cǎoběn	xuěpiàn	dàjīngxiǎoguài
liángshuǎng	liúlàng	guānqiǎ	nièzi	zhǎoxún

第3章　朗读短文

朗读短文(1篇，400个音节)，限时4分钟，共30分。

作品1号——《白杨礼赞》

那是力争上游的一种树，笔直的干，笔直的枝。它的干呢，通常是丈把高，像是加以人工似的，一丈以内，绝无旁枝；它所有的丫枝呢，一律向上，而且紧紧靠拢，也像是加以人工似的，成为一束，绝无横斜逸出；它的宽大的叶子也是片片向上，几乎没有斜生的，更不用说倒垂了；它的皮，光滑而有银色的晕圈，微微泛出淡青色。这是虽在北方的风雪的压迫下却保持着倔强挺立的一种树！哪怕只有碗来粗细罢，它却努力向上发展，高到丈许，两丈，参天耸立，不折不挠，对抗着西北风。

这就是白杨树，西北极普通的一种树，然而决不是平凡的树！

它没有婆娑的姿态，没有屈曲盘旋的虬枝，也许你要说它不美丽，——如果美是专指“婆娑”或“横斜逸出”之类而言，那么，白杨树算不得树中的好女子；但是它却是伟岸，正直，朴质，严肃，也不缺乏温和，更不用提它的坚强不屈与挺拔，它是树中的伟丈夫！当你在积雪初融的高原上走过，看见平坦的大地上傲然挺立这么一株或一排白杨树，难道你就只觉得树只是树，难道你就不想到它的朴质，严肃，坚强不屈，至少也象征了北方的农民；难道你竟一点儿也不联想到，在敌后的广大//土地上，到处有坚强不屈，就像这白杨树一样傲然挺立的守卫他们家乡的哨兵！难道你又不更远一点想到这样枝枝叶叶靠紧团结，力求上进的白杨树，宛然象征了今天在华北平原纵横决荡用血写出新中国历史的那种精神和意志。

——节选自茅盾《白杨礼赞》

Nàshì lì zhēngshàngyóu de yī zhǒngshù　bǐ zhí de gàn　bǐ zhí de zhī　Tā de gàn ne　tōng

答：那是力争上游的一种树，笔直的干，笔直的枝。它的干呢，通

chángshìzhàngbǎgāo　xiàngshìjiā yǐ réngōngshì de　yī zhàng yǐ nèi　juéwúpángzhī　tā suǒyǒu de yā

常是丈把高，像是加以人工似的，一丈以内，绝无旁枝；它所有的桠

zhīne　yī lǜ xiàngshàng　érqiějǐnjǐnkàolǒng　yěxiàngshìjiā yǐ réngōngshì de　chéngwéi yī shù　jué

枝呢，一律向上，而且紧紧靠拢，也像是加以人工似的，成为一束，绝

wúhéngxié yì chū　tā de kuāndà de yè zi yěshìpiànpiànxiàngshàng　jī hūméiyǒuxiéshēngde　gèngbù

无横斜逸出；它的宽大的叶子也是片片向上，几乎没有斜生的，更不

yòngshuōdàochuí le　tā de pí　guānghuá ér yǒuyín sè de yùnquān　wēiwēifànchūdànqīng sè　Zhèshì

用说倒垂了；它的皮，光滑而有银色的晕圈，微微泛出淡青色。这是

suīzàiběifāngdefēngxuěde yā pòxiàquèbǎochízhejuéqiángtǐng lì de yī zhǒngshù　Nǎpàzhǐyǒuwǎnláicū

虽在北方的风雪的压迫下却保持着倔强挺立的一种树！哪怕只有碗来粗

xì ba　tā què nǔ lì xiàngshàng fā zhǎn　gāo dào zhàng xǔ　liǎngzhàng　cāntiānsǒng lì　bù zhé bù

细罢，它却努力向上发展，高到丈许，两丈，参天耸立，不折不

náo　duìkàngzhe xī běifēng

挠，对抗着西北风。

Zhèjiùshìbáiyángshù　xī běi jí pǔtōngde yī zhǒngshù　rán’ ér juébùshìpíngfándeshù

这就是白杨树，西北极普通的一种树，然而决不是平凡的树！

Tāméiyǒupósuōde zī tài　méiyǒuqūqūpánxuándeqiúzhī　yě xǔ nǐ yàoshuō tā bùměi lì　rú
它没有婆娑的姿态，没有屈曲盘旋的虬枝，也许你要说它不美丽，——如

guǒměishìzhuānzhǐ　pósuō　huò　héngxié yì chū　zhīlèi ér yán　nàme　báiyángshùsuànbùdéshùzhōng
果美是专指“婆娑”或“横斜逸出”之类而言，那么，白杨树算不得树中

dehǎonǚ zǐ　dànshì tā quèshìwěi' àn　zhèngzhí　pǔzhì　yán sù　yěbùquē fá wēnhé　gèngbùyòng
的好女子；但是它却是伟岸，正直，朴质，严肃，也不缺乏温和，更不用

tí tā dejiānqiángbùqūyǔtǐngbá　tāshìshùzhōngdewěizhàngfu　Dāng nǐ zài jī xuěchūróngdegāoyuán
提它的坚强不屈与挺拔，它是树中的伟丈夫！当你在积雪初融的高原

shàngzǒuguò　kànjiànpíngtǎndedà dì shàngàorántǐng lì zhème yī zhūhuò yī páibáiyángshù　nándào nǐ
上走过，看见平坦的大地上傲然挺立这么一株或一排白杨树，难道你

jiùzhǐjuédéshùzhǐshìshù　nándào nǐ jiùbùxiǎngdào tā depǔzhì　yán sù　jiānqiángbùqū　zhìshǎo yě
就只觉得树只是树，难道你就不想到它的朴质，严肃，坚强不屈，至少也

xiàngzhēng le běifāngdenóngmín　nándào nǐ jìng yī diǎn r　yěbùliánxiǎngdào　zài dí hòu deguǎngdà
象征了北方的农民；难道你竟一点儿也不联想到，在敌后的广大//

tǔ dì shàng　dàochùyǒujiānqiángbùqū　jiùxiàngzhèbáiyángshù yī yàngàorántǐng lì deshǒuwèi tā men
土地上，到处有坚强不屈，就像这白杨树一样傲然挺立的守卫他们

jiāxiāngdeshàobīng　Nándào nǐ yòu bù gèngyuǎn yī diǎnrxiǎngdào zhèyàngzhīzhī yè yè kàojǐntuán jié
家乡的哨兵！难道你又不更远一点想到这样枝枝叶叶靠紧团结，

lì qiúshàngjìndebáiyángshù　wǎnránxiàngzhēng le jīntiānzàiHuáběiPíngyuánzònghéngjuédàngyòng
力求上进的白杨树，宛然象征了今天在华北平原纵横决荡用

xuèxiěchūxīnZhōngguó lì shǐdenàzhǒngjīngshénhé yì zhì
血写出新中国历史的那种精神和意志。

——节选自茅盾《白杨礼赞》

作品 2 号——《差别》

两个同龄的年轻人同时受雇于一家店铺，并且拿同样的薪水。

可是一段时间后，叫阿诺德的那个小伙子青云直上，而那个叫布鲁诺的小伙子却仍在原地踏步。布鲁诺很不满意老板的不公正待遇。终于有一天他到老板那儿发牢骚了。老板一边耐心地听着他的抱怨，一边在心里盘算着怎样向他解释清楚他和阿诺德之间的差别。

“布鲁诺先生，”老板开口说话了，“您现在到集市上去一下，看看今天早上有什么卖的。”

布鲁诺从集市上回来向老板汇报说，今早集市上只有一个农民拉了一车土豆在卖。

“有多少？”老板问。

布鲁诺赶快戴上帽子又跑到集上，然后回来告诉老板一共四十袋土豆。

“价格是多少？”

布鲁诺又第三次跑到集上问来了价格。

“好吧，”老板对他说，“现在请您坐到这把椅子上一句话也不要说，看看阿诺德怎么说。”

阿诺德很快就从集市上回来了。向老板汇报说到现在为止只有一个农民在卖土豆，一共四十口袋，价格是多少多少；土豆质量很不错，他带回来一个让老板看看。这个农民一个钟头以后还会弄来几箱西红柿，据他看价格非常公道。昨天他们铺子的西红柿卖得很快，

库存已经不//多了。他想这么便宜的西红柿，老板肯定会要进一些的，所以他不仅带回了一个西红柿做样品，而且把那个农民也带来了，他现在正在外面等回话呢。

此时老板转向了布鲁诺，说：“现在您肯定知道为什么阿诺德的薪水比您高了吧！”

——节选自张健鹏、胡足青主编《故事时代》中《差别》

Liǎng gè tóng líng de nián qīng rén tóng shí shòu gù yú yī jiā diàn pù bìng qiě ná tóng yàng de xīnshuǐ

答：两个同龄的年轻人同时受雇于一家店铺，并且拿同样的薪水。

Kěshì yī duàn shíjiān hòu jiào Ā nuòdé de nà gè xiǎohuǒ zi qīngyúnzhíshàng ér nà gè jiào Bù lǔ nuò de xiǎohuǒ zi què réngzài yuán dì tà bù Bù lǔ nuò hěn bù mǎn yì lǎobǎn de bù gōngzhèng dài yù Zhōngyú yǒu yī tiān tā dào lǎobǎn nàr fā láosāo le Lǎobǎn yī biān nàixīn de tīngzhe tā de bàoyuàn yī biān zài xīn lǐ pánsuanzhe zěnyàng xiàng tā jiěshì qīngchu tā hé Ā nuòdé zhījiān de chābié

可是一段时间后，叫阿诺德的那个小伙子青云直上，而那个叫布鲁诺的小伙子却仍在原地踏步。布鲁诺很不满意老板的不公正待遇。终于有一天他到老板那儿发牢骚了。老板一边耐心地听着他的抱怨，一边在心里盘算着怎样向他解释清楚他和阿诺德之间的差别。

Bù lǔ nuò xiānsheng Lǎobǎn kāikǒu shuōhuà le Nín xiànzài dào jí shì shàng qù yī xià kànkan jīntiān zǎoshang yǒu shénme mài de

“布鲁诺先生，”老板开口说话了，“您现在到集市上去一下，看看今天早上有什么卖的。”

Bù lǔ nuò cóng jí shì shàng huílái xiàng lǎobǎn huìbào shuō jīnzǎo jí shì shàng zhǐ yǒu yī gè nóngmín lā le yī chē tǔ dòu zài mài

布鲁诺从集市上回来向老板汇报说，今早集市上只有一个农民拉了一车土豆在卖。

Yǒu duōshǎo Lǎobǎn wèn

“有多少？”老板问。

Bù lǔ nuò gǎnkuài dàishàng mào zi yòu pǎodào jí shàng ránhòu huílái gàosu lǎobǎn yī gòng sì shí dài tǔ dòu

布鲁诺赶快戴上帽子又跑到集上，然后回来告诉老板一共四十袋土豆。

Jiàgé shì duōshǎo

“价格是多少？”

Bù lǔ nuò yòu dì sān cì pǎodào jí shàng wènlái le jiàgé

布鲁诺又第三次跑到集上问来了价格。

Hǎoba Lǎobǎn duì tā shuō Xiànzài qǐng nín zuòdào zhè bǎ yǐ zi shàng yī jù huà yě bù yào shuō kànkan Ā nuòdé zěnme shuō

“好吧，”老板对他说，“现在请您坐到这把椅子上一句话也不要说，看看阿诺德怎么说。”

Ā nuòdé hěn kuài jiù cóng jí shì shàng huílái le Xiàng lǎobǎn huìbào shuō dào xiànzài wéizhǐ zhǐ yǒu yī gè nóngmín zài mài tǔ dòu yī gòng sì shí kǒudai jiàgé shì duōshǎo duōshǎo tǔ dòu zhìliàng hěn bù cuò

阿诺德很快就从集市上回来了。向老板汇报说到现在为止只有一个农民在卖土豆，一共四十口袋，价格是多少多少；土豆质量很不错，

tā dàihuílái yī gèrànglǎobǎnkànkan Zhègenóngmín yī gèzhōngtóu yǐ hòuháihuìnònglái jǐ xiāng xī hón
他带回来一个让老板看看。这个农民一个钟头以后还会弄来几箱西红
gshì jù tā kànjiàgéfēichánggōngdào Zuótiān tā menpù zi de xī hóngshìmàidehěnkuài kùcún yǐ jīng
柿，据他看价格非常公道。昨天他们铺子的西红柿卖得很快，库存已经
bù duō le Tāxiǎngzhèmepián yi de xī hóngshì lǎobǎnkěndìnghuìyàojìn yī xiē de suǒ yǐ tā bùjǐn
不//多了。他想这么便宜的西红柿，老板肯定会要进一些的，所以他不仅
dàihuí le yī gè xī hóngshìzuòyàngpǐn ér qiěbǎnà gènóngmínyě dàilái le tā xiànzàizhèngzàiwàimiàn
带回了一个西红柿做样品，而且把那个农民也带来了，他现在正在外面
děnghuíhuàne
等回话呢。

Cǐshílǎobǎnzhuǎnxiàng le Bù lǔ nuò shuō Xiànzàinínkěndìngzhīdàowèishénme Ā nuòdé de
此时老板转向了布鲁诺，说：“现在您肯定知道为什么阿诺德的
xīnshuǐ bǐ níngāo le ba
薪水比您高了吧！”

——节选自张健鹏、胡足青主编《故事时代》中《差别》

作品 3 号——《丑石》

我常常遗憾我家门前那块丑石：它黑黝黝地卧在那里，牛似的模样；谁也不知道是什么时候留在这里的，谁也不去理会它。只是麦收时节，门前摊了麦子，奶奶总是说：“这块丑石，多占地面呀，抽空把它搬走吧”。

它不像汉白玉那样的细腻，可以刻字雕花，也不像大青石那样的光滑，可以供来浣纱捶布。它静静地卧在那里，院边的槐荫没有庇覆它，花儿也不再在它身边生长。荒草便繁衍出来，枝蔓上下，慢慢地，它竟锈上了绿苔、黑斑。我们这些做孩子的，也讨厌起它来，曾合伙要搬走它，但力气又不足；虽时时咒骂它，嫌弃它，也无可奈何，只好任它留在那里了。

终有一日，村子里来了一个天文学家。他在我家门前路过，突然发现了这块石头，眼光立即就拉直了。他再没有离开，就住了下来；以后又来了好些人，都说这是一块陨石，从天上落下来已经有二三百年了，是一件了不起的东西。不久便来了车，小心翼翼地将它运走了。

这使我们都很惊奇，这又怪又丑的石头，原来是天上的啊！它补过天，在天上发过热、闪过光，我们的先祖或许仰望过它，它给了他们光明、向往、憧憬；而它落下来了，在污土里，荒草里，一躺就//是几百年了！

我感到自己的无知，也感到了丑石的伟大，我甚至怨恨它这么多年竟会默默地忍受着这一切！而我又立即深深地感到它那种不屈于误解、寂寞的生存的伟大。

——节选自贾平凹《丑石》

Wǒchángcháng yí hànwǒjiāménqiánnàkuàichǒushí Tāhēiyǒuyǒu de wòzàinà lǐ niúshì de
答：我常常遗憾我家门前那块丑石：它黑黝黝地卧在那里，牛似的
múyàng shuíyěbùzhīdàoshìshénmeshíhouliúzàizhè lǐ de shuí yě bùqù lǐ huì tā Zhǐshìmàishōushí
模样；谁也不知道是什么时候留在这里的，谁也不去理会它。只是麦收时
jié ménqiántān le mài zi nǎinaizǒngshìshuō Zhèkuàichǒushí duōzhàn dì miànya chōukòngbǎ
节，门前摊了麦子，奶奶总是说：这块丑石，多占地面呀，抽空把

tā bānzǒuba
它搬走吧。

Tābùxiànghànbáiyùnàyàngde xì nì　kě yǐ kè zì diāohuā　yěbùxiàngdàqīngshínàyàngdeguāng
它不像汉白玉那样的细腻，可以刻字雕花，也不像大青石那样的光
huá　kě yǐ gōngláihuànshāchuíbù　Tājìngjìngdewòzàinà lǐ　yuànbiāndehuáiyīnméiyǒu bì fù tā
滑，可以供来浣纱捶布。它静静地卧在那里，院边的槐荫没有庇覆它，
huā' ér yěbùzàizàitā shēnbiānshēngzhǎng　Huāngcǎobiànfányǎnchūlái　zhīmànshàngxià　mànmàn
花儿也不再在它身边生长。荒草便繁衍出来，枝蔓上下，慢慢
de　tā jìngxiùshàngle lǜtái　hēibān　Wǒmenzhèxiēzuòhái zi de　yětǎoyànqǐ tā lái　cénghéhuǒyào
地，它竟锈上了绿苔、黑斑。我们这些做孩子的，也讨厌起它来，曾合伙要
bānzǒu tā　dàn lì qi yòubù zú　suīshíshízhòumà tā　xián qì tā　yěwúkěnàihé　zhǐhǎorèn tā liúzài
搬走它，但力气又不足；虽时时咒骂它，嫌弃它，也无可奈何，只好任它留在
nà lǐ le
那里了。

Zhōngyǒu yī rì　cūn zi lǐ lái le yī gètiānwénxuéjiā　Tāzàiwǒjiāménqián lù guò　tū rán fā xiàn le
终有一日，村子里来了一个天文学家。他在我家门前路过，突然发现了
zhèkuàishítou　yǎnguāng lì　jí jiù lā zhí le　Tāzàiméiyǒu lí kāi　jiùzhù le xiàlái　yǐ hòuyòulái le hǎo
这块石头，眼光立即就拉直了。他再没有离开，就住了下来；以后又来了好
xiērén　dōushuōzhèshì yī kuàiyǔnshí　cóngtiānshàngluòxiàlái yǐ jīngyǒu èr-sānbǎinián le　shì yī jiàn
些人，都说这是一块陨石，从天上落下来已经有二三百年了，是一件
liǎobu qǐ dedōng xi　Bùjiǔbiànlái le chē　xiǎoxīn yì yì dejiāng tā yùnzǒu le
了不起的东西。不久便来了车，小心翼翼地将它运走了。

Zhèshǐwǒmendōuhěnjīng qí　zhèyòuguàiyòuchǒudeshítou　yuánláishìtiānshàngde a　Tābǔguo
这使我们都很惊奇，这又怪又丑的石头，原来是天上的啊！它补过
tiān　zàitiānshàngfā guo rè　shǎn guoguāng　wǒmen de xiān zǔ huò xǔ yǎngwàngguo tā　tā gěi le tā
天，在天上发过热、闪过光，我们的先祖或许仰望过它，它给了他
menguāngmíng　xiàngwǎng　chōngjǐng　ér tā luòxiàlái le　zài wū tǔ lǐ　huāngcǎo lǐ　yī tǎngjiù
们光明、向往、憧憬；而它落下来了，在污土里，荒草里，一躺就
shì jǐ bǎinián le
//是几百年了！

Wǒgǎndào zì jǐ dewúzhī　yě gǎndào le chǒushí de wěidà　wǒshènzhìyuànhèn tā zhèmeduōnián
我感到自己的无知，也感到了丑石的伟大，我甚至怨恨它这么多年
jìnghuìmòmòderěnshòuzhezhè yī qiè　Érwǒyòu lì jí shēnshēndegǎndào tā nàzhǒngbùqūyúwùjiě　jì
竟会默默地忍受着这一切！而我又立即深深地感到它那种不屈于误解、寂
mòdeshēngcúndewěidà
寞的生存的伟大。

——节选自贾平凹《丑石》

作品 4 号——《达瑞的故事》

在达瑞八岁的时候，有一天他想去看电影。因为没有钱，他想是向爸妈要钱，还是自己挣钱。最后他选择了后者。他自己调制了一种汽水，向过路的行人出售。可那时正是寒冷的冬天，没有人买，只有两个人例外——他的爸爸和妈妈。

他偶然有一个和非常成功的商人谈话的机会。当他对商人讲述了自己的“破产史”后，商人给了他两个重要的建议：一是尝试为别人解决一个难题；二是把精力集中在你知道的、你会的和你拥有的东西上。

这两个建议很关键。因为对于一个八岁的孩子而言，他不会做的事情很多。于是他穿过大街小巷，不停地思考：人们会有什么难题，他又如何利用这个机会？

一天，吃早饭时父亲让达瑞去取报纸。美国的送报员总是把报纸从花园篱笆的一个特制的管子里塞进来。假如你想穿着睡衣舒舒服服地吃早饭和看报纸，就必须离开温暖的房间，冒着寒风，到花园去取。虽然路短，但十分麻烦。

当达瑞为父亲取报纸的时候，一个主意诞生了。当天他就按响邻居的门铃，对他们说，每个月只需付给他一美元，他就每天早上把报纸塞到他们的房门底下。大多数人都同意了，很快他有//了七十多个顾客。一个月后，当他拿到自己赚的钱时，觉得自己简直是飞上了天。

很快他又有了新的机会，他让他的顾客每天把垃圾袋放在门前，然后由他早上运到垃圾桶里，每个月加一美元。之后他还想出了许多孩子赚钱的办法，并把它集结成书，书名为《儿童挣钱的二百五十个主意》。为此，达瑞十二岁时就成了畅销书作家，十五岁有了自己的谈话节目，十七岁就拥有了几百万美元。

——节选自[德]博多·舍费尔《达瑞的故事》，刘志明译

Zài Dáruì bā suì de shíhou yǒu yī tiān tā xiǎng qù kàn diànyǐng Yīnwèi méiyǒu qián tā xiǎng

答： 在达瑞八岁的时候，有一天他想去看电影。因为没有钱，他想

shì xiàng bàmā yào qián hái shì zì jǐ zhèng qián Zuì hòu tā xuǎn zé le hòu zhě Tā zì jǐ tiáo zhì le yī

是向爸妈要钱，还是自己挣钱。最后他选择了后者。他自己调制了一

zhǒng qì shuǐ xiàng guò lù de xíngrén chūshòu Kě nà shí zhèng shì hánlěng de dōngtiān méiyǒu rén mǎi

种汽水，向过路的行人出售。可那时正是寒冷的冬天，没有人买，

zhǐ yǒu liǎng gè rén lì wài tā de bàba hé māma

只有两个人例外——他的爸爸和妈妈。

Tā ǒurán yǒu yī gè hé fēicháng chénggōng de shāngrén tánhuà de jī huì Dāng tā duì shāngrén jiǎng

他偶然有一个和非常成功的商人谈话的机会。当他对商人讲

shù le zì jǐ de pòchǎnshǐ hòu shāngrén gěi le tā liǎng gè zhòngyào de jiàn yì yī shì chángshì wèi bié

述了自己的“破产史”后，商人给了他两个重要的建议：一是尝试为别

rén jiějué yī gè nán tí èr shì bǎ jīng lì jí zhōng zài nǐ zhīdào de nǐ huì de hé nǐ yōngyǒu de dōng xi shàng

人解决一个难题；二是把精力集中在你知道的、你会的和你拥有的东西上。

Zhè liǎng gè jiàn yì hěn guānjiàn Yīnwèi duì yú yī gè bā suì de hái zi ér yán tā bù huì zuò de shì qing

这两个建议很关键。因为对于一个八岁的孩子而言，他不会做的事情

hěn duō Yúshì tā chuānguò dà jiē xiǎo xiàng bù tíng de sī kǎo Rénmen huì yǒu shénme nán tí tā yòu

很多。于是他穿过大街小巷，不停地思考：人们会有什么难题，他又

rú hé lì yòng zhè ge jī huì

如何利用这个机会？

Yī tiān chī zǎofàn shí fù qīn ràng Dáruì qù qǔ bàozhǐ Měiguó de sòngbàoyuán zǒngshì bǎ bàozhǐ cóng

一天，吃早饭时父亲让达瑞去取报纸。美国的送报员总是把报纸从

huāyuán lí ba de yī gè tè zhì de guǎn zi lǐ sāijìnlái Jiǎrú nǐ xiǎng chuānzhe shuì yī shūshū fú fú de chī zǎo

花园篱笆的一个特制的管子里塞进来。假如你想穿着睡衣舒舒服服地吃早

fànhékànbàozhǐ jiù bì xū lí kāiwēnnuǎndefángjiān màozhehánfēng dàohuāyuánqùqǔ Suīrán lù
饭和看报纸，就必须离开温暖的房间，冒着寒风，到花园去取。虽然路
duǎn dànshífēnmáfan
短，但十分麻烦。

DāngDáruìwèi fù qīnqǔbàozhǐdeshíhou yī gè zhǔ yi dànshēng le Dàngtiān tā jiùànxiǎnglín jū de
当达瑞为父亲取报纸的时候，一个主意诞生了。当天他就按响邻居的
ménlíng duì tā menshuō měi gè yuèzhǐxū fù gěi tā yī měiyuán tā jiùměitiānzǎoshangbǎbàozhǐsāidào
门铃，对他们说，每个月只需付给他一美元，他就每天早上把报纸塞到
tā mendefángmén dǐ xià Dàduōshùréndōutóng yì le hěnkuài tā yǒu le qī shí duō gè gù kè Yī gè
他们的房门底下。大多数人都同意了，很快他有//了七十多个顾客。一个
yuèhòu dāngtā nádào zì jǐ zhuàndeqiánshí juédé zì jǐ jiǎnzhíshìfēishàng le tiān
月后，当他拿到自己赚的钱时，觉得自己简直是飞上了天。

Hěnkuài tā yòuyǒu le xīndejīhuì tā ràng tā de gù kè měitiānbǎ lā jī dàifàngzàiménqián ránhòu
很快他又有了新的机会，他让他的顾客每天把垃圾袋放在门前，然后
yóu tā zǎoshangyùndào lā jī tǒng lǐ měi gè yuèjiā yī měiyuán Zhīhòu tā háixiǎngchū le xǔ duōhái zi
由他早上运到垃圾桶里，每个月加一美元。之后他还想出了许多孩子
zhuànqiándebàn fǎ bìngbǎ tā jí jiéchéngshū shūmíngwéi ÉrtóngZhèngqiándeÈrbǎiWǔshí gè Zhǔ
赚钱的办法，并把它集结成书，书名为《儿童挣钱的二百五十个主
yi Wèi cǐ Dáruìshí èr suìshíjiùchéng le chàngxiāoshūzuòjiā shíwǔsuìyǒu le zì jǐ detánhuàjié
意》。为此，达瑞十二岁时就成了畅销书作家，十五岁有了自己的谈话节
mù shí qī suìjiùyōngyǒu le jǐ bǎiwànměiyuán
目，十七岁就拥有了几百万美元。

——节选自[德]博多·舍费尔《达瑞的故事》，刘志明译

作品5号——《第一场雪》

这是入冬以来，胶东半岛上第一场雪。

雪纷纷扬扬，下得很大。开始还伴着一阵儿小雨，不久就只见大片大片的雪花，从彤云密布的天空中飘落下来。地面上一会儿就白了。冬天的山村，到了夜里就万籁俱寂，只听得雪花簌簌地不断往下落，树木的枯枝被雪压断了，偶尔咯吱一声响。

大雪整整下了一夜。今天早晨，天放晴了，太阳出来了。推开门一看，嗬！好大的雪啊！山川、河流、树木、房屋，全都罩上了一层厚厚的雪，万里江山，变成了粉妆玉砌的世界。落光了叶子的柳树上挂满了毛茸茸亮晶晶的银条儿；而那些冬夏常青的松树和柏树上，则挂满了蓬松松沉甸甸的雪球儿。一阵风吹来，树枝轻轻地摇晃，美丽的银条儿和雪球儿簌簌地落下来，玉屑似的雪末儿随风飘扬，映着清晨的阳光，显出一道道五光十色的彩虹。

大街上的积雪足有一尺多深，人踩上去，脚底下发出咯吱咯吱的响声。一群群孩子在雪地里堆雪人，掷雪球儿。那欢乐的叫喊声，把树枝上的雪都震落下来了。

俗话说，“瑞雪兆丰年”。这个话有充分的科学根据，并不是一句迷信的成语。寒冬大雪，可以冻死一部分越冬的害虫；融化了的水渗进土层深处，又能供应//庄稼生长的需要。我相信这一场十分及时的大雪，一定会促进明年春季作物，尤其是小麦的丰收。有经验的老农把雪比做是“麦子的棉被”。冬天“棉被”盖得越厚，明春麦子就长得越好，所以又有这

样一句谚语：“冬天麦盖三层被，来年枕着馒头睡”。

我想，这就是人们为什么把及时的大雪称为“瑞雪”的道理吧。

——节选自峻青《第一场雪》

Zhèshì rù dōng yǐ lái　JiāodōngBàndǎoshàng dì yī chǎngxuě
答：这是入冬以来，胶东半岛上第一场雪。

Xuěfēnfēnyángyáng　xiàdehěndà　Kāishǐháibànzhe yī zhènr xiǎoyǔ　bùjiǔjiùzhǐjiàndàpiàndà
雪纷纷扬扬，下得很大。开始还伴着一阵儿小雨，不久就只见大片大
piàndexuěhuā　cóngtóngyúnmìbù de tiānkōngzhōngpiāoluòxiàlái　Dìmiànshàng yī huìr jiùbái le
片的雪花，从彤云密布的天空中飘落下来。地面上一会儿就白了。
Dōngtiāndeshāncūn　dào le yè lǐ jiùwànlàijù jì　zhǐtīngdexuěhuāsù sù debùduànwǎngxiàluò　shù
冬天的山村，到了夜里就万籁俱寂，只听得雪花簌簌地不断往下落，树
mùdekūzhībèixuěyāduàn le　ǒu' ěr gēzhī yī shēngxiǎng
木的枯枝被雪压断了，偶尔咯吱一声响。

Dàxuězhěngzhěngxià le yī yè　Jīntiānzǎochén　tiānfàngqíng le　tàiyángchūlái le　Tuīkāimén
大雪整整下了一夜。今天早晨，天放晴了，太阳出来了。推开门
yī kàn　hē　Hǎodàdexuě a　Shānchuān　héliú　shùmù　fángwū　quándōuzhàoshàng le yī céng
一看，嗬！好大的雪啊！山川、河流、树木、房屋，全都罩上了一层
hòuhòudexuě　wàn lǐ jiāngshān　biànchéng le fěnzhuāngyù qì deshìjiè　Luòguāng le yè zi deliǔshù
厚厚的雪，万里江山，变成了粉妆玉砌的世界。落光了叶子的柳树
shàngguàmǎn le máoróngrónglìàngjīngjīngdeyíntiáor　ér nàxiēdōngxiàchángqīngdesōngshùhébǎishù
上挂满了毛茸茸亮晶晶的银条儿；而那些冬夏常青的松树和柏树
shàng　zé guàmǎn le péngsōngsōngchéndiàndiàndexuěqiúr　Yīzhènfēngchuīlái　shùzhīqīngqīngde
上，则挂满了蓬松松沉甸甸的雪球儿。一阵风吹来，树枝轻轻地
yáohuàng　měi lì deyíntiáor　héxuěqiúr　sù sù deluòxiàlái　yùxièshìdexuěmòr　suífēngpiāoyáng
摇晃，美丽的银条儿和雪球儿簌簌地落下来，玉屑似的雪末儿随风飘扬，
yìngzheqīngchéndeyángguāng　xiǎnchū yī dàodàowǔguāngshí sè decǎihóng
映着清晨的阳光，显出一道道五光十色的彩虹。

Dàjiēshàngde jī xuě zú yǒu yī chǐduōshēn　réncǎishàngqù　jiǎo dǐ xià fā chū gē zhī gē zhī dexiǎng
大街上的积雪足有一尺多深，人踩上去，脚底下发出咯吱咯吱的响
shēng　Yīqúnqúnhái zi zàixuě dì lǐ duīxuěrén　zhìxuěqiúr　Nàhuān lè dejiàohǎnshēng　bǎshùzhī
声。一群群孩子在雪地里堆雪人，掷雪球儿。那欢乐的叫喊声，把树枝
shàngdexuědōuzhènluòxiàlái le
上的雪都震落下来了。

Súhuàshuō　Ruìxuězhàofēngnián　Zhègehuàyǒuchōngfèndekēxuégēnjù　bìngbùshì yī jù mí
俗话说，“瑞雪兆丰年”。这个话有充分的科学根据，并不是一句迷
xìndechéngyǔ　Hándōngdàxuě　kě yǐ dòng sǐ yī bùfenyuèdōngdehàichóng　rónghuà le deshuǐshèn
信的成语。寒冬大雪，可以冻死一部分越冬的害虫；融化了的水渗
jìn tǔ céngshēnchù　yòunénggōngyìng　zhuāngjiashēngzhǎngde xū yào　Wǒxiāngxìnzhè yī chǎngshí
进土层深处，又能供应//庄稼生长的需要。我相信这一场十
fēn jí shídedàxuě　yī dìnghuì cù jìnmíngniánchūn jì zuòwù　yóu qí shìxiǎomài defēngshōu　Yǒujīng
分及时的大雪，一定会促进明年春季作物，尤其是小麦的丰收。有经

yàndelǎonóngbǎxuě bǐ zuòshì　mài zi demiánbèi　Dōngtiān　miánbèi　gàideyuèhòu　míngchūnmài
验的老 农 把雪比做是“麦子的 棉 被”。冬 天“ 棉 被”盖得越 厚， 明 春 麦
zi jiùzhǎngdeyuèhǎo　suǒ yǐ yòuyǒuzhèyàng yī jù yànyǔ　Dōngtiānmàigàisāncéngbèi　láiniánzhěn
子就 长 得越 好，所以又 有 这 样 一句 谚 语：“ 冬 天 麦 盖 三 层 被，来 年 枕
zhemántoushuì
着 馒 头 睡 。”

Wǒxiǎng　zhèjiùshìrénmenwèishénmebǎ jí shídedàxuěchēngwéi　ruìxuě　dedào lǐ ba
我 想 ，这就是人 们 为 什 么把及时的大雪 称 为“瑞 雪”的 道 理吧。

——节选自峻青《第一场雪》

作品 6 号——《读书人是幸福人》

我常想读书人是世间幸福人，因为他除了拥有现实的世界之外，还拥有另一个更为浩瀚也更为丰富的世界。现实的世界是人人都有的，而后一个世界却为读书人所独有。由此我想，那些失去或不能阅读的人是多么的不幸，他们的丧失是不可补偿的。世间有诸多的不平等，财富的不平等，权力的不平等，而阅读能力的拥有或丧失却体现为精神的不平等。

一个人的一生，只能经历自己拥有的那一份欣悦，那一份苦难，也许再加上他亲自闻知的那一些关于自身以外的经历和经验。然而，人们通过阅读，却能进入不同时空的诸多他人的世界。这样，具有阅读能力的人，无形间获得了超越有限生命的无限可能性。阅读不仅使他多识了草木虫鱼之名，而且可以上溯远古下及未来，饱览存在的与非存在的奇风异俗。

更为重要的是，读书加惠于人们的不仅是知识的增广，而且还在于精神的感化与陶冶。人们从读书学做人，从那些往哲先贤以及当代才俊的著述中学得他们的人格。人们从《论语》中学得智慧的思考，从《史记》中学得严肃的历史精神，从《正气歌》中学得人格的刚烈，从马克思学得人世//的激情，从鲁迅学得批判精神，从托尔斯泰学得道德的执着。歌德的诗句刻写着睿智的人生，拜伦的诗句呼唤着奋斗的热情。一个读书人，一个有机会拥有超乎个人生命体验的幸运人。

——节选自谢冕《读书人是幸福人》

Wǒchángxiǎngdúshūrén shì shìjiān xìng fú rén　yīn wèi tā chú le yōngyǒu xiànshí de shì jiè zhī
答：我 常 想 读书 人 是 世 间 幸 福人，因 为 他 除 了 拥 有 现 实 的世界之
wài　háiyōngyǒulìng yī gègèngwéihàohànyěgèngwéifēng fù deshìjiè　xiànshídeshìjièshìrénréndōuyǒu
外，还 拥 有 另一个 更 为 浩 瀚 也 更 为 丰 富的世界。现 实 的世界是 人 人 都 有
de　érhòu yī gèshìjièquèwéidúshūrénsuǒdúyǒu　Yóu cǐ wǒxiǎng　nàxiēshīqùhuòbùnéngyuèdúderén
的，而后 一个世界 却 为读 书 人 所独 有。由 此我 想 ，那些失去或不 能 阅读的人
shìduōmedebùxìng　tā mendesàngshīshìbù kěbǔchángde　Shìjiānyǒuzhūduōdebùpíngděng　cái fù
是 多 么 的不 幸 ，他 们 的 丧 失 是不可补 偿 的。世 间 有 诸 多 的不 平 等 ，财 富
debùpíngděng　quán lì debùpíngděng　éryuèdúnéng lì deyōngyǒuhuòsàngshīquè tǐ xiànwéijīngshén
的不 平 等 ， 权 力的不 平 等 ，而阅 读 能 力的 拥 有 或 丧 失 却体 现 为 精 神
debùpíngděng
的不 平 等 。

Yī gèrénde yī shēng　zhǐnéngjīng lì　zì　jǐ yōngyǒudenà yī fènxīnyuè　nà yī fènkǔnàn　yěxǔzàijiā
一个 人 的一 生 ，只 能 经 历自己 拥 有 的那一份 欣 悦，那一份 苦 难 ，也许再加

shàng tā qīn zì wénzhī de nà yī xiē guān yú zì shēn yǐ wài de jīng lì hé jīngyàn　Rán' ér　rénmen tōngguò
上他亲自闻知的那一些关于自身以外的经历和经验。然而，人们通过
yuèdú　què néng jìnrù bùtóng shíkōng de zhūduō tārén de shìjiè　Zhèyàng　jù yǒu yuèdú nénglì de rén
阅读，却能进入不同时空的诸多他人的世界。这样，具有阅读能力的人，
wúxíngjiān huòdé le chāoyuè yǒuxiàn shēngmìng de wúxiàn kěnéngxìng　Yuèdú bùjǐn shǐ tā duō shí le cǎo
无形间获得了超越有限生命的无限可能性。阅读不仅使他多识了草
mù chóng yú zhī míng　ér qiě kě yǐ shàng sù yuǎngǔ xià jí wèilái　bǎolǎn cúnzài de yǔ fēi cúnzài de qí fēng
木虫鱼之名，而且可以上溯远古下及未来，饱览存在的与非存在的奇风
yì sú
异俗。

Gèng wéi zhòngyào de shì　dúshū jiāhuì yú rénmen de bùjǐn shì zhīshi de zēngguǎng　ér qiě hái zài yú
更为重要的是，读书加惠于人们的不仅是知识的增广，而且还在于
jīngshén de gǎnhuà yǔ táoyě　Rénmen cóng dúshū xué zuòrén　cóng nàxiē wǎngzhé xiānxián yǐ jí dāngdài
精神的感化与陶冶。人们从读书学做人，从那些往哲先贤以及当代
cáijùn de zhùshù zhōng xuédé tāmen de réngé　Rénmen cóng Lúnyǔ zhōng xuédé zhìhuì de sīkǎo　cóng
才俊的著述中学得他们的人格。人们从《论语》中学得智慧的思考，从
Shǐjì zhōng xuédé yánsù de lìshǐ jīngshén　cóng Zhèngqì gē zhōng xuédé réngé de gāngliè　cóng
《史记》中学得严肃的历史精神，从《正气歌》中学得人格的刚烈，从
Mǎkèsī xuédé rénshì de jīqíng　cóng Lǔ Xùn xuédé pīpàn jīngshén　cóng Tuō' ěrsītài xuédé dàodé
马克思学得人世//的激情，从鲁迅学得批判精神，从托尔斯泰学得道德
de zhízhuó　Gēdé de shījù kèxiě zhe ruìzhì de rénshēng　Bàilún de shījù hūhuàn zhe fèndòu de rèqíng　Yī
的执着。歌德的诗句刻写着睿智的人生，拜伦的诗句呼唤着奋斗的热情。一
gè dúshūrén　yī gè yǒu jīhuì yōngyǒu chāohū gèrén shēngmìng tǐyàn de xìngyùnrén
个读书人，一个有机会拥有超乎个人生命体验的幸运人。

——节选自谢冕《读书人是幸福人》

作品 7 号——《二十美金的价值》

一天，爸爸下班回到家已经很晚了，他很累也有点儿烦，他发现五岁的儿子靠在门旁正等着他。

“爸，我可以问您一个问题吗?”

“什么问题?”“爸，您一小时可以赚多少钱?”“这与你无关，你为什么问这个问题?”父亲生气地说。

“我只是想知道，请告诉我，您一小时赚多少钱?”小孩儿哀求道。“假如你一定要知道的话，我一小时赚二十美金。”

“哦，”小孩儿低下了头，接着又说，“爸，可以借我十美金吗?”父亲发怒了：“如果你只是要借钱去买毫无意义的玩具的话，给我回到你的房间睡觉去。好好想想为什么你会那么自私。我每天辛苦工作，没时间和你玩儿小孩子的游戏。”

小孩儿默默地回到自己的房间关上门。

父亲坐下来还在生气。后来，他平静下来了。心想他可能对孩子太凶了——或许孩子真的很想买什么东西，再说他平时很少要过钱。

父亲走进孩子的房间：“你睡了吗?”“爸，还没有，我还醒着。”孩子回答。

“我刚才可能对你太凶了，”父亲说，“我不应该发那么大的火儿——这是你要的十美金。”“爸，谢谢您。”孩子高兴地从枕头下拿出一些被弄皱的钞票，慢慢地数着。

“为什么你已经有钱了还要？”父亲不解地问。

“因为原来不够，但现在凑够了。”孩子回答：“爸，我现在有//二十美金了，我可以向您买一个小时的时间吗？明天请早一点儿回家——我想和您一起吃晚餐。”

——节选自唐继柳编译《二十美金的价值》

Yītiān bàbaxiàbānhuídàojiā yǐ jīnghěnwǎn le tā hěnlèi yě yǒudiǎn r fán tā fā xiànwǔ

答： 一天，爸爸下班回到家已经很晚了，他很累也有点儿烦，他发现五

suìde ér zi kàozàiménpángzhèngděngzhe tā

岁的儿子靠在门旁正等着他。

Bà wǒkě yǐ wènnín yī gèwèn tí ma

“爸，我可以问您一个问题吗？”

Shénmewèn tí Bà nín yī xiǎoshíkě yǐ zhuànduōshǎoqián Zhèyǔ nǐ wúguān nǐ wèishén

“什么问题？”“爸，您一小时可以赚多少钱？”“这与你无关，你为什

mewènzhègewèn tí Fùqīnshēng qì deshuō

么问这个问题？”父亲生气地说。

Wǒzhǐshìxiǎngzhīdào qǐnggào su wǒ nín yī xiǎoshízhuànduōshǎoqián Xiǎohái r āi qiúdào

“我只是想知道，请告诉我，您一小时赚多少钱？”小孩儿哀求道。

Jiǎrú nǐ yī dìngyàozhīdàodehuà wǒ yī xiǎoshízhuàn èrshíměijīn

“假如你一定要知道的话，我一小时赚二十美金。”

Ò Xiǎohái r dī xià le tóu jiēzheyòushuō Bà kě yǐ jièwǒshíměijīnma Fùqīn fā nù le

“哦，”小孩儿低下了头，接着又说，“爸，可以借我十美金吗？”父亲发怒了：

Rúguǒ nǐ zhǐshìyàojièqiánqùmǎiháowú yì yì dewán jù dehuà gěiwǒhuídào nǐ defángjiānshuìjiàoqù

“如果你只是要借钱去买毫无意义的玩具的话，给我回到你的房间睡觉去。

Hǎohǎoxiǎngxiangwèishénme nǐ huìnàme zì sī Wǒměitiānxīnkǔgōngzuò méishíjiānhé nǐ wán r xiǎo

好好想想为什么你会那么自私。我每天辛苦工作，没时间和你玩儿小

hái zi deyóu xì

孩子的游戏。”

Xiǎohái r mòmòdehuídào zì jǐ defángjiānguānshàngmén

小孩儿默默地回到自己的房间关上门。

Fùqīnzuòxiàláiháizàishēng qì Hòulái tā píngjìngxià lái le Xīnxiǎng tā kěnéngduì hái zi tài

父亲坐下来还在生气。后来，他平静下来了。心想他可能对孩子太

xiōng le huòxǔhái zi zhēndehěnxiǎngmǎishénmedōng xi zàishuō tā píngshíhěnshǎoyàoguoqián

凶了——或许孩子真的很想买什么东西，再说他平时很少要过钱。

Fùqīnzǒujìnhái zi defángjiān Nǐshuì le ma Bà háiméiyǒu wǒháixǐngzhe Hái zi huídá

父亲走进孩子的房间：“你睡了吗？”“爸，还没有，我还醒着。”孩子回答。

Wǒgāngcáikěnéngduì nǐ tàixiōng le Fùqīnshuō Wǒbùyīnggāi fā nàmedà dehuǒ r zhèshì

“我刚才可能对你太凶了”父亲说，“我不应该发那么大的火儿——这是

nǐ yàodeshíměijīn Bà xièxienín Hái zi gāoxìng de cóngzhěntouxià ná chū yī xiēbèinòngzhòu de

你要的十美金。”“爸，谢谢您。”孩子高兴地从枕头下拿出一些被弄皱的

chāopiào mànmàndeshǔzhe

钞票，慢慢地数着。

Wèishénme nǐ yǐ jīngyǒuqián le háiyào Fùqīnbùjiědewèn
"为什么你已经有钱了还要?"父亲不解地问。

Yīnwèiyuánláibùgòu dànxiànzàicòugòu le Hái zi huídá Bà wǒxiànzàiyǒu èr shíměi
"因为原来不够，但现在凑够了。"孩子回答："爸，我现在有//二十美
jīn le wǒkě yǐ xiàngnínmǎi yī gè xiǎoshí de shíjiānma Míngtiānqǐngzǎo yī diǎn r huíjiā wǒxiǎng
金了，我可以向您买一个小时的时间吗？明天请早一点儿回家——我想
hénín yī qǐ chīwǎncān
和您一起吃晚餐。"

——节选自唐继柳编译《二十美金的价值》

作品8号——《繁星》

我爱月夜，但我也爱星天。从前在家乡七八月的夜晚在庭院里纳凉的时候，我最爱看天上密密麻麻的繁星。望着星天，我就会忘记一切，仿佛回到了母亲的怀里似的。

三年前在南京我住的地方有一道后门，每晚我打开后门，便看见一个静寂的夜。下面是一片菜园，上面是星群密布的蓝天。星光在我们的肉眼里虽然微小，然而它使我们觉得光明无处不在。那时候我正在读一些天文学的书，也认得一些星星，好像它们就是我的朋友，它们常常在和我谈话一样。

如今在海上，每晚和繁星相对，我把它们认得很熟了。我躺在舱面上，仰望天空。深蓝色的天空里悬着无数半明半昧的星。船在动，星也在动，它们是这样低，真是摇摇欲坠呢！渐渐地我的眼睛模糊了，我好像看见无数萤火虫在我的周围飞舞。海上的夜是柔和的，是静寂的，是梦幻的。我望着许多认识的星，我仿佛看见它们在对我眨眼，我仿佛听见它们在小声说话。这时我忘记了一切。在星的怀抱中我微笑着，我沉睡着。我觉得自己是一个小孩子，现在睡在母亲的怀里了。

有一夜，那个在哥伦波上船的英国人指给我看天上的巨人。他用手指着：//那四颗明亮的星是头，下面的几颗是身子，这几颗是手，那几颗是腿和脚，还有三颗星算是腰带。经他这一番指点，我果然看清楚了那个天上的巨人。看，那个巨人还在跑呢！

——节选自巴金《繁星》

Wǒ ài yuèyè dànwǒyě ài xīngtiān Cóngqiánzàijiāxiāng qī bāyuè de yè wǎnzàitíngyuàn lǐ nà
答： 我爱月夜，但我也爱星天。从前在家乡七八月的夜晚在庭院里纳
liángdeshíhou wǒzuì ài kàntiānshàngmìmìmámá de fánxīng Wàngzhexīngtiān wǒjiùhuìwàng jì yī
凉的时候，我最爱看天上密密麻麻的繁星。望着星天，我就会忘记一
qiè fǎngfú huídào le mǔqīndehuái lǐ shìde
切，仿佛回到了母亲的怀里似的。

Sānniánqiánzài Nánjīng wǒzhù de dì fangyǒu yī dàohòumén měiwǎnwǒdǎkāihòumén biànkàn
三年前在南京我住的地方有一道后门，每晚我打开后门，便看
jiàn yī gè jìng jì de yè Xiàmiànshì yī piàncàiyuán shàngmiànshìxīngqúnmìbùdelántiān Xīngguāng
见一个静寂的夜。下面是一片菜园，上面是星群密布的蓝天。星光
zàiwǒmenderòuyǎn lǐ suīránwēixiǎo rán' ér tā shǐwǒmenjuédéguāngmíngwúchùbùzài Nàshíhouwǒ
在我们的肉眼里虽然微小，然而它使我们觉得光明无处不在。那时候我
zhèngzàidú yī xiētiānwénxuédeshū yěrènde yī xiēxīngxing hǎoxiàng tā menjiùshìwǒdepéngou tā
正在读一些天文学的书，也认得一些星星，好像它们就是我的朋友，它

menchángchángzàihéwǒtánhuà yī yàng
们 常 常 在和我谈 话 一 样 。

Rújīnzàihǎishàng měiwǎnhé fánxīngxiāngduì wǒbǎ tā menrèn dehěnshú le Wǒtǎngzàicāng
如今在海 上 ，每 晚 和繁 星 相 对，我把它 们 认 得 很 熟 了。我 躺 在 舱

miànshàng yǎngwàngtiānkōng Shēnlán sè de tiānkōng lǐ xuánzhe wú shù bàn míng bàn mèi de xīng
面 上 ， 仰 望 天 空 。 深 蓝 色的 天 空 里 悬 着 无 数 半 明 半 昧 的 星 。

Chuánzàidòng xīngyězàidòng tā menshìzhèyàng dī zhēnshìyáoyáo yù zhuì ne Jiànjiàn dewǒde
船 在 动 ，星 也在 动 ，它 们 是 这 样 低， 真 是 摇 摇 欲 坠 呢！ 渐 渐 地我的

yǎnjingmóhu le wǒhǎoxiàngkànjiànwú shù yínghuǒchóngzàiwǒ de zhōuwéifēiwǔ Hǎishàngde yè shì
眼 睛 模 糊 了，我 好 像 看 见 无 数 萤 火 虫 在我的 周 围 飞 舞。海 上 的夜是

róuhéde shìjìng jì de shìmènghuànde Wǒwàngzhexǔduōrènshidexīng wǒfǎng fú kànjiàn tā men
柔和的，是 静 寂的，是 梦 幻 的。我 望 着 许 多 认 识 的 星 ，我 仿 佛 看 见 它 们

zàiduìwǒzhǎyǎn wǒfǎngfú tīngjiàn tā menzàixiǎoshēngshuōhuà Zhèshíwǒwàng jì le yī qiè Zàixīng
在 对 我 眨 眼 ，我 仿 佛 听 见 它 们 在 小 声 说 话 。这 时 我 忘 记 了一 切 。在 星

dehuáibàozhōngwǒwēixiàozhe wǒchénshuìzhe Wǒjuédé zì jǐ shì yī gèxiǎohái zi xiànzàishuìzàimǔ
的 怀 抱 中 我 微 笑 着，我 沉 睡 着。我 觉 得自己是一个 小 孩 子， 现 在 睡 在 母

qīndehuái lǐ le
亲 的 怀 里 了。

Yǒu yī yè nàgèzàiGēlúnbōshàngchuándeYīngguórénzhǐgěiwǒkàntiānshàngde jù rén Tāyòng
有 一 夜，那 个 在 哥 伦 波 上 船 的 英 国 人 指 给 我 看 天 上 的巨 人。他 用

shǒuzhǐzhe Nà sì kēmíngliàngdexīngshìtóu xiàmiànde jǐ kēshìshēn zi zhè jǐ kēshìshǒu nà jǐ
手 指 着：//那 四 颗 明 亮 的 星 是 头， 下 面 的几 颗 是 身 子， 这 几 颗 是 手 ，那 几

kēshìtuǐhéjiǎo háiyǒusānkēxīngsuànshìyāodài Jīng tā zhè yī fānzhǐdiǎn wǒguǒránkànqīngchu le
颗是 腿和 脚 ，还 有 三 颗 星 算 是 腰 带 。经 他 这 一 番 指 点 ，我 果 然 看 清 楚 了

nàgètiānshàngde jù rén Kàn nàgè jù rénháizàipǎone
那个 天 上 的巨 人。 看 ，那个巨 人 还 在 跑 呢！

——节选自巴金《繁星》

作品 9 号——《风筝畅想曲》

假日到河滩上转转，看见许多孩子在放风筝。一根根长长的引线，一头系在天上，一头系在地上，孩子同风筝都在天与地之间悠荡，连心也被悠荡得恍恍惚惚了，好像又回到了童年。

儿时放的风筝，大多是自己的长辈或家人编扎的，几根削得很薄的篾，用细纱线扎成各种鸟兽的造型，糊上雪白的纸片，再用彩笔勾勒出面孔与翅膀的图案。通常扎得最多的是“老雕”“美人儿”“花蝴蝶”等。

我们家前院就有位叔叔，擅扎风筝，远近闻名。他扎得风筝不只体型好看，色彩艳丽，放飞得高远，还在风筝上绷一叶用蒲苇削成的膜片，经风一吹，发出“嗡嗡”的声响，仿佛是风筝的歌唱，在蓝天下播扬，给开阔的天地增添了无尽的韵味，给驰荡的童心带来几分疯狂。

我们那条胡同的左邻右舍的孩子们放的风筝几乎都是叔叔编扎的。他的风筝不卖钱，谁上门去要，就给谁，他乐意自己贴钱买材料。

后来，这位叔叔去了海外，放风筝也渐与孩子们远离了。不过年年叔叔给家乡写信，总不忘提起儿时的放风筝。香港回归之后，他在家信中说到，他这只被故乡放飞到海外的风筝，尽管飘荡游弋，经沐风雨，可那线头儿一直在故乡和//亲人手中牵着，如今飘得太累了，也该要回归到家乡和亲人身边来了。

是的。我想，不光是叔叔，我们每个人都是风筝，在妈妈手中牵着，从小放到大，再从家乡放到祖国最需要的地方去啊！

——节选自李恒瑞《风筝畅想曲》

Jià rì dàohétānshàngzhuànzhuan　kànjiànxǔduōhái zi zàifàngfēngzheng　Yīgēngēncháng
答： 假日到河滩上转转，看见许多孩子在放风筝。一根根长
chángdeyǐnxiàn　yī tóur jì zàitiānshàng　yī tóur jì zài dì shàng　hái zi tóngfēngzhengdōuzàitiānyǔ dì
长的引线，一头系在天上，一头系在地上，孩子同风筝都在天与地
zhījiānyōudàng　liánxīnyěbèiyōudàngdéhuǎnghuǎnghūhū le　hǎoxiàngyòuhuídào le tóngnián
之间悠荡，连心也被悠荡得恍恍惚惚了，好像又回到了童年。

Érshífàngdefēngzheng　dàduōshì zì jǐ dezhǎngbèihuòjiārénbiānzā de　jǐ gēnxiāodehěnbáode
儿时放的风筝，大多是自己的长辈或家人编扎的，几根削得很薄的
miè　yòng xì shāxiànzā chénggè zhǒngniǎoshòu dezàoxíng　húshàngxuěbái dezhǐpiàn　zàiyòngcǎi bǐ
篾，用细纱线扎成各种鸟兽的造型，糊上雪白的纸片，再用彩笔
gōu lè chūmiànkǒngyǔchìbǎngde tú' àn　Tōngchángzā dezuìduōdeshì　lǎodiāo　měirénr　huāhú
勾勒出面孔与翅膀的图案。通常扎得最多的是“老雕”“美人儿”“花蝴
dié　děng
蝶”等。

Wǒmenjiāqiányuànjiùyǒuwèishūshu　shànzāfēngzheng　yuǎnjìnwénmíng　Tāzā defēngzheng
我们家前院就有位叔叔，擅扎风筝，远近闻名。他扎的风筝
bùzhǐ tǐ xínghǎokàn　sècǎiyàn lì　fàngfēi de gāoyuǎn　háizàifēngzhengshàngbēng yī yè yòngpúwěi
不只体形好看，色彩艳丽，放飞得高远，还在风筝上绷一叶用蒲苇
xiāochéngdemópiàn　jīngfēng yī chuī　fā chū　wēngwēng　deshēngxiǎng　fǎng fú shìfēngzhengde gē
削成的膜片，经风一吹，发出“嗡嗡”的声响，仿佛是风筝的歌
chàng　zàilántiānxiàbōyáng　gěikāikuò de tiān dì zēngtiān le wújìn de yùnwèi　gěichídàngde tóngxīn
唱，在蓝天下播扬，给开阔的天地增添了无尽的韵味，给驰荡的童心
dàilái jǐ fēnfēngkuáng
带来几分疯狂。

Wǒmennàtiáohútòngrdezuǒlínyòushèdehái zi menfàngdefēngzheng jī hūdōushìshūshubiānzā de
我们那条胡同的左邻右舍的孩子们放的风筝几乎都是叔叔编扎的。
Tādefēngzhengbùmàiqián　shuíshàngménqùyào　jiùgěishuí　tā lè yì zì jǐ tiēqiánmǎicáiliào
他的风筝不卖钱，谁上门去要，就给谁，他乐意自己贴钱买材料。

Hòulái　zhèwèishūshuqù le hǎiwài　fàngfēngzheng yě jiànyǔhái zi menyuǎn lí le　Bùguònián
后来，这位叔叔去了海外，放风筝也渐与孩子们远离了。不过年
niánshūshugěijiāxiāngxiěxìn　zǒngbùwàng tí qǐ érshídefàngfēngzheng　Xiānggǎnghuíguīzhīhòu　tā
年叔叔给家乡写信，总不忘提起儿时的放风筝。香港回归之后，他
zàijiāxìnzhōngshuōdào　tā zhèzhībèigùxiāngfàngfēidàohǎiwàidefēngzheng　jǐnguǎnpiāodàngyóu yì
在家信中说到，他这只被故乡放飞到海外的风筝，尽管飘荡游弋，

jīngmùfēngyǔ kěnàxiàntóur yī zhízàigùxiānghé qīnrénshǒuzhōngqiānzhe rújīnpiāodetàilèi le
经沐风雨，可那线头儿一直在故乡和//亲人手中牵着，如今飘得太累了，

yěgāiyàohuíguīdàojiāxiānghéqīnrénshēnbiānlái le
也该要回归到家乡和亲人身边来了。

Shìde Wǒxiǎng bùguāngshìshūshu wǒmenměi gè réndōushìfēngzheng zàimāmashǒuzhōng
是的。我想，不光是叔叔，我们每个人都是风筝，在妈妈手中

qiānzhe cóngxiǎofàngdàodà zàicóngjiāxiāngfàngdào zǔguózuìxūyàode dìfangqù a
牵着，从小放到大，再从家乡放到祖国最需要的地方去啊！

——节选自李恒瑞《风筝畅想曲》

作品 10 号——《父亲的爱》

爸不懂得怎样表达爱，使我们一家人融洽相处的是我妈。他只是每天上班下班，而妈则把我们做过的错事开列清单，然后由他来责骂我们。

有一次我偷了一块糖果，他要我把它送回去，告诉卖糖的说是我偷来的，说我愿意替他拆箱卸货作为赔偿。但妈妈却明白我只是个孩子。

我在运动场打秋千跌断了腿，在前往医院途中一直抱着我的，是我妈。爸把汽车停在急诊室门口，他们叫他驶开，说那空位是留给紧急车辆停放的。爸听了便叫嚷道："你以为这是什么车？旅游车？"

在我生日会上，爸总是显得有些不大相称。他只是忙于吹气球，布置餐桌，做杂务。把插着蜡烛的蛋糕推过来让我吹的，是我妈。

我翻阅照相册时，人们总是问："你爸爸是什么样子的？"天晓得！他老是忙着替别人拍照。妈和我笑容可掬地一起拍的照片，多得不可胜数。

我记得妈有一次叫他教我骑自行车。我叫他别放手，但他却说是应该放手的时候了。我摔倒之后，妈跑过来扶我，爸却挥手要她走开。我当时生气极了，决心要给他点儿颜色看。于是我马上爬上自行车，而且自己骑给他看。他只是微笑。

我念大学时，所有的家信都是妈写的。他//除了寄支票外，还寄过一封短柬给我，说因为我不在草坪上踢足球了，所以他的草坪长得很美。

每次我打电话回家，他似乎都想跟我说话，但结果总是说："我叫你妈来接。"

我结婚时，掉眼泪的是我妈。他只是大声擤了一下鼻子，便走出房间。

我从小到大都听他说："你到哪里去？什么时候回家？汽车有没有汽油？不，不准去。"爸完全不知道怎样表达爱。除非……

会不会是他已经表达了，而我却未能察觉？

——节选自［美］艾尔玛·邦贝克《父亲的爱》

Bàbùdǒngdézěnyàngbiǎodá ài shǐwǒmen yī jiārénróngqiàxiāngchǔ de shìwǒmā Tāzhǐshì
答： 爸不懂得怎样表达爱，使我们一家人融洽相处的是我妈。他只是

měitiānshàngbānxiàbān ér mā zé bǎwǒmenzuò guò de cuòshìkāi liè qīngdān ránhòu yóu tā lái zé mà
每天上班下班，而妈则把我们做过的错事开列清单，然后由他来责骂

wǒmen
我们。

Yǒu yī cì wǒ tōu le yī kuài táng guǒ tā yào wǒ bǎ tā sòng huí qù gào sù mài táng de shuō shì wǒ tōu lái
有一次我偷了一块糖果，他要我把它送回去，告诉卖糖的说是我偷来
de shuō wǒ yuàn yì tì tā chāi xiāng xiè huò zuò wéi péi cháng Dàn mā ma què míng bai wǒ zhǐ shì gè hái zi
的，说我愿意替他拆箱卸货作为赔偿。但妈妈却明白我只是个孩子。

Wǒ zài yùn dòng chǎng dǎ qiū qiān diē duàn le tuǐ zài qián wǎng yī yuàn tú zhōng yī zhí bào zhe wǒ de
我在运动场打秋千跌断了腿，在前往医院途中一直抱着我的，
shì wǒ mā Bà bǎ qì chē tíng zài jí zhěn shì mén kǒu tā men jiào tā shǐ kāi shuō nà kòng wèi shì liú gěi jǐn
是我妈。爸把汽车停在急诊室门口，他们叫他驶开，说那空位是留给紧
jí chē liàng tíng fàng de Bà tīng le biàn jiào rǎng dào Nǐ yǐ wéi zhè shì shén me chē Lǚ yóu chē
急车辆停放的。爸听了便叫嚷道："你以为这是什么车？旅游车？"

Zài wǒ shēng ri huì shàng bà zǒng shì xiǎn dé yǒu xiē bù dà xiāng chèn Tā zhǐ shì máng yú chuī qì qiú
在我生日会上，爸总是显得有些不大相称。他只是忙于吹气球，
bù zhì cān zhuō zuò zá wù Bǎ chā zhe là zhú de dàn gāo tuī guò lái ràng wǒ chuī de shì wǒ mā
布置餐桌，做杂务。把插着蜡烛的蛋糕推过来让我吹的，是我妈。

Wǒ fān yuè zhào xiàng cè shí rén men zǒng shì wèn Nǐ bà ba shì shén me yàng zi de Tiān xiǎo dé
我翻阅照相册时，人们总是问："你爸爸是什么样子的？"天晓得！
Tā lǎo shì máng zhe tì bié rén pāi zhào Mā hé wǒ xiào róng kě jū de yī qǐ pāi de zhào piàn duō de bù kě
他老是忙着替别人拍照。妈和我笑容可掬地一起拍的照片，多得不可
shèng shǔ
胜数。

Wǒ jì dé mā yǒu yī cì jiào tā jiāo wǒ qí zì xíng chē Wǒ jiào tā bié fàng shǒu dàn tā què shuō shì yīng
我记得妈有一次叫他教我骑自行车。我叫他别放手，但他却说是应
gāi fàng shǒu de shí hou le Wǒ shuāi dǎo zhī hòu mā pǎo guò lái fú wǒ bà què huī shǒu yào tā zǒu kāi Wǒ
该放手的时候了。我摔倒之后，妈跑过来扶我，爸却挥手要她走开。我
dāng shí shēng qì jí le jué xīn yào gěi tā diǎn r yán sè kàn Yú shì wǒ mǎ shàng pá shàng zì xíng chē ér
当时生气极了，决心要给他点儿颜色看。于是我马上爬上自行车，而
qiě zì jǐ qí gěi tā kàn Tā zhǐ shì wēi xiào
且自己骑给他看。他只是微笑。

Wǒ niàn dà xué shí suǒ yǒu de jiā xìn dōu shì mā xiě de Tā chú le jì zhī piào wài hái jì guo yī fēng
我念大学时，所有的家信都是妈写的。他//除了寄支票外，还寄过一封
duǎn jiǎn gěi wǒ shuō yīn wèi wǒ bù zài cǎo píng shàng tī zú qiú le suǒ yǐ tā de cǎo píng zhǎng de hěn měi
短柬给我，说因为我不在草坪上踢足球了，所以他的草坪长得很美。

Měi cì wǒ dǎ diàn huà huí jiā tā sì hū dōu xiǎng gēn wǒ shuō huà dàn jié guǒ zǒng shì shuō wǒ jiào nǐ
每次我打电话回家，他似乎都想跟我说话，但结果总是说："我叫你
mā lái jiē
妈来接。"

Wǒ jié hūn shí diào yǎn lèi de shì wǒ mā Tā zhǐ shì dà shēng xǐng le yī xià bí zi biàn zǒu chū
我结婚时，掉眼泪的是我妈。他只是大声擤了一下鼻子，便走出
fáng jiān
房间。

Wǒ cóng xiǎo dào dà dōu tīng tā shuō Nǐ dào nǎ lǐ qù Shén me shí hou huí jiā Qì chē yǒu méi yǒu qì
我从小到大都听他说："你到哪里去？什么时候回家？汽车有没有汽

yóu Bù bùzhǔnqù Bàwánquánbùzhīdàozěnyàngbiǎodá ài Chúfēi
油？不，不准去。”爸完全不知道怎样表达爱。除非……

Huìbùhuìshì tā yǐ jīngbiǎodá le érwǒquèwèinéngchájué
会不会是他已经表达了，而我却未能察觉？

——节选自[美]艾尔玛·邦贝克《父亲的爱》

作品 11 号——《国家荣誉感》

一个大问题一直盘踞在我脑袋里：

世界杯怎么会有如此巨大的吸引力？除去足球本身的魅力之外，还有什么超乎其上而更伟大的东西？

近来观看世界杯，忽然从中得到了答案：是由于一种无上崇高的精神情感——国家荣誉感！

地球上的人都会有国家的概念，但未必时时都有国家的感情。往往人到异国，思念家乡，心怀故国，这国家概念就变得有血有肉，爱国之情来得非常具体。而现代社会，科技昌达，信息快捷，事事上网，世界真是太小太小，国家的界限似乎也不那么清晰了。再说足球正在快速世界化，平日里各国球员频繁转会，往来随意，致使越来越多的国家联赛都具有国际的因素。球员们不论国籍，只效力于自己的俱乐部，他们比赛时的激情中完全没有爱国主义的因子。

然而，到了世界杯大赛，天下大变。各国球员都回国效力，穿上与光荣的国旗同样色彩的服装。在每一场比赛前，还高唱国歌以宣誓对自己祖国的挚爱与忠诚。一种血缘情感开始在全身的血管里燃烧起来，而且立刻热血沸腾。

在历史时代，国家间经常发生对抗，好男儿戎装卫国。国家的荣誉往往需要以自己的生命去//换取。但在和平时代，唯有这种国家之间大规模对抗性的大赛，才可以唤起那种遥远而神圣的情感，那就是：为祖国而战！

——节选自冯骥才《国家荣誉感》

Yīgèdàwèn tí yīzhípán jù zàiwǒnǎodai lǐ
答：一个大问题一直盘踞在我脑袋里：

Shìjièbēizěnmehuìyǒurú cǐ jù dà de xī yǐn lì Chúqù zú qiúběnshēndeměi lì zhīwài háiyǒushén
世界杯怎么会有如此巨大的吸引力？除去足球本身的魅力之外，还有什

mechāohū qí shàng ér gèngwěidàdedōng xi
么超乎其上而更伟大的东西？

Jìnláiguānkànshìjièbēi hūráncóngzhōngdé dào le dá' àn shìyóu yú yī zhǒngwúshàngchónggāo
近来观看世界杯，忽然从中得到了答案：是由于一种无上崇高

dejīngshénqínggǎn guójiāróngyùgǎn
的精神情感——国家荣誉感！

Dìqiúshàngderéndūhuìyǒuguójiā de gàiniàn dànwèi bì shíshí dōuyǒuguójiā de gǎnqíng Wǎng
地球上的人都会有国家的概念，但未必时时都有国家的感情。往

wǎngréndào yì guó sī niànjiāxiāng xīnhuáigùguó zhèguójiāgàiniànjiùbiàndeyǒuxuèyǒuròu ài
往人到异国，思念家乡，心怀故国，这国家概念就变得有血有肉，爱

guózhīqínglái de fēichángjù tǐ Érxiàndàishèhuì kē jì chāngdá xìn xī kuàijié shìshìshàngwǎng
国之情来得非常具体。而现代社会，科技昌达，信息快捷，事事上网，

shìjièzhēnshìtàixiǎotàixiǎo　guójiādejièxiàn sì hū yě bùnàmeqīng xī le　Zàishuō zúqiúzhèngzàikuàisù
世界真是太小太小，国家的界限似乎也不那么清晰了。再说足球正在快速
shìjièhuà　píng rì lǐ gè guóqiúyuánpínfánzhuǎnhuì　wǎngláisuí yì　zhìshǐyuèláiyuèduōdeguójiālián
世界化，平日里各国球员频繁转会，往来随意，致使越来越多的国家联
sàidōu jù yǒuguó jì deyīnsù　Qiúyuánmenbùlùnguó jí　zhǐxiào lì yú zì jǐ de jù lè bù　tā men bǐ sàishí
赛都具有国际的因素。球员们不论国籍，只效力于自己的俱乐部，他们比赛时
de jī qíngzhōngwánquánméiyǒu ài guózhǔ yì deyīn zǐ
的激情中完全没有爱国主义的因子。

Rán' ér　dào le shìjièbēidàsài　tiānxiàdàbiàn　Gèguóqiúyuándōuhuíguóxiào lì　chuānshàng
然而，到了世界杯大赛，天下大变。各国球员都回国效力，穿上
yǔguāngróngdeguó qí tóngyàng sè cǎi de fú zhuāng　Zàiměi yī chǎng bǐ sàiqián　háigāochàngguó gē yǐ
与光荣的国旗同样色彩的服装。在每一场比赛前，还高唱国歌以
xuānshìduì zì jǐ zǔ guó de zhì' ài yǔ zhōngchéng　Yī zhǒngxuè yuán qíng gǎn kāi shǐ zài quán shēn de xuè
宣誓对自己祖国的挚爱与忠诚。一种血缘情感开始在全身的血
guǎn lǐ ránshāo qǐ lái　ér qiě lì kè rè xuèfèiténg
管里燃烧起来，而且立刻热血沸腾。

Zài lì shǐshídài　guójiājiānjīngcháng fā shēngduìkàng　hǎonán' ér róngzhuāngwèiguó　Guójiā
在历史时代，国家间经常发生对抗，好男儿戎装卫国。国家
de róngyù wǎngwǎngxūyào yǐ zì jǐ de shēngmìngqùhuàn　qǔ　Dànzàihépíngshídài　wéiyǒuzhèzhǒng
的荣誉往往需要以自己的生命去换//取。但在和平时代，唯有这种
guójiāzhījiāndàguīmóduìkàngxìngdedàsài　cáikě yǐ huàn qǐ nàzhǒngyáoyuǎn ér shénshèngdeqínggǎn
国家之间大规模对抗性的大赛，才可以唤起那种遥远而神圣的情感，
nà jiù shì　Wèizǔguó ér zhàn
那就是：为祖国而战！

——节选自冯骥才《国家荣誉感》

作品 12 号——《海滨仲夏夜》

夕阳落山不久，西方的天空，还燃烧着一片橘红色的晚霞。大海，也被这霞光染成了红色，而且比天空的景色更要壮观。因为它是活动的，每当一排排波浪涌起的时候，那映照在浪峰上的霞光，又红又亮，简直就像一片片霍霍燃烧着的火焰，闪烁着，消失了。而后面的一排，又闪烁着，滚动着，涌了过来。

天空的霞光渐渐地淡下去了，深红的颜色变成了绯红，绯红又变为浅红。最后，当这一切红光都消失了的时候，那突然显得高而远了的天空，则呈现出一片肃穆的神色。最早出现的启明星，在这蓝色的天幕上闪烁起来了。它是那么大，那么亮，整个广漠的天幕上只有它在那里放射着令人注目的光辉，活像一盏悬挂在高空的明灯。

夜色加浓，苍空中的“明灯”越来越多了。而城市各处的真的灯火也次第亮了起来，尤其是围绕在海港周围山坡上的那一片灯光，从半空倒映在乌蓝的海面上，随着波浪，晃动着，闪烁着，像一串流动着的珍珠，和那一片片密布在苍穹里的星斗互相辉映，煞是好看。

在这幽美的夜色中，我踏着软绵绵的沙滩，沿着海边，慢慢地向前走去。海水，轻轻地抚摸着细软的沙滩，发出温柔的//刷刷声。晚来的海风，清新而又凉爽。我的心里，有着说不出的兴奋和愉快。

夜风轻飘飘地吹拂着，空气中飘荡着一种大海和田禾相混合的香味儿，柔软的沙滩上还残留着白天太阳炙晒的余温。那些在各个工作岗位上劳动了一天的人们，三三两两地来到这软绵绵的沙滩上，他们浴着凉爽的海风，望着那缀满了星星的夜空，尽情地说笑，尽情地休憩。

——节选自峻青《海滨仲夏夜》

Xīyángluòshānbùjiǔ xī fāngdetiānkōng háiránshāozhe yī piànjúhóng sè dewǎnxiá Dà
答：夕阳落山不久，西方的天空，还燃烧着一片橘红色的晚霞。大
hǎi yěbèizhèxiáguāngrǎnchéng le hóng sè ér qiě bǐ tiānkōngdejǐng sè gèngyàozhuàngguān Yīnwèi
海，也被这霞光染成了红色，而且比天空的景色更要壮观。因为
tā shìhuó dòng de měi dāng yī pái pái bō làngyǒng qǐ de shí hou nà yìngzhào zài làngfēng shàng de xiá
它是活动的，每当一排排波浪涌起的时候，那映照在浪峰上的霞
guāng yòuhóngyòuliàng jiǎnzhíjiùxiàng yī piànpiànhuòhuòránshāozhe de huǒyàn shǎnshuòzhe
光，又红又亮，简直就像一片片霍霍燃烧着的火焰，闪烁着，
xiāoshī le Érhòumiànde yī pái yòushǎnshuòzhe gǔndòngzhe yǒng le guòlái
消失了。而后面的一排，又闪烁着，滚动着，涌了过来。

Tiānkōngdexiáguāngjiànjiàn de dànxiàqù le shēnhóngdeyán sè biànchéng le fēihóng fēihóng
天空的霞光渐渐地淡下去了，深红的颜色变成了绯红，绯红
yòubiànwéiqiǎnhóng Zuìhòu dāngzhè yī qièhóngguāngdōuxiāoshī le deshíhou nà tū ránxiǎndégāo
又变为浅红。最后，当这一切红光都消失了的时候，那突然显得高
ér yuǎn le detiānkōng zé chéngxiànchū yī piàn sù mù deshén sè Zuìzǎochūxiàn de qǐ míngxīng zài
而远了的天空，则呈现出一片肃穆的神色。最早出现的启明星，在
zhèlán sè detiānmùshàngshǎnshuò qǐ lái le Tāshìnàmedà nàmeliàng zhěnggè guǎngmò detiānmù
这蓝色的天幕上闪烁起来了。它是那么大，那么亮，整个广漠的天幕
shàngzhǐyǒu tā zàinà lǐ fàngshèzhelìngrénzhùmù deguānghuī huóxiàng yī zhǎnxuánguàzàigāokōngde
上只有它在那里放射着令人注目的光辉，活像一盏悬挂在高空的
míngdēng
明灯。

Yè sè jiānóng cāngkōngzhōngde míngdēng yuèláiyuèduō le Érchéngshì gè chù dezhēndedēng
夜色加浓，苍空中的“明灯”越来越多了。而城市各处的真的灯
huǒyě cì dì liàng le qǐ lái yóu qí shì wéi rào zài hǎi gǎng zhōu wéi shān pō shàng de nà yī piàn dēngguāng
火也次第亮了起来，尤其是围绕在海港周围山坡上的那一片灯光，
cóngbàn kōng dào yìng zài wū lán de hǎi miàn shàng suí zhe bō làng huàng dòng zhe shǎn shuò zhe
从半空倒映在乌蓝的海面上，随着波浪，晃动着，闪烁着，
xiàng yī chuàn liú dòngzhe de zhēnzhū hé nà yī piànpiàn mì bù zài cāngqióng lǐ de xīng dǒu hù xiānghuī
像一串流动着的珍珠，和那一片片密布在苍穹里的星斗互相辉
yìng shàshìhǎokàn
映，煞是好看。

Zàizhèyōuměide yè sè zhōng wǒ tà zheruǎnmiánmián de shātān yán zhe hǎibiān mànmàn de
在这幽美的夜色中，我踏着软绵绵的沙滩，沿着海边，慢慢地
xiàngqiánzǒuqù Hǎi shuǐ qīngqīng de fǔ mō zhe xì ruǎn de shā tān fā chū wēn róu de shuāshuā
向前走去。海水，轻轻地抚摸着细软的沙滩，发出温柔的//刷刷

shēng Wǎnláidehǎifēng qīngxīnéryòuliángshuǎng Wǒdexīn lǐ yǒuzheshuōbùchūdexīngfènhé
声 。晚来的海风，清新而又凉爽。我的心里，有着说不出的兴奋和
yúkuài
愉快。

Yèfēngqīngpiāopiāodechuī fú zhe kōng qì zhōngpiāodàngzhe yī zhǒngdàhǎihétiánhéxiānghùnhé
夜风轻飘飘地吹拂着，空气中飘荡着一种大海和田禾相混合
dexiāngwèir róuruǎndeshātānshànghái cánliúzhebáitiāntàiyángzhìshàideyúwēn Nàxiēzàigègè
的香味儿，柔软的沙滩上还残留着白天太阳炙晒的余温。那些在各个
gōngzuògǎngwèishàngláodòngle yī tiānderénmen sānsānliǎngliǎngde láidàozhèruǎnmiánmiánde
工作岗位上劳动了一天的人们，三三两两地来到这软绵绵的
shātānshàng tāmenyùzheliángshuǎngdehǎifēng wàngzhenàzhuìmǎnle xīngxingdeyèkōng jìn
沙滩上，他们浴着凉爽的海风，望着那缀满了星星的夜空，尽
qíngdeshuōxiào jìnqíngdexiūqì
情地说笑，尽情地休憩。

——节选自峻青《海滨仲夏夜》

作品13号——《海洋与生命》

生命在海洋里诞生绝不是偶然的，海洋的物理和化学性质，使它成为孕育原始生命的摇篮。

我们知道，水是生物的重要组成部分，许多动物组织的含水量在百分之八十以上，而一些海洋生物的含水量高达百分之九十五。水是新陈代谢的重要媒介，没有它，体内的一系列生理和生物化学反应就无法进行，生命也就停止。因此，在短时期内动物缺水要比缺少食物更加危险。水对今天的生命是如此重要，它对脆弱的原始生命，更是举足轻重了。生命在海洋里诞生，就不会有缺水之忧。

水是一种良好的溶剂。海洋中含有许多生命所必需的无机盐，如氯化钠、氯化钾、碳酸盐、磷酸盐，还有溶解氧，原始生命可以毫不费力地从中吸取它所需要的元素。

水具有很高的热容量，加之海洋浩大，任凭夏季烈日曝晒，冬季寒风扫荡，它的温度变化却比较小。因此，巨大的海洋就像是天然的“温箱”，是孕育原始生命的温床。

阳光虽然为生命所必需，但是阳光中的紫外线却有扼杀原始生命的危险。水能有效地吸收紫外线，因而又为原始生命提供了天然的“屏障”。

这一切都是原始生命得以产生和发展的必要条件。//

——节选自童裳亮《海洋与生命》

Shēngmìngzàihǎiyáng lǐ dànshēngjuébùshìǒuránde hǎiyángdewù lǐ héhuàxuéxìngzhì shǐ
答：生命在海洋里诞生绝不是偶然的，海洋的物理和化学性质，使
tāchéngwéiyùnyùyuánshǐshēngmìngdeyáolán
它成为孕育原始生命的摇篮。

Wǒmenzhīdào shuǐshìshēngwùdezhòngyàozǔchéngbùfen xǔduōdòngwùzǔzhīdehánshuǐliàng
我们知道，水是生物的重要组成部分，许多动物组织的含水量
zàibǎifēnzhībāshí yǐ shàng ér yī xiēhǎiyángshēngwùdehánshuǐliànggāodábǎifēnzhījiǔshíwǔ Shuǐ
在百分之八十以上，而一些海洋生物的含水量高达百分之九十五。水

shìxīnchéndàixièdezhòngyàoméijiè méiyǒu tā tǐ nèi de yī xì lièshēng lǐ héshēngwùhuàxuéfǎnyìng
是新陈代谢的重要媒介，没有它，体内的一系列生理和生物化学反应
jiùwú fǎ jìnxíng shēngmìngyě jiùtíngzhǐ Yīn cǐ zàiduǎnshí qī nèidòngwùquēshuǐyào bǐ quēshǎoshí
就无法进行，生命也就停止。因此，在短时期内动物缺水要比缺少食
wùgèngjiāwēixiǎn Shuǐduìjīntiāndeshēngmìngshìrú cǐ zhòngyào tā duìcuìruòdeyuánshǐshēngmìng
物更加危险。水对今天的生命是如此重要，它对脆弱的原始生命，
gèngshì jǔ zúqīngzhòngle Shēngmìngzàihǎiyáng lǐ dànshēng jiùbùhuìyǒuquēshuǐzhīyōu
更是举足轻重了。生命在海洋里诞生，就不会有缺水之忧。

Shuǐshì yī zhǒngliánghǎoderóng jì Hǎiyángzhōnghányǒuxǔduōshēngmìngsuǒ bì xū dewú jī yán
水是一种良好的溶剂。海洋中含有许多生命所必需的无机盐，
rú lǜ huànà lǜ huàjiǎ tànsuānyán línsuānyán háiyǒuróngjiěyǎng yuánshǐshēngmìngkě yǐ háo
如氯化钠、氯化钾、碳酸盐、磷酸盐，还有溶解氧，原始生命可以毫
bùfèi lì decóngzhōng xī qǔ tā suǒxūyàodeyuánsù
不费力地从中吸取它所需要的元素。

Shuǐ jù yǒuhěngāode rè róngliàng jiāzhīhǎiyánghàodà Rènpíngxià jì liè rì pùshài dōng jì hán
水具有很高的热容量，加之海洋浩大。任凭夏季烈日曝晒，冬季寒
fēngsǎodàng tā de wēn dù biànhuà què bǐ jiàoxiǎo Yīn cǐ jù dà de hǎi yáng jiù xiàng shì tiān rán de
风扫荡，它的温度变化却比较小。因此，巨大的海洋就像是天然的
wēnxiāng shìyùnyùyuánshǐshēngmìngdewēnchuáng
“温箱”，是孕育原始生命的温床。

Yángguāngsuīránwéishēngmìngsuǒ bì xū dànshìyángguāngzhōngde zǐ wàixiànquèyǒu è shāyuán
阳光虽然为生命所必需，但是阳光中的紫外线却有扼杀原
shǐshēngmìngdewēixiǎn Shuǐnéngyǒuxiàode xī shōu zǐ wàixiàn yīn' ér yòuwèiyuánshǐshēngmìng tí
始生命的危险。水能有效地吸收紫外线，因而又为原始生命提
gōng le tiānránde píngzhàng
供了天然的“屏障”。

Zhè yī qièdōushìyuánshǐshēngmìngdé yǐ chǎnshēnghé fā zhǎnde bì yàotiáojiàn
这一切都是原始生命得以产生和发展的必要条件。//

——节选自童裳亮《海洋与生命》

作品 14 号——《和时间赛跑》

读小学的时候，我的外祖母去世了。外祖母生前最疼爱我，我无法排除自己的忧伤，每天在学校的操场上一圈儿又一圈儿地跑着，跑得累倒在地上，扑在草坪上痛哭。

那哀痛的日子，断断续续地持续了很久，爸爸妈妈也不知道如何安慰我。他们知道与其骗我说外祖母睡着了，还不如对我说实话：外祖母永远不会回来了。

“什么是永远不会回来呢？”我问着。

“所有时间里的事物，都永远不会回来。你的昨天过去，它就永远变成昨天，你不能再回到昨天。爸爸以前也和你一样小，现在也不能回到你这么小的童年了；有一天你会长大，你会像外祖母一样老；有一天你度过了你的时间，就永远不会回来了。”爸爸说。

爸爸等于给我一个谜语，这谜语比课本上的“日历挂在墙壁，一天撕去一页，使我心里着急”和“一寸光阴一寸金，寸金难买寸光阴”还让我感到可怕；也比作文本上的“光阴似

箭，日月如梭”更让我觉得有一种说不出的滋味。

时间过得那么飞快，使我的小心眼儿里不只是着急，还有悲伤。有一天我放学回家，看到太阳快落山了，就下决心说：“我要比太阳更快地回家。”我狂奔回去，站在庭院前喘气的时候，看到太阳//还露着半边脸，我高兴地跳跃起来，那一天我跑赢了太阳。以后我就时常做那样的游戏，有时和太阳赛跑，有时和西北风比快，有时一个暑假才能做完的作业，我十天就做完了；那时我三年级，常常把哥哥五年级的作业拿来做。每一次比赛胜过时间，我就快乐得不知道怎么形容。

如果将来我有什么要教给我的孩子，我会告诉他：假若你一直和时间比赛，你就可以成功！

——节选自（中国台湾）林清玄《和时间赛跑》

Dúxiǎoxuédeshíhou wǒdewàizǔmǔqùshì le Wàizǔmǔshēngqiánzuìténg' ài wǒ wǒwú fǎ
答：读小学的时候，我的外祖母去世了。外祖母生前最疼爱我，我无法
páichú zì jǐ deyōushāng měitiānzàixuéxiàodecāochǎngshàng yī quānr yòu yī quānr depǎozhe pǎo
排除自己的忧伤，每天在学校的操场上一圈儿又一圈儿地跑着，跑
delèidǎozài dì shàng pūzàicǎopíngshàngtòngkū
得累倒在地上，扑在草坪上痛哭。

Nà āi tòngde rì zi duànduànxùxù dechíxù le hěnjiǔ bàbamāmayěbùzhīdào rú héānwèiwǒ Tā
那哀痛的日子，断断续续地持续了很久，爸爸妈妈也不知道如何安慰我。他
menzhīdàoyǔ qí piànwǒshuōwài zǔ mǔshuìzháo le háibù rú duìwǒshuōshíhuà Wài zǔ mǔyǒngyuǎnbù
们知道与其骗我说外祖母睡着了，还不如对我说实话：外祖母永远不
huìhuílái le
会回来了。

Shénmeshìyǒngyuǎnbùhuìhuíláine Wǒwènzhe
“什么是永远不会回来呢？”我问着。

Suǒyǒushíjiān lǐ deshìwù dōuyǒngyuǎnbùhuìhuílái Nǐdezuótiānguòqù tā jiùyǒngyuǎnbiàn
“所有时间里的事物，都永远不会回来。你的昨天过去，它就永远变
chéngzuótiān nǐ bùnéngzàihuídàozuótiān Bàba yǐ qián yě hé nǐ yī yàngxiǎo xiànzài yě bùnénghuí
成昨天，你不能再回到昨天。爸爸以前也和你一样小，现在也不能回
dào nǐ zhèmexiǎodetóngnián le yǒu yī tiān nǐ huìzhǎngdà nǐ huìxiàngwài zǔ mǔ yī yànglǎo yǒu yī
到你这么小的童年了；有一天你会长大，你会像外祖母一样老；有一
tiān nǐ dùguò le nǐ deshíjiān jiùyǒngyuǎnbùhuìhuílái le Bàbashuō
天你度过了你的时间，就永远不会回来了。”爸爸说。

Bàbaděngyúgěiwǒ yī gè míyǔ zhèmíyǔ bǐ kèběnshàngde Rì lì guàzàiqiáng bì yī tiān sī qù yī
爸爸等于给我一个谜语，这谜语比课本上的“日历挂在墙壁，一天撕去一
yè shǐwǒxīn lǐ zháo jí hé Yīcùnguāngyīn yī cùnjīn cùnjīnnánmǎicùnguāngyīn háiràngwǒgǎndào
页，使我心里着急”和“一寸光阴一寸金，寸金难买寸光阴”还让我感到
kěpà yě bǐ zuòwénběnshàngde Guāngyīn sì jiàn rì yuè rú suō gèngràngwǒjué dé yǒu yī zhǒngshuō
可怕；也比作文本上的“光阴似箭，日月如梭”更让我觉得有一种说
bùchūde zī wèi
不出的滋味。

Shíjiānguòdenàmefēikuài shǐwǒdexiǎoxīnyǎnr lǐ bùzhǐshìzháo jí háiyǒubēishāng Yǒu yī
时间过得那么飞快，使我的小心眼儿里不只是着急，还有悲伤。有一
tiānwǒfàngxuéhuíjiā kàndàotàiyángkuàiluòshān le jiùxiàjuéxīnshuō Wǒyào bǐ tàiyánggèngkuài
天我放学回家，看到太阳快落山了，就下决心说："我要比太阳更快
dehuíjiā Wǒkuángbēnhuíqù zhànzàitíngyuànqiánchuǎn qì deshíhou kàndàotàiyáng háilòuzhe
地回家。"我狂奔回去，站在庭院前喘气的时候，看到太阳//还露着
bànbiānliǎn wǒgāoxìngdetiàoyuè qǐ lái nà yī tiānwǒpǎoyíng le tàiyáng Yǐhòuwǒjiùshíchángzuònà
半边脸，我高兴地跳跃起来，那一天我跑赢了太阳。以后我就时常做那
yàngdeyóu xì yǒushí hé tàiyángsàipǎo yǒushí hé xī běifēng bǐ kuài yǒushí yī gè shǔjià cáinéngzuò
样的游戏，有时和太阳赛跑，有时和西北风比快，有时一个暑假才能做
wándezuòyè wǒshítiānjiùzuòwán le nàshíwǒsānnián jí chángchángbǎ gē gewǔnián jí dezuòyè ná
完的作业，我十天就做完了；那时我三年级，常常把哥哥五年级的作业拿
láizuò Měi yī cì bǐ sàishèngguoshíjiān wǒjiùkuài lè debùzhīdàozěnmexíngróng
来做。每一次比赛胜过时间，我就快乐得不知道怎么形容。

Rúguǒjiānglái wǒyǒushénmeyàojiāogěiwǒdehái zi wǒhuìgàosu tā Jiǎruò nǐ yī zhí hé shíjiān bǐ
如果将来我有什么要教给我的孩子，我会告诉他：假若你一直和时间比
sài nǐ jiùkě yǐ chénggōng
赛，你就可以成功！

——节选自（台湾）林清玄《和时间赛跑》

作品 15 号——《胡适的白话电报》

三十年代初，胡适在北京大学任教授。讲课时他常常对白话文大加称赞，引起一些只喜欢文言文而不喜欢白话文的学生的不满。

一次，胡适正讲得得意的时候，一位姓魏的学生突然站了起来，生气地问："胡先生，难道说白话文就毫无缺点吗？"胡适微笑着回答说："没有。"那位学生更加激动了："肯定有！白话文废话太多，打电报用字多，花钱多。"胡适的目光顿时变亮了。轻声地解释说："不一定吧！前几天有位朋友给我打来电报，请我去政府部门工作，我决定不去，就回电拒绝了。复电是用白话写的，看来也很省字。请同学们根据我这个意思，用文言文写一个回电，看看究竟是白话文省字，还是文言文省字？"胡教授刚说完，同学们立刻认真地写了起来。

十五分钟过去，胡适让同学举手，报告用字的数目，然后挑了一份用字最少的文言电报稿，电文是这样写的：

"才疏学浅，恐难胜任，不堪从命。"白话文的意思是：学问不深，恐怕很难担任这个工作，不能服从安排。

胡适说，这份写得确实不错，仅用了十二个字。但我的白话电报却只用了五个字：

"干不了，谢谢！"

胡适又解释说："干不了"就有才疏学浅、恐难胜任的意思；"谢谢"既/对朋友的介绍表示感谢，又有拒绝的意思。所以，废话多不多，并不看它是文言文还是白话文，只要注意选用字词，白话文是可以比文言文更省字的。

——节选自陈灼主编《实用汉语中级教程》（上）中《胡适的白话电报》

Sānshíniándàichū HúShìzàiBěijīngDàxuérènjiàoshòu Jiǎngkèshí tā chángchángduìbái
答：三十年代初，胡适在北京大学任教授。讲课时他常常对白
huàwéndàjiāchēngzàn yǐn qǐ yī xiē zhǐ xǐ huan wén yán wén ér bù xǐ huan bái huà wén de xué sheng de
话文大加称赞，引起一些只喜欢文言文而不喜欢白话文的学生的
bùmǎn
不满。

Yī cì HúShìzhèngjiǎngdedé yì deshíhou yī wèixìngwèidexuésheng tū ránzhàn le qǐ lái shēng
一次，胡适正讲得得意的时候，一位姓魏的学生突然站了起来，生
qì dewèn Húxiānsheng nándàoshuōbáihuàwénjiùháowúquēdiǎnma HúShì wēixiàozhehuídá
气地问："胡先生，难道说白话文就毫无缺点吗？"胡适微笑着回答
shuō Méiyǒu Nàwèixuéshenggèngjiājī dòng le Kěndìngyǒu Báihuàwénfèihuàtàiduō dǎ
说："没有。"那位学生更加激动了："肯定有！白话文废话太多，打
diànbàoyòng zì duō huāqiánduō HúShì demùguāngdùnshíbiànliàng le qīngshēngdejiěshìshuō
电报用字多，花钱多。"胡适的目光顿时变亮了，轻声地解释说：
Bù yī dìngba Qián jǐ tiānyǒuwèipéngyougěiwǒdǎláidiànbào qǐngwǒqùzhèngfǔ bùméngōngzuò wǒ
"不一定吧！前几天有位朋友给我打来电报，请我去政府部门工作，我
juédìngbùqù jiùhuídiàn jù jué le Fùdiànshìyòngbáihuàxiěde kànláiyěhěnshěng zì Qǐngtóngxué
决定不去，就回电拒绝了。复电是用白话写的，看来也很省字。请同学
mengēn jù wǒzhè ge yì si yòngwényánwénxiě yī gè huídiàn kànkanjiūjìngshìbáihuàwénshěng zì
们根据我这个意思，用文言文写一个回电，看看究竟是白话文省字，
háishìwényánwénshěng zì Hújiàoshòugāngshuōwán tóngxuémen lì kèrènzhēndexiě le qǐ lái
还是文言文省字？"胡教授刚说完，同学们立刻认真地写了起来。

Shíwǔfēnzhōngguòqù HúShìràngtóngxué jǔ shǒu bàogàoyòng zì deshùmù ránhòutiāo le yī fèn
十五分钟过去，胡适让同学举手，报告用字的数目，然后挑了一份
yòng zì zuìshǎodewényándiànbàogǎo diànwénshìzhèyàngxiěde
用字最少的文言电报稿，电文是这样写的：

Cáishūxuéqiǎn kǒngnánshèngrèn bù kān cóngmìng Báihuàwénde yì si shì Xuéwènbù
"才疏学浅，恐难胜任，不堪从命。"白话文的意思是：学问不
shēn kǒngpàhěnnándānrènzhègegōngzuò bùnéngfú cóngānpái
深，恐怕很难担任这个工作，不能服从安排。

HúShìshuō zhèfènxiědequèshíbùcuò jǐnyòng le shí' èr gè zì Dànwǒdebáihuàdiànbàoquèzhǐ
胡适说，这份写得确实不错，仅用了十二个字。但我的白话电报却只
yòng le wǔ gè zì
用了五个字：

Gànbùliǎo xièxie
"干不了，谢谢！"

HúShìyòujiěshìshuō Gànbùliǎo jiùyǒucáishūxuéqiǎn kǒngnán shèngrènde yì si xiè
胡适又解释说："干不了"就有才疏学浅、恐难胜任的意思；"谢
xie jì duìpéngyoudejièshàobiǎoshìgǎnxiè yòuyǒu jù juéde yì si Suǒ yǐ fèihuàduōbùduō bìng
谢"既//对朋友的介绍表示感谢，又有拒绝的意思。所以，废话多不多，并
bùkàn tā shìwényánwénháishìbáihuàwén zhǐyàozhù yì xuǎnyòng zì cí báihuàwénshì kě yǐ bǐ wényán
不看它是文言文还是白话文，只要注意选用字词，白话文是可以比文言

wéngèngshěng zì de
文 更 省 字的。

——节选自陈灼主编《实用汉语中级教程》(上)中《胡适的白话电报》

作品 16 号——《火光》

很久以前，在一个漆黑的秋天的夜晚，我泛舟在西伯利亚一条阴森森的河上。船到一个转弯处，只见前面黑黢黢的山峰下面一星火光蓦地一闪。

火光又明又亮，好像就在眼前……

"好啦，谢天谢地！"我高兴地说，"马上就到过夜的地方啦！"

船夫扭头朝身后的火光望了一眼，又不以为然地划起桨来。

"远着呢！"

我不相信他的话，因为火光冲破朦胧的夜色，明明在那儿闪烁。不过船夫是对的，事实上，火光的确还远着呢。

这些黑夜的火光的特点是：驱散黑暗，闪闪发亮，近在眼前，令人神往。乍一看，再划几下就到了……其实却还远着呢！……

我们在漆黑如墨的河上又划了很久。一个个峡谷和悬崖，迎面驶来，又向后移去，仿佛消失在茫茫的远方，而火光却依然停在前头，闪闪发亮，令人神往——依然是这么近，又依然是那么远……

现在，无论是这条被悬崖峭壁的阴影笼罩的漆黑的河流，还是那一星明亮的火光，都经常浮现在我的脑际，在这以前和在这以后，曾有许多火光，似乎近在咫尺，不止使我一人心驰神往。可是生活之河却仍然在那阴森森的两岸之间流着，而火光也依旧非常遥远。因此，必须加劲划桨……

然而，火光啊……毕竟……毕竟就//在前头！……

——节选自[俄]柯罗连科《火光》，张铁夫译

Hěnjiǔ yǐ qián　zài yī gè qī hēideqiūtiānde yèwǎn　wǒfànzhōuzài Xībó lì yà yī tiáoyīnsēnsēn
答： 很 久以 前 ， 在一个漆 黑 的秋 天 的夜 晚 ， 我泛 舟 在西伯利亚一 条 阴 森 森

dehéshàng　Chuándào yī gè zhuǎnwānchù　zhǐjiànqiánmiànhēiqūqū deshānfēngxiàmiàn yī xīnghuǒ
的河 上 。 船 到一个 转 弯 处，只 见 前 面 黑黢黢的 山 峰 下 面 一 星 火

guāngmò dì yī shǎn
光 蓦地一 闪 。

Huǒguāngyòumíngyòuliàng　hǎoxiàngjiùzàiyǎnqián
火 光 又 明 又 亮 ，好 像 就在 眼 前……

Hǎo la　xiètiānxiè dì　Wǒgāoxìngdeshuō　Mǎshàngjiùdàoguòyè de dì fang la
"好 啦，谢 天 谢地！"我 高 兴 地 说 ，"马 上 就 到 过夜的地 方 啦！"

Chuán fū niǔtóucháoshēnhòudehuǒguāngwàng le yī yǎn　yòubù yǐ wéirándehuá qǐ jiǎnglái
船 夫扭头 朝 身 后 的火 光 望 了一眼， 又不以为 然 地 划 起 桨 来。

Yuǎnzhene
" 远 着呢！"

Wǒbùxiāngxìn tā de huà　yīn wèi huǒ guāng chōng pò méng lóng de yè sè　míng míng zài nà r shǎn
我不 相 信他的 话，因 为 火 光 冲 破 朦 胧 的夜色， 明 明 在那儿 闪

shuò　Bùguòchuán fū shìduìde　shìshíshànghuǒguāng dí quèháiyuǎnzhene
烁。不过船夫是对的，事实上火光的确还远着呢。

Zhèxiēhēiyè dehuǒguāngde tè diǎnshì　Qūsànhēi' àn　shǎnshǎn fā liàng　jìnzàiyǎnqián　lìng
这些黑夜的火光的特点是：驱散黑暗，闪闪发亮，近在眼前，令
rénshénwǎng　Zhà yī kàn　zàihuá jǐ xiàjiùdào le　Qíshíquèháiyuǎnzhene
人神往。乍一看，再划几下就到了……其实却还远着呢！……

Wǒmenzài qī hēi rú mò de hé shàngyòuhuá le hěnjiǔ　Yī gè gè xiá gǔ héxuán yá　yíngmiànshǐlái
我们在漆黑如墨的河上又划了很久。一个个峡谷和悬崖，迎面驶来，
yòuxiànghòu yí qù　fǎng fú xiāoshīzàimángmángde yuǎnfāng　ér huǒguāngquè yī rántíngzàiqiántou
又向后移去，仿佛消失在茫茫的远方，而火光却依然停在前头，
shǎnshǎn fā liàng　lìngrénshénwǎng　yī ránshìzhèmejìn　yòu yī ránshìnàmeyuǎn
闪闪发亮，令人神往——依然是这么近，又依然是那么远……

Xiànzài　wúlùnshìzhètiáobèixuányáqiào bì deyīnyǐnglǒngzhàode qī hēi dehéliú　háishìnà yī xīng
现在，无论是这条被悬崖峭壁的阴影笼罩的漆黑的河流，还是那一星
mínglìàngdehuǒguāng　dōujīngcháng fú xiànzàiwǒdenǎo jì　zàizhè yǐ qiánhézàizhè yǐ hòu　céngyǒu
明亮的火光，都经常浮现在我的脑际，在这以前和在这以后，曾有
xǔduōhuǒguāng　sì hūjìnzàizhǐchǐ　bùzhǐshǐwǒ yī rénxīnchíshénwǎng　Kěshìshēnghuózhīhéquèréng
许多火光，似乎近在咫尺，不止使我一人心驰神往。可是生活之河却仍
ránzàinàyīnsēnsēndeliǎng' ànzhījiānliúzhe　ér huǒguāngyě yī jiùfēichángyáoyuǎn　Yīn cǐ　bì xūjiā
然在那阴森森的两岸之间流着，而火光也依旧非常遥远。因此，必须加
jìnhuájiǎng
劲划桨……

Rán ér　huǒguāng a　bì jìng　bì jìngjiù　zàiqiántou
然而，火光啊……毕竟……毕竟就//在前头！……

——节选自（俄）柯罗连科《火光》，张铁夫译

作品 17 号——《济南的冬天》

对于一个在北平住惯的人，像我，冬天要是不刮风，便觉得是奇迹；济南的冬天是没有风声的。对于一个刚由伦敦回来的人，像我，冬天要能看得见日光，便觉得是怪事；济南的冬天是响晴的。自然，在热带的地方，日光永远是那么毒，响亮的天气，反有点儿叫人害怕。可是，在北方的冬天，而能有温晴的天气，济南真得算个宝地。

设若单单是有阳光，那也算不了出奇。请闭上眼睛想：一个老城，有山有水，全在天底下晒着阳光，暖和安适地睡着，只等春风来把它们唤醒，这是不是理想的境界？小山整把济南围了个圈儿，只有北边缺着点口儿。这一圈小山在冬天特别可爱，好像是把济南放在一个小摇篮里，它们安静不动地低声地说："你们放心吧，这儿准保暖和。"真的，济南的人们在冬天是面上含笑的。他们一看那些小山，心中便觉得有了着落，有了依靠。他们由天上看到山上，便不知不觉地想起：明天也许就是春天了吧？这样的温暖，今天夜里山草也许就绿起来了吧？就是这点儿幻想不能一时实现，他们也并不着急，因为这样慈善的冬天，干什么还希望别的呢！

最妙的是下点小雪呀。看吧，山上的矮松越发的青黑，树尖儿上顶//着一髻儿白花，好像日本看护妇。山尖儿全白了，给蓝天镶上一道银边。山坡上，有的地方雪厚点儿，有

的地方草色还露着；这样，一道儿白，一道儿暗黄，给山们穿上一件带水纹儿的花衣；看着看着，这件花衣好像被风儿吹动，叫你希望看见一点儿更美的山的肌肤。等到快日落的时候，微黄的阳光斜射在山腰上，那点儿薄雪好像忽然害羞，微微露出点儿粉色。就是下小雪吧，济南是受不住大雪的，那些小山太秀气。

——节选自老舍《济南的冬天》

Duìyú yī gè zài Běipíng zhùguàn de rén xiàng wǒ dōngtiān yào shì bù guā fēng biàn jué dé shì
答：对于一个在北平住惯的人，像我，冬天要是不刮风，便觉得是
qí jì Jǐnán de dōngtiān shì méi yǒu fēng shēng de Duìyú yī gè gāng yóu Lúndūn huílái de rén xiàng wǒ
奇迹；济南的冬天是没有风声的。对于一个刚由伦敦回来的人，像我，
dōngtiān yào néng kàn de jiàn rì guāng biàn jué dé shì guài shì Jǐnán de dōngtiān shì xiǎngqíng de Zì
冬天要能看得见日光，便觉得是怪事；济南的冬天是响晴的。自
rán zài rèdài de dìfang rì guāng yǒngyuǎn shì nàme dú xiǎngliàng de tiānqì fǎn yǒu diǎnr jiào rén
然，在热带的地方，日光永远是那么毒，响亮的天气，反有点儿叫人
hàipà Kěshì zài běifāng de dōngtiān ér néng yǒu wēnqíng de tiānqì Jǐnán zhēn děi suàn gè bǎodì
害怕。可是，在北方的冬天，而能有温晴的天气，济南真得算个宝地。

Shèruò dāndān shì yǒu yángguāng nà yě suàn bù liǎo chūqí Qǐng bì shàng yǎnjing xiǎng Yī gè lǎo
设若单单是有阳光，那也算不了出奇。请闭上眼睛想：一个老
chéng yǒu shān yǒu shuǐ quán zài tiān dǐ xià shài zhe yángguāng nuǎnhuo ānshì de shuì zhe zhǐ děng
城，有山有水，全在天底下晒着阳光，暖和安适地睡着，只等
chūnfēng lái bǎ tāmen huànxǐng zhè shì bù shì lǐxiǎng de jìngjiè Xiǎo shān zhěng bǎ Jǐnán wéi le gè quān
春风来把它们唤醒，这是不是理想的境界？小山整把济南围了个圈
r zhǐ yǒu běi biān quē zhe diǎn kǒur Zhè yī quān xiǎo shān zài dōngtiān tèbié kě'ài hǎoxiàng shì bǎ Jǐ
儿，只有北边缺着点口儿。这一圈小山在冬天特别可爱，好像是把济
nán fàng zài yī gè xiǎo yáolán lǐ tāmen ānjìng bù dòng de dī shēng de shuō Nǐmen fàngxīn ba zhèr
南放在一个小摇篮里，它们安静不动地低声地说："你们放心吧，这儿
zhǔn bǎo nuǎnhuo Zhēn de Jǐnán de rénmen zài dōngtiān shì miàn shàng hán xiào de Tāmen yī kàn nà
准保暖和。"真的，济南的人们在冬天是面上含笑的。他们一看那
xiē xiǎo shān xīnzhōng biàn jué dé yǒu le zhuóluò yǒu le yīkào Tāmen yóu tiān shàng kàn dào shān
些小山，心中便觉得有了着落，有了依靠。他们由天上看到山
shàng biàn bùzhī bùjué de xiǎngqǐ Míngtiān yěxǔ jiù shì chūntiān le ba Zhèyàng de wēnnuǎn jīn
上，便不知不觉地想起：明天也许就是春天了吧？这样的温暖，今
tiān yè lǐ shān cǎo yěxǔ jiù lǜ qǐlái le ba Jiù shì zhè diǎnr huànxiǎng bù néng yīshí shíxiàn tāmen yě
天夜里山草也许就绿起来了吧？就是这点儿幻想不能一时实现，他们也
bìng bù zháojí yīnwèi zhèyàng císhàn de dōngtiān gàn shénme hái xīwàng bié de ne
并不着急，因为这样慈善的冬天，干什么还希望别的呢！

Zuì miào de shì xià diǎn xiǎo xuě ya Kàn ba shān shàng de ǎi sōng yuè fā de qīnghēi shù jiānr
最妙的是下点小雪呀。看吧，山上的矮松越发的青黑，树尖儿
shàng dǐng zhe yī jìr bái huā hǎoxiàng rìběn kānhùfù Shān jiānr quán bái le gěi lán tiān xiāng
上//顶着一髻儿白花，好像日本看护妇。山尖儿全白了，给蓝天镶
shàng yī dào yín biānr Shānpō shàng yǒude dìfang xuě hòu diǎnr yǒude dìfang cǎo sè hái lòu zhe
上一道银边。山坡上，有的地方雪厚点儿，有的地方草色还露着；

zhèyàng yī dàor bái yī dàor ànhuáng gěi shānmen chuānshàng yī jiàn dài shuǐwénr de huā yī
这样，一道儿白，一道儿暗黄，给山们穿上一件带水纹儿的花衣；
kànzhe kànzhe zhè jiàn huā yī hǎoxiàng bèi fēng' ér chuīdòng jiào nǐ xīwàng kànjiàn yī diǎnr gèng měi
看着看着，这件花衣好像被风儿吹动，叫你希望看见一点儿更美
de shān de jīfū Děngdào kuài rì luò de shíhou wēi huáng de yángguāng xié shè zài shānyāo shàng nà
的山的肌肤。等到快日落的时候，微黄的阳光斜射在山腰上，那
diǎnr báoxuě hǎoxiàng hūrán hàixiū wēiwēi lòuchū diǎnr fěnsè Jiùshì xià xiǎoxuě ba Jǐnán shì shòu
点儿薄雪好像忽然害羞，微微露出点儿粉色。就是下小雪吧，济南是受
bùzhù dàxuě de nàxiē xiǎo shān tài xiùqi
不住大雪的，那些小山太秀气。

——节选自老舍《济南的冬天》

作品18号——《家乡的桥》

纯朴的家乡村边有一条河，曲曲弯弯，河中架一弯石桥，弓样的小桥横跨两岸。

每天，不管是鸡鸣晓月，日丽中天，还是月华泻地，小桥都印下串串足迹，洒落串串汗珠。那是乡亲为了追求多棱的希望，兑现美好的遐想。弯弯小桥，不时荡过轻吟低唱，不时露出舒心的笑容。

因而，我稚小的心灵，曾将心声献给小桥：你是一弯银色的新月，给人间普照光辉；你是一把闪亮的镰刀，割刈着欢笑的花果；你是一根晃悠悠的扁担，挑起了彩色的明天！哦，小桥走进我的梦中。

我在漂泊他乡的岁月，心中总涌动着故乡的河水，梦中总看到弓样的小桥。当我访南疆探北国，眼帘闯进座座雄伟的长桥时，我的梦变得丰满了，增添了赤橙黄绿青蓝紫。

三十多年过去，我带着满头霜花回到故乡，第一紧要的便是去看望小桥。

啊！小桥呢？它躲起来了？河中一道长虹，浴着朝霞熠熠闪光。哦，雄浑的大桥敞开胸怀，汽车的呼啸、摩托的笛音、自行车的叮铃，合奏着进行交响乐；南来的钢筋、花布，北往的柑橙、家禽，绘出交流欢悦图……

啊！蜕变的桥，传递了家乡进步的消息，透露了家乡富裕的声音。时代的春风，美好的追求，我蓦地记起儿时唱//给小桥的歌，哦，明艳艳的太阳照耀了，芳香甜蜜的花果捧来了，五彩斑斓的岁月拉开了！

我心中涌动的河水，激荡起甜美的浪花。我仰望一碧蓝天，心底轻声呼喊：家乡的桥啊，我梦中的桥！

——节选自郑莹《家乡的桥》

Chúnpǔ de jiāxiāng cūnbiān yǒu yī tiáo hé qūqū wānwān hé zhōng jià yī wān shíqiáo gōng
答：纯朴的家乡村边有一条河，曲曲弯弯，河中架一弯石桥，弓
yàng de xiǎoqiáo héngkuà liǎng' àn
样的小桥横跨两岸。

Měitiān bùguǎn shì jī míng xiǎoyuè rì lì zhōngtiān háishì yuèhuá xiè dì xiǎoqiáo dōu yìnxià
每天，不管是鸡鸣晓月，日丽中天，还是月华泻地，小桥都印下
chuànchuàn zújì sǎluò chuànchuàn hànzhū Nà shì xiāngqīn wèi le zhuīqiú duōléng de xīwàng duì
串串足迹，洒落串串汗珠。那是乡亲为了追求多棱的希望，兑

xiànměihǎodexiáxiǎng Wānwānxiǎoqiáo bùshídàngguòqīngyín dī chàng bùshí lù chūshūxīn de
现美好的遐想。弯弯小桥，不时荡过轻吟低唱，不时露出舒心的

xiàoróng
笑容。

Yīn' ér wǒzhìxiǎodexīnlíng céngjiāngxīnshēngxiàngěixiǎoqiáo Nǐshì yī wānyín sè dexīnyuè
因而，我稚小的心灵，曾将心声献给小桥：你是一弯银色的新月，

gěirénjiānpǔzhàoguānghuī nǐ shì yī bǎshǎnliàngdeliándāo gē yì zhehuānxiàodehuāguǒ nǐ shì yī
给人间普照光辉；你是一把闪亮的镰刀，割刈着欢笑的花果；你是一

gēnhuàngyōuyōudebiǎndan tiāo qǐ le cǎi sè demíngtiān Ò xiǎoqiáozǒujìnwǒdemèngzhōng
根晃悠悠的扁担，挑起了彩色的明天！哦，小桥走进我的梦中。

Wǒzàipiāobó tā xiāng de suì yuè xīnzhōngzǒngyǒngdòngzhe gù xiāng de héshuǐ mèngzhōngzǒng
我在漂泊他乡的岁月，心中总涌动着故乡的河水，梦中总

kàndàogōngyàngdexiǎoqiáo Dāngwǒfǎngnánjiāngtànběiguó yǎnliánchuǎngjìnzuòzuòxióngwěide
看到弓样的小桥。当我访南疆探北国，眼帘闯进座座雄伟的

chángqiáoshí wǒdemèngbiàndefēngmǎn le zēngtiān le chìchénghuánglù qīnglán zǐ
长桥时，我的梦变得丰满了，增添了赤橙黄绿青蓝紫。

Sānshíduōniánguòqù wǒdàizhemǎntóushuānghuāhuídàogùxiāng dì yī jǐnyàodebiànshìqùkàn
三十多年过去，我带着满头霜花回到故乡，第一紧要的便是去看

wàngxiǎoqiáo
望小桥。

À Xiǎoqiáone Tāduǒqǐlái le Hézhōng yī dàochánghóng yù zhezhāoxiá yì yì shǎnguāng
啊！小桥呢？它躲起来了？河中一道长虹，浴着朝霞熠熠闪光。

Ò xiónghúnde dà qiáochǎngkāixiōnghuái qì chē dehūxiào mótuō de dí yīn zì xíngchē de dīng
哦，雄浑的大桥敞开胸怀，汽车的呼啸、摩托的笛音、自行车的叮

líng hézòuzhejìnxíngjiāoxiǎngyuè nánláidegāngjīn huābù běiwǎngdegānchéngjiāqín huìchū
铃，合奏着进行交响乐；南来的钢筋、花布，北往的柑橙家禽，绘出

jiāoliúhuānyuè tú
交流欢悦图……

À Tuìbiàndeqiáo chuán dì le jiāxiāngjìnbù dexiāo xi tòu lù le jiāxiāng fù yù deshēngyīn
啊！蜕变的桥，传递了家乡进步的消息，透露了家乡富裕的声音。

Shídàidechūnfēng měihǎodezhuīqiú wǒmò dì jì qǐ érshíchàng gěixiǎoqiáodegē ò míngyàn
时代的春风，美好的追求，我蓦地记起儿时唱//给小桥的歌，哦，明艳

yàndetàiyángzhàoyào le fāngxiāngtiánmìdehuāguǒpěnglái le wǔcǎibānlándesuìyuè lā kāi le
艳的太阳照耀了，芳香甜蜜的花果捧来了，五彩斑斓的岁月拉开了！

Wǒxīnzhōngyǒngdòngdehéshuǐ jī dàng qǐ tiánměidelànghuā Wǒyǎngwàng yī bì lántiān xīn
我心中涌动的河水，激荡起甜美的浪花。我仰望一碧蓝天，心

dǐ qīngshēnghūhǎn Jiāxiāngdeqiáo a wǒmèngzhōngdeqiáo
底轻声呼喊：家乡的桥啊，我梦中的桥！

——节选自郑莹《家乡的桥》

作品19号——《坚守你的高贵》

三百多年前，建筑设计师莱伊恩受命设计了英国温泽市政府大厅。他运用工程力学的

知识，依据自己多年的实践，巧妙地设计了只用一根柱子支撑的大厅天花板。一年以后，市政府权威人士进行工程验收时，却说只用一根柱子支撑天花板太危险，要求莱伊恩再多加几根柱子。

莱伊恩自信只要一根坚固的柱子足以保证大厅安全，他的“固执”惹恼了市政官员，险些被送上法庭。他非常苦恼，坚持自己原先的主张吧，市政官员肯定会另找人修改设计；不坚持吧，又有悖自己为人的准则。矛盾了很长一段时间，莱伊恩终于想出了一条妙计，他在大厅里增加了四根柱子，不过这些柱子并未与天花板接触，只不过是装装样子。

三百多年过去了，这个秘密始终没有被人发现。直到前两年，市政府准备修缮大厅的天花板，才发现莱伊恩当年的“弄虚作假”。消息传出后，世界各国的建筑专家和游客云集，当地政府对此也不加掩饰，在新世纪到来之际，特意将大厅作为一个旅游景点对外开放，旨在引导人们崇尚和相信科学。

作为一名建筑师，莱伊恩并不是最出色的。但作为一个人，他无疑非常伟大，这种//伟大表现在他始终恪守着自己的原则，给高贵的心灵一个美丽的住所，哪怕是遭遇到最大的阻力，也要想办法抵达胜利。

——节选自游宇明《坚守你的高贵》

Sānbǎiduōniánqián jiànzhùshè jì shīLái yī'ēnshòumìngshè jì le Yīngguó Wēn zé shìzhèng
答：三百多年前，建筑设计师莱伊恩受命设计了英国温泽市政
fǔ dàtīng Tāyùnyònggōngchéng lì xuédezhīshi yī jù zì jǐ duōniándeshíjiàn qiǎomiàodeshè jì le
府大厅。他运用工程力学的知识，依据自己多年的实践，巧妙地设计了
zhǐyòng yī gēnzhù zi zhīchēngde dàtīngtiānhuābǎn Yīnián yǐ hòu shìzhèng fǔ quánwēirénshìjìnxíng
只用一根柱子支撑的大厅天花板。一年以后，市政府权威人士进行
gōngchéngyànshōushí quèshuōzhǐyòng yī gēnzhù zi zhīchēngtiānhuābǎntàiwēixiǎn yāoqiúLái yī'ēn
工程验收时，却说只用一根柱子支撑天花板太危险，要求莱伊恩
zàiduōjiā jǐ gēnzhù zi
再多加几根柱子。

Lái yī'ēn zì xìnzhǐyào yī gēnjiāngù dezhù zi zú yǐ bǎozhèngdàtīngānquán tā de gùzhí rěnǎo le
莱伊恩自信只要一根坚固的柱子足以保证大厅安全，他的“固执”惹恼了
shìzhèngguānyuán xiǎnxiē bèi sòngshàng fǎ tíng Tāfēichángkǔnǎo jiānchí zì jǐ yuánxiān de zhǔ
市政官员，险些被送上法庭。他非常苦恼，坚持自己原先的主
zhāngba shìzhèngguānyuánkěndìnghuìlìngzhǎorénxiūgǎishè jì bùjiānchíba yòuyǒubèi zì jǐ wéi
张吧，市政官员肯定会另找人修改设计；不坚持吧，又有悖自己为
réndezhǔnzé Máodùn le hěncháng yī duànshíjiān Lái yī'ēnzhōngyúxiǎngchū le yī tiáomiào jì tā
人的准则。矛盾了很长一段时间，莱伊恩终于想出了一条妙计，他
zàidàtīng lǐ zēngjiā le sì gēnzhù zi bù guò zhè xiē zhù zi bìngwèi yǔ tiānhuābǎn jiēchù zhǐ bù guò shì
在大厅里增加了四根柱子，不过这些柱子并未与天花板接触，只不过是
zhuāngzhuangyàng zi
装装样子。

Sānbǎiduōniánguòqù le zhè ge mìmì shǐzhōngméiyǒubèirén fā xiàn Zhídàoqiánliǎngnián shì
三百多年过去了，这个秘密始终没有被人发现。直到前两年，市
zhèngfǔ zhǔnbèixiūshàndàtīngdetiānhuābǎn cáifāxiànLái yī'ēndāngniánde nòngxūzuòjiǎ Xiāo
政府准备修缮大厅的天花板，才发现莱伊恩当年的“弄虚作假”。消

xī chuánchūhòu　shìjiègèguóde jiànzhùzhuānjiāhé yóukè yún jí　dāng dì zhèng fǔ duì cǐ yě bùjiāyǎn
息 传 出后，世界各国的建筑专家和游客云集，当地政府对此也不加掩
shì　zàixīnshì jì dàoláizhī jì　tè yì jiāngdàtīngzuòwéi yī gè lǚ yóujǐngdiǎnduìwàikāifàng　zhǐzàiyǐn
饰，在新世纪到来之际，特意将大厅作为一个旅游景点对外开放，旨在引
dǎorénmenchóngshànghéxiāngxìnkēxué
导人们崇尚和相信科学。

Zuòwéi yī míngjiànzhùshī　Lái yī，ēnbìngbùshìzuìchū sè de　Dànzuòwéi yī gè rén　tā wú yí fēi
作为一名建筑师，莱伊恩并不是最出色的。但作为一个人，他无疑非
chángwěidà　zhèzhǒng　wěidàbiǎoxiànzài tā shǐzhōngkèshǒuzhe zì jǐ deyuánzé　gěigāoguìdexīnlíng
常伟大，这种//伟大表现在他始终恪守着自己的原则，给高贵的心灵
yī gè měi lì dezhùsuǒ　Nǎpàshìzāoyùdàozuìdàde zǔ lì　yěyàoxiǎngbànfǎ dǐ dáshèng lì
一个美丽的住所；哪怕是遭遇到最大的阻力，也要想办法抵达胜利。

——节选自游宇明《坚守你的高贵》

作品 20 号——《金子》

自从传言有人在萨文河畔散步时无意发现了金子后，这里便常有来自四面八方的淘金者。他们都想成为富翁，于是寻遍了整个河床，还在河床上挖出很多大坑，希望借助它们找到更多的金子。的确，有一些人找到了，但另外一些人因为一无所得而只好扫兴归去。

也有不甘心落空的，便驻扎在这里，继续寻找。彼得·弗雷特就是其中一员。他在河床附近买了一块没人要的土地，一个人默默地工作。他为了找金子，已把所有的钱都押在这块土地上。他埋头苦干了几个月，直到土地全变成了坑坑洼洼，他失望了——他翻遍了整块土地，但连一丁点儿金子都没看见。

六个月后，他连买面包的钱都没有了。于是他准备离开这儿到别处去谋生。

就在他即将离去的前一个晚上，天下起了倾盆大雨，并且一下就是三天三夜。雨终于停了，彼得走出小木屋，发现眼前的土地看上去好像和以前不一样：坑坑洼洼已被大水冲刷平整，松软的土地上长出一层绿茸茸的小草。

“这里没找到金子，”彼得忽有所悟地说，“但这土地很肥沃，我可以用来种花，并且拿到镇上去卖给那些富人，他们一定会买些花装扮他们华丽的客厅。//如果真是这样的话，那么我一定会赚许多钱，有朝一日我也会成为富人……”

于是他留了下来。彼得花了不少精力培育花苗，不久田地里长满了美丽娇艳的各色鲜花。

五年以后，彼得终于实现了他的梦想——成了一个富翁。“我是唯一的一个找到真金的人！”他时常不无骄傲地告诉别人，“别人在这儿找不到金子后便远远地离开，而我的‘金子’是在这块土地里，只有诚实的人用勤劳才能采集到。”

——节选自陶猛译《金子》

Zì cóngchuányányǒurénzàiSàwénhépànsànbùshíwú yì fā xiàn le jīn zi hòu　zhè lǐ biàncháng
答：自从传言有人在萨文河畔散步时无意发现了金子后，这里便常
yǒulái zì sì miànbāfāngdetáojīnzhě　Tāmendōuxiǎngchéngwéi fù wēng　yú shìxúnbiàn le zhěng gè hé
有来自四面八方的淘金者。他们都想成为富翁，于是寻遍了整个河
chuáng　háizàihéchuángshàngwāchūhěnduōdàkēng　xī wàngjièzhù tā menzhǎodàogèngduō dejīn zi
床，还在河床上挖出很多大坑，希望借助它们找到更多的金子。

Díquè yǒu yī xiērén zhǎodào le dànlìngwài yī xiērén yīnwèi yī wúsuǒdé ér zhǐhǎo sǎoxìngguīqù
的确，有一些人找到了，但另外一些人因为一无所得而只好扫兴归去。

Yěyǒu bùgānxīn luòkōng de biàn zhùzhā zài zhè lǐ jì xù xúnzhǎo Bǐdé Fúléitè jiùshì qí zhōng
也有不甘心落空的，便驻扎在这里，继续寻找。彼得·弗雷特就是其中
yī yuán Tā zài héchuáng fùjìn mǎi le yī kuài méi rén yào de tǔ dì yī gè rén mòmò de gōngzuò Tā wèi le
一员。他在河床附近买了一块没人要的土地，一个人默默地工作。他为了
zhǎo jīn zi yǐ bǎ suǒyǒu de qián dōu yā zài zhè kuài tǔ dì shàng Tā mái tóu kǔ gàn le jǐ gè yuè zhí dào tǔ
找金子，已把所有的钱都押在这块土地上。他埋头苦干了几个月，直到土
dì quán biàn chéng le kēngkēngwāwā tā shīwàng le tā fānbiàn le zhěngkuài tǔ dì dàn lián yī dīng
地全变成了坑坑洼洼，他失望了——他翻遍了整块土地，但连一丁
diǎnr jīn zi dōu méi kànjiàn
点儿金子都没看见。

Liù gè yuè hòu tā lián mǎi miànbāo de qián dōu méiyǒu le Yúshì tā zhǔnbèi lí kāi zhèr dào biéchù
六个月后，他连买面包的钱都没有了。于是他准备离开这儿到别处
qù móushēng
去谋生。

Jiù zài tā jí jiāng lí qù de qián yī gè wǎnshang tiānxià qǐ le qīngpéndàyǔ bìngqiě yī xià jiù shì sān
就在他即将离去的前一个晚上，天下起了倾盆大雨，并且一下就是三
tiān sān yè Yǔ zhōngyú tíng le Bǐdé zǒu chū xiǎo mùwū fā xiàn yǎnqián de tǔ dì kàn shàngqù hǎoxiàng
天三夜。雨终于停了，彼得走出小木屋，发现眼前的土地看上去好像
hé yǐ qián bù yī yàng kēngkēngwāwā yǐ bèi dà shuǐ chōngshuā píngzhěng sōngruǎn de tǔ dì shàng zhǎng
和以前不一样：坑坑洼洼已被大水冲刷平整，松软的土地上长
chū yī céng lǜ róngróng de xiǎocǎo
出一层绿茸茸的小草。

Zhè lǐ méi zhǎodào jīn zi Bǐdé hū yǒu suǒ wù de shuō Dàn zhè tǔ dì hěn féiwò wǒ kě yǐ yòng lái
“这里没找到金子，”彼得忽有所悟地说，“但这土地很肥沃，我可以用来
zhòng huā bìngqiě ná dào zhèn shàng qù mài gěi nà xiē fù rén tā men yī dìng huì mǎi xiē huā zhuāngbàn tā
种花，并且拿到镇上去卖给那些富人，他们一定会买些花装扮他
men huá lì de kètīng Rúguǒ zhēn shì zhèyàng de huà nàme wǒ yī dìng huì zhuàn xǔ duō qián yǒu zhāo
们华丽的客厅。//如果真是这样的话，那么我一定会赚许多钱，有朝
yī rì wǒ yě huì chéngwéi fù rén
一日我也会成为富人……”

Yúshì tā liú le xiàlái Bǐdé huā le bùshǎo jīng lì péiyù huāmiáo bùjiǔ tián dì lǐ zhǎngmǎn le měi lì
于是他留了下来。彼得花了不少精力培育花苗，不久田地里长满了美丽
jiāoyàn de gè sè xiānhuā
娇艳的各色鲜花。

Wǔ nián yǐ hòu Bǐdé zhōngyú shíxiàn le tā de mèngxiǎng chéng le yī gè fù wēng Wǒ shì wéi
五年以后，彼得终于实现了他的梦想——成了一个富翁。“我是唯
yī de yī gè zhǎodào zhēnjīn de rén Tā shícháng bù wú jiāo’ào de gào su biérén Biérén zài zhèr zhǎo bù
一的一个找到真金的人！”他时常不无骄傲地告诉别人，“别人在这儿找不
dào jīn zi hòu biàn yuǎnyuǎn de lí kāi ér wǒ de jīn zi shì zài zhè kuài tǔ dì lǐ zhǐyǒu chéngshí de rén
到金子后便远远地离开，而我的‘金子’是在这块土地里，只有诚实的人

yòngqínláocáinéngcǎi jí dào
用 勤劳才 能 采集到。”

——节选自陶猛译《金子》

作品 21 号——《捐诚》

我在加拿大学习期间遇到过两次募捐，那情景至今使我难以忘怀。

一天，我在渥太华的街上被两个男孩子拦住去路。他们十来岁，穿得整整齐齐，每人头上戴着个做工精巧、色彩鲜艳的纸帽，上面写着“为帮助患小儿麻痹的伙伴募捐。”其中的一个，不由分说就坐在小凳上给我擦起皮鞋来，另一个则彬彬有礼地发问：“小姐，您是哪国人？喜欢渥太华吗？”“小姐，在你们国家有没有小孩儿患小儿麻痹？谁给他们医疗费？”一连串的问题，使我这个有生以来头一次在众目睽睽之下让别人擦鞋的异乡人，从近乎狼狈的窘态中解脱出来。我们像朋友一样聊起天儿来……

几个月之后，也是在街上。一些十字路口处或车站坐着几位老人。他们满头银发，身穿各种老式军装，上面布满了大大小小形形色色的徽章、奖章，每人手捧一大束鲜花，有水仙、石竹、玫瑰及叫不出名字的，一色雪白。匆匆过往的行人纷纷止步，把钱投进这些老人身旁的白色木箱内，然后向他们微微鞠躬，从他们手中接过一朵花。我看了一会儿，有人投一两元，有人投几百元，还有人掏出支票填好后投进木箱。那些老军人毫不注意人们捐多少钱，一直不//停地向人们低声道谢。同行的朋友告诉我，这是为纪念二次大战中参战的勇士，募捐救济残废军人和烈士遗孀，每年一次；认捐的人可谓踊跃，而且秩序井然，气氛庄严。有些地方，人们还耐心地排着队。我想，这是因为他们都知道：正是这些老人们的流血牺牲换来了包括他们信仰自由在内的许许多多。

我两次把那微不足道的一点儿钱捧给他们，只想对他们说声“谢谢”。

——节选自青白《捐诚》

Wǒ zài Jiā ná dà xué xí qī jiān yù dào guo liǎng cì mù juān nà qíng jǐng zhì jīn shǐ wǒ nán yǐ
答：我 在 加 拿 大 学 习 期 间 遇 到 过 两 次 募 捐 ，那 情 景 至 今 使 我 难 以
wànghuái
忘 怀 。

Yītiān wǒzàiWòtàihuádejiēshàngbèiliǎnggènánhái zi lánzhùqù lù Tāmenshíláisuì chuānde
一天，我在渥太华的街 上 被 两 个 男 孩 子 拦 住 去路。他 们 十 来 岁， 穿 得
zhěngzhěngqí qí měiréntóushàngdàizhe gè zuògōngjīngqiǎo sè cǎixiānyàn de zhǐmào shàngmiàn
整 整 齐齐，每 人 头 上 戴 着 个 做 工 精 巧 、色彩 鲜 艳 的 纸 帽 ， 上 面
xiězhe Wèibāngzhùhuànxiǎo' ér má bì dehuǒbànmùjuān Qízhōngde yī gè bùyóufēnshuōjiùzuòzài
写 着“ 为 帮 助 患 小 儿麻痹的 伙 伴 募 捐 。”其 中 的一个，不 由 分 说 就 坐 在
xiǎodèngshànggěiwǒcā qǐ pí xiélái lìng yī gè zé bīnbīnyǒu lǐ de fā wèn Xiǎojiě nínshìnǎguórén
小 凳 上 给我擦起皮鞋来，另 一个则 彬 彬 有 礼地发 问 ：“ 小 姐， 您 是哪 国 人？
XǐhuanWòtàihuáma Xiǎojiě zài nǐ menguójiāyǒuméiyǒuxiǎohái r huànxiǎo' ér má bì Shuígěi tā
喜 欢 渥太 华 吗？”“ 小 姐， 在你 们 国 家 有 没 有 小 孩儿 患 小 儿麻痹？ 谁 给他
men yī liáofèi Yīliánchuàn de wèn tí shǐ wǒ zhè ge yǒu shēng yǐ lái tóu yī cì zài zhòng mù kuí kuí zhī xià
们 医 疗 费？”一 连 串 的 问 题， 使 我 这 个 有 生 以 来 头 一次 在 众 目 睽 睽 之 下
ràngbiérén cā xié de yì xiāngrén cóngjìnhūlángbèidejiǒngtàizhōngjiětuōchūlái Wǒmenxiàngpéngyou
让 别 人 擦 鞋 的 异 乡 人， 从 近 乎 狼 狈 的 窘 态 中 解 脱 出 来。我 们 像 朋 友

yī yàng liáo qǐ tiānr lái
一样聊起天儿来……

Jǐ gè yuè zhīhòu　yě shì zài jiēshàng　Yīxiē shízì lùkǒu chù huò chēzhàn zuòzhe jǐ wèi lǎorén　Tā
几个月之后，也是在街上。一些十字路口处或车站坐着几位老人。他
men mǎntóu yínfà　shēnchuān gè zhǒng lǎoshì jūnzhuāng　shàngmian bùmǎn le dàdàxiǎoxiǎo xíngxíng
们满头银发，身穿各种老式军装，上面布满了大大小小形形
sèsè de huīzhāng　jiǎngzhāng　měi rén shǒu pěng yī dàshù xiānhuā　yǒu shuǐxiān　shízhú　méiguī jí
色色的徽章、奖章，每人手捧一大束鲜花，有水仙、石竹、玫瑰及
jiào bù chū míngzi de　yī sè xuěbái　Cōngcōng guòwǎng de xíngrén fēnfēn zhǐbù　bǎ qián tóujìn zhèxiē lǎo
叫不出名字的，一色雪白。匆匆过往的行人纷纷止步，把钱投进这些老
rén shēnpáng de báisè mùxiāng nèi　ránhòu xiàng tāmen wēiwēi jūgōng　cóng tāmen shǒuzhōng jiēguo yī
人身旁的白色木箱内，然后向他们微微鞠躬，从他们手中接过一
duǒ huā　Wǒ kànle yīhuìr　yǒu rén tóu yī liǎng yuán　yǒu rén tóu jǐ bǎi yuán　hái yǒu rén tāochū zhīpiào
朵花。我看了一会儿，有人投一两元，有人投几百元，还有人掏出支票
tiánhǎo hòu tóujìn mùxiāng　Nàxiē lǎojūnrén háobù zhùyì rénmen juān duōshǎo qián　yīzhí bù//tíng de
填好后投进木箱。那些老军人毫不注意人们捐多少钱，一直不//停地
xiàng rénmen dīshēng dàoxiè　Tóngxíng de péngyou gàosu wǒ　zhè shì wèi jìniàn Èr Cì Dàzhàn zhōng cān
向人们低声道谢。同行的朋友告诉我，这是为纪念二次大战中参
zhàn de yǒngshì　mùjuān jiùjì cánfèi jūnrén hé lièshì yíshuāng　měinián yī cì　rènjuān de rén kěwèi
战的勇士，募捐救济残废军人和烈士遗孀，每年一次；认捐的人可谓
yǒngyuè　érqiě zhìxù jǐngrán　qìfēn zhuāngyán　Yǒuxiē dìfang　rénmen hái nàixīn de páizhe duì　Wǒ
踊跃，而且秩序井然，气氛庄严。有些地方，人们还耐心地排着队。我
xiǎng　zhè shì yīnwèi tāmen dōu zhīdào　Zhèng shì zhèxiē lǎorénmen de liúxuè xīshēng huànlái le bāokuò
想，这是因为他们都知道：正是这些老人们的流血牺牲换来了包括
tāmen xìnyǎng zìyóu zàinèi de xǔxǔduōduō
他们信仰自由在内的许许多多。

Wǒ liǎng cì bǎ nà wēibùzúdào de yīdiǎnr qián pěng gěi tāmen　zhǐ xiǎng duì tāmen shuō shēng
我两次把那微不足道的一点儿钱捧给他们，只想对他们说声
xièxie
"谢谢"。

——节选自青白《捐诚》

作品 22 号——《可爱的小鸟》

没有一片绿叶，没有一缕炊烟，没有一粒泥土，没有一丝花香，只有水的世界，云的海洋。

一阵台风袭过，一只孤单的小鸟无家可归，落到被卷到洋里的木板上，乘流而下，姗姗而来，近了，近了！……

忽然，小鸟张开翅膀，在人们头顶盘旋了几圈儿，"噗啦"一声落到了船上。许是累了？还是发现了"新大陆"？水手撵它它不走，抓它，它乖乖地落在掌心。可爱的小鸟和善良的水手结成了朋友。

瞧，它多美丽，娇巧的小嘴，啄理着绿色的羽毛，鸭子样的扁脚，呈现出春草的鹅黄。

水手们把它带到舱里，给它“搭铺”，让它在船上安家落户，每天，把分到的一塑料筒淡水匀给它喝，把从祖国带来的鲜美的鱼肉分给它吃，天长日久，小鸟和水手的感情日趋笃厚。清晨，当第一束阳光射进舷窗时，它便敞开美丽的歌喉，唱啊唱，嘤嘤有韵，宛如春水淙淙。人类给它以生命，它毫不悭吝地把自己的艺术青春奉献给了哺育它的人。可能都是这样？艺术家们的青春只会献给尊敬他们的人。

小鸟给远航生活蒙上了一层浪漫色调。返航时，人们爱不释手，恋恋不舍地想把它带到异乡。可小鸟憔悴了，给水，不喝！喂肉，不吃！油亮的羽毛失去了光泽。是啊，我//们有自己的祖国，小鸟也有它的归宿，人和动物都是一样啊，哪儿也不如故乡好！

慈爱的水手们决定放开它，让它回到大海的摇篮去，回到蓝色的故乡去。离别前，这个大自然的朋友与水手们留影纪念。它站在许多人的头上，肩上，掌上，胳膊上，与喂养过它的人们，一起融进那蓝色的画面……

——节选自王文杰《可爱的小鸟》

Méiyǒu yī piàn lǜ yè　méiyǒu yī lǚ chuīyān　méiyǒu yī lì ní tǔ　méiyǒu yī sī huāxiāng　zhǐ
答：没有一片绿叶，没有一缕炊烟，没有一粒泥土，没有一丝花香，只
yǒu shuǐ de shìjiè　yún de hǎiyáng
有水的世界，云的海洋。

Yī zhèn táifēng xí guò　yī zhī gūdān de xiǎoniǎo wú jiā kě guī　luò dào bèi juǎn dào yáng lǐ de mùbǎn
一阵台风袭过，一只孤单的小鸟无家可归，落到被卷到洋里的木板
shàng　chéng liú ér xià　shānshān ér lái　jìn le　jìn le
上，乘流而下，姗姗而来，近了，近了！……

Hūrán　xiǎoniǎo zhāngkāi chìbǎng　zài rénmen tóudǐng pánxuán le jǐ quānr　pū lā　yī shēng
忽然，小鸟张开翅膀，在人们头顶盘旋了几圈儿，“噗啦”一声
luòdào le chuánshang　Xǔ shì lèi le　Hái shì fāxiàn le　xīn dàlù　Shuǐshǒu niǎn tā tā bù zǒu　zhuā
落到了船上。许是累了？还是发现了“新大陆”？水手撵它它不走，抓
tā　tā guāiguāi de luò zài zhǎngxīn　Kě’ài de xiǎoniǎo hé shànliáng de shuǐshǒu jiéchéng le péngyou
它，它乖乖地落在掌心。可爱的小鸟和善良的水手结成了朋友。

Qiáo　tā duō měilì　jiāoqiǎo de xiǎo zuǐ　zhuó lǐ zhe lǜsè de yǔmáo　yāzi yàng de biǎnjiǎo
瞧，它多美丽，娇巧的小嘴，啄理着绿色的羽毛，鸭子样的扁脚，
chéngxiàn chū chūncǎo de éhuáng　Shuǐshǒumen bǎ tā dài dào cāng lǐ　gěi tā　dā pù　ràng tā zài
呈现出春草的鹅黄。水手们把它带到舱里，给它“搭铺”，让它在
chuánshang ānjiā luòhù　měi tiān　bǎ fēndào de yī sùliào tǒng dànshuǐ yún gěi tā hē　bǎ cóng zǔguó dàilái
船上安家落户，每天，把分到的一塑料筒淡水匀给它喝，把从祖国带来
de xiānměi de yúròu fēn gěi tā chī　tiāncháng rìjiǔ　xiǎoniǎo hé shuǐshǒu de gǎnqíng rì qū dǔhòu　Qīng
的鲜美的鱼肉分给它吃，天长日久，小鸟和水手的感情日趋笃厚。清
chén　dāng dì yī shù yángguāng shè jìn xiánchuāng shí　tā biàn chǎngkāi měilì de gēhóu　chàng a
晨，当第一束阳光射进舷窗时，它便敞开美丽的歌喉，唱啊
chàng　yīngyīng yǒu yùn　wǎnrú chūnshuǐ cóngcóng　Rénlèi gěi tā yǐ shēngmìng　tā háo bù qiānlìn de
唱，嘤嘤有韵，宛如春水淙淙。人类给它以生命，它毫不悭吝地
bǎ zìjǐ de yìshù qīngchūn fèngxiàn gěi le bǔyù tā de rén　Kěnéng dōu shì zhèyàng　Yìshùjiāmen de qīng
把自己的艺术青春奉献给了哺育它的人。可能都是这样？艺术家们的青

chūnzhīhuìxiàngěizūnjìng tā menderén
春只会献给尊敬他们的人。

Xiǎoniǎogěiyuǎnhángshēnghuóméngshàng le yī cénglàngmàn sè diào　Fǎnhángshí　rénmen ài bú
小鸟给远航生活蒙上了一层浪漫色调。返航时，人们爱不
shìshǒu　liànliànbùshě de xiǎngbǎ tā dài dào yì xiāng　Kěxiǎoniǎoqiáocuì le　jǐ shuǐ　bù hē　Wèi
释手，恋恋不舍地想把它带到异乡。可小鸟憔悴了，给水，不喝！喂
ròu　bùchī　Yóuliàngde yǔ máoshīqù le guāng zé　Shì a　wǒ　menyǒu zì jǐ de zǔ guó　xiǎoniǎo yě
肉，不吃！油亮的羽毛失去了光泽。是啊，我//们有自己的祖国，小鸟也
yǒu tā de guīsù　rénhédòngwùdōushì yī yàng a　nǎr yě bù rú gùxiānghǎo
有它的归宿，人和动物都是一样啊，哪儿也不如故乡好！

Cí' ài de shuǐshǒumenjuédìngfàngkāi tā　ràng tā huídào dà hǎi de yáolánqù　huídàolán sè de gù
慈爱的水手们决定放开它，让它回到大海的摇篮去，回到蓝色的故
xiāngqù　Líbiéqián　zhè ge dà zì rán de péngyǒu yǔ shuǐshǒumenliúyǐng jì niàn　Tāzhànzàixǔ duōrén
乡去。离别前，这个大自然的朋友与水手们留影纪念。它站在许多人
de tóushàng　jiānshàng　zhǎngshàng　gē boshàng　yǔ wèiyǎngguo tā de rénmen　yī qǐ róngjìnnàlán
的头上，肩上，掌上，胳膊上，与喂养过它的人们，一起融进那蓝
sè de huàmiàn
色的画面……

——节选自王文杰《可爱的小鸟》

作品 23 号——《课不能停》

纽约的冬天常有大风雪，扑面的雪花不但令人难以睁开眼睛，甚至呼吸都会吸人冰冷的雪花。有时前一天晚上还是一片晴朗，第二天拉开窗帘，却已经积雪盈尺，连门都推不开了。

遇到这样的情况，公司、商店常会停止上班，学校也通过广播，宣布停课。但令人不解的是，唯有公立小学，仍然开放。只见黄色的校车，艰难地在路边接孩子，老师则一大早就口中喷着热气，铲去车子前后的积雪，小心翼翼地开车去学校。

据统计，十年来纽约的公立小学只因为超级暴风雪停过七次课。这是多么令人惊讶的事。犯得着在大人都无须上班的时候让孩子去学校吗？小学的老师也太倒霉了吧？

于是，每逢大雪而小学不停课时，都有家长打电话去骂。妙的是，每个打电话的人，反应全一样——先是怒气冲冲地责问，然后满口道歉，最后笑容满面地挂上电话。原因是，学校告诉家长：

在纽约有许多百万富翁，但也有不少贫困的家庭。后者白天开不起暖气，供不起午餐，孩子的营养全靠学校里免费的中饭，甚至可以多拿些回家当晚餐。学校停课一天，穷孩子就受一天冻，挨一天饿，所以老师们宁愿自己苦一点儿，也不能停//课。

或许有家长会说：何不让富裕的孩子在家里，让贫穷的孩子去学校享受暖气和营养午餐呢？

学校的答复是：我们不愿让那些穷苦的孩子感到他们是在接受救济，因为施舍的最高原则是保持受施者的尊严。

——节选自（中国台湾）刘墉《课不能停》

Niǔyuē de dōngtiān cháng yǒu dà fēngxuě　pūmiàn de xuěhuā bùdàn lìng rén nán yǐ zhēngkāi yǎn
答：纽约的冬天常有大风雪，扑面的雪花不但令人难以睁开眼
jing　shènzhì hū xī dōu huì xī rù bīnglěng de xuěhuā　Yǒushí qián yī tiān wǎnshang hái shì yī piàn qíng
睛，甚至呼吸都会吸入冰冷的雪花。有时前一天晚上还是一片晴
lǎng　dì-èr tiān lā kāi chuānglián　què yǐjīng jī xuě yíng chǐ　lián mén dōu tuī bù kāi le
朗，第二天拉开窗帘，却已经积雪盈尺，连门都推不开了。

Yù dào zhèyàng de qíngkuàng　gōngsī　shāngdiàn cháng huì tíngzhǐ shàngbān　xuéxiào yě tōngguò
遇到这样的情况，公司、商店常会停止上班，学校也通过
guǎngbō　xuānbù tíngkè　Dàn lìng rén bùjiě de shì　wéi yǒu gōnglì xiǎoxué　réngrán kāifàng　Zhǐjiàn
广播，宣布停课。但令人不解的是，唯有公立小学，仍然开放。只见
huángsè de xiàochē　jiānnán de zài lù biān jiē háizi　lǎoshī zé yīdàzǎo jiù kǒu zhōng pēnzhe rèqì　chǎn
黄色的校车，艰难地在路边接孩子，老师则一大早就口中喷着热气，铲
qù chēzi qiánhòu de jī xuě　xiǎoxīn yìyì de kāichē qù xuéxiào
去车子前后的积雪，小心翼翼地开车去学校。

Jù tǒngjì　shí nián lái Niǔyuē de gōnglì xiǎoxué zhǐ yīnwèi chāojí bàofēngxuě tíngguo qī cì kè　Zhè
据统计，十年来纽约的公立小学只因为超级暴风雪停过七次课。这
shì duōme lìng rén jīngyà de shì　Fàndezháo zài dàrén dōu wúxū shàngbān de shíhou ràng háizi qù xuéxiào
是多么令人惊讶的事。犯得着在大人都无须上班的时候让孩子去学校
ma　Xiǎoxué de lǎoshī yě tài dǎoméi le ba
吗？小学的老师也太倒霉了吧？

Yúshì　měi féng dà xuě ér xiǎoxué bù tíngkè shí　dōu yǒu jiāzhǎng dǎ diànhuà qù mà　Miào de shì
于是，每逢大雪而小学不停课时，都有家长打电话去骂。妙的是，
měi gè dǎ diànhuà de rén　fǎnyìng quán yīyàng　xiān shì nùqì chōngchōng de zéwèn　ránhòu mǎnkǒu
每个打电话的人，反应全一样——先是怒气冲冲地责问，然后满口
dàoqiàn　zuìhòu xiàoróng mǎnmiàn de guàshàng diànhuà　Yuányīn shì　xuéxiào gàosu jiāzhǎng
道歉，最后笑容满面地挂上电话。原因是，学校告诉家长：

Zài Niǔyuē yǒu xǔduō bǎiwàn fùwēng　dàn yě yǒu bùshǎo pínkùn de jiātíng　Hòuzhě báitiān kāi bù qǐ
在纽约有许多百万富翁，但也有不少贫困的家庭。后者白天开不起
nuǎnqì　gōng bù qǐ wǔcān　háizi de yíngyǎng quán kào xuéxiào lǐ miǎnfèi de zhōngfàn　shènzhì kěyǐ
暖气，供不起午餐，孩子的营养全靠学校里免费的中饭，甚至可以
duō ná xiē huíjiā dāng wǎncān　Xuéxiào tíngkè yī tiān　qióng háizi jiù shòu yī tiān dòng　ái yī tiān è
多拿些回家当晚餐。学校停课一天，穷孩子就受一天冻，挨一天饿，
suǒyǐ lǎoshīmen nìngyuàn zìjǐ kǔ yīdiǎnr　yě bù néng tíng　kè
所以老师们宁愿自己苦一点儿，也不能停//课。

Huòxǔ yǒu jiāzhǎng huì shuō　Hébù ràng fùyù de háizi zài jiā lǐ　ràng pínqióng de háizi qù xuéxiào
或许有家长会说：何不让富裕的孩子在家里，让贫穷的孩子去学校
xiǎngshòu nuǎnqì hé yíngyǎng wǔcān ne
享受暖气和营养午餐呢？

Xuéxiào de dáfù shì　Wǒmen bù yuàn ràng nàxiē qióngkǔ de háizi gǎndào tāmen shì zài jiēshòu jiùjì
学校的答复是：我们不愿让那些穷苦的孩子感到他们是在接受救济，
yīnwèi shīshě de zuì gāo yuánzé shì bǎochí shòushīzhě de zūnyán
因为施舍的最高原则是保持受施者的尊严。

——节选自（台湾）刘墉《课不能停》

作品 24 号——《莲花和樱花》

十年，在历史上不过是一瞬间。只要稍加注意，人们就会发现：在这一瞬间里，各种事物都悄悄经历了自己的千变万化。

这次重新访日，我处处感到亲切和熟悉，也在许多方面发觉了日本的变化。就拿奈良的一个角落来说吧，我重游了为之感受很深的唐招提寺，在寺内各处匆匆走了一遍，庭院依旧，但意想不到还看到了一些新的东西。其中之一，就是近几年从中国移植来的“友谊之莲”。

在存放鉴真遗像的那个院子里，几株中国莲昂然挺立，翠绿的宽大荷叶正迎风而舞，显得十分愉快。开花的季节已过，荷花朵朵已变为莲蓬累累。莲子的颜色正在由青转紫，看来已经成熟了。

我禁不住想：“因”已转化为“果”。

中国的莲花开在日本，日本的樱花开在中国，这不是偶然。我希望这样一种盛况延续不衰。可能有人不欣赏花，但决不会有人欣赏落在自己面前的炮弹。

在这些日子里，我看到了不少多年不见的老朋友，又结识了一些新朋友。大家喜欢涉及的话题之一，就是古长安和古奈良。那还用得着问吗，朋友们缅怀过去，正是瞩望未来。瞩目于未来的人们必将获得未来。

我不例外，也希望一个美好的未来。

为//了中日人民之间的友谊，我将不浪费今后生命的每一瞬间。

——节选自严文井《莲花和樱花》

Shínián zài lì shǐshàngbùguòshì yī shùnjiān Zhǐyàoshāojiāzhù yì rénmenjiùhuì fā xiàn
答：十年，在历史上不过是一瞬间。只要稍加注意，人们就会发现：
Zàizhè yī shùnjiān lǐ gèzhǒngshìwùdōuqiāoqiāojīng lì le zì jǐ deqiānbiànwànhuà
在这一瞬间里，各种事物都悄悄经历了自己的千变万化。

Zhè cì chóngxīnfǎngRì wǒchùchùgǎndàoqīnqièhéshú xī yě zàixǔ duōfāngmiàn fā jué le Rìběn
这次重新访日，我处处感到亲切和熟悉，也在许多方面发觉了日本
debiànhuà JiùnáNàiliángde yī gè jiǎoluòláishuōba wǒchóngyóu le wèizhīgǎnshòuhěnshēnde Táng
的变化。就拿奈良的一个角落来说吧，我重游了为之感受很深的唐
Zhāo tí sì zài sì nèigèchùcōngcōngzǒu le yī biàn tíngyuàn yī jiù dàn yì xiǎngbùdàoháikàndào le
招提寺，在寺内各处匆匆走了一遍，庭院依旧，但意想不到还看到了
yī xiēxīndedōngxi Qízhōngzhī yī jiùshìjìn jǐ niáncóngZhōngguó yí zhíláide yǒu yì zhīlián
一些新的东西。其中之一，就是近几年从中国移植来的“友谊之莲”。

ZàicúnfàngJiànzhēn yí xiàng de nà gè yuàn zi lǐ jǐ zhū Zhōngguó lián ángrán tǐng lì cuì lǜ de
在存放鉴真遗像的那个院子里，几株中国莲昂然挺立，翠绿的
kuāndàhé yèzhèngyíngfēng ér wǔ xiǎndéshífēnyúkuài Kāihuāde jì jié yǐ guò héhuāduǒduǒ yǐ biàn
宽大荷叶正迎风而舞，显得十分愉快。开花的季节已过，荷花朵朵已变
wéiliánpengléiléi Lián zǐ deyánsè zhèngzàiyóuqīngzhuǎn zǐ kànlái yǐ jīngchéngshú le
为莲蓬累累。莲子的颜色正在由青转紫，看来已经成熟了。

Wǒjīnbùzhùxiǎng Yīn yǐ zhuǎnhuàwéi guǒ
我禁不住想：“因”已转化为“果”。

Zhōngguó de liánhuā kāi zài Rìběn Rìběn de yīnghuā kāi zài Zhōngguó zhè bù shì ǒurán Wǒ xī
中国的莲花开在日本，日本的樱花开在中国，这不是偶然。我希
wàng zhèyàng yī zhǒng shèngkuàng yánxù bù shuāi Kěnéng yǒu rén bù xīnshǎng huā dàn jué bù huì yǒu rén
望这样一种盛况延续不衰。可能有人不欣赏花，但决不会有人
xīnshǎng luò zài zìjǐ miànqián de pàodàn
欣赏落在自己面前的炮弹。

Zài zhèxiē rìzi lǐ wǒ kàndào le bùshǎo duō nián bù jiàn de lǎo péngyou yòu jiéshí le yīxiē xīn péng
在这些日子里，我看到了不少多年不见的老朋友，又结识了一些新朋
you Dàjiā xǐhuan shèjí de huàtí zhī yī jiù shì gǔ Cháng'ān hé gǔ Nàiliáng Nà hái yòng de zháo wèn
友。大家喜欢涉及的话题之一，就是古长安和古奈良。那还用得着问
ma péngyoumen miǎnhuái guòqù zhèng shì zhǔwàng wèilái Zhǔmù yú wèilái de rénmen bì jiāng huòdé
吗，朋友们缅怀过去，正是瞩望未来。瞩目于未来的人们必将获得
wèilái
未来。

Wǒ bù lìwài yě xīwàng yī gè měihǎo de wèilái
我不例外，也希望一个美好的未来。

Wèi le Zhōng-Rì rénmín zhījiān de yǒuyì wǒ jiāng bù làngfèi jīnhòu shēngmìng de měi yī shùnjiān
为//了中日人民之间的友谊，我将不浪费今后生命的每一瞬间。

——节选自严文井《莲花和樱花》

作品 25 号——《绿》

梅雨潭闪闪的绿色招引着我们，我们开始追捉她那离合的神光了。揪着草，攀着乱石，小心探身下去，又鞠躬过了一个石穹门，便到了汪汪一碧的潭边了。

瀑布在襟袖之间，但是我的心中已没有瀑布了。我的心随潭水的绿而摇荡。那醉人的绿呀！仿佛一张极大极大的荷叶铺着，满是奇异的绿呀。我想张开两臂抱住她，但这是怎样一个妄想啊。

站在水边，望到那面，居然觉着有些远呢！这平铺着、厚积着的绿，着实可爱。她松松地皱缬着，像少妇拖着的裙幅；她滑滑的明亮着，像涂了“明油”一般，有鸡蛋清那样软，那样嫩；她又不杂些尘滓，宛然一块温润的碧玉，只清清的一色——但你却看不透她！

我曾见过北京什刹海拂地的绿杨，脱不了鹅黄的底子，似乎太淡了。我又曾见过杭州虎跑寺近旁高峻而深密的“绿壁”，丛叠着无穷的碧草与绿叶的，那又似乎太浓了。其余呢，西湖的波太明了，秦淮河的也太暗了。可爱的，我将什么来比拟你呢？我怎么比拟得出呢？大约潭是很深的，故能蕴蓄着这样奇异的绿；仿佛蔚蓝的天融了一块在里面似的，这才这般的鲜润啊。

那醉人的绿呀！我若能裁你以为带，我将赠给那轻盈的//舞女，她必能临风飘举了。我若能挹你以为眼，我将赠给那善歌的盲妹，她必明眸善睐了。我舍不得你，我怎舍得你呢？我用手拍着你，抚摩着你，如同一个十二三岁的小姑娘。我又掬你入口，便是吻着她了。我送你一个名字，我从此叫你“女儿绿”，好吗？

第二次到仙岩的时候，我不禁惊诧于梅雨潭的绿了。

——节选自朱自清《绿》

Méiyǔ tán shǎn shǎn de lǜ sè zhāo yǐn zhe wǒ men　wǒ men kāi shǐ zhuī zhuō tā nà lí hé de shén
答：梅雨潭闪闪的绿色招引着我们，我们开始追捉她那离合的神
guāng le　Jiū zhe cǎo　pān zhe luàn shí　xiǎo xīn tàn shēn xià qù　yòu jū gōng guò le yī gè shí qióng mén
光了。揪着草，攀着乱石，小心探身下去，又鞠躬过了一个石穹门，
biàn dào le wāng wāng yī bì de tán biān le
便到了汪汪一碧的潭边了。

Pù b ù zài jīn xiù zhī jiān　dàn shì wǒ de xīn zhōng yǐ méi yǒu pù bù le　Wǒ de xīn suí tán shuǐ de lǜ ér yáo
瀑布在襟袖之间，但是我的心中已没有瀑布了。我的心随潭水的绿而摇
dàng　Nà zuì rén de lǜ ya　Fǎng fú yī zhāng jí dà jí dà de hé yè pū zhe　mǎn shì qí yì de lǜ ya　Wǒ xiǎng
荡。那醉人的绿呀！仿佛一张极大极大的荷叶铺着，满是奇异的绿呀。我想
zhāng kāi liǎng bì bào zhù tā　dàn zhè shì zěn yàng yī gè wàng xiǎng a
张开两臂抱住她，但这是怎样一个妄想啊。

Zhàn zài shuǐ biān　wàng dào nà miàn　jū rán jué zhe yǒu xiē yuǎn ne　zhè píng pū zhe　hòu jī zhe de
站在水边，望到那面，居然觉着有些远呢！这平铺着、厚积着的
lǜ　zhuó shí kě' ài　Tā sōng sōng de zhòu xié zhe　xiàng shào fù tuō zhe de qún fú　tā huá huá de míng
绿，着实可爱。她松松地皱缬着，像少妇拖着的裙幅；她滑滑的明
liàng zhe　xiàng tú le　míng yóu　yī bān　yǒu jī dàn qīng nà yàng ruǎn　nà yàng nèn　tā yòu bù zá xiē
亮着，像涂了"明油"一般，有鸡蛋清那样软，那样嫩；她又不杂些
chén zǐ　wǎn rán yī kuài wēn rùn de bì yù　zhǐ qīng qīng de yī sè　dàn nǐ què kàn bù tòu tā
尘滓，宛然一块温润的碧玉，只清清的一色——但你却看不透她！

Wǒ céng jiàn guo Běi jīng Shí chà hǎi fú dì de lǜ yáng　tuō bù liǎo é huáng de dǐ zi　sì hū tài dàn le
我曾见过北京什刹海拂地的绿杨，脱不了鹅黄的底子，似乎太淡了。
Wǒ yòu céng jiàn guo Háng zhōu Pǎo hǔ sì jìn páng gāo jùn ér shēn mì de　lǜ bì　cóng dié zhe wú qióng de bì
我又曾见过杭州虎跑寺近旁高峻而深密的"绿壁"，丛叠着无穷的碧
cǎo yǔ lǜ yè de　nà yòu sì hū tài nóng le　Qí yú ne　Xī hú de bō tài míng le　Qín huái hé de yě tài àn le
草与绿叶的，那又似乎太浓了。其余呢，西湖的波太明了，秦淮河的也太暗了。
Kě' ài de　wǒ jiāng shén me lái bǐ nǐ nǐ ne　Wǒ zěn me bǐ nǐ de chū ne　Dà yuē tán shì hěn shēn de　gù néng
可爱的，我将什么来比拟你呢？我怎么比拟得出呢？大约潭是很深的，故能
yùn xù zhe zhè yàng qí yì de lǜ　fǎng fú wèi lán de tiān róng le yī kuài zài lǐ miàn shì de　zhè cái zhè bān de
蕴蓄着这样奇异的绿；仿佛蔚蓝的天融了一块在里面似的，这才这般的
xiān rùn a
鲜润啊。

Nà zuì rén de lǜ ya　Wǒ ruò néng cái nǐ yǐ wéi dài　wǒ jiāng zèng gěi nà qīng yíng de　wǔ nǚ　tā bì
那醉人的绿呀！我若能裁你以为带，我将赠给那轻盈的//舞女，她必
néng lín fēng piāo jǔ le　Wǒ ruò néng yì nǐ yǐ wéi yǎn　wǒ jiāng zèng gěi nà shàn gē de máng mèi　tā bì míng
能临风飘举了。我若能挹你以为眼，我将赠给那善歌的盲妹，她必明
móu shàn lài le　Wǒ shě bù dé nǐ　wǒ zěn shě dé nǐ ne　Wǒ yòng shǒu pāi zhe nǐ　fǔ mó zhe nǐ　rú tóng yī
眸善睐了。我舍不得你，我怎舍得你呢？我用手拍着你，抚摩着你，如同一
gè shí' èr-sān suì de xiǎo gū niang　Wǒ yòu jū nǐ rù kǒu　biàn shì wěn zhe tā le　Wǒ sòng nǐ yī gè míng zi
个十二三岁的小姑娘。我又掬你入口，便是吻着她了。我送你一个名字，
wǒ cóng cǐ jiào nǐ　nǚ' ér lǜ　hǎo ma
我从此叫你"女儿绿"，好吗？

Dì-èr cì dàoXiānyándeshíhou　wǒbùjīnjīngchàyúMéiyǔtánde lǜ le
第 二次 到　仙　岩 的时 候，我不禁 惊 诧 于 梅 雨 潭 的绿了。

——节选自朱自清《绿》

作品 26 号——《落花生》

我们家的后园有半亩空地，母亲说："让它荒着怪可惜的，你们那么爱吃花生，就开辟出来种花生吧。"我们姐弟几个都很高兴，买种，翻地，播种，浇水，没过几个月，居然收获了。

母亲说："今晚我们过一个收获节，请你们父亲也来尝尝我们的新花生，好不好?"我们都说好。母亲把花生做成了好几样食品，还吩咐就在后园的茅亭里过这个节。

晚上天色不太好，可是父亲也来了，实在很难得。

父亲说："你们爱吃花生吗?"

我们争着答应："爱!"

"谁能把花生的好处说出来?"

姐姐说："花生的味美。"

哥哥说："花生可以榨油。"

我说："花生的价钱便宜，谁都可以买来吃，都喜欢吃。这就是它的好处。"

父亲说："花生的好处很多，有一样最可贵：它的果实埋在地里，不像桃子、石榴、苹果那样，把鲜红嫩绿的果实高高地挂在枝头上，使人一见就生爱慕之心。你们看它矮矮地长在地上，等到成熟了，也不能立刻分辨出来它有没有果实，必须挖出来才知道。"

我们都说是，母亲也点点头。

父亲接下去说："所以你们要像花生，它虽然不好看，可是很有用，不是外表好看而没有实用的东西。"

我说："那么，人要做有用的人，不要做只讲体面，而对别人没有好处的人了。"//

父亲说："对。这是我对你们的希望。"

我们谈到夜深才散。花生做的食品都吃完了，父亲的话却深深地印在我的心上。

——节选自许地山《落花生》

Wǒmenjiādehòuyuányǒubànmǔkòngdì　mǔqīnshuō　Ràngtā huāngzheguàikě xī de　nǐ
答：我 们 家的 后 园 有 半 亩 空 地，母 亲 说："让 它 荒　着 怪 可惜的，你

mennàme ài chīhuāshēng　jiùkāi pì chūláizhònghuāshēngba　Wǒmenjiě dì jǐ gèdōuhěngāoxìng　mǎi
们 那么爱吃 花　生 ，就开辟出来 种　花　生 吧。"我 们 姐弟几个 都 很 高 兴 ，买

zhòng　fāndì　bōzhǒng　jiāoshuǐ　méiguò jǐ gèyuè　jūránshōuhuò
种 ，翻地，播 种 ，浇 水 ，没 过几个月，居然 收 获 了。

Mǔqīnshuō　Jīnwǎnwǒmenguò yī gè shōuhuòjié　qǐng nǐ men fù qīn yě láichángchangwǒmen de
母 亲 说 ："今 晚 我 们 过 一个 收 获 节，请 你 们 父亲 也来 尝　尝 我 们 的

xīnhuāshēng　hǎobùhǎo　Wǒmendōushuōhǎo　Mǔqīnbǎhuāshēngzuòchéng le hǎo jǐ yàngshípǐn
新 花 生 ，好不好?"我 们 都 说 好。母 亲 把 花　生 做 成 了好 几 样 食 品，

háifēn fù jiùzàihòuyuándemáotíng lǐ guòzhègejié
还 吩咐就 在 后 园 的 茅 亭 里 过 这个节。

Wǎnshangtiān sè bùtàihǎo kěshì fù qīn yě lái le shízàihěnnándé
晚上天色不太好，可是父亲也来了，实在很难得。

Fùqīnshuō Nǐmen ài chīhuāshēngma
父亲说："你们爱吃花生吗？"

Wǒmenzhēngzhedāying Ài
我们争着答应："爱！"

Shuínéngbǎhuāshēngdehǎochùshuōchūlái
"谁能把花生的好处说出来？"

Jiějieshuō Huāshēngdewèirměi
姐姐说："花生的味美。"

Gēgeshuō Huāshēngkě yǐ zhàyóu
哥哥说："花生可以榨油。"

Wǒshuō Huāshēngdejiàqiánpián yi shuídōukě yǐ mǎiláichī dōu xǐ huanchī Zhèjiùshì tā dehǎochù
我说："花生的价钱便宜，谁都可以买来吃，都喜欢吃。这就是它的好处。"

Fùqīnshuō Huāshēngdehǎochùhěnduō yǒu yī yàngzuì kěguì Tāde guǒshímáizài dì lǐ bù xiàngtáo zi shíliu píngguǒnàyàng bǎxiānhóngnèn lǜ de guǒshígāogāo de guàzài zhītóushàng shǐrén yī jiànjiùshēng ài mù zhīxīn Nǐmenkàn tā ǎi, ǎi de zhǎngzài dì shàng děngdàochéngshú le yěbùnéng lì kèfēnbiànchūlái tā yǒuméiyǒuguǒshí bì xūwāchūláicáizhīdào
父亲说："花生的好处很多，有一样最可贵：它的果实埋在地里，不像桃子、石榴、苹果那样，把鲜红嫩绿的果实高高地挂在枝头上，使人一见就生爱慕之心。你们看它矮矮地长在地上，等到成熟了，也不能立刻分辨出来它有没有果实，必须挖出来才知道。"

Wǒmendōushuōshì mǔqīn yě diǎndiǎntóu
我们都说是，母亲也点点头。

Fùqīnjiēxiàqùshuō Suǒ yǐ nǐ menyàoxiànghuāshēng tā suīránbùhǎokàn kěshìhěnyǒuyòng bùshìwàibiǎohǎokàn ér méiyǒushíyòngdedōng xi
父亲接下去说："所以你们要像花生，它虽然不好看，可是很有用，不是外表好看而没有实用的东西。"

Wǒshuō Nàme rényàozuòyǒuyòngderén bù yàozuòzhǐjiǎng tǐ miàn ér duìbiérénméiyǒu hǎochùderén le
我说："那么，人要做有用的人，不要做只讲体面，而对别人没有好处的人了。"//

Fùqīnshuō Duì Zhèshìwǒduì nǐ mende xī wàng
父亲说："对。这是我对你们的希望。"

Wǒmentándàoyèshēncáisàn Huāshēngzuòdeshípǐndōuchīwán le fù qīndehuàquèshēnshēnde yìnzàiwǒdexīnshàng
我们谈到夜深才散。花生做的食品都吃完了，父亲的话却深深地印在我的心上。

——节选自许地山《落花生》

作品27号——《麻雀》

我打猎归来，沿着花园的林荫路走着。狗跑在我前边。

突然，狗放慢脚步，蹑足潜行，好像嗅到了前边有什么野物。

我顺着林荫路望去，看见了一只嘴边还带黄色、头上生着柔毛的小麻雀。风猛烈地吹打着林荫路上的白桦树，麻雀从巢里跌落下来，呆呆地伏在地上，孤立无援地张开两只羽毛还未丰满的小翅膀。

我的狗慢慢向它靠近。忽然，从附近一棵树上飞下一只黑胸脯的老麻雀，像一颗石子似的落到狗的跟前。老麻雀全身倒竖着羽毛，惊恐万状，发出绝望、凄惨的叫声，接着向露出牙齿、大张着的狗嘴扑去。

老麻雀是猛扑下来救护幼雀的。它用身体掩护着自己的幼儿……但它整个小小的身体因恐怖而战栗着，它小小的声音也变得粗暴嘶哑，它在牺牲自己！

在它看来，狗该是多么庞大的怪物啊！然而，它还是不能站在自己高高的、安全的树枝上……一种比它的理智更强烈的力量，使它从那儿扑下身来。

我的狗站住了，向后退了退……看来，它也感到了这种力量。

我赶紧唤住惊慌失措的狗，然后我怀着崇敬的心情，走开了。

是啊，请不要见笑。我崇敬那只小小的、英勇的鸟儿，我崇敬它那种爱的冲动和力量。

爱，我//想，比死和死的恐惧更强大。只有依靠它，依靠这种爱，生命才能维持下去，发展下去。

——节选自[俄]屠格涅夫《麻雀》，巴金译

Wǒdǎlièguīlái yánzhehuāyuándelínyīnlùzǒuzhe Gǒupǎozàiwǒqiánbiān

答：我打猎归来，沿着花园的林荫路走着。狗跑在我前边。

Tūrán gǒufàngmànjiǎobù nièzúqiánxíng hǎoxiàngxiùdàole qiánbiānyǒushénmeyěwù

突然，狗放慢脚步，蹑足潜行，好像嗅到了前边有什么野物。

Wǒshùnzhelínyīnlù wàngqù kànjiàn le yī zhīzuǐbiānháidàihuáng sè tóushàngshēngzheróumáo

我顺着林荫路望去，看见了一只嘴边还带黄色、头上生着柔毛

dexiǎomáquè Fēngměngliède chuī dǎzhe línyīn lù shàng de báihuàshù máquè cóngcháo lǐ diēluòxià

的小麻雀。风猛烈地吹打着林荫路上的白桦树，麻雀从巢里跌落下

lái dāidāide fú zài dì shàng gū lì wúyuándezhāngkāiliǎngzhīyǔmáoháiwèifēngmǎndexiǎochìbǎng

来，呆呆地伏在地上，孤立无援地张开两只羽毛还未丰满的小翅膀。

Wǒdegǒumànmànxiàng tā kàojìn Hūrán cóng fù jìn yī kēshùshàngfēixià yī zhīhēixiōngpú delǎo

我的狗慢慢向它靠近。忽然，从附近一棵树上飞下一只黑胸脯的老

máquè xiàng yī kē shí zǐ shì de luò dào gǒu de gēnqián Lǎo má què quán shēn dào shù zhe yǔ máo jīng

麻雀，像一颗石子似的落到狗的跟前。老麻雀全身倒竖着羽毛，惊

kǒngwànzhuàng fā chū juéwàng qī cǎn de jiàoshēng jiēzhe xiàng lù chū yáchǐ dàzhāngzhe de gǒu

恐万状，发出绝望、凄惨的叫声，接着向露出牙齿、大张着的狗

zuǐpūqù

嘴扑去。

Lǎomáquèshìměngpūxiàláijiùhùyòuquède Tāyòngshēn tǐ yǎnhùzhe zì jǐ deyòu' ér Dàn tā

老麻雀是猛扑下来救护幼雀的。它用身体掩护着自己的幼儿……但它

zhěnggèxiǎoxiǎodeshēn tǐ yīnkǒngbù érzhàn lì zhe tā xiǎoxiǎodeshēngyīnyěbiàndecūbào sī yǎ tā

整个小小的身体因恐怖而战栗着，它小小的声音也变得粗暴嘶哑，它

zài xī shēng zì jǐ
在牺牲自己！

Zài tā kànlái gǒugāishìduōmepángdàdeguàiwù a Rán' ér tā háishìbùnéngzhànzài zì jǐ gāo gāode ānquándeshùzhīshàng Yīzhǒng bǐ tā de lǐ zhìgèngqiángliède lì liàng shǐ tā cóngnàr pū xiàshēnlái
在它看来，狗该是多么庞大的怪物啊！然而，它还是不能站在自己高高的、安全的树枝上……一种比它的理智更强烈的力量，使它从那儿扑下身来。

Wǒdegǒuzhànzhù le xiànghòutuì le tuì Kànlái tā yěgǎndào le zhèzhǒng lì liàng
我的狗站住了，向后退了退……看来，它也感到了这种力量。

Wǒgǎnjǐnhuànzhùjīnghuāngshīcuòdegǒu ránhòuwǒhuáizhechóngjìngdexīnqíng zǒukāi le
我赶紧唤住惊慌失措的狗，然后我怀着崇敬的心情，走开了。

Shì a qǐngbùyàojiànxiào Wǒchóngjìngnàzhīxiǎoxiǎode yīngyǒngdeniǎo' ér wǒchóngjìng tā nàzhǒng ài dechōngdònghé lì liàng
是啊，请不要见笑。我崇敬那只小小的、英勇的鸟儿，我崇敬它那种爱的冲动和力量。

Ài wǒ xiǎng bǐ sǐ hé sǐ de kǒng jù gèng qiáng dà Zhǐ yǒu yī kào tā yī kào zhè zhǒng ài shēngmìngcáinéngwéichíxiàqù fā zhǎnxiàqù
爱，我//想，比死和死的恐惧更强大。只有依靠它，依靠这种爱，生命才能维持下去，发展下去。

——节选自［俄］屠格涅夫《麻雀》，巴金译

作品 28 号——《迷途笛音》

那年我六岁。离我家仅一箭之遥的小山坡旁，有一个早已被废弃的采石场，双亲从来不准我去那儿，其实那儿风景十分迷人。

一个夏季的下午，我随着一群小伙伴偷偷上那儿去了。就在我们穿越了一条孤寂的小路后，他们却把我一个人留在原地，然后奔向“更危险的地带”了。

等他们走后，我惊慌失措地发现，再也找不到要回家的那条孤寂的小道了。像只无头的苍蝇，我到处乱钻，衣裤上挂满了芒刺。太阳已经落山，而此时此刻，家里一定开始吃晚餐了，双亲正盼着我回家……想着想着，我不由得背靠着一棵树，伤心地呜呜大哭起来……

突然，不远处传来了声声柳笛。我像找到了救星，急忙循声走去。一条小道边的树桩上坐着一位吹笛人，手里还正削着什么。走近细看，他不就是被大家称为“乡巴佬儿”的卡廷吗？

“你好，小家伙儿，”卡廷说，“看天气多美，你是出来散步的吧？”

我怯生生地点点头，答道：“我要回家了。”

“请耐心等上几分钟，”卡廷说，“瞧，我正在削一支柳笛，差不多就要做好了，完工后就送给你吧！”

卡廷边削边不时把尚未成形的柳笛放在嘴里试吹一下。没过多久，一支柳笛便递到我手中。我俩在一阵阵清脆悦耳的笛音//中，踏上了归途……

当时，我心中只充满感激，而今天，当我自己也成了祖父时，却突然领悟到他用心之良苦！那天当他听到我的哭声时，便判定我一定迷了路，但他并不想在孩子面前扮演“救星”的角色，于是吹响柳笛以便让我能发现他，并跟着他走出困境！就这样，卡廷先生以乡下人的纯朴，保护了一个小男孩儿强烈的自尊。

——节选自唐若水译《迷途笛音》

Nànián wǒ liù suì Lí wǒ jiā jǐn yī jiàn zhī yáo de xiǎo shān pō páng yǒu yī gè Xzǎo yǐ bèi fèi qì de

答： 那年我六岁。离我家仅一箭之遥的小山坡旁，有一个早已被废弃的

cǎishíchǎng shuāngqīn cónglái bù zhǔn wǒ qù nàr qíshí nàr fēngjǐng shífēn mírén

采石场，双亲从来不准我去那儿，其实那儿风景十分迷人。

Yī gè xià jì de xiàwǔ wǒ suízhe yī qún xiǎo huǒbàn tōutōu shàng nàr qù le Jiù zài wǒmen chuānyuè

一个夏季的下午，我随着一群小伙伴偷偷上那儿去了。就在我们穿越

le yī tiáo gūjì de xiǎo lù hòu tāmen què bǎ wǒ yī gè rén liú zài yuándì ránhòu bēnxiàng gèng wēixiǎn de

了一条孤寂的小路后，他们却把我一个人留在原地，然后奔向“更危险的

dìdài le

地带”了。

Děng tāmen zǒu hòu wǒ jīnghuāng shīcuò de fāxiàn zài yě zhǎo bù dào yào huíjiā de nà tiáo gūjì de

等他们走后，我惊慌失措地发现，再也找不到要回家的那条孤寂的

xiǎodào le Xiàng zhī wú tóu de cāngying wǒ dàochù luàn zuān yīkù shàng guàmǎn le mángcì Tài

小道了。像只无头的苍蝇，我到处乱钻，衣裤上挂满了芒刺。太

yáng yǐjīng luò shān ér cǐshí cǐkè jiā lǐ yīdìng kāishǐ chī wǎncān le shuāngqīn zhèng pànzhe wǒ huí

阳已经落山，而此时此刻，家里一定开始吃晚餐了，双亲正盼着我回

jiā Xiǎngzhe xiǎngzhe wǒ bùyóude bèi kàozhe yī kē shù shāngxīn de wūwū dà kū qǐlái

家……想着想着，我不由得背靠着一棵树，伤心地呜呜大哭起来……

Tūrán bù yuǎnchù chuánlái le shēngshēng liǔdí Wǒ xiàng zhǎodào le jiùxīng jímáng xúnshēng

突然，不远处传来了声声柳笛。我像找到了救星，急忙循声

zǒuqù Yī tiáo xiǎodào biān de shùzhuāng shàng zuòzhe yī wèi chuī dí rén shǒu lǐ hái zhèng xiāozhe shén

走去。一条小道边的树桩上坐着一位吹笛人，手里还正削着什

me Zǒujìn xì kàn tā bù jiùshì bèi dàjiā chēngwéi xiāngbalǎor de Kǎtíng ma

么。走近细看，他不就是被大家称为“乡巴佬儿”的卡廷吗？

Nǐ hǎo xiǎo jiāhuor Kǎtíng shuō Kàn tiānqì duō měi nǐ shì chūlái sànbù de ba

“你好，小家伙儿，”卡廷说，“看天气多美，你是出来散步的吧？”

Wǒ qièshēngshēng de diǎndiǎn tóu dádào Wǒ yào huíjiā le

我怯生生地点点头，答道：“我要回家了。”

Qǐng nàixīn děng shàng jǐ fēnzhōng Kǎtíng shuō Qiáo wǒ zhèngzài xiāo yī zhī liǔdí chàbù

“请耐心等上几分钟，”卡廷说，“瞧，我正在削一支柳笛，差不

duō jiù yào zuò hǎo le wángōng hòu jiù sònggěi nǐ ba

多就要做好了，完工后就送给你吧！”

Kǎtíng biān xuē biān bùshí bǎ shàng wèi chéngxíng de liǔdí fàng zài zuǐ lǐ shì chuī yīxià Méi guò duō

卡廷边削边不时把尚未成形的柳笛放在嘴里试吹一下。没过多

jiǔ yī zhī liǔdí biàn dì dào wǒ shǒu zhōng Wǒ liǎ zài yī zhènzhèn qīngcuì yuè'ěr de díyīn zhōng tà

久，一支柳笛便递到我手中。我俩在一阵阵清脆悦耳的笛音//中，踏

shàng le guī tú
上了归途……

Dāngshí wǒxīnzhōngzhǐchōngmǎngǎn jī érjīntiān dāngwǒ zì jǐ yěchéng le zǔ fù shí què tū
当时，我心中只充满感激，而今天，当我自己也成了祖父时，却突
ránlǐngwùdào tā yòngxīnzhīliángkǔ Nàtiāndāng tā tīngdàowǒ de kū shēngshí biànpàndìngwǒ yī dìng
然领悟到他用心之良苦！那天当他听到我的哭声时，便判定我一定
mí le lù dàn tā bìngbù xiǎngzài hái zi miànqián bànyǎn jiùxīng de jué sè yú shì chuī xiǎngliǔ dí yǐ
迷了路，但他并不想在孩子面前扮演“救星”的角色，于是吹响柳笛以
biànràngwǒnéng fā xiàn tā bìnggēnzhe tā zǒuchūkùnjìng Jiùzhèyàng Kǎtíngxiānsheng yǐ xiāngxià
便让我能发现他，并跟着他走出困境！就这样，卡廷先生以乡下
réndechúnpǔ bǎohù le yī gè xiǎonánhái r qiángliède zì zūn
人的纯朴，保护了一个小男孩儿强烈的自尊。

——节选自唐若水译《迷途笛音》

作品 29 号——《莫高窟》

在浩瀚无垠的沙漠里，有一片美丽的绿洲，绿洲里藏着一颗闪光的珍珠。这颗珍珠就是敦煌莫高窟。它坐落在我国甘肃省敦煌市三危山和鸣沙山的怀抱中。

鸣沙山东麓是平均高度为十七米的崖壁。在一千六百多米长的崖壁上，凿有大小洞窟七百余个，形成了规模宏伟的石窟群。其中四百九十二个洞窟中，共有彩色塑像两千一百余尊，各种壁画共四万五千多平方米。莫高窟是我国古代无数艺术匠师留给人类的珍贵文化遗产。

莫高窟的彩塑，每一尊都是一件精美的艺术品。最大的有九层楼那么高，最小的还不如一个手掌大。这些彩塑个性鲜明，神态各异。有慈眉善目的菩萨，有威风凛凛的天王，还有强壮勇猛的力士……

莫高窟壁画的内容丰富多彩，有的是描绘古代劳动人民打猎、捕鱼、耕田、收割的情景，有的是描绘人们奏乐、舞蹈、演杂技的场面，还有的是描绘大自然的美丽风光。其中最引人注目的是飞天。壁画上的飞天，有的臂挎花篮，采摘鲜花；有的反弹琵琶，轻拨银弦；有的倒悬身子，自天而降；有的彩带飘拂，漫天遨游；有的舒展着双臂，翩翩起舞。看着这些精美动人的壁画，就像走进了//灿烂辉煌的艺术殿堂。

莫高窟里还有一个面积不大的洞窟——藏经洞。洞里曾藏有我国古代的各种经卷、文书、帛画、刺绣、铜像等共六万多件。由于清朝政府腐败无能，大量珍贵的文物被外国强盗掠走。仅存的部分经卷，现在陈列于北京故宫等处。

莫高窟是举世闻名的艺术宝库。这里的每一尊彩塑、每一幅壁画、每一件文物，都是中国古代人民智慧的结晶。

——节选自小学《语文》第六册中《莫高窟》

Zàihàohànwú yín de shāmò lǐ yǒu yī piàn měi lì de lǜ zhōu lǜ zhōu lǐ cángzhe yī kē shǎn
答：在浩瀚无垠的沙漠里，有一片美丽的绿洲，绿洲里藏着一颗闪
guāngde zhēnzhū Zhè kē zhēnzhū jiù shì Dūnhuáng Mògāo kū Tā zuò luò zài wǒ guó Gān sù Shěng Dūn
光的珍珠。这颗珍珠就是敦煌莫高窟。它坐落在我国甘肃省敦
huángShìSānwēiShānhéMíngshāShāndehuáibàozhōng
煌市三危山和鸣沙山的怀抱中。

Míngshā Shān dōng lù shì píngjūn gāodù wéi shíqī mǐ de yábì. Zài yī qiān liùbǎi duō mǐ cháng de yábì
鸣沙山东麓是平均高度为十七米的崖壁。在一千六百多米长的崖壁
shàng, záo yǒu dàxiǎo dòngkū qībǎi yú gè, xíngchéng le guīmó hóngwěi de shíkūqún. Qízhōng sìbǎi jiǔ
上，凿有大小洞窟七百余个，形成了规模宏伟的石窟群。其中四百九
shí'èr gè dòngkū zhōng, gòng yǒu cǎisè sùxiàng liǎngqiān yībǎi yú zūn, gè zhǒng bìhuà gòng sìwàn wǔ
十二个洞窟中，共有彩色塑像两千一百余尊，各种壁画共四万五
qiān duō píngfāngmǐ. Mògāokū shì wǒguó gǔdài wúshù yìshù jiàngshī liúgěi rénlèi de zhēnguì wénhuà
千多平方米。莫高窟是我国古代无数艺术匠师留给人类的珍贵文化
yíchǎn.
遗产。

Mògāokū de cǎisù, měi yī zūn dōu shì yī jiàn jīngměi de yìshùpǐn. Zuì dà de yǒu jiǔ céng lóu nàme gāo,
莫高窟的彩塑，每一尊都是一件精美的艺术品。最大的有九层楼那么高，
zuì xiǎo de hái bùrú yī gè shǒuzhǎng dà. Zhèxiē cǎisù gèxìng xiānmíng, shéntài gè yì. Yǒu címéi shàn
最小的还不如一个手掌大。这些彩塑个性鲜明，神态各异。有慈眉善
mù de púsà, yǒu wēifēng lǐnlǐn de tiānwáng, hái yǒu qiángzhuàng yǒngměng de lìshì……
目的菩萨，有威风凛凛的天王，还有强壮勇猛的力士……

Mògāokū bìhuà de nèiróng fēngfù duōcǎi, yǒude shì miáohuì gǔdài láodòng rénmín dǎliè, bǔyú,
莫高窟壁画的内容丰富多彩，有的是描绘古代劳动人民打猎、捕鱼、
gēngtián, shōugē de qíngjǐng, yǒude shì miáohuì rénmen zòuyuè, wǔdǎo, yǎn zájì de chǎngmiàn,
耕田、收割的情景，有的是描绘人们奏乐、舞蹈、演杂技的场面，
hái yǒude shì miáohuì dàzìrán de měilì fēngguāng. Qízhōng zuì yǐnrén zhùmù de shì fēitiān. Bìhuà shàng
还有的是描绘大自然的美丽风光。其中最引人注目的是飞天。壁画上
de fēitiān, yǒude bì kuà huālán, cǎizhāi xiānhuā; yǒude fǎntán pípá, qīngbō yínxián; yǒude dào
的飞天，有的臂挎花篮，采摘鲜花；有的反弹琵琶，轻拨银弦；有的倒
xuán shēnzi, zì tiān ér jiàng; yǒude cǎidài piāofú, màntiān áoyóu; yǒude shūzhǎnzhe shuāngbì,
悬身子，自天而降；有的彩带飘拂，漫天遨游；有的舒展着双臂，
piānpiān qǐwǔ. Kànzhe zhèxiē jīngměi dòngrén de bìhuà, jiù xiàng zǒujìn le cànlàn huīhuáng de yìshù
翩翩起舞。看着这些精美动人的壁画，就像走进了//灿烂辉煌的艺术
diàntáng.
殿堂。

Mògāokū lǐ hái yǒu yī gè miànjī bù dà de dòngkū——cángjīngdòng. Dòng lǐ céng cáng yǒu wǒguó gǔ
莫高窟里还有一个面积不大的洞窟——藏经洞。洞里曾藏有我国古
dài de gè zhǒng jīngjuàn, wénshū, bóhuà, cìxiù, tóngxiàng děng gòng liùwàn duō jiàn. Yóuyú Qīng
代的各种经卷、文书、帛画、刺绣、铜像等共六万多件。由于清
cháo zhèngfǔ fǔbài wúnéng, dàliàng zhēnguì de wénwù bèi wàiguó qiángdào lüèzǒu. Jǐncún de bùfen jīng
朝政府腐败无能，大量珍贵的文物被外国强盗掠走。仅存的部分经
juàn, xiànzài chénliè yú Běijīng Gùgōng děng chù.
卷，现在陈列于北京故宫等处。

Mògāokū shì jǔshì wénmíng de yìshù bǎokù. Zhè lǐ de měi yī zūn cǎisù, měi yī fú bìhuà, měi yī
莫高窟是举世闻名的艺术宝库。这里的每一尊彩塑、每一幅壁画、每一
jiàn wénwù, dōu shì Zhōngguó gǔdài rénmín zhìhuì de jiéjīng.
件文物，都是中国古代人民智慧的结晶。

——节选自小学《语文》第六册中《莫高窟》

作品 30 号——《牡丹的拒绝》

其实你在很久以前并不喜欢牡丹，因为它总被人作为富贵膜拜。后来你目睹了一次牡丹的落花，你相信所有的人都会为之感动：一阵清风徐来，娇艳鲜嫩的盛期牡丹忽然整朵整朵地坠落，铺撒一地绚丽的花瓣。那花瓣落地时依然鲜艳夺目，如同一只奉上祭坛的大鸟脱落的羽毛，低吟着壮烈的悲歌离去。

牡丹没有花谢花败之时，要么烁于枝头，要么归于泥土，它跨越萎顿和衰老，由青春而死亡，由美丽而消遁。它虽美却不吝惜生命，即使告别也要展示给人最后一次的惊心动魄。

所以在这阴冷的四月里，奇迹不会发生。任凭游人扫兴和诅咒，牡丹依然安之若素。它不苟且、不俯就、不妥协、不媚俗，甘愿自己冷落自己。它遵循自己的花期自己的规律，它有权利为自己选择每年一度的盛大节日。它为什么不拒绝寒冷？

天南海北的看花人，依然络绎不绝地涌入洛阳城。人们不会因牡丹的拒绝而拒绝它的美。如果它再被贬谪十次，也许它就会繁衍出十个洛阳牡丹城。

于是你在无言的遗憾中感悟到，富贵与高贵只是一字之差。同人一样，花儿也是有灵性的，更有品位之高低。品位这东西为气为魂为//筋骨为神韵，只可意会。你叹服牡丹卓尔不群之姿，方知品位是多么容易被世人忽略或是漠视的美。

——节选自张抗抗《牡丹的拒绝》

Qíshí nǐ zàihěnjiǔ yǐ qiánbìngbù xǐ huanmǔdān yīnwèi tā zǒngbèirénzuòwéi fù guìmóbài
答： 其实你在很久以前并不喜欢牡丹，因为它总被人作为富贵膜拜。
Hòulái nǐ mùdǔ le yī cì mǔdāndeluòhuā nǐ xiāngxìnsuǒyǒu de rén dōuhuìwèizhīgǎndòng Yīzhènqīng
后来你目睹了一次牡丹的落花，你相信所有的人都会为之感动：一阵清
fēngxúlái jiāoyànxiānnèndeshèngqī mǔdānhūránzhěngduǒzhěngduǒdezhuìluò pūsǎ yī dì xuàn lì
风徐来，娇艳鲜嫩的盛期牡丹忽然整朵整朵地坠落，铺撒一地绚丽
dehuābàn Nàhuābànluò dì shí yī ránxiānyànduómù rútóng yī zhīfèngshàng jì tándedàniǎotuōluòde
的花瓣。那花瓣落地时依然鲜艳夺目，如同一只奉上祭坛的大鸟脱落的
yǔmáo dī yínzhezhuànglièdebēigē lí qù
羽毛，低吟着壮烈的悲歌离去。

Mǔdānméiyǒuhuāxièhuābàizhīshí yàomeshuòyúzhītóu yàomeguīyú ní tǔ tā kuàyuèwěidùn
牡丹没有花谢花败之时，要么烁于枝头，要么归于泥土，它跨越萎顿
héshuāilǎo yóuqīngchūn ér sǐ wáng yóuměi lì ér xiāodùn Tāsuīměiquèbùlìn xī shēngmìng jí shǐ
和衰老，由青春而死亡，由美丽而消遁。它虽美却不吝惜生命，即使
gàobié yě yàozhǎnshìgěirénzuìhòu yī cì dejīngxīndòngpò
告别也要展示给人最后一次的惊心动魄。

Suǒ yǐ zàizhèyīnlěngde sì yuè lǐ qí jì bùhuì fā shēng Rènpíngyóurénsǎoxìnghé zǔzhòu mǔdān
所以在这阴冷的四月里，奇迹不会发生。任凭游人扫兴和诅咒，牡丹
yī rán'ānzhīruòsù Tābùgǒuqiě bù fǔjiù bùtuǒxié bùmèisú gānyuàn zì jǐ lěngluò zì jǐ Tāzūn
依然安之若素。它不苟且、不俯就、不妥协、不媚俗，甘愿自己冷落自己。它遵
xún zì jǐ dehuāqī zì jǐ deguīlǜ tā yǒuquán lì wèi zì jǐ xuǎn zé měinián yī dù deshèngdàjié rì Tāwèi
循自己的花期自己的规律，它有权利为自己选择每年一度的盛大节日。它为

shénmebù jù juéhánlěng
什么不拒绝寒冷？

Tiānnánhǎiběidekànhuārén yī ránluò yì bùjué deyǒng rù LuòyángChéng Rénmenbùhuìyīnmǔ
天南海北的看花人，依然络绎不绝地涌入洛阳城。人们不会因牡
dānde jù jué ér jù jué tā deměi Rúguǒ tā zàibèibiǎnzhéshí cì yě xǔ tā jiùhuìfányǎnchūshí gè Luòyáng
丹的拒绝而拒绝它的美。如果它再被贬谪十次，也许它就会繁衍出十个洛阳
mǔdānchéng
牡丹城。

Yúshì nǐ zàiwúyánde yí hànzhōnggǎnwùdào fù guìyǔgāoguìzhǐshì yī zì zhīchā Tóngrén yī yàng
于是你在无言的遗憾中感悟到，富贵与高贵只是一字之差。同人一样，
huā ér yěshìyǒulíngxìngde gèngyǒupǐnwèizhīgāo dī Pǐnwèizhèdōng xi wéi qì wéihúnwéi jīngǔwéi
花儿也是有灵性的，更有品位之高低。品位这东西为气为魂为//筋骨为
shényùn zhǐkě yì huì Nǐtàn fú mǔdānzhuó ěrbùqúnzhī zī fāngzhīpǐnwèishìduōmeróng yì bèishìrén
神韵，只可意会。你叹服牡丹卓尔不群之姿，方知品位是多么容易被世人
hūlüèhuòshìmòshìdeměi
忽略或是漠视的美。

——节选自张抗抗《牡丹的拒绝》

作品 31 号——《“能吞能吐”的森林》

森林涵养水源，保持水土，防止水旱灾害的作用非常大。据专家测算，一片十万亩面积的森林，相当于一个两百万立方米的水库，这正如农谚所说的：“山上多栽树，等于修水库。雨多它能吞，雨少它能吐。”

说起森林的功劳，那还多得很。它除了为人类提供木材及许多种生产、生活的原料之外，在维护生态环境方面也是功劳卓著，它用另一种“能吞能吐”的特殊功能孕育了人类。因为地球在形成之初，大气中的二氧化碳含量很高，氧气很少，气温也高，生物是难以生存的。大约在四亿年之前，陆地才产生了森林。森林慢慢将大气中的二氧化碳吸收，同时吐出新鲜氧气，调节气温：这才具备了人类生存的条件，地球上才最终有了人类。

森林，是地球生态系统的主体，是大自然的总调度室，是地球的绿色之肺。森林维护地球生态环境的这种“能吞能吐”的特殊功能是其他任何物体都不能取代的。然而，由于地球上的燃烧物增多，二氧化碳的排放量急剧增加，使得地球生态环境急剧恶化，主要表现为全球气候变暖，水分蒸发加快，改变了气流的循环，使气候变化加剧，从而引发热浪、飓风、暴雨、洪涝及干旱。

为了//使地球的这个“能吞能吐”的绿色之肺恢复健壮，以改善生态环境，抑制全球变暖，减少水旱等自然灾害，我们应该大力造林、护林，使每一座荒山都绿起来。

——节选自《中考语文课外阅读试题精选》中《“能吞能吐”的森林》

Sēnlínhányǎngshuǐyuán bǎochíshuǐ tǔ fángzhǐshuǐhànzāihài dezuòyòngfēichángdà Jù
答：森林涵养水源，保持水土，防止水旱灾害的作用非常大。据
zhuānjiācèsuàn yī piànshíwànmǔmiàn jī desēnlín xiāngdāngyú yī gè liǎngbǎiwàn lì fāngmǐdeshuǐ
专家测算，一片十万亩面积的森林，相当于一个两百万立方米的水
kù zhèzhèngrú nóngyànsuǒshuōde Shānshàngduōzāishù děngyú xiūshuǐkù Yǔduō tā néngtūn
库，这正如农谚所说的：“山上多栽树，等于修水库。雨多它能吞，

yǔ shǎo tā néng tǔ
雨少它能吐。”

Shuō qǐ sēnlín de gōngláo nà hái duō de hěn Tā chú le wèi rénlèi tí gōng mùcái jí xǔ duō zhǒng
说起森林的功劳，那还多得很。它除了为人类提供木材及许多种

shēngchǎn shēnghuó de yuánliào zhīwài zài wéihù shēngtài huánjìng fāngmiàn yě shì gōngláo zhuózhù
生产、生活的原料之外，在维护生态环境方面也是功劳卓著。

Tā yòng lìng yī zhǒng néngtūn néngtǔ de tè shū gōngnéng yùnyù le rénlèi Yīnwèi dì qiú zài xíngchéng zhī
它用另一种“能吞能吐”的特殊功能孕育了人类。因为地球在形成之

chū dà qì zhōng de èr yǎnghuàtàn hánliàng hěn gāo yǎng qì hěn shǎo qì wēn yě gāo shēngwù shì nán
初，大气中的二氧化碳含量很高，氧气很少，气温也高，生物是难

yǐ shēngcún de Dàyuē zài sì yì nián zhīqián lù dì cái chǎnshēng le sēnlín Sēnlín mànmàn jiāng dà qì
以生存的。大约在四亿年之前，陆地才产生了森林。森林慢慢将大气

zhōng de èr yǎnghuàtàn xī shōu tóngshí tǔ chū xīnxiān yǎng qì tiáojié qì wēn Zhè cái jù bèi le rénlèi
中的二氧化碳吸收，同时吐出新鲜氧气，调节气温：这才具备了人类

shēngcún de tiáojiàn dì qiú shàng cái zuìzhōng yǒu le rénlèi
生存的条件，地球上才最终有了人类。

Sēnlín shì dì qiú shēngtài xì tǒng de zhǔ tǐ shì dà zì rán de zǒng diàodù shì shì dì qiú de lǜ sè zhī
森林，是地球生态系统的主体，是大自然的总调度室，是地球的绿色之

fèi Sēnlín wéihù dì qiú shēngtài huánjìng de zhè zhǒng néngtūn néngtǔ de tè shū gōngnéng shì qí tā rènhé
肺。森林维护地球生态环境的这种“能吞能吐”的特殊功能是其他任何

wù tǐ dōu bù néng qǔdài de Rán' ér yóuyú dì qiú shàng de ránshāo wù zēngduō èr yǎnghuàtàn de pái
物体都不能取代的。然而，由于地球上的燃烧物增多，二氧化碳的排

fàngliàng jí jù zēngjiā shǐ dé dì qiú shēngtài huánjìng jí jù è huà zhǔyào biǎoxiàn wéi quánqiú qì hòu
放量急剧增加，使得地球生态环境急剧恶化，主要表现为全球气候

biànnuǎn shuǐfèn zhēngfā jiākuài gǎibiàn le qì liú de xúnhuán shǐ qì hòu biànhuà jiājù cóng' ér
变暖，水分蒸发加快，改变了气流的循环，使气候变化加剧，从而

yǐn fā rè làng jùfēng bàoyǔ hónglào jí gānhàn
引发热浪、飓风、暴雨、洪涝及干旱。

Wèi le shǐ dì qiú de zhè ge néngtūn néngtǔ de lǜ sè zhī fèi huī fù jiànzhuàng yǐ gǎishàn shēngtài
为了//使地球的这个“能吞能吐”的绿色之肺恢复健壮，以改善生态

huánjìng yì zhì quánqiú biànnuǎn jiǎnshǎo shuǐ hàn děng zì rán zāihài wǒmen yīnggāi dà lì zàolín
环境，抑制全球变暖，减少水旱等自然灾害，我们应该大力造林、

hùlín shǐ měi yī zuò huāngshān dōu lǜ qǐlái
护林，使每一座荒山都绿起来。

——节选自《中考语文课外阅读试题精选》中《“能吞能吐”的森林》

作品32号——《朋友和其他》

朋友即将远行。

暮春时节，又邀了几位朋友在家小聚。虽然都是极熟的朋友，却是终年难得一见，偶尔电话里相遇，也无非是几句寻常话。一锅小米稀饭，一碟大头菜，一盘自家酿制的泡菜，一只巷口买回的烤鸭，简简单单，不像请客，倒像家人团聚。

其实，友情也好，爱情也好，久而久之都会转化为亲情。

说也奇怪，和新朋友会谈文学、谈哲学、谈人生道理等等，和老朋友却只话家常，柴米油盐，细细碎碎，种种琐事。很多时候，心灵的契合已经不需要太多的言语来表达。

朋友新烫了个头，不敢回家见母亲，恐怕惊骇了老人家，却欢天喜地来见我们，老朋友颇能以一种趣味性的眼光欣赏这个改变。

年少的时候，我们差不多都在为别人而活，为苦口婆心的父母活，为循循善诱的师长活，为许多观念、许多传统的约束力而活。年岁逐增，渐渐挣脱外在的限制与束缚，开始懂得为自己活，照自己的方式做一些自己喜欢的事，不在乎别人的批评意见，不在乎别人的诋毁流言，只在乎那一份随心所欲的舒坦自然。偶尔，也能够纵容自己放浪一下，并且有一种恶作剧的窃喜。

就让生命顺其自然，水到渠成吧，犹如窗前的//乌桕，自生自落之间，自有一份圆融丰满的喜悦。春雨轻轻落着，没有诗，没有酒，有的只是一份相知相属的自在自得。

夜色在笑语中渐渐沉落，朋友起身告辞，没有挽留，没有送别，甚至也没有问归期。

已经过了大喜大悲的岁月，已经过了伤感流泪的年华，知道了聚散原来是这样的自然和顺理成章，懂得这点，便懂得珍惜每一次相聚的温馨，离别便也欢喜。

——节选自(中国台湾)杏林子《朋友和其他》

Péngyou jí jiāngyuǎnxíng
答： 朋友即将远行。

Mùchūnshíjié　yòuyāo le jǐ wèipéngyouzàijiāxiǎo jù　Suīrándōushì jí shú depéngyou　quèshì
暮春时节，又邀了几位朋友在家小聚。虽然都是极熟的朋友，却是
zhōngniánnándé yī jiàn　ǒu' ěr diànhuà lǐ xiāngyù　yěwúfēishì jǐ jù xúnchánghuà　Yīguōxiǎomǐ xī
终年难得一见，偶尔电话里相遇，也无非是几句寻常话。一锅小米稀
fàn　yī diédàtóucài　yī pán zì jiāniàngzhì de pàocài　yī zhīxiàngkǒumǎihuí de kǎoyā　jiǎnjiǎndān
饭，一碟大头菜，一盘自家酿制的泡菜，一只巷口买回的烤鸭，简简单
dān　bùxiàngqǐngkè　dǎoxiàngjiārén tuán jù
单，不像请客，倒像家人团聚。

Qíshí　yǒuqíngyěhǎo　àiqíngyěhǎo　jiǔ' érjiǔzhīdūhuìzhuǎnhuàwéiqīnqíng
其实，友情也好，爱情也好，久而久之都会转化为亲情。

Shuōyě qí guài　héxīnpéngyouhuìtánwénxué　tánzhéxué　tánrénshēngdào lǐ děngděng　hélǎo
说也奇怪，和新朋友会谈文学、谈哲学、谈人生道理等等，和老
péngyouquèzhǐhuàjiācháng　cháimǐyóuyán　xì xì suìsuì　zhǒngzhǒngsuǒshì　hěnduōshíhou　xīn
朋友却只话家常，柴米油盐，细细碎碎，种种琐事。很多时候，心
língde qì hé yǐ jīngbùxūyàotàiduōdeyányǔláibiǎodá
灵的契合已经不需要太多的言语来表达。

Péngyouxīntàng le gètóu　bùgǎnhuíjiājiànmǔqīn　kǒngpàjīnghài le lǎorénjiā　quèhuāntiān xǐ
朋友新烫了个头，不敢回家见母亲，恐怕惊骇了老人家，却欢天喜
dì láijiànwǒmen　lǎopéngyoupōnéng yǐ yī zhǒngqùwèixìngdeyǎnguāngxīnshǎngzhè gegǎibiàn
地来见我们，老朋友颇能以一种趣味性的眼光欣赏这个改变。

Niánshàodeshíhou　wǒmenchàbùduōdōuzàiwèibiérén ér huó　wèikǔkǒupóxīnde fù mǔhuó　wèi
年少的时候，我们差不多都在为别人而活，为苦口婆心的父母活，为
xúnxúnshànyòu de shīzhǎnghuó　wèixǔ duōguānniàn　xǔduōchuántǒngdeyuēshù lì ér huó　Niánsuì
循循善诱的师长活，为许多观念、许多传统的约束力而活。年岁

zhúzēng jiànjiànzhèngtuōwàizàidexiànzhìyǔshù fù kāishǐdǒngdéwèi zì jǐ huó zhào zì jǐ defāngshì
逐增，渐渐挣脱外在的限制与束缚，开始懂得为自己活，照自己的方式
zuò yī xiē zì jǐ xǐ huan de shì bùzàihu biérén de pī píng yì jiàn bùzàihu biérén de dǐ huǐ liúyán zhǐzài
做一些自己喜欢的事，不在乎别人的批评意见，不在乎别人的诋毁流言，只在
hunà yī fènsuíxīnsuǒyù deshūtan zì rán Ou' ěr yě nénggòuzòngróng zì jǐ fànglàng yī xià bìngqiě
乎那一份随心所欲的舒坦自然。偶尔，也能够纵容自己放浪一下，并且
yǒu yī zhǒng è zuò jù deqiè xǐ
有一种恶作剧的窃喜。

Jiùràngshēngmìngshùn qí zì rán shuǐdàoqúchéngba yóu rú chuāngqiánde wūjiù zì shēng zì
就让生命顺其自然，水到渠成吧，犹如窗前的//乌桕，自生自
luòzhījiān zì yǒu yī fènyuánróngfēngmǎn de xǐ yuè Chūn yǔ qīngqīngluò zhe méiyǒushī méiyǒu
落之间，自有一份圆融丰满的喜悦。春雨轻轻落着，没有诗，没有
jiǔ yǒudezhǐshì yī fènxiāngzhīxiāngzhǔde zì zài zì dé
酒，有的只是一份相知相属的自在自得。

Yè sè zàixiàoyǔzhōngjiànjiànchénluò péngyou qǐ shēngào cí méiyǒuwǎnliú méiyǒusòngbié
夜色在笑语中渐渐沉落，朋友起身告辞，没有挽留，没有送别，
shènzhì yě méiyǒuwèngui qī
甚至也没有问归期。

Yǐjīngguò le dà xǐ dàbēidesuìyuè yǐ jīngguò le shānggǎnliúlèi deniánhuá zhīdào le jù sànyuán
已经过了大喜大悲的岁月，已经过了伤感流泪的年华，知道了聚散原
láishìzhèyàngde zì ránhéshùn lǐ chéngzhāng dǒngdézhèdiǎn biàndǒngdézhēn xī měi yī cì xiāng jù
来是这样的自然和顺理成章，懂得这点，便懂得珍惜每一次相聚
dewēnxīn lí biébiànyěhuān xǐ
的温馨，离别便也欢喜。

——节选自（台湾）杏林子《朋友和其他》

作品 33 号——《散步》

我们在田野散步：我，我的母亲，我的妻子和儿子。

母亲本不愿出来的。她老了，身体不好，走远一点儿就觉得很累。我说，正因为如此，才应该多走走。母亲信服地点点头，便去拿外套。她现在很听我的话，就像我小时候很听她的话一样。

这南方初春的田野，大块小块的新绿随意地铺着，有的浓，有的淡，树上的嫩芽也密了，田里的冬水也咕咕地起着水泡。这一切都使人想着一样东西——生命。

我和母亲走在前面，我的妻子和儿子走在后面。小家伙突然叫起来：“前面是妈妈和儿子，后面也是妈妈和儿子。”我们都笑了。

后来发生了分歧：母亲要走大路，大路平顺；我的儿子要走小路，小路有意思。不过，一切都取决于我。我的母亲老了，她早已习惯听从她强壮的儿子；我的儿子还小，他还习惯听从他高大的父亲；妻子呢，在外面，她总是听我的。一霎时我感到了责任的重大。我想找一个两全的办法，找不出；我想拆散一家人，分成两路，各得其所，终不愿意。我决定委屈儿子，因为我伴同他的时日还长。我说：“走大路。”

但是母亲摸摸孙儿的小脑瓜儿，变了主意：“还是走小路吧。”她的眼随小路望去：那里

有金色的菜花，两行整齐的桑树，//尽头一口水波粼粼的鱼塘。“我走不过去的地方，你就背着我。”母亲对我说。

这样，我们在阳光下，向着那菜花、桑树和鱼塘走去。到了一处，我蹲下来，背起了母亲；妻子也蹲下来，背起了儿子。我和妻子都是慢慢地，稳稳地，走得很仔细，好像我背上的同她背上的加起来，就是整个世界。

——节选自莫怀戚《散步》

Wǒmenzàitiányěsànbù　Wǒ　wǒdemǔqīn　wǒde qī zǐ hé ér zi
答：我 们 在 田 野 散 步：我，我的母 亲，我的妻子和儿子。

Mǔqīnběnbùyuànchūláide　Tālǎo le　shēn tǐ bùhǎo　zǒuyuǎn yī diǎn r jiùjué dé hěnlèi　Wǒ
母 亲 本 不 愿 出 来的。她 老 了，身 体 不 好，走 远 一 点 儿就 觉 得 很 累。我

shuō　zhèngyīnwèirú cǐ　cáiyīnggāiduōzǒuzou　Mǔqīnxìn fú dediǎndiǎntóu　biànqùnáwàitào　Tā
说，正 因 为 如此，才 应 该 多 走 走。母 亲 信 服 地 点 点 头，便 去 拿 外 套。她

xiànzàihěntīngwǒdehuà　jiùxiàngwǒxiǎoshíhouhěntīngtā dehuà yī yàng
现 在 很 听 我的 话，就 像 我 小 时 候 很 听 她的 话 一 样 。

Zhènánfāngchūchūndetiányě　dàkuàixiǎokuàidexīn lǜ suí yì depūzhe　yǒudenóng　yǒudedàn
这 南 方 初 春 的 田 野，大 块 小 块 的新绿随意地铺着，有 的 浓，有 的 淡，

shùshàngdenènyá yě mì le　tián lǐ dedōngshuǐ yě gū gū de qǐ zheshuǐpào　Zhè yī qièdōushǐrénxiǎngzhe
树 上 的嫩 芽也密了，田 里 的 冬 水 也咕咕地起 着 水 泡。这 一 切 都 使 人 想 着

yī yàngdōng xi　shēngmìng
一 样 东 西—— 生 命 。

Wǒhémǔqīnzǒuzàiqiánmiàn　wǒde qī zǐ hé ér zi zǒuzàihòumiàn　Xiǎojiāhuo tū ránjiào qǐ lái
我 和 母 亲 走 在 前 面，我的 妻子和 儿子 走 在 后 面 。小 家 伙 突 然 叫 起来：

Qiánmiànshìmāmahé ér zi　hòumiànyěshìmāmahé ér zi　Wǒmendōuxiào le
“前 面 是 妈 妈 和 儿子，后 面 也是 妈 妈 和 儿子。”我 们 都 笑 了。

Hòulái fā shēng le fēn qí　Mǔqīnyàozǒudà lù　dà lù píngshùn　wǒde ér zi yàozǒuxiǎo lù　xiǎo lù
后 来 发 生 了分 歧：母 亲 要 走 大路，大路 平 顺；我的 儿子 要 走 小 路，小 路

yǒu yì si　Bù guò　yī qiè dōu qǔ jué yú wǒ　Wǒ de mǔ qīn lǎo le　tā zǎo yǐ xí guàn tīng cóng tā qiáng
有 意思。不 过，一 切 都 取 决 于 我。我 的 母 亲 老 了，她 早 已 习 惯 听 从 她 强

zhuàngde ér zi　wǒde ér zi háixiǎo　tā hái xí guàntīngcóngtā gāodàde fù qīn　qī zǐ ne　zàiwàimiàn
壮 的 儿子；我的 儿子 还 小，他 还 习 惯 听 从 他 高 大 的 父 亲；妻子 呢，在 外 面，

tā zǒngshìtīngwǒde　Yīshàshíwǒgǎndào le zé rèn dezhòngdà　Wǒxiǎngzhǎo yī gè liǎngquán debàn fǎ
她 总 是 听 我 的。一 霎 时 我 感 到 了 责 任 的 重 大。我 想 找 一 个 两 全 的 办 法，

zhǎobùchū　wǒxiǎngchāisàn yī jiārén　fēnchéngliǎng lù　gè dé qí suǒ　zhōngbùyuàn yì　Wǒjuédìng
找 不 出；我 想 拆 散 一 家 人，分 成 两 路，各 得 其 所，终 不 愿 意。我 决 定

wěiqu ér zi　yīnwèiwǒbàntóng tā deshí rì háicháng　Wǒshuō　Zǒudà lù
委 屈 儿子，因 为 我 伴 同 他 的 时 日 还 长 。我 说：“走 大 路。”

Dànshìmǔqīnmōmosūn’ ér dexiǎonǎoguā　biàn le zhǔ yi　Háishìzǒuxiǎo lù ba　Tā deyǎnsuí
但 是 母 亲 摸 摸 孙 儿 的 小 脑 瓜，变 了 主 意：“还 是 走 小 路 吧。”她 的 眼 随

xiǎo lù wàngqù　Nà lǐ yǒujīn sè decàihuā　liǎnghángzhěng qí desāngshù　jìntóu yī kǒushuǐbōlínlín
小 路 望 去：那 里 有 金 色 的 菜 花，两 行 整 齐 的 桑 树，//尽 头 一 口 水 波 粼 粼

de yú táng　Wǒzǒubùguòqùde dì fang　nǐ jiùbēizhewǒ　Mǔqīnduìwǒshuō
的 鱼 塘 。“我 走 不 过 去 的 地 方，你 就 背 着 我。”母 亲 对 我 说 。

Zhèyàng wǒmen zài yángguāng xià xiàngzhe nà càihuā sāngshù hé yútáng zǒuqù Dào le yī
这样，我们在阳光下，向着那菜花、桑树和鱼塘走去。到了一
chù wǒ dūnxiàlái bēiqǐ le mǔqīn qīzǐ yě dūnxiàlái bēiqǐ le érzi Wǒ hé qīzǐ dōu shì mànmàn
处，我蹲下来，背起了母亲；妻子也蹲下来，背起了儿子。我和妻子都是慢慢
de wěnwěn de zǒu de hěn zǐxì hǎoxiàng wǒ bèishàng de tóng tā bèishàng de jiā qǐlái jiùshì zhěnggè
地，稳稳地，走得很仔细，好像我背上的同她背上的加起来，就是整个
shìjiè
世界。

——节选自莫怀戚《散步》

作品 34 号——《神秘的"无底洞"》

地球上是否真的存在"无底洞"？按说地球是圆的，由地壳、地幔和地核三层组成，真正的"无底洞"是不应存在的，我们所看到的各种山洞、裂口、裂缝，甚至火山口也都只是地壳浅部的一种现象。然而中国一些古籍却多次提到海外有个深奥莫测的无底洞。事实上地球上确实有这样一个"无底洞"。

它位于希腊亚各斯古城的海滨。由于濒临大海，大涨潮时，汹涌的海水便会排山倒海般地涌入洞中，形成一股湍湍的急流。据测，每天流入洞内的海水量达三万多吨。奇怪的是，如此大量的海水灌入洞中，却从来没有把洞灌满。曾有人怀疑，这个"无底洞"，会不会就像石灰岩地区的漏斗、竖井、落水洞一类的地形。然而从二十世纪三十年代以来，人们就做了多种努力企图寻找它的出口，却都是枉费心机。

为了揭开这个秘密，一九五八年美国地理学会派出一支考察队，他们把一种经久不变的带色染料溶解在海水中，观察染料是如何随着海水一起沉下去。接着又察看了附近海面以及岛上的各条河、湖，满怀希望地寻找这种带颜色的水，结果令人失望。难道是海水量太大把有色水稀释得太淡，以致无法发现？//

至今谁也不知道为什么这里的海水会没完没了地"漏"下去，这个"无底洞"的出口又在哪里，每天大量的海水究竟都流到哪里去了？

——节选自罗伯特·罗威尔《神秘的"无底洞"》

Dìqiú shàng shìfǒu zhēn de cúnzài wúdǐdòng Ànshuō Dìqiú shì yuán de yóu dìqiào dì
答：地球上是否真的存在"无底洞"？按说地球是圆的，由地壳、地
mànhé dìhé sān céng zǔchéng zhēnzhèng de wúdǐdòng shì bù yīng cúnzài de wǒmen suǒ kàndào de gè
幔和地核三层组成，真正的"无底洞"是不应存在的，我们所看到的各
zhǒng shāndòng lièkǒu lièfèng shènzhì huǒshānkǒu yě dōu zhǐshì dìqiào qiǎnbù de yī zhǒng xiàn
种山洞、裂口、裂缝，甚至火山口也都只是地壳浅部的一种现
xiàng Rán'ér Zhōngguó yīxiē gǔjí què duō cì tídào hǎiwài yǒu gè shēn'ào mòcè de wúdǐdòng Shìshí
象。然而中国一些古籍却多次提到海外有个深奥莫测的无底洞。事实
shàng Dìqiú shàng quèshí yǒu zhèyàng yī gè wúdǐdòng
上地球上确实有这样一个"无底洞"。

Tā wèiyú Xīlà Yàgèsī gǔchéng de hǎibīn Yóuyú bīnlín dàhǎi dàzhǎngcháo shí xiōngyǒng de hǎi
它位于希腊亚各斯古城的海滨。由于濒临大海，大涨潮时，汹涌的海
shuǐ biàn huì páishān dǎohǎi bān de yǒngrù dòng zhōng xíngchéng yī gǔ tuāntuān de jíliú Jùcè měi
水便会排山倒海般地涌入洞中，形成一股湍湍的急流。据测，每

tiānliú rù dòngnèi de hǎishuǐ liàng dá sānwàn duōdūn Qíguài de shì rú cǐ dàliàng de hǎishuǐ guàn rù dòng
天流入洞内的海水量达三万多吨。奇怪的是，如此大量的海水灌入洞
zhōng què cónglái méiyǒu bǎ dòng guànmǎn Céng yǒu rén huái yí zhè ge wú dǐ dòng huì bù huì jiù
中，却从来没有把洞灌满。曾有人怀疑，这个“无底洞”，会不会就
xiàng shíhuīyán dì qū de lòudǒu shùjǐng luòshuǐdòng yī lèi de dì xíng Rán' ér cóng èr shíshì jì sānshí
像石灰岩地区的漏斗、竖井、落水洞一类的地形。然而从二十世纪三十
niándài yǐ lái rénmen jiù zuò le duōzhǒng nǔ lì qǐ tú xúnzhǎo tā de chūkǒu què dōu shì wǎngfèi xīn jī
年代以来，人们就做了多种努力企图寻找它的出口，却都是枉费心机。

Wèi le jiēkāi zhè ge mìmì yī jiǔ wǔ bā nián Měiguó Dì lǐ Xuéhuì pài chū yī zhī kǎocháduì tā men bǎ
为了揭开这个秘密，一九五八年美国地理学会派出一支考察队，他们把
yī zhǒng jīngjiǔ bù biàn de dài sè rǎnliào róngjiě zài hǎishuǐ zhōng guānchá rǎnliào shì rú hé suí zhe hǎishuǐ
一种经久不变的带色染料溶解在海水中，观察染料是如何随着海水
yī qǐ chénxiàqù Jiēzhe yòu chákàn le fù jìn hǎimiàn yǐ jí dǎoshàng de gè tiáo hé hú mǎnhuái xī wàng
一起沉下去。接着又察看了附近海面以及岛上的各条河、湖，满怀希望
de xúnzhǎo zhè zhǒng dài yán sè de shuǐ jié guǒ lìng rén shīwàng Nándào shì hǎishuǐ liàng tài dà bǎ yǒu sè
地寻找这种带颜色的水，结果令人失望。难道是海水量太大把有色
shuǐ xī shì de tài dàn yǐ zhì wú fǎ fāxiàn
水稀释得太淡，以致无法发现？//

Zhìjīn shuí yě bù zhīdào wèishénme Zhè lǐ de hǎishuǐ huì méiwán méiliǎo de lòu xiàqù zhè ge wú dǐ
至今谁也不知道为什么这里的海水会没完没了地“漏”下去，这个“无底
dòng de chūkǒu yòu zài nǎ lǐ měitiān dàliàng de hǎishuǐ jiūjìng dōu liúdào nǎ lǐ qù le
洞”的出口又在哪里，每天大量的海水究竟都流到哪里去了？

——节选自罗伯特·罗威尔《神秘的“无底洞”》

作品35号——《世间最美的坟墓》

我在俄国见到的景物再没有比托尔斯泰墓更宏伟、更感人的。

完全按照托尔斯泰的愿望，他的坟墓成了世间最美的，给人印象最深刻的坟墓。它只是树林中的一个小小的长方形土丘，上面开满鲜花——没有十字架，没有墓碑，没有墓志铭，连托尔斯泰这个名字也没有。

这位比谁都感到受自己的声名所累的伟人，却像偶尔被发现的流浪汉，不为人知的士兵，不留名姓地被人埋葬了。谁都可以踏进他最后的安息地，围在四周稀疏的木栅栏是不关闭的——保护列夫·托尔斯泰得以安息的没有任何别的东西，唯有人们的敬意；而通常，人们却总是怀着好奇，去破坏伟人墓地的宁静。

这里，逼人的朴素禁锢住任何一种观赏的闲情，并且不容许你大声说话。风儿俯临，在这座无名者之墓的树木之间飒飒响着，和暖的阳光在坟头嬉戏；冬天，白雪温柔地覆盖这片幽暗的土地。无论你在夏天或冬天经过这儿，你都想象不到，这个小小的、隆起的长方体里安放着一位当代最伟大的人物。

然而，恰恰是这座不留姓名的坟墓，比所有挖空心思用大理石和奢华装饰建造的坟墓更扣人心弦。在今天这个特殊的日子里，//到他的安息地来的成百上千人中间，没有一个有勇气，哪怕仅仅从这幽暗的土丘上摘下一朵花留作纪念。人们重新感到，世界上再没有比托尔斯泰最后留下的、这座纪念碑式的朴素坟墓，更打动人心的了。

——节选自[奥]茨威格《世间最美的坟墓》，张厚仁译

Wǒzài Éguójiàndàodejǐngwùzàiméiyǒu bǐ Tuō' ěr sī tàimùgènghóngwěi gènggǎnrénde
答：我在俄国见到的景物再没有比托尔斯泰墓更宏伟、更感人的。

Wánquánànzhào Tuō' ěr sī tài de yuànwàng tā de fénmù chéng le shì jiān zuì měi de gěi rén yìn
完全按照托尔斯泰的愿望，他的坟墓成了世间最美的，给人印
xiàngzuìshēnkè de fénmù Tāzhǐshìshùlínzhōng de yī gè xiǎoxiǎo de chángfāngxíng tǔ qiū shàngmiàn
象最深刻的坟墓。它只是树林中的一个小小的长方形土丘，上面
kāimǎnxiānhuā méiyǒu shí zì jià méiyǒu mùbēi méiyǒu mù zhì míng lián Tuō' ěr sī tài zhè ge
开满鲜花——没有十字架，没有墓碑，没有墓志铭，连托尔斯泰这个
míng zi yě méiyǒu
名字也没有。

Zhèwèi bǐ shuídōugǎndàoshòu zì jǐ deshēngmíngsuǒlěi de wěirén quèxiàngǒu' ěr bèi fā xiàn de liú
这位比谁都感到受自己的声名所累的伟人，却像偶尔被发现的流
lànghàn bùwéirénzhīdeshìbīng bùliúmíngxìngdebèirénmáizàng le Shuídōukě yǐ tà jìn tā zuìhòu de
浪汉，不为人知的士兵，不留名姓地被人埋葬了。谁都可以踏进他最后的
ān xī dì wéizài sì zhōu xī shū de mùzhàlanshì bù guān bì de bǎohù Liè fū Tuō' ěr sī tài dé yǐ ān xī
安息地，围在四周稀疏的木栅栏是不关闭的——保护列夫·托尔斯泰得以安息
deméiyǒurènhébié de dōng xi wéiyǒurénmen de jìng yì ér tōngchángrénmenquèzǒngshìhuáizhe hào
的没有任何别的东西，唯有人们的敬意；而通常人们却总是怀着好
qí qù pòhuàiwěirénmù dì deníngjìng
奇，去破坏伟人墓地的宁静。

Zhè lǐ bī rén de pǔ sù jìn gù zhù rèn hé yī zhǒng guānshǎng de xián qíng bìng qiě bù róng xǔ nǐ dà
这里，逼人的朴素禁锢住任何一种观赏的闲情，并且不容许你大
shēngshuōhuà Fēng' ér fǔ lín zàizhèzuòwúmíngzhězhīmù de shùmù zhījiān sà sà xiǎngzhe hé nuǎn
声说话。风儿俯临，在这座无名者之墓的树木之间飒飒响着，和暖
de yángguāngzàiféntóu xī xì dōngtiān báixuěwēnróu de fù gàizhèpiànyōu' àn de tǔ dì Wúlùn nǐ zài
的阳光在坟头嬉戏；冬天，白雪温柔地覆盖这片幽暗的土地。无论你在
xiàtiānhuòdōngtiānjīngguòzhèr nǐ dōuxiǎngxiàngbùdào zhège xiǎoxiǎo de lóng qǐ de chángfāng tǐ
夏天或冬天经过这儿，你都想象不到，这个小小的、隆起的长方体
lǐ ānfàngzhe yī wèidāngdàizuìwěidà de rénwù
里安放着一位当代最伟大的人物。

Rán' ér qiàqiàshìzhèzuòbùliúxìngmíng de fénmù bǐ suǒyǒu wā kōngxīn si yòng dà lǐ shí hé shē
然而，恰恰是这座不留姓名的坟墓，比所有挖空心思用大理石和奢
huázhuāngshìjiànzào de fénmù gèngkòurénxīnxián Zàijīntiānzhè ge tè shū de rì zi lǐ dào tā de ān
华装饰建造的坟墓更扣人心弦。在今天这个特殊的日子里，//到他的安
xī dì lái de chéngbǎishàngqiānrénzhōngjiān méiyǒu yī gè yǒuyǒng qì nǎpàjǐnjǐncóngzhèyōu' àn de tǔ
息地来的成百上千人中间，没有一个有勇气，哪怕仅仅从这幽暗的土
qiūshàngzhāixià yī duǒhuāliúzuò jì niàn Rénmenchóngxīngǎndào shìjièshàngzàiméiyǒu bǐ Tuō' ěr
丘上摘下一朵花留作纪念。人们重新感到，世界上再没有比托尔
sī tàizuìhòuliúxià de zhèzuò jì niànbēishì de pǔ sù fénmù gèngdǎdòngrénxīn de le
斯泰最后留下的、这座纪念碑式的朴素坟墓，更打动人心的了。

——节选自[奥]茨威格《世间最美的坟墓》，张厚仁译

作品 36 号——《苏州园林》

我国的建筑，从古代的宫殿到近代的一般住房，绝大部分是对称的，左边怎么样，右边怎么样。苏州园林可绝不讲究对称，好像故意避免似的。东边有了一个亭子或者一道回廊，西边决不会来一个同样的亭子或者一道同样的回廊。这是为什么？我想，用图画来比方，对称的建筑是图案画，不是美术画，而园林是美术画，美术画要求自然之趣，是不讲究对称的。

苏州园林里都有假山和池沼。

假山的堆叠，可以说是一项艺术而不仅是技术。或者是重峦叠嶂，或者是几座小山配合着竹子花木，全在乎设计者和匠师们生平多阅历，胸中有丘壑，才能使游览者攀登的时候忘却苏州城市，只觉得身在山间。

至于池沼，大多引用活水。有些园林池沼宽敞，就把池沼作为全园的中心，其他景物配合着布置。水面假如成河道模样，往往安排桥梁。假如安排两座以上的桥梁，那就一座一个样，决不雷同。

池沼或河道的边沿很少砌齐整的石岸，总是高低屈曲任其自然。还在那儿布置几块玲珑的石头，或者种些花草。这也是为了取得从各个角度看都成一幅画的效果。池沼里养着金鱼或各色鲤鱼，夏秋季节荷花或睡莲开//放，游览者看“鱼戏莲叶间”，又是入画的一景。

——节选自叶圣陶《苏州园林》

Wǒguó de jiànzhù　cóng gǔdài de gōngdiàn dào jìndài de yībān zhùfáng　jué dà bùfen shì duì
答： 我国的建筑，从古代的宫殿到近代的一般住房，绝大部分是对
chènde　zuǒbiān zěnmeyàng　yòubiān zěnmeyàng　Sūzhōu yuánlín kě jué bù jiǎngjiū duìchèn　hǎo
称的，左边怎么样，右边怎么样。苏州园林可绝不讲究对称，好
xiànggù yì bìmiǎn shìde　Dōngbiān yǒu le yī gè tíngzi huòzhě yī dào huíláng　xībiān jué bù huì lái yī gè
像故意避免似的。东边有了一个亭子或者一道回廊，西边决不会来一个
tóngyàng de tíngzi huòzhě yī dào tóngyàng de huíláng　Zhè shì wèishénme　Wǒ xiǎng　yòng tú huà lái bǐ
同样的亭子或者一道同样的回廊。这是为什么？我想，用图画来比
fang　duìchèn de jiànzhù shì tú'ànhuà　bù shì měishùhuà　ér yuánlín shì měishùhuà　měishùhuà yāo
方，对称的建筑是图案画，不是美术画，而园林是美术画，美术画要
qiú zìrán zhī qù　shì bù jiǎngjiū duìchèn de
求自然之趣，是不讲究对称的。

Sūzhōu yuánlín lǐ dōu yǒu jiǎshān hé chízhǎo
苏州园林里都有假山和池沼。

Jiǎshān de duīdié　kěyǐ shuō shì yī xiàng yìshù ér bùjǐn shì jìshù　Huòzhě shì chóngluán diézhàng
假山的堆叠，可以说是一项艺术而不仅是技术。或者是重峦叠嶂，
huòzhě shì jǐ zuò xiǎoshān pèihé zhe zhúzi huāmù　quán zàihu shèjìzhě hé jiàngshīmen shēngpíng duō yuè
或者是几座小山配合着竹子花木，全在乎设计者和匠师们生平多阅
lì　xiōngzhōng yǒu qiūhè　cái néng shǐ yóulǎnzhě pāndēng de shíhou wàngquè Sūzhōu chéngshì　zhǐ jué
历，胸中有丘壑，才能使游览者攀登的时候忘却苏州城市，只觉
dé shēn zài shānjiān
得身在山间。

Zhìyú chízhǎo　dàduō yǐnyòng huóshuǐ　Yǒuxiē yuánlín chízhǎo kuānchǎng　jiù bǎ chízhǎo zuòwéi
至于池沼，大多引用活水。有些园林池沼宽敞，就把池沼作为

quányuándezhōngxīn qí tā jǐngwùpèihézhebùzhì Shuǐmiànjiǎrú chénghédàomúyàng wǎngwǎng
全园的中心，其他景物配合着布置。水面假如成河道模样，往往

ānpáiqiáoliáng Jiǎrú ānpáiliǎngzuò yǐ shàngdeqiáoliáng nàjiù yī zuò yī gèyàng juébùléitóng
安排桥梁。假如安排两座以上的桥梁，那就一座一个样，决不雷同。

Chízhǎohuòhédàodebiānyánhěnshǎo qì qízhěngdeshí' àn zǒngshìgāo dī qūqūrèn qí zì rán Hái
池沼或河道的边沿很少砌齐整的石岸，总是高低屈曲任其自然。还

zàinàr bùzhì jǐ kuàilínglóngdeshítou huòzhězhòngxiēhuācǎo Zhè yě shìwèi le qǔ dé cóng gè gè jiǎodù
在那儿布置几块玲珑的石头，或者种些花草。这也是为了取得从各个角度

kàndōuchéng yī fú huàdexiàoguǒ Chízhǎo lǐ yǎngzhejīnyúhuò gè sè lǐ yú xiàqiū jì jiéhéhuāhuòshuì
看都成一幅画的效果。池沼里养着金鱼或各色鲤鱼，夏秋季节荷花或睡

liánkāi fàng yóulǎnzhěkàn yú xì liányèjiān yòushìrùhuàde yī jǐng
莲开//放，游览者看“鱼戏莲叶间”，又是入画的一景。

——节选自叶圣陶《苏州园林》

作品37号——《态度创造快乐》

一位访美中国女作家，在纽约遇到一位卖花的老太太。老太太穿着破旧，身体虚弱，但脸上的神情却是那样祥和兴奋。女作家挑了一朵花说：“看起来，你很高兴。”老太太面带微笑地说：“是的，一切都这么美好，我为什么不高兴呢？”“对烦恼，你倒真能看得开。”女作家又说了一句。没料到，老太太的回答更令女作家大吃一惊：“耶稣在星期五被钉上十字架时，是全世界最糟糕的一天，可三天后就是复活节。所以，当我遇到不幸时，就会等待三天，这样一切就恢复正常了。”

“等待三天”，多么富于哲理的话语，多么乐观的生活方式。它把烦恼和痛苦抛下，全力去收获快乐。

沈从文在“文革”期间，陷入了非人的境地。可他毫不在意，他在咸宁时给他的表侄、画家黄永玉写信说：“这里的荷花真好，你若来……”身陷苦难却仍为荷花的盛开欣喜赞叹不已，这是一种趋于澄明的境界，一种旷达洒脱的胸襟，一种面临磨难坦荡从容的气度，一种对生活童子般的热爱和对美好事物无限向往的生命情感。

由此可见，影响一个人快乐的，有时并不是困境及磨难，而是一个人的心态。如果把自己浸泡在积极、乐观、向上的心态中，快乐必然会//占据你的每一天。

——节选自《态度创造快乐》

Yī wèi fǎng Měi Zhōngguó nǚ zuòjiā zài Niǔyuē yù dào yī wèi mài huā de lǎo tài tai Lǎo tài tai
答：一位访美中国女作家，在纽约遇到一位卖花的老太太。老太太

chuānzhuópòjiù shēn tǐ xūruò dànliǎnshàngdeshénqíngquèshìnàyàngxiánghé xīngfèn Nǚzuòjiā
穿着破旧，身体虚弱，但脸上的神情却是那样祥和兴奋。女作家

tiāo le yī duǒhuāshuō Kàn qǐ lái nǐ hěngāoxìng Lǎotàitaimiàndàiwēixiàodeshuō Shìde Yī
挑了一朵花说：“看起来，你很高兴。”老太太面带微笑地说：“是的，一

qièdōuzhèmeměihǎo wǒwèishénmebùgāoxìngne Duìfánnǎo nǐ dǎozhēnnéngkàndekāi Nǚzuò
切都这么美好，我为什么不高兴呢？”“对烦恼，你倒真能看得开。”女作

jiāyòushuō le yī jù Méiliàodào lǎotàitai dehuídágènglìngnǚzuòjiādàchī yī jīng Yēsū zàixīng qī
家又说了一句。没料到，老太太的回答更令女作家大吃一惊：“耶稣在星期

wǔbèidìngshàngshí zì jiàshí shìquánshìjièzuìzāogāo de yī tiān kěsāntiānhòujiùshìFùhuójié Suǒ
五被钉上十字架时，是全世界最糟糕的一天，可三天后就是复活节。所
yǐ dāngwǒyùdàobùxìngshí jiùhuìděngdàisāntiān zhèyàng yī qièjiùhuī fù zhèngcháng le
以，当我遇到不幸时，就会等待三天，这样一切就恢复正常了。”

Děngdàisāntiān duōme fù yú zhé lǐ de huà yǔ duōme lè guān de shēnghuófāngshì Tābǎfán
“等待三天”，多么富于哲理的话语，多么乐观的生活方式。它把烦
nǎohétòngkǔpāoxià quán lì qùshōuhuòkuài lè
恼和痛苦抛下，全力去收获快乐。

ShěnCóngwénzài wéngé qījiān xiànrù le fēiréndejìngdì Kětā háobùzài yì tā zàiXiánníng
沈从文在“文革”期间，陷入了非人的境地。可他毫不在意，他在咸宁
shígěitā de biǎozhí huàjiā Huáng Yǒngyù xiěxìn shuō Zhè lǐ de héhuā zhēnhǎo nǐ ruòlái
时给他的表侄、画家黄永玉写信说：“这里的荷花真好，你若来……”
Shēnxiànkǔnànquèréngwèihéhuādeshèngkāixīn xǐ zàntànbù yǐ zhèshì yī zhǒngqūyúchéngmíngdejìng
身陷苦难却仍为荷花的盛开欣喜赞叹不已，这是一种趋于澄明的境
jiè yī zhǒngkuàngdá sǎ tuō de xiōngjīn yī zhǒngmiànlínmónàntǎndàngcóngróngde qì dù yī zhǒng
界，一种旷达洒脱的胸襟，一种面临磨难坦荡从容的气度，一种
duìshēnghuótóng zǐ bānde rè ài héduìměihǎoshìwùwúxiànxiàngwǎngdeshēngmìngqínggǎn
对生活童子般的热爱和对美好事物无限向往的生命情感。

Yóu cǐ kějiàn yǐngxiǎng yī gèrénkuài lè de yǒushíbìngbùshìkùnjìng jí mónàn ér shì yī gè rén
由此可见，影响一个人快乐的，有时并不是困境及磨难，而是一个人
de xīntài Rúguǒbǎ zì jǐ jìnpào zài jī jí lè guān xiàngshàng de xīntài zhōng kuài lè bì rán huì
的心态。如果把自己浸泡在积极、乐观、向上的心态中，快乐必然会//
zhàn jù nǐ de měi yī tiān
占据你的每一天。

——节选自《态度创造快乐》

作品38号——《泰山极顶》

泰山极顶看日出，历来被描绘成十分壮观的奇景。有人说：登泰山而看不到日出，就像一出大戏没有戏眼，味儿终究有点寡淡。

我去爬山那天，正赶上个难得的好天，万里长空，云彩丝儿都不见。素常烟雾腾腾的山头，显得眉目分明。同伴们都欣喜地说：“明天早晨准可以看见日出了。”我也是抱着这种想头，爬上山去。

一路从山脚往上爬，细看山景，我觉得挂在眼前的不是五岳独尊的泰山，却像一幅规模惊人的青绿山水画，从下面倒展开来。在画卷中最先露出的是山根底那座明朝建筑岱宗坊，慢慢地便现出王母池、斗母宫、经石峪。山是一层比一层深，一叠比一叠奇，层层叠叠，不知还会有多深多奇。万山丛中，时而点染着极其工细的人物。王母池旁的吕祖殿里有不少尊明塑，塑着吕洞宾等一些人，姿态神情是那样有生气，你看了，不禁会脱口赞叹说：“活啦。”

画卷继续展开，绿荫森森的柏洞露面不太久，便来到对松山。两面奇峰对峙着，满山峰都是奇形怪状的老松，年纪怕都有上千岁了，颜色竟那么浓，浓得好像要流下来似的。来到这儿，你不妨权当一次画里的写意人物，坐在路旁的对松亭里，看看山色，听听流//

水和松涛。

一时间，我又觉得自己不仅是在看画卷，却又像是在零零乱乱翻着一卷历史稿本。

——节选自杨朔《泰山极顶》

TàiShān jí dǐngkàn rì chū lì lái bèi miáo huì chéng shí fēn zhuàng guān de qí jǐng Yǒu rén
答：泰山极顶看日出，历来被描绘成十分壮观的奇景。有人
shuō DēngTàiShān ér kànbùdào rì chū jiùxiàng yī chū dà xì méiyǒu xì yǎn wèi r zhōngjiū yǒu diǎn
说：登泰山而看不到日出，就像一出大戏没有戏眼，味儿终究有点
guǎdàn
寡淡。

Wǒqùpáshānnàtiān zhènggǎnshànggènándé dehǎotiān wàn lǐ chángkōng yúncai sī r dōubù
我去爬山那天，正赶上个难得的好天，万里长空，云彩丝儿都不
jiàn Sùchángyānwù téngténg de shāntóu xiǎn dé méi mù fēn míng Tóngbàn men dōu xīn xǐ de shuō
见。素常烟雾腾腾的山头，显得眉目分明。同伴们都欣喜地说：
Míngtiānzǎochénzhǔnkě yǐ kànjiàn rì chū le Wǒ yě shìbàozhezhèzhǒngxiǎngtou páshàngshānqù
“明天早晨准可以看见日出了。”我也是抱着这种想头，爬上山去。

Yī lù cóngshānjiǎowǎngshàngpá xì kànshānjǐng wǒjuédéguàzàiyǎnqiándebùshìWǔ Yuèdúzūn
一路从山脚往上爬，细看山景，我觉得挂在眼前的不是五岳独尊
deTàiShān quèxiàng yī fú guīmójīngréndeqīng lǜ shānshuǐhuà cóngxiàmiàndǎozhǎnkāilái Zàihuà
的泰山，却像一幅规模惊人的青绿山水画，从下面倒展开来。在画
juànzhōngzuìxiānlòuchūdeshìshāngēn dǐ nàzuòMíngcháojiànzhùDàizōngfāng mànmàndebiànxiànchū
卷中最先露出的是山根底那座明朝建筑岱宗坊，慢慢地便现出
Wángmǔchí Dǒumǔgōng Jīngshíyù Shānshì yī céng bǐ yī céngshēn yī dié bǐ yī dié qí céngcéng
王母池、斗母宫、经石峪。山是一层比一层深，一叠比一叠奇，层层
diédié bùzhīháihuìyǒuduōshēnduō qí Wànshāncóngzhōng shí’ ér diǎnrǎnzhe jí qí gōng xì de rén
叠叠，不知还会有多深多奇。万山丛中，时而点染着极其工细的人
wù Wángmǔchípáng de Lǚ zǔ diàn lǐ yǒubùshǎozūnmíng sù sù zhe Lǚ Dòngbīnděng yī xiērén zī tài
物。王母池旁的吕祖殿里有不少尊明塑，塑着吕洞宾等一些人，姿态
shénqíngshìnàyàngyǒushēng qì nǐ kàn le bùjīnhuìtuōkǒuzàntànshuō Huó la
神情是那样有生气，你看了，不禁会脱口赞叹说：“活啦”。

Huàjuàn jì xù zhǎn kāi lǜ yīn sēn sēn de Bǎi dòng lòu miàn bù tài jiǔ biàn lái dào Duì sōng shān
画卷继续展开，绿荫森森的柏洞露面不太久，便来到对松山。
Liǎngmiàn qí fēng duì zhì zhe mǎn shān fēng dōu shì qí xíng guài zhuàng de lǎo sōng nián jì pà dōu yǒu
两面奇峰对峙着，满山峰都是奇形怪状的老松，年纪怕都有
shàngqiānsuì le yán sè jìngnàmenóng nóngdéhǎoxiàngyàoliúxiàláishìde Láidàozhèr nǐ bùfáng
上千岁了，颜色竟那么浓，浓得好像要流下来似的。来到这儿，你不妨
quándāng yī cì huà lǐ de xiě yì rénwù zuòzài lù páng de Duìsōngtíng lǐ kànkanshān sè tīngtingliú
权当一次画里的写意人物，坐在路旁的对松亭里，看看山色，听听流//
shuǐhésōngtāo
水和松涛。

Yīshíjiān wǒyòujuédé zì jǐ bùjǐnshìzàikànhuàjuàn quèyòuxiàngshìzàilínglíngluànluànfānzhe
一时间，我又觉得自己不仅是在看画卷，却又像是在零零乱乱翻着

yī juàn lì shǐgǎoběn
一卷历史稿本。

——节选自杨朔《泰山极顶》

作品 39 号——《陶行知的“四块糖果”》

育才小学校长陶行知在校园看到学生王友用泥块砸自己班上的同学，陶行知当即喝止了他，并令他放学后到校长室去。无疑，陶行知是要好好教育这个“顽皮”的学生。那么他是如何教育的呢？

放学后，陶行知来到校长室，王友已经等在门口准备挨训了。可一见面，陶行知却掏出一块糖果送给王友，并说：“这是奖给你的，因为你按时来到这里，而我却迟到了。”王友惊疑地接过糖果。

随后，陶行知又掏出一块糖果放到他手里，说：“这第二块糖果也是奖给你的，因为当我不让你再打人时，你立即就住手了，这说明你很尊重我，我应该奖你。”王友更惊疑了，他眼睛睁得大大的。

陶行知又掏出第三块糖果塞到王友手里，说：“我调查过了，你用泥块砸那些男生，是因为他们不守游戏规则，欺负女生；你砸他们，说明你很正直善良，且有批评不良行为的勇气，应该奖励你啊！”王友感动极了，他流着眼泪后悔地喊道：“陶……陶校长你打我两下吧！我砸的不是坏人，而是自己的同学啊……”

陶行知满意地笑了，他随即掏出第四块糖果递给王友，说：“为你正确地认识错误，我再奖给你一块糖果，只可惜我只有这一块糖果了。我的糖果//没有了，我看我们的谈话也该结束了吧！”说完，就走出了校长室。

——节选自《教师博览·百期精华》中《陶行知的“四块糖果”》

YùcáiXiǎoxuéxiàozhǎngTáoXíngzhīzàixiàoyuánkàndàoxuéshengWángYǒuyòng ní kuài zá zì
答： 育才小学校长陶行知在校园看到学生王友用泥块砸自

jǐ bānshàngdetóngxué　TáoXíngzhīdāng jí hèzhǐ le tā　bìnglìng tā fàngxuéhòudàoxiàozhǎngshìqù
己班上的同学，陶行知当即喝止了他，并令他放学后到校长室去。

Wú yí　TáoXíngzhīshìyàohǎohǎojiàoyùzhège　wánpí　dexuésheng　Nàme tā shìrú héjiàoyùdene
无疑，陶行知是要好好教育这个“顽皮”的学生。那么他是如何教育的呢？

Fàngxuéhòu　TáoXíngzhīláidàoxiàozhǎngshì　WángYǒu yǐ jīngděngzàiménkǒuzhǔnbèi ái xùn
放学后，陶行知来到校长室，王友已经等在门口准备挨训

le　Kě yī jiànmiàn　TáoXíngzhīquètāochū yī kuàitángguǒsònggěiWángYǒu　bìngshuō　Zhèshì
了。可一见面，陶行知却掏出一块糖果送给王友，并说：“这是

jiǎnggěi nǐ de　yīnwèi nǐ ànshíláidàoZhè lǐ　ér wǒquèchídào le　WángYǒujīng yí dejiēguòtángguǒ
奖给你的，因为你按时来到这里，而我却迟到了。”王友惊疑地接过糖果。

Suíhòu　TáoXíngzhīyòutāochū yī kuàitángguǒfàngdào tā shǒu lǐ　shuō　Zhè dì-èr kuàitángguǒ
随后，陶行知又掏出一块糖果放到他手里，说：“这第二块糖果

yěshìjiǎnggěi nǐ de　yīnwèidāngwǒbùràng nǐ zàidǎrénshí　nǐ lì jí jiùzhùshǒu le　zhèshuōmíng nǐ hěn
也是奖给你的，因为当我不让你再打人时，你立即就住手了，这说明你很

zūnzhòngwǒ　wǒyīnggāijiǎng nǐ　WángYǒugèngjīng yí le　tā yǎnjingzhēngdedàdàde
尊重我，我应该奖你。”王友更惊疑了，他眼睛睁得大大的。

TáoXíngzhīyòutāochū dì-sānkuàitángguǒsāidàoWángYǒushǒu lǐ　shuō　Wǒdiàocháguo le
陶行知又掏出第三块糖果塞到王友手里，说：“我调查过了，
nǐ yòng ní kuài zá nàxiē nánshēng　shìyīnwèi tā menbùshǒuyóu xì guī zé　qī fu nǚshēng　nǐ zá tā men
你用泥块砸那些男生，是因为他们不守游戏规则，欺负女生；你砸他们，
shuōmíng nǐ hěnzhèngzhíshànliáng　qiěyǒu pī píngbùliángxíngwéi deyǒng qì　yīnggāijiǎng lì nǐ a
说明你很正直善良，且有批评不良行为的勇气，应该奖励你啊！”
WángYǒugǎndòng jí le　tā liúzheyǎnlèihòuhuǐ dehǎndào　Táo　Táoxiàozhǎng nǐ dǎwǒliǎngxià
王友感动极了，他流着眼泪后悔地喊道：“陶……陶校长你打我两下
ba　Wǒzá debùshìhuàirén　ér shì zì jǐ detóngxué a
吧！我砸的不是坏人，而是自己的同学啊……”

TáoXíngzhīmǎn yì dexiào le　tā suí jí tāochū dì - sì kuàitángguǒ dì gěiWángYǒu　shuō　Wèi nǐ
陶行知满意地笑了，他随即掏出第四块糖果递给王友，说：“为你
zhèngquèderènshicuòwù　wǒzàijiǎnggěi nǐ yī kuàitángguǒ　zhǐkě xī wǒzhǐyǒuzhè yī kuàitángguǒ le
正确地认识错误，我再奖给你一块糖果，只可惜我只有这一块糖果了。
Wǒdetángguǒ　méiyǒu le　wǒkànwǒmen detánhuà yě gāijiéshù le ba　Shuōwán　jiùzǒuchū le xiào
我的糖果//没有了，我看我们的谈话也该结束了吧！”说完，就走出了校
zhǎngshì
长室。

——节选自《教师博览·百期精华》中《陶行知的“四块糖果”》

作品 40 号——《提醒幸福》

享受幸福是需要学习的，当它即将来临的时刻需要提醒。人可以自然而然地学会感官的享乐，却无法天生地掌握幸福的韵律。灵魂的快意同器官的舒适像一对孪生兄弟，时而相傍相依，时而南辕北辙。

幸福是一种心灵的震颤。它像会倾听音乐的耳朵一样，需要不断地训练。

简而言之，幸福就是没有痛苦的时刻。它出现的频率并不像我们想象的那样少。人们常常只是在幸福的金马车已经驶过去很远时，才拣起地上的金鬃毛说“原来我见过它”。

人们喜爱回味幸福的标本，却忽略它披着露水散发清香的时刻。那时候我们往往步履匆匆，瞻前顾后不知在忙着什么。

世上有预报台风的，有预报蝗灾的，有预报瘟疫的，有预报地震的。没有人预报幸福。

其实幸福和世界万物一样，有它的征兆。

幸福常常是朦胧的，很有节制地向我们喷洒甘霖。你不要总希望轰轰烈烈的幸福，它多半只是悄悄地扑面而来。你也不要企图把水龙头拧得更大，那样它会很快地流失。你需要静静地以平和之心，体验它的真谛。

幸福绝大多数是朴素的。它不会像信号弹似的，在很高的天际闪烁红色的光芒。它披着本色的外衣，亲//切温暖地包裹起我们。

幸福不喜欢喧嚣浮华，它常常在暗淡中降临。贫困中相濡以沫的一块糕饼，患难中心心相印的一个眼神，父亲一次粗糙的抚摸，女友一张温馨的字条……这都是千金难买的幸福啊。像一粒粒缀在旧绸子上的红宝石，在凄凉中愈发熠熠夺目。

——节选自毕淑敏《提醒幸福》

Xiǎngshòuxìngfú shìxūyàoxué xí de dāngtā jí jiānglái lín de shíkè xūyào tí xǐng Rénkě yǐ
答： 享受幸福是需要学习的，当它即将来临的时刻需要提醒。人可以

zì rán' ér rán de xuéhuì gǎnguān de xiǎng lè quèwú fǎ tiānshēng de zhǎngwò xìng fú de yùn lǜ Línghún
自然而然地学会感官的享乐，却无法天生地掌握幸福的韵律。灵魂

de kuài yì tong qì guān de shūshì xiàng yī duì luánshēngxiōng dì shí' ér xiāngbàngxiāng yī shí' ér nán
的快意同器官的舒适像一对孪生兄弟，时而相傍相依，时而南

yuánběizhé
辕北辙。

Xìngfú shì yī zhǒng xīnlíng de zhènzhàn Tā xiàng huì qīngtīng yīnyuè de ěr duo yī yàng xū yào bù
幸福是一种心灵的震颤。它像会倾听音乐的耳朵一样，需要不

duàn de xùnliàn
断地训练。

Jiǎn' ér yán zhī xìng fú jiù shì méi yǒu tòngkǔ de shíkè Tā chūxiàn de pín lǜ bìng bù xiàng wǒmen
简而言之，幸福就是没有痛苦的时刻。它出现的频率并不像我们

xiǎngxiàng de nàyàng shǎo Rénmen chángcháng zhǐshì zài xìng fú de jīn mǎchē yǐ jīngshǐguò qù hěn yuǎn
想象的那样少。人们常常只是在幸福的金马车已经驶过去很远

shí cái jiǎn qǐ dì shàng de jīnzōngmáo shuō yuánlái wǒ jiànguo tā
时，才拣起地上的金鬃毛说，原来我见过它。

Rénmen xǐ' ài huíwèi xìngfú de biāoběn què hūlüè tā pī zhe lù shuǐ sàn fā qīngxiāng de shíkè Nà
人们喜爱回味幸福的标本，却忽略它披着露水散发清香的时刻。那

shíhou wǒmen wǎngwǎng bù lǚ cōngcōng zhānqián gùhòu bùzhī zài mángzhe shénme
时候我们往往步履匆匆，瞻前顾后不知在忙着什么。

Shìshàng yǒu yùbào táifēng de yǒu yùbào huángzāi de yǒu yùbào wēn yì de yǒu yùbào dì zhèn de
世上有预报台风的，有预报蝗灾的，有预报瘟疫的，有预报地震的。

Méiyǒurén yùbào xìngfú
没有人预报幸福。

Qíshí xìngfú hé shìjiè wànwù yī yàng yǒu tā de zhēngzhào
其实幸福和世界万物一样，有它的征兆。

Xìngfú chángcháng shì ménglóng de hěn yǒu jiézhì de xiàng wǒmen pēn sǎ gānlín Nǐ bù yào zǒng xī
幸福常常是朦胧的，很有节制地向我们喷洒甘霖。你不要总希

wàng hōnghōng lièliè de xìngfú tā duōbàn zhǐshì qiāoqiāo de pūmiàn ér lái Nǐ yě bù yào qǐ tú bǎ shuǐlóng
望轰轰烈烈的幸福，它多半只是悄悄地扑面而来。你也不要企图把水龙

tóu nǐng de gèng dà nàyàng tā huì hěn kuài de liúshī Nǐ xū yào jìngjìng de yǐ pínghé zhī xīn tǐ yàn tā de
头拧得更大，那样它会很快地流失。你需要静静地以平和之心，体验它的

zhēn dì
真谛。

Xìngfú juédàduōshù shì pǔ sù de Tā bù huì xiàng xìnhào dàn shì de zài hěn gāo de tiān jì shǎnshuò
幸福绝大多数是朴素的。它不会像信号弹似的，在很高的天际闪烁

hóng sè de guāngmáng Tā pī zhe běn sè de wài yī qīnqiè wēnnuǎn de bāoguǒ qǐ wǒmen
红色的光芒。它披着本色的外//衣，亲切温暖地包裹起我们。

Xìngfú bù xǐ huan xuānxiāo fú huá tā chángcháng zài àndàn zhōng jiànglín Pínkùn zhōng xiāng rú
幸福不喜欢喧嚣浮华，它常常在暗淡中降临。贫困中相濡

yǐ mòde yī kuàigāobǐng huànnànzhōngxīnxīnxiāngyìnde yī gè yǎnshén fù qīn yī cì cūcāode fǔ mō
以沫的一块糕饼，患难中心心相印的一个眼神，父亲一次粗糙的抚摸，
nǚyǒu yī zhāngwēnxīnde zì tiáo Zhèdōushì qiānjīnnánmǎi de xìng fú a Xiàng yī lì lì zhuìzàijiù
女友一张温馨的字条……这都是千金难买的幸福啊。像一粒粒缀在旧
chóu zi shàngdehóngbǎoshí zài qī liángzhōngyù fā yì yì duómù
绸子上的红宝石，在凄凉中愈发熠熠夺目。

——节选自毕淑敏《提醒幸福》

作品 41 号——《天才的造就》

在里约热内卢的一个贫民窟里，有一个男孩子，他非常喜欢足球，可是又买不起，于是就踢塑料盒，踢汽水瓶，踢从垃圾箱里拣来的椰子壳。他在胡同里踢，在能找到的任何一片空地上踢。

有一天，当他在一处干涸的水塘里猛踢一个猪膀胱时，被一位足球教练看见了。他发现这个男孩儿踢得很像是那么回事，就主动提出要送给他一个足球。小男孩儿得到足球后踢得更卖劲了。不久，他就能准确地把球踢进远处随意摆放的一个水桶里。

圣诞节到了，孩子的妈妈说："我们没有钱买圣诞礼物送给我们的恩人，就让我们为他祈祷吧。"

小男孩儿跟随妈妈祈祷完毕，向妈妈要了一把铲子便跑了出去。他来到一座别墅前的花园里，开始挖坑。

就在他快要挖好坑的时候，从别墅里走出一个人来，问小孩儿在干什么，孩子抬起满是汗珠的脸蛋儿，说："教练，圣诞节到了，我没有礼物送给您，我愿给您的圣诞树挖一个树坑。"

教练把小男孩儿从树坑里拉上来，说，我今天得到了世界上最好的礼物。明天你就到我的训练场去吧。

三年后，这位十七岁的男孩儿在第六届足球锦标赛上独进二十一球，为巴西第一次捧回了金杯。一个原//来不为世人所知的名字——贝利，随之传遍世界。

——节选自刘燕敏《天才的造就》

Zài Lǐ yuē rè nèilúde yī gèpínmínkū lǐ yǒu yī gènánhái zi tā fēicháng xǐ huan zú qiú kě
答：在里约热内卢的一个贫民窟里，有一个男孩子，他非常喜欢足球，可
shìyòumǎibù qǐ yúshìjiù tī sùliàohér tī qì shuǐpíng tī cóng lā jī xiāng lǐ jiǎnláide yē zi kér Tā
是又买不起，于是就踢塑料盒，踢汽水瓶，踢从垃圾箱里拣来的椰子壳。他
zàihútòng lǐ tī zàinéngzhǎodàoderènhé yī piànkòng dì shàng tī
在胡同里踢，在能找到的任何一片空地上踢。

Yǒu yī tiān dāng tā zài yī chùgānhé deshuǐtáng lǐ měng tī yī gè zhūpángguāngshí bèi yī wèi zú
有一天，当他在一处干涸的水塘里猛踢一个猪膀胱时，被一位足
qiújiàoliànkànjiàn le Tā fā xiànzhè ge nánhái r tī dehěnxiàngshìnàmehuíshì jiùzhǔdòng tí chūyào
球教练看见了。他发现这个男孩儿踢得很像是那么回事，就主动提出要
sònggěi tā yī gè zúqiú Xiǎonánhái r dédàozú qiúhòu tī de gèngmàijìnr le Bùjiǔ tā jiùnéngzhǔnquè
送给他一个足球。小男孩儿得到足球后踢得更卖劲了。不久，他就能准确
debǎqiú tī jìnyuǎnchùsuí yì bǎifàngde yī gèshuǐtǒng lǐ
地把球踢进远处随意摆放的一个水桶里。

Shèngdànjié dào le　hái zi de māma shuō　Wǒmen méiyǒu qián mǎi shèngdàn lǐ wù sònggěi wǒmen
圣诞节到了，孩子的妈妈说：“我们没有钱买圣诞礼物送给我们
de ēnrén　jiù ràng wǒmen wèi tā qí dǎo ba
的恩人，就让我们为他祈祷吧。”

Xiǎo nánháir gēnsuí māma qí dǎo wánbì　xiàng māma yào le yī bǎ chǎn zi biàn pǎo le chūqù　Tā lái
小男孩儿跟随妈妈祈祷完毕，向妈妈要了一把铲子便跑了出去。他来
dào yī zuò biéshù qián de huāyuán lǐ　kāishǐ wā kēng
到一座别墅前的花园里，开始挖坑。

Jiù zài tā kuài yào wā hǎo kēng de shíhou　cóng biéshù lǐ zǒuchū yī gè rén lái　wèn xiǎo háir zài gàn
就在他快要挖好坑的时候，从别墅里走出一个人来，问小孩儿在干
shénme　hái zi tái qǐ mǎn shì hànzhū de liǎndànr　shuō　Jiàoliàn　Shèngdànjié dào le　wǒ méiyǒu
什么，孩子抬起满是汗珠的脸蛋儿，说：“教练，圣诞节到了，我没有
lǐ wù sònggěi nín　wǒ yuàn gěi nín de shèngdànshù wā yī gè shùkēng
礼物送给您，我愿给您的圣诞树挖一个树坑。”

Jiàoliàn bǎ xiǎo nánháir cóng shùkēng lǐ lā shànglái　shuō　wǒ jīntiān dédào le shìjiè shàng zuì hǎo
教练把小男孩儿从树坑里拉上来，说，我今天得到了世界上最好
de lǐ wù　Míngtiān nǐ jiù dào wǒ de xùnliànchǎng qù ba
的礼物。明天你就到我的训练场去吧。

Sān nián hòu　zhè wèi shíqī suì de nánháir zài dì-liù jiè zúqiú jǐnbiāosài shàng dú jìn èrshíyī qiú　wèi
三年后，这位十七岁的男孩儿在第六届足球锦标赛上独进二十一球，为
bāxī dì-yī cì pěnghuí le jīnbēi　Yī gè yuán　lái bù wéi shìrén suǒ zhī de míng zi　Bèi lì　suízhī chuán
巴西第一次捧回了金杯。一个原//来不为世人所知的名字——贝利，随之传
biàn shìjiè
遍世界。

——节选自刘燕敏《天才的造就》

作品 42 号——《我的母亲独一无二》

记得我十三岁时，和母亲住在法国东南部的耐斯城。母亲没有丈夫，也没有亲戚，够清苦的，但她经常能拿出令人吃惊的东西，摆在我面前。她从来不吃肉，一再说自己是素食者。然而有一天，我发现母亲正仔细地用一小块碎面包擦那给我煎牛排用的油锅。我明白了她称自己为素食者的真正原因。

我十六岁时，母亲成了耐斯市美蒙旅馆的女经理。这时，她更忙碌了。一天，她瘫在椅子上，脸色苍白，嘴唇发灰。马上找来医生，做出诊断：她摄取了过多的胰岛素。直到这时我才知道母亲多年一直对我隐瞒的疾痛——糖尿病。

她的头歪向枕头一边，痛苦地用手抓挠胸口。床架上方，则挂着一枚我一九三二年赢得耐斯市少年乒乓球冠军的银质奖章。

啊，是对我的美好前途的憧憬支撑着她活下去，为了给她那荒唐的梦至少加一点真实的色彩，我只能继续努力，与时间竞争，直至一九三八年我被征入空军。巴黎很快失陷，我辗转调到英国皇家空军。刚到英国就接到了母亲的来信。这些信是由在瑞士的一个朋友秘密地转到伦敦，送到我手中的。

现在我要回家了，胸前佩戴着醒目的绿黑两色的解放十字绶//带，上面挂着五六枚我

终生难忘的勋章，肩上还佩戴着军官肩章。到达旅馆时，没有一个人跟我打招呼。原来，我母亲在三年半以前就已经离开人间了。

在她死前的几天中，她写了近二百五十封信，把这些信交给她在瑞士的朋友，请这个朋友定时寄给我。就这样，在母亲死后的三年半的时间里，我一直从她身上吸取着力量和勇气——这使我能够继续战斗到胜利那一天。

——节选自[法]罗曼·加里《我的母亲独一无二》

Jì déwǒshí sānsuì shí hé mǔ qīnzhù zài Fǎ guó dōngnán bù de Nài sī Chéng Mǔ qīn méi yǒu

答：记得我十三岁时，和母亲住在法国东南部的耐斯城。母亲没有

zhàngfu yěméiyǒuqīn qi gòuqīngkǔde dàn tā jīngchángnéngnáchūlìngrénchījīngde dōng xi bǎi

丈夫，也没有亲戚，够清苦的，但她经常能拿出令人吃惊的东西，摆

zàiwǒmiànqián Tācóngláibùchīròu yī zàishuō zì jǐ shìsù shízhě Rán' ér yǒu yī tiān wǒ fā xiànmǔ

在我面前。她从来不吃肉，一再说自己是素食者。然而有一天，我发现母

qīnzhèng zǐ xì de yòng yī xiǎo kuài suì miàn bāo cā nà gěi wǒ jiān niú pái yòng de yóu guō Wǒmíngbai le tā

亲正仔细地用一小块碎面包擦那给我煎牛排用的油锅。我明白了她

chēng zì jǐ wéi sù shízhě de zhēnzhèng yuányīn

称自己为素食者的真正原因。

Wǒshíliùsuìshí mǔqīnchéng le Nài sī ShìMěiméng lǚ guǎn de nǚjīng lǐ Zhèshí tā gèngmáng lù

我十六岁时，母亲成了耐斯市美蒙旅馆的女经理。这时，她更忙碌

le Yītiān tā tānzài yǐ zi shàng liǎn sè cāngbái zuǐchún fā huī Mǎshàngzhǎolái yī shēng zuò

了。一天，她瘫在椅子上，脸色苍白，嘴唇发灰。马上找来医生，做

chūzhěnduàn Tāshèqǔ le guò duō de yí dǎo sù Zhí dào zhè shí wǒ cái zhī dào mǔ qīn duō nián Yī zhí duì wǒ

出诊断：她摄取了过多的胰岛素。直到这时我才知道母亲多年一直对我

yǐnmán de jí tòng tángniàobìng

隐瞒的疾痛——糖尿病。

Tādetóuwāixiàngzhěntou yī biān tòngkǔ de yòngshǒuzhuānaoxiōngkǒu Chuángjiàshàngfāng

她的头歪向枕头一边，痛苦地用手抓挠胸口。床架上方，

zé guàzhe yī méiwǒ yī jiǔsān èr niányíngdé Nài sī Shìshàoniánpīngpāngqiúguànjūndeyínzhìjiǎngzhāng

则挂着一枚我一九三二年赢得耐斯市少年乒乓球冠军的银质奖章。

À shìduìwǒdeměihǎoqián tú dechōngjǐngzhīchēngzhe tā huóxiàqù wèi le gěi tā nàhuāngtángde

啊，是对我的美好前途的憧憬支撑着她活下去，为了给她那荒唐的

mèngzhìshǎojiā yī diǎnrzhēnshíde sè cǎi wǒzhǐnéng jì xù nǔ lì yǔshíjiānjìngzhēng zhízhì yī jiǔsān

梦至少加一点真实的色彩，我只能继续努力，与时间竞争，直至一九三

bāniánwǒbèizhēngrù kōngjūn Bā lí hěnkuàishīxiàn wǒzhǎnzhuǎndiàodào Yīngguó Huángjiā Kōng

八年我被征入空军。巴黎很快失陷，我辗转调到英国皇家空

jūn GāngdàoYīngguójiùjiēdàol e mǔqīndeláixìn Zhèxiēxìnshìyóuzài Ruìshìde yī gè péngyoumìmì de

军。刚到英国就接到了母亲的来信。这些信是由在瑞士的一个朋友秘密地

zhuǎndàoLúndūn sòngdàowǒshǒuzhōngde

转到伦敦，送到我手中的。

Xiànzàiwǒyàohuíjiā le xiōngqiánpèidàizhexǐngmù de lǜ -hēiliǎng sè de jiěfàngshí zì shòu dài

现在我要回家了，胸前佩戴着醒目的绿黑两色的解放十字绶//带，

shàngmiànguàzhewǔ-liùméiwǒzhōngshēnnánwàngdexūnzhāng jiānshànghái pèi dài zhe jūn guān jiān

上面挂着五六枚我终身难忘的勋章，肩上还佩戴着军官肩

zhāng Dàodá lǚ guǎnshí méi yǒu yī gè rén gēn wǒ dǎ zhāo hu Yuánlái wǒ mǔ qīn zài sān nián bàn yǐ
章 。到达旅 馆 时，没 有 一个 人 跟 我打 招 呼。 原 来，我母亲在 三 年 半 以
qiánjiù yǐ jīng lí kāirénjiān le
前 就已 经 离开 人 间 了。

Zài tā sǐ qiánde jǐ tiānzhōng tā xiě le jìn èr bǎiwǔshífēngxìn bǎzhèxiēxìnjiāogěi tā zàiRuìshì de
在她死 前 的几 天 中 ，她写了近二百五十 封 信，把这些信 交 给她在 瑞 士的
péngyou qǐngzhè ge péngyou dìngshí jì gěiwǒ Jiùzhèyàng zàimǔqīn sǐ hòu de sānniánbàn de shíjiān
朋 友， 请 这个 朋 友 定 时寄给我。就这 样 ，在母 亲死后 的三 年 半的时 间
lǐ wǒ yī zhícóng tā shēnshàng xī qǔzhe lì liànghéyǒngqì zhèshǐwǒnénggòu jì xùzhàndòudàoshèng
里，我一直 从 她 身 上 吸取着力 量 和 勇 气——这使我 能 够继续 战 斗 到 胜
lì nà yī tiān
利那一 天 。

——节选自［法］罗曼·加里《我的母亲独一无二》

作品 43 号——《我的信念》

生活对于任何人都非易事，我们必须有坚韧不拔的精神。最要紧的，还是我们自己要有信心。我们必须相信，我们对每一件事情都具有天赋的才能，并且，无论付出任何代价，都要把这件事完成。当事情结束的时候，你要能问心无愧地说："我已经尽我所能了。"

有一年的春天，我因病被迫在家里休息数周。我注视着我的女儿们所养的蚕正在结茧，这使我很感兴趣。望着这些蚕执著地、勤奋地工作，我感到我和它们非常相似。像它们一样，我总是耐心地把自己的努力集中在一个目标上。我之所以如此，或许是因为有某种力量在鞭策着我——正如蚕被鞭策着去结茧一般。

近五十年来，我致力于科学研究，而研究，就是对真理的探讨。我有许多美好快乐的记忆。少女时期我在巴黎大学，孤独地过着求学的岁月；在后来献身科学的整个时期，我丈夫和我专心致志，像在梦幻中一般，坐在简陋的书房里艰辛地研究，后来我们就在那里发现了镭。

我永远追求安静的工作和简单的家庭生活。为了实现这个理想，我竭力保持宁静的环境，以免受人事的干扰和盛名的拖累。

我深信，在科学方面我们有对事业而不是//对财富的兴趣。我的唯一奢望是在一个自由国家中，以一个自由学者的身份从事研究工作。

我一直沉醉于世界的优美之中，我所热爱的科学也不断增加它崭新的远景。我认定科学本身就具有伟大的美。

——节选自［波兰］玛丽·居里《我的信念》，剑捷译

Shēnghuóduìyú rènhé réndōufēi yì shì wǒmen bì xūyǒujiānrènbùbá de jīngshén Zuìyàojǐn
答： 生 活对于任何人 都非易事，我 们 必须有 坚 韧不拔的精 神 。最 要 紧
de háishìwǒmen zì jǐ yàoyǒuxìnxīn Wǒmen bì xūxiāngxìn wǒmenduìměi yī jiànshìqingdōu jù yǒu
的，还是我 们 自己 要 有 信 心。我 们 必须 相 信，我 们 对 每 一 件 事 情 都具有
tiān fù decáinéng bìngqiě wúlùn fù chūrènhédàijià dōuyàobǎzhèjiànshìwánchéng Dāngshìqing
天 赋的才 能 ， 并 且，无论付出 任何代价，都 要 把这 件 事 完 成 。 当 事 情
jiéshùdeshíhou nǐ yàonéngwènxīnwúkuìdeshuō Wǒ yǐ jīngjìnwǒsuǒnéng le
结束的时 候，你要 能 问 心无愧地 说 ："我已 经 尽我所 能 了。"

Yǒu yī niánde chūntiān　wǒ yīn bìng bèi pò zài jiā lǐ xiū xi shù zhōu　Wǒ zhù shì zhe wǒ de nǚ’ ér men
有一年的春天，我因病被迫在家里休息数周。我注视着我的女儿们
suǒ yǎng de cán zhèng zài jié jiǎn　zhè shǐ wǒ hěn gǎn xìng qù　Wàng zhe zhè xiē cán zhí zhuó de　qín fèn de
所养的蚕正在结茧，这使我很感兴趣。望着这些蚕执著地、勤奋地
gōng zuò　wǒ gǎn dào wǒ hé tā men fēi cháng xiāng sì　Xiàng tā men yī yàng　wǒ zǒng shì nài xīn de bǎ zì jǐ
工作，我感到我和它们非常相似。像它们一样，我总是耐心地把自己
de nǔ lì jí zhōng zài yī gè mù biāo shàng　Wǒ zhī suǒ yǐ rú cǐ　huò xǔ shì yīn wèi yǒu mǒu zhǒng lì liàng zài
的努力集中在一个目标上。我之所以如此，或许是因为有某种力量在
biān cè zhe wǒ　zhèng rú cán bèi biān cè zhe qù jié jiǎn yī bān
鞭策着我——正如蚕被鞭策着去结茧一般。

Jìn wǔ shí nián lái　wǒ zhì lì yú kē xué yán jiū　ér yán jiū　jiù shì duì zhēn lǐ de tàn tǎo　Wǒ yǒu xǔ duō
近五十年来，我致力于科学研究，而研究，就是对真理的探讨。我有许多
měi hǎo kuài lè de jì yì　Shào nǚ shí qī wǒ zài Bā lí Dà xué　gū dú de guò zhe qiú xué de suì yuè　zài hòu lái
美好快乐的记忆。少女时期我在巴黎大学，孤独地过着求学的岁月；在后来
xiàn shēn kē xué de zhěng gè shí qī　wǒ zhàng fu hé wǒ zhuān xīn zhì zhì　xiàng zài mèng huàn zhōng yī bān
献身科学的整个时期，我丈夫和我专心致志，像在梦幻中一般，
zuò zài jiǎn lòu de shū fáng lǐ jiān xīn de yán jiū　hòu lái wǒ men jiù zài nà li fā xiàn le léi
坐在简陋的书房里艰辛地研究，后来我们就在那里发现了镭。

Wǒ yǒng yuǎn zhuī qiú ān jìng de gōng zuò hé jiǎn dān de jiā tíng shēng huó　Wèi le shí xiàn zhè ge lǐ
我永远追求安静的工作和简单的家庭生活。为了实现这个理
xiǎng　wǒ jié lì bǎo chí níng jìng de huán jìng　yǐ miǎn shòu rén shì de gān rǎo hé shèng míng de tuō lěi
想，我竭力保持宁静的环境，以免受人事的干扰和盛名的拖累。

Wǒ shēn xìn　zài kē xué fāng miàn wǒ men yǒu duì shì yè ér bù　shì duì cái fù de xìng qù　Wǒ de wéi yī
我深信，在科学方面我们有对事业而不//是对财富的兴趣。我的唯一
shē wàng shì zài yī gè zì yóu guó jiā zhōng　yǐ yī gè zì yóu xué zhě de shēn fèn cóng shì yán jiū gōng zuò
奢望是在一个自由国家中，以一个自由学者的身份从事研究工作。

Wǒ yī zhí chén zuì yú shì jiè de yōu měi zhī zhōng　wǒ suǒ rè’ ài de kē xué yě bù duàn zēng jiā tā zhǎn xīn de
我一直沉醉于世界的优美之中，我所热爱的科学也不断增加它崭新的
yuǎn jǐng　Wǒ rèn dìng kē xué běn shēn jiù jù yǒu wěi dà de měi
远景。我认定科学本身就具有伟大的美。

——节选自［波兰］玛丽·居里《我的信念》，剑捷译

作品 44 号——《我为什么当教师》

我为什么非要教书不可？是因为我喜欢当教师的时间安排表和生活节奏。七、八、九三个月给我提供了进行回顾、研究、写作的良机，并将三者有机融合，而善于回顾、研究和总结正是优秀教师素质中不可缺少的成分。

干这行给了我多种多样的“甘泉”去品尝，找优秀的书籍去研读，到“象牙塔”和实际世界里去发现。教学工作给我提供了继续学习的时间保证，以及多种途径、机遇和挑战。

然而，我爱这一行的真正原因，是爱我的学生。学生们在我的眼前成长、变化。当教师意味着亲历“创造”过程的发生——恰似亲手赋予一团泥土以生命，没有什么比目睹它开始呼吸更激动人心的了。

权利我也有了：我有权利去启发诱导，去激发智慧的火花，去问费心思考的问题，去赞扬回答的尝试，去推荐书籍，去指点迷津。还有什么别的权利能与之相比呢？

而且，教书还给我金钱和权利之外的东西，那就是爱心。不仅有对学生的爱，对书籍的爱，对知识的爱，还有教师才能感受到的对“特别”学生的爱。这些学生，有如冥顽不灵的泥块，由于接受了老师的炽爱才勃发了生机。

所以，我爱教书，还因为，在那些勃发生机的“特//别”学生身上，我有时发现自己和他们呼吸相通，忧乐与共。

——节选自[美]彼得·基·贝得勒《我为什么当教师》

Wǒ wèishénme fēiyào jiāoshū bù kě Shì yīnwèi wǒ xǐhuan dāng jiàoshī de shíjiān ānpái biǎo hé

答： 我为什么非要教书不可？是因为我喜欢当教师的时间安排表和

shēnghuó jiézòu Qī bā jiǔ sān gè yuè gěi wǒ tí gōng le jìnxíng huí gù yánjiū xiězuò de liáng jī

生活节奏。七、八、九三个月给我提供了进行回顾、研究、写作的良机，

bìng jiāng sānzhě yǒu jī rónghé ér shànyú huígù yánjiū hé zǒngjié zhèngshì yōuxiù jiàoshī sù zhì zhōng bù

并将三者有机融合，而善于回顾、研究和总结正是优秀教师素质中不

kě quē shǎo de chéngfèn

可缺少的成分。

Gàn zhè háng gěi le wǒ duōzhǒng duōyàng de gānquán qù pǐncháng zhǎo yōuxiù de shū jí qù yándú

干这行给了我多种多样的“甘泉”去品尝，找优秀的书籍去研读，

dào xiàngyá tǎ hé shí jì shìjiè lǐ qù fā xiàn Jiàoxué gōngzuò gěi wǒ tí gōng le jì xù xué xí de shíjiān bǎo

到“象牙塔”和实际世界里去发现。教学工作给我提供了继续学习的时间保

zhèng yǐ jí duōzhǒng tú jìng jī yù hé tiǎozhàn

证，以及多种途径、机遇和挑战。

Rán' ér wǒ ài zhè yī háng de zhēnzhèng yuányīn shì ài wǒ de xuésheng Xuéshengmen zài wǒ de

然而，我爱这一行的真正原因，是爱我的学生。学生们在我的

yǎnqián chéngzhǎng biànhuà Dāng jiàoshī yì wèizhe qīn lì chuàngzào guòchéng de fā shēng

眼前成长、变化。当教师意味着亲历“创造”过程的发生——

qià sì qīnshǒu fù yǔ yī tuán ní tǔ yǐ shēngmìng méiyǒu shénme bǐ mùdǔ tā kāishǐ hū xī gèng jī dòng rénxīn

恰似亲手赋予一团泥土以生命，没有什么比目睹它开始呼吸更激动人心

de le

的了。

Quán lì wǒ yě yǒu le Wǒ yǒu quán lì qù qǐ fā yòudǎo qù jī fā zhìhuì de huǒhuā qù wèn fèixīn sī

权利我也有了：我有权利去启发诱导，去激发智慧的火花，去问费心思

kǎo de wèn tí qù zànyáng huídá de chángshì qù tuījiàn shū jí qù zhǐdiǎn míjīn Hái yǒu shénme bié de

考的问题，去赞扬回答的尝试，去推荐书籍，去指点迷津。还有什么别的

quán lì néng yǔ zhī xiāng bǐ ne

权利能与之相比呢？

Érqiě jiāoshū hái gěi wǒ jīnqián hé quán lì zhīwài de dōng xi nà jiù shì ài xīn Bù jǐn yǒu duì xué

而且，教书还给我金钱和权利之外的东西，那就是爱心。不仅有对学

sheng de ài duì shū jí de ài duì zhīshi de ài hái yǒu jiàoshī cái néng gǎnshòu dào de duì tè bié xué

生的爱，对书籍的爱，对知识的爱，还有教师才能感受到的对“特别”学

sheng de ài Zhèxiē xuésheng yǒu rú míngwán bù líng de ní kuài yóu yú jiēshòu le lǎoshī de chì' ài cái

生的爱。这些学生，有如冥顽不灵的泥块，由于接受了老师的炽爱才

bó fā le shēng jī
勃发了 生 机。

Suǒ yǐ wǒ ài jiāoshū háiyīnwèi zàinàxiēbó fā shēng jī de tè bié xué shengshēnshàng wǒ
所以，我爱教书，还因为，在那些勃发生机的“特别”学//生身上，我
yǒushí fā xiàn zì jǐ hé tā menhū xī xiāngtōng yōu lè yǔgòng
有时发现自己和他们呼吸相通，忧乐与共。

——节选自[美]彼得·基·贝得勒《我为什么当教师》

作品 45 号——《西部文化和西部开发》

中国西部我们通常是指黄河与秦岭相连一线以西，包括西北和西南的十二个省、市、自治区。这块广袤的土地面积为五百四十六万平方公里，占国土总面积的百分之五十七；人口二点八亿，占全国总人口的百分之二十三。

西部是华夏文明的源头。华夏祖先的脚步是顺着水边走的：长江上游出土过元谋人牙齿化石，距今约一百七十万年；黄河中游出土过蓝田人头盖骨，距今约七十万年。这两处古人类都比距今约五十万年的北京猿人资格更老。

西部地区是华夏文明的重要发源地。秦皇汉武以后，东西方文化在这里交汇融合，从而有了丝绸之路的驼铃声声，佛院深寺的暮鼓晨钟。敦煌莫高窟是世界文化史上的一个奇迹，它在继承汉晋艺术传统的基础上，形成了自己兼收并蓄的恢宏气度，展现出精美绝伦的艺术形式和博大精深的文化内涵。秦始皇兵马俑、西夏王陵、楼兰古国、布达拉宫、三星堆、大足石刻等历史文化遗产，同样为世界所瞩目，成为中华文化重要的象征。

西部地区又是少数民族及其文化的集萃地，几乎包括了我国所有的少数民族。在一些偏远的少数民族地区，仍保留//了一些久远时代的艺术品种，成为珍贵的“活化石”，如纳西古乐、戏曲、剪纸、刺绣、岩画等民间艺术和宗教艺术。特色鲜明、丰富多彩，犹如一个巨大的民族民间文化艺术宝库。

我们要充分重视和利用这些得天独厚的资源优势，建立良好的民族民间文化生态环境，为西部大开发做出贡献。

——节选自《中考语文课外阅读试题精选》中《西部文化和西部开发》

Zhōngguó xi bùwǒmentōngchángshìzhǐHuángHéyǔQínLǐngxiānglián yī xiàn yǐ xī bāokuò xī
答： 中国西部我们通常是指黄河与秦岭相连一线以西，包括西
běihé xī nándeshí’ èr gè shěng shì zì zhìqū Zhèkuàiguǎngmàode tǔ dì miàn jī wéiwǔbǎi sì shíliù
北和西南的十二个省、市、自治区。这块广袤的土地面积为五百四十六
wànpíngfānggōng lǐ zhànguó tǔ zǒngmiàn jī debǎifēnzhīwǔshí qī rénkǒu èr diǎnbā yì zhànquán
万平方公里，占国土总面积的百分之五十七；人口二点八亿，占全
guózǒngrénkǒudebǎifēnzhī èr shísān
国总人口的百分之二十三。

Xībùshì Huáxiàwénmíngdeyuántóu Huáxià zǔ xiān de jiǎobù shì shùnzheshuǐbiānzǒude Cháng
西部是华夏文明的源头。华夏祖先的脚步是顺着水边走的：长
Jiāngshàngyóuchū tǔ guò Yuánmóurényáchǐhuàshí jù jīnyuē yī bǎi qī shíwànnián HuángHézhōngyóu
江上游出土过元谋人牙齿化石，距今约一百七十万年；黄河中游
chū tǔ guòLántiánréntóugàigǔ jù jīnyuē qī shíwànnián Zhèliǎngchù gǔrén lèi dōu bǐ jù jīnyuēwǔshí
出土过蓝田人头盖骨，距今约七十万年。这两处古人类都比距今约五十

wànniándeBěijīngyuánrén zī gégènglǎo
万年的北京猿人资格更老。

Xībù dì qūshìHuáxiàwénmíngdezhòngyào fā yuán dì QínhuángHànwǔ yǐ hòu dōng xī fāngwén
西部地区是华夏文明的重要发源地。秦皇汉武以后，东西方文
huàzàiZhè lǐ jiāohuìrónghé cóng ér yǒu le sī chóuzhī lù detuólíngshēngshēng fó yuànshēn sì demùgǔ
化在这里交汇融合，从而有了丝绸之路的驼铃声声，佛院深寺的暮鼓
chénzhōng DūnhuángMògāokūshìshìjièwénhuàshǐshàngde yī gè qí jì tā zài jì chéngHànJìn yì shù
晨钟。敦煌莫高窟是世界文化史上的一个奇迹，它在继承汉晋艺术
chuántǒngde jī chǔshàng xíngchéngle zì jǐ jiānshōubìngxùdehuīhóngqì dù zhǎnxiànchūjīngměijué
传统的基础上，形成了自己兼收并蓄的恢宏气度，展现出精美绝
lúnde yì shùxíngshì hé bó dà jīngshēn de wénhuà nèi hán Qínshǐhuáng Bīngmǎyǒng Xīxià wánglíng
伦的艺术形式和博大精深的文化内涵。秦始皇兵马俑、西夏王陵、
Lóulángǔguó Bùdá lā gōng Sānxīngduī Dàzú shíkè děng lì shǐwénhuà yí chǎn tóngyàngwéishìjiè
楼兰古国、布达拉宫、三星堆、大足石刻等历史文化遗产，同样为世界
suǒzhǔmù chéngwéizhōnghuáwénhuàzhòngyàodexiàngzhēng
所瞩目，成为中华文化重要的象征。

Xībù dì qūyòushìshǎoshùmínzú jí qí wénhuàde jí cuì dì jī hūbāokuò le wǒguósuǒyǒudeshǎoshù
西部地区又是少数民族及其文化的集萃地，几乎包括了我国所有的少数
mínzú Zài yī xiēpiānyuǎndeshǎoshùmín zú dì qū réngbǎoliú le yī xiējiǔyuǎnshídài de yì shùpǐn
民族。在一些偏远的少数民族地区，仍保留//了一些久远时代的艺术品
zhǒng chéngwéizhēnguìde huóhuàshí rú Nà xī gǔyuè xì qǔ jiǎnzhǐ cì xiù yánhuàděngmín
种，成为珍贵的“活化石”，如纳西古乐、戏曲、剪纸、刺绣、岩画等民
jiān yì shùhézōngjiào yì shù Tè sè xiānmíng fēng fù duōcǎi yóu rú yī gè jù dà de mín zú mínjiānwén
间艺术和宗教艺术。特色鲜明、丰富多彩，犹如一个巨大的民族民间文
huà yì shùbǎokù
化艺术宝库。

Wǒmenyàochōngfènzhòngshì hé lì yòngzhèxiē dé tiāndú hòu de zī yuányōushì jiàn lì liánghǎo de
我们要充分重视和利用这些得天独厚的资源优势，建立良好的
mínzúmínjiānwénhuàshēngtàihuánjìng wèi xī bùdàkāi fā zuòchūgòngxiàn
民族民间文化生态环境，为西部大开发做出贡献。

——节选自《中考语文课外阅读试题精选》中《西部文化和西部开发》

作品46号——《喜悦》

高兴，这是一种具体的被看得到摸得着的事物所唤起的情绪。它是心理的，更是生理的。它容易来也容易去，谁也不应该对它视而不见失之交臂，谁也不应该总是做那些使自己不高兴也使旁人不高兴的事。让我们说一件最容易做也最令人高兴的事吧，尊重你自己，也尊重别人，这是每一个人的权利，我还要说这是每一个人的义务。

快乐，它是一种富有概括性的生存状态、工作状态。它几乎是先验的，它来自生命本身的活力，来自宇宙、地球和人间的吸引，它是世界的丰富、绚丽、阔大、悠久的体现。快乐还是一种力量，是埋在地下的根脉。消灭一个人的快乐比挖掘掉一棵大树的根要难得多。

欢欣，这是一种青春的、诗意的情感。它来自面向着未来伸开双臂奔跑的冲力，它来自一种轻松而又神秘、朦胧而又隐秘的激动，它是激情即将到来的预兆，它又是大雨过后的比下雨还要美妙得多也久远得多的回味……

喜悦，它是一种带有形而上色彩的修养和境界。与其说它是一种情绪，不如说它是一种智慧、一种超拔、一种悲天悯人的宽容和理解，一种饱经沧桑的充实和自信，一种光明的理性，一种坚定//的成熟，一种战胜了烦恼和庸俗的清明澄澈。它是一潭清水，它是一抹朝霞，它是无边的平原，它是沉默的地平线。多一点儿、再多一点儿喜悦吧，它是翅膀，也是归巢。它是一杯美酒，也是一朵永远开不败的莲花。

——节选自王蒙《喜悦》

Gāoxìng zhèshì yī zhǒng jù tǐ debèikàn de dàomō de zháo de shìwù suǒhuàn qǐ de qíngxù Tā
答： 高兴，这是一种具体的被看得到摸得着的事物所唤起的情绪。它
shìxīn lǐ de gèngshìshēng lǐ de Tāróng yì lái yěróng yì qù shuí yě bùyīnggāiduì tā shì, ér bùjiànshī
是心理的，更是生理的。它容易来也容易去，谁也不应该对它视而不见失
zhījiāo bì shuí yě bùyīnggāizǒngshìzuònàxiēshǐ zì jǐ bùgāoxìng yě shǐpángrén bùgāoxìng de shì Ràng
之交臂，谁也不应该总是做那些使自己不高兴也使旁人不高兴的事。让
wǒmenshuō yī jiànzuìróng yì zuò yě zuìlìngréngāoxìng de shìba zūnzhòng nǐ zì jǐ yě zūnzhòngbiérén
我们说一件最容易做也最令人高兴的事吧，尊重你自己，也尊重别人，
zhèshìměi yī gèrén de quán lì wǒháiyàoshuōzhèshìměi yī gèrén de yì wù
这是每一个人的权利，我还要说这是每一个人的义务。

Kuài lè tā shì yī zhǒng fù yǒugàikuòxìng de shēngcúnzhuàngtài gōngzuòzhuàngtài Tā jī hūshì
快乐，它是一种富有概括性的生存状态、工作状态。它几乎是
xiānyàn de tā lá izìshēngmìngběnshēn de huó lì lá izì yǔzhòu Dìqiú u hérénjiān de xī yǐn tā shìshì
先验的，它来自生命本身的活力，来自宇宙、地球和人间的吸引，它是世
jiè de fēng fù xuàn lì kuòdà yōujiǔ de tǐ xiàn Kuài lè háishì yī zhǒng lì liàng shìmáizài dì xià de
界的丰富、绚丽、阔大、悠久的体现。快乐还是一种力量，是埋在地下的
gēnmài Xiāomiè yī gèrén de kuài lè bǐ wājuédiào yī kēdàshù de gēnyàonán de duō
根脉。消灭一个人的快乐比挖掘掉一棵大树的根要难得多。

Huānxīn zhèshì yī zhǒngqīngchūn de shī yì de qínggǎn Tālái zì miànxiàngzhewèiláishēnkāi
欢欣，这是一种青春的、诗意的情感。它来自面向着未来伸开
shuāngbì bēnpǎo de chōng lì tā lái zì yī zhǒngqīngsōng ér yòushénmì ménglóng ér yòuyǐnmì de jī
双臂奔跑的冲力，它来自一种轻松而又神秘、朦胧而又隐秘的激
dòng tā shì jī qíng jí jiāngdàolái de yùzhào tā yòushìdàyǔguòhòu de bǐ xiàyǔháiyàoměimiào de duō yě
动，它是激情即将到来的预兆，它又是大雨过后的比下雨还要美妙得多也
jiǔyuǎn de duō de huíwèi
久远得多的回味……

Xǐyuè tā shì yī zhǒngdài yǒu xíng ér shàng sè cǎi de xiū yǎng hé jìng jiè Yǔ qí shuō tā shì yī zhǒng
喜悦，它是一种带有形而上色彩的修养和境界。与其说它是一种
qíngxù bù rú shuō tā shì yī zhǒngzhìhuì yī zhǒngchāobá yī zhǒngbēitiānmǐnrén de kuānrónghé lǐ
情绪，不如说它是一种智慧、一种超拔、一种悲天悯人的宽容和理
jiě yī zhǒngbǎojīngcāngsāng de chōngshí hé zì xìn yī zhǒngguāngmíng de lǐ xìng yī zhǒngjiāndìng
解，一种饱经沧桑的充实和自信，一种光明的理性，一种坚定

dechéngshú yī zhǒngzhànshèng le fánnǎohé yōngsú deqīngmíngchéngchè Tāshì yī tánqīngshuǐ
//的成熟，一种战胜了烦恼和庸俗的清明澄澈。它是一潭清水，
tāshì yī mǒzhāoxiá tāshìwúbiāndepíngyuán tāshìchénmòde dì píngxiàn Duō yī diǎnr zàiduō
它是一抹朝霞，它是无边的平原，它是沉默的地平线。多一点儿、再多
yī diǎnr xǐ yuèba tāshìchìbǎng yě shìguīcháo Tāshì yī bēiměijiǔ yě shì yī duǒyǒngyuǎnkāibù
一点儿喜悦吧，它是翅膀，也是归巢。它是一杯美酒，也是一朵永远开不
bàideliánhuā
败的莲花。

——节选自王蒙《喜悦》

作品47号——《香港：最贵的一棵树》

在湾仔，香港最热闹的地方，有一棵榕树，它是最贵的一棵树，不光在香港，在全世界，都是最贵的。

树，活的树，又不卖何言其贵？只因它老，它粗，是香港百年沧桑的活见证，香港人不忍看着它被砍伐，或者被移走，便跟要占用这片山坡的建筑者谈条件：可以在这儿建大楼盖商厦，但一不准砍树，二不准挪树，必须把它原地精心养起来，成为香港闹市中的一景。太古大厦的建设者最后签了合同，占用这个大山坡建豪华商厦的先决条件是同意保护这棵老树。

树长在半山坡上，计划将树下面的成千上万吨山石全部掏空取走，腾出地方来盖楼，把树架在大楼上面，仿佛它原本是长在楼顶上似的。建设者就地造了一个直径十八米、深十米的大花盆，先固定好这棵老树，再在大花盆底下盖楼。光这一项就花了两千三百八十九万港币，堪称是最昂贵的保护措施了。

太古大厦落成之后，人们可以乘滚动扶梯一次到位，来到太古大厦的顶层，出后门，那儿是一片自然景色。一棵大树出现在人们面前，树干有一米半粗，树冠直径足有二十多米，独木成林，非常壮观，形成一座以它为中心的小公园，取名叫“榕圃”。树前面//插着铜牌，说明缘由。此情此景，如不看铜牌的说明，绝对想不到巨树根底下还有一座宏伟的现代大楼。

——节选自舒乙《香港：最贵的一棵树》

ZàiWānzǎi Xiānggǎngzuì rè naode dì fang yǒu yī kēróngshù tā shìzuìguì de yī kēshù
答：在湾仔，香港最热闹的地方，有一棵榕树，它是最贵的一棵树，
bùguāngzàixiānggǎng zàiquánshìjiè dōushìzuìguìde
不光在香港，在全世界，都是最贵的。

Shù huódeshù yòubùmàihéyán qí guì Zhǐyīn tā lǎo tā cū shìXiānggǎngbǎiniáncāngsāng
树，活的树，又不卖何言其贵？只因它老，它粗，是香港百年沧桑
dehuójiànzhèng xiānggǎngrénbùrěnkànzhe tā bèikǎn fá huòzhěbèi yí zǒu biàngēnyàozhànyòngzhè
的活见证，香港人不忍看着它被砍伐，或者被移走，便跟要占用这
piànshānpōdejiànzhùzhětántiáojiàn Kě yǐ zàizhèr jiàndàlóugàishāngshà dàn yī bùzhǔnkǎnshù
片山坡的建筑者谈条件：可以在这儿建大楼盖商厦，但一不准砍树，
èrbùzhǔnnuóshù bì xū bǎ tā yuán dì jīngxīnyǎng qǐ lái chéngwéiXiānggǎngnàoshìzhōngde yī jǐng
二不准挪树，必须把它原地精心养起来，成为香港闹市中的一景。

Tàigǔ Dàshà de jiànshèzhě zuìhòu qiān le hétong zhànyòng zhè ge dà shānpō jiàn háohuá shāngshà de xiān
太古大厦的建设者最后签了合同，占用这个大山坡建豪华商厦的先
juétiáojiàn shì tóngyì bǎohù zhè kē lǎo shù
决条件是同意保护这棵老树。

Shù zhǎng zài bànshānpō shàng jìhuà jiāng shù xiàmiàn de chéngqiān shàngwàn dūn shānshí quánbù
树长在半山坡上，计划将树下面的成千上万吨山石全部
tāokōng qǔzǒu téngchū dìfang lái gài lóu bǎ shù jià zài dàlóu shàngmiàn fǎngfú tā yuánběn shì zhǎng
掏空取走，腾出地方来盖楼，把树架在大楼上面，仿佛它原本是长
zài lóudǐng shàng shìde Jiànshèzhě jiù dì zào le yī gè zhíjìng shíbā mǐ shēn shí mǐ de dà huāpén xiān
在楼顶上似的。建设者就地造了一个直径十八米、深十米的大花盆，先
gùdìng hǎo zhè kē lǎo shù zài zài dà huāpén dǐ xià gài lóu Guāng zhè yī xiàng jiù huā le liǎngqiān sānbǎi bā
固定好这棵老树，再在大花盆底下盖楼。光这一项就花了两千三百八
shíjiǔ wàn gǎngbì kānchēng shì zuì ánguì de bǎohù cuòshī le
十九万港币，堪称是最昂贵的保护措施了。

Tàigǔ Dàshà luòchéng zhīhòu rénmen kěyǐ chéng gǔndòng fútī yī cì dàowèi láidào Tàigǔ Dàshà
太古大厦落成之后，人们可以乘滚动扶梯一次到位，来到太古大厦
de dǐngcéng chū hòumén nàr shì yī piàn zìrán jǐngsè Yī kē dà shù chūxiàn zài rénmen miànqián
的顶层，出后门，那儿是一片自然景色。一棵大树出现在人们面前，
shùgàn yǒu yī mǐ bàn cū shùguān zhíjìng zú yǒu èrshí duō mǐ dúmù chénglín fēicháng zhuàngguān
树干有一米半粗，树冠直径足有二十多米，独木成林，非常壮观，
xíngchéng yī zuò yǐ tā wéi zhōngxīn de xiǎo gōngyuán qǔmíng jiào Róngpǔ Shù qiánmiàn chā zhe
形成一座以它为中心的小公园，取名叫“榕圃”。树前面//插着
tóngpái shuōmíng yuányóu Cǐ qíng cǐ jǐng rú bù kàn tóngpái de shuōmíng juéduì xiǎng bù dào jù shù
铜牌，说明缘由。此情此景，如不看铜牌的说明，绝对想不到巨树
gēn dǐxià hái yǒu yī zuò hóngwěi de xiàndài dàlóu
根底下还有一座宏伟的现代大楼。

——节选自舒乙《香港：最贵的一棵树》

作品 48 号——《小鸟的天堂》

我们的船渐渐地逼近榕树了。我有机会看清它的真面目：是一棵大树，有数不清的丫枝，枝上又生根，有许多根一直垂到地上，伸进泥土里。一部分树枝垂到水面，从远处看，就像一棵大树斜躺在水面上一样。

现在正是枝繁叶茂的时节。这棵榕树好像在把它的全部生命力展示给我们看。那么多的绿叶，一簇堆在另一簇的上面，不留一点儿缝隙。翠绿的颜色明亮地在我们的眼前闪耀，似乎每一片树叶上都有一个新的生命在颤动，这美丽的南国的树！

船在树下泊了片刻，岸上很湿，我们没有上去。朋友说这里是“鸟的天堂”，有许多鸟在这棵树上做窝，农民不许人去捉它们。我仿佛听见几只鸟扑翅的声音，但是等到我的眼睛注意地看那里时，我却看不见一只鸟的影子。只有无数的树根立在地上，像许多根木桩。地是湿的，大概涨潮时河水常常冲上岸去。“鸟的天堂”里没有一只鸟，我这样想到。船开了，一个朋友拨着船，缓缓地流到河中间去。

第二天，我们划着船到一个朋友的家乡去，就是那个有山有塔的地方。从学校出发，

我们又经过那“鸟的天堂”。

这一次是在早晨，阳光照在水面上，也照在树梢上。一切都//显得非常光明。我们的船也在树下泊了片刻。

起初四周围非常清静。后来忽然起了一声鸟叫。我们把手一拍，便看见一只大鸟飞了起来，接着又看见第二只，第三只。我们继续拍掌，很快地这个树林就变得很热闹了。到处都是鸟声，到处都是鸟影。大的，小的，花的，黑的，有的站在枝上叫，有的飞起来，在扑翅膀。

——节选自巴金《小鸟的天堂》

Wǒmen de chuán jiànjiàn de bījìn róngshù le Wǒ yǒu jīhuì kànqīng tā de zhēnmiànmù shì yī
答：我们的船渐渐地逼近榕树了。我有机会看清它的真面目：是一
kē dà shù yǒu shǔbùqīng de yāzhī zhī shàng yòu shēng gēn yǒu xǔduō gēn yīzhí chuí dào dì shàng shēn
棵大树，有数不清的丫枝，枝上又生根，有许多根一直垂到地上，伸
jìn nítǔ lǐ Yībùfen shùzhī chuí dào shuǐmiàn cóng yuǎnchù kàn jiù xiàng yī kē dà shù xié tǎng zài shuǐ
进泥土里。一部分树枝垂到水面，从远处看，就像一棵大树斜躺在水
miàn shàng yīyàng
面上一样。

Xiànzài zhèng shì zhī fán yè mào de shíjié Zhè kē róngshù hǎoxiàng zài bǎ tā de quánbù shēngmìnglì
现在正是枝繁叶茂的时节。这棵榕树好像在把它的全部生命力
zhǎnshì gěi wǒmen kàn Nàme duō de lǜ yè yī cù duī zài lìng yī cù de shàngmiàn bù liú yīdiǎnr fèngxì
展示给我们看。那么多的绿叶，一簇堆在另一簇的上面，不留一点儿缝隙。
Cuìlǜ de yánsè míngliàng de zài wǒmen de yǎnqián shǎnyào sìhū měi yī piàn shùyè shàng dōu yǒu yī gè xīn
翠绿的颜色明亮地在我们的眼前闪耀，似乎每一片树叶上都有一个新
de shēngmìng zài chàndòng zhè měilì de nánguó de shù
的生命在颤动，这美丽的南国的树！

Chuán zài shù xià bó le piànkè àn shàng hěn shī wǒmen méiyǒu shàngqù Péngyou shuō Zhè lǐ shì
船在树下泊了片刻，岸上很湿，我们没有上去。朋友说这里是
niǎo de tiāntáng yǒu xǔduō niǎo zài zhè kē shù shàng zuò wō nóngmín bù xǔ rén qù zhuō tāmen Wǒ
“鸟的天堂”，有许多鸟在这棵树上做窝，农民不许人去捉它们。我
fǎngfú tīngjiàn jǐ zhī niǎo pū chì de shēngyīn dànshì děngdào wǒ de yǎnjing zhùyì de kàn nàlǐ shí wǒ què
仿佛听见几只鸟扑翅的声音，但是等到我的眼睛注意地看那里时，我却
kàn bù jiàn yī zhī niǎo de yǐngzi Zhǐyǒu wúshù de shùgēn lì zài dì shàng xiàng xǔduō gēn mùzhuāng Dì
看不见一只鸟的影子。只有无数的树根立在地上，像许多根木桩。地
shì shī de dàgài zhǎngcháo shí héshuǐ chángcháng chōng shàng àn qù Niǎo de tiāntáng lǐ méiyǒu yī zhī
是湿的，大概涨潮时河水常常冲上岸去。“鸟的天堂”里没有一只
niǎo wǒ zhèyàng xiǎngdào Chuán kāi le yī gè péngyou bōzhe chuán huǎnhuǎn de liúdào hé zhōng
鸟，我这样想到。船开了，一个朋友拨着船，缓缓地流到河中
jiān qù
间去。

Dì-èr tiān wǒmen huázhe chuán dào yī gè péngyou de jiāxiāng qù jiùshì nà gè yǒu shān yǒu tǎ de dì
第二天，我们划着船到一个朋友的家乡去，就是那个有山有塔的地
fang Cóng xuéxiào chūfā wǒmen yòu jīngguò nà niǎo de tiāntáng
方。从学校出发，我们又经过那“鸟的天堂”。

Zhè yī cì shì zài zǎo chén yáng guāng zhào zài shuǐ miàn shàng yě zhào zài shù shāo shàng Yī qiè
这一次是在早晨，阳光照在水面上，也照在树梢上。一切
dōu xiǎn dé fēi cháng guāng míng Wǒ men de chuán yě zài shù xià bó le piàn kè
都//显得非常光明。我们的船也在树下泊了片刻。

Qǐ chū sì zhōu wéi fēi cháng qīng jìng Hòu lái hū rán qǐ le yī shēng niǎo jiào Wǒ men bǎ shǒu yī pāi
起初四周围非常清静。后来忽然起了一声鸟叫。我们把手一拍，
biàn kàn jiàn yī zhī dà niǎo fēi le qǐ lái jiē zhe yòu kàn jiàn dì-èr zhī dì-sān zhī Wǒ men jì xù pāi zhǎng
便看见一只大鸟飞了起来，接着又看见第二只，第三只。我们继续拍掌，
hěn kuài de zhè ge shù lín jiù biàn de hěn rè nao le Dào chù dōu shì niǎo shēng dào chù dōu shì niǎo yǐng Dà
很快地这个树林就变得很热闹了。到处都是鸟声，到处都是鸟影。大
de xiǎo de huā de hēi de yǒu de zhàn zài zhī shàng jiào yǒu de fēi qǐ lái zài pū chì bǎng
的，小的，花的，黑的，有的站在枝上叫，有的飞起来，在扑翅膀。

——节选自巴金《小鸟的天堂》

作品 49 号——《野草》

有这样一个故事。

有人问：世界上什么东西的气力最大？回答纷纭得很，有的说“象”，有的说“狮”，有人开玩笑似地说：是“金刚”，金刚有多少气力，当然大家全不知道。

结果，这一切答案完全不对，世界上气力最大的，是植物的种子。一粒种子所可以显现出来的力，简直是超越一切。

人的头盖骨，结合得非常致密与坚固，生理学家和解剖学者用尽了一切的方法，要把它完整地分出来，都没有这种力气。后来忽然有人发明了一个方法，就是把一些植物的种子放在要剖析的头盖骨里，给它以温度与湿度，使它发芽。一发芽，这些种子便以可怕的力量，将一切机械力所不能分开的骨骼，完整地分开了。植物种子的力量之大，如此如此。

这，也许特殊了一点儿，常人不容易理解。那么，你看见过笋的成长吗？你看见过被压在瓦砾和石块下面的一棵小草的生长吗？它为着向往阳光，为着达成它的生之意志，不管上面的石块如何重，石与石之间如何狭，它必定要曲曲折折地，但是顽强不屈地透到地面上来。它的根往土壤钻，它的芽往地面挺，这是一种不可抗拒的力. 阻止它的石块，结果也被它掀翻，一粒种子的力量之大，如//此如此。

没有一个人将小草叫作“大力士”，但是它的力量之大，的确是世界无比。这种力是一般人看不见的生命力。只要生命存在，这种力就要显现。上面的石块，丝毫不足以阻挡。因为它是一种“长期抗战”的力；有弹性，能屈能伸的力；有韧性，不达目的不止的力。

——节选自夏衍《野草》

Yǒu zhè yàng yī gè gù shi
答：有这样一个故事。

Yǒu rén wèn shì jiè shàng shén me dōng xi de qì lì zuì dà Huí dá fēn yún de hěn yǒu de shuō
有人问：世界上什么东西的气力最大？回答纷纭得很，有的说
xiàng yǒu de shuō shī yǒu rén kāi wán xiào shì de shuō Shì Jīngāng Jīngāng yǒu duō shǎo qì
“象”，有的说“狮”，有人开玩笑似的说：是“金刚”，金刚有多少气
lì dāng rán dà jiā quán bù zhī dào
力，当然大家全不知道。

Jiéguǒ zhè yī qiè dá' àn wánquán bù duì shìjiè shàng qì lì zuì dà de shì zhíwù de zhǒng zi Yī lì
结果，这一切答案完全不对，世界上气力最大的，是植物的种子。一粒

zhǒng zi suǒ kě yǐ xiǎnxiàn chūlái de lì jiǎnzhí shì chāoyuè yīqiè
种子所可以显现出来的力，简直是超越一切。

Rén de tóugàigǔ jiéhé de fēicháng zhìmì yǔ jiāngù shēng lǐ xuéjiā hé jiěpōu xuézhě yòngjìn le yī qiè
人的头盖骨，结合得非常致密与坚固，生理学家和解剖学者用尽了一切

de fāngfǎ yào bǎ tā wánzhěng de fēnchūlái dōu méiyǒu zhè zhǒng lì qi Hòulái hūrán yǒu rén fā míng le
的方法，要把它完整地分出来，都没有这种力气。后来忽然有人发明了

yī gè fāngfǎ jiù shì bǎ yī xiē zhíwù de zhǒng zi fàng zài yào pōu xī de tóugàigǔ lǐ gěi tā yǐ wēndù yǔ shīdù
一个方法，就是把一些植物的种子放在要剖析的头盖骨里，给它以温度与湿度，

shǐ tā fā yá Yī fā yá zhè xiē zhǒng zi biàn yǐ kěpà de lì liàng jiāng yī qiè jī xiè lì suǒ bùnéng fēnkāi de
使它发芽。一发芽，这些种子便以可怕的力量，将一切机械力所不能分开的

gǔ gé wánzhěng de fēnkāi le Zhíwù zhǒng zi de lì liàng zhī dà rú cǐ rú cǐ
骨骼，完整地分开了。植物种子的力量之大，如此如此。

Zhè yěxǔ tè shū le yī diǎn r chángrén bù róng yì lǐ jiě Nà me nǐ kàn jiàn guo sǔn de chéng
这，也许特殊了一点儿，常人不容易理解。那么，你看见过笋的成

zhǎng ma Nǐ kàn jiàn guo bèi yā zài wǎ lì hé shíkuài xià miàn de yī kē xiǎo cǎo de shēngzhǎng ma Tā wèi zhe
长吗？你看见过被压在瓦砾和石块下面的一棵小草的生长吗？它为着

xiàngwǎng yángguāng wèi zhe dáchéng tā de shēngzhī yì zhì bùguǎn shàngmiàn de shíkuài rú hé zhòng
向往阳光，为着达成它的生之意志，不管上面的石块如何重，

shí yǔ shí zhījiān rú hé xiá tā bì dìngyào qūqū zhézhé de dànshì wánqiáng bùqū de tòu dào dì miàn shàng
石与石之间如何狭，它必定要曲曲折折地，但是顽强不屈地透到地面上

lái Tā de gēn wǎng tǔ rǎng zuān tā de yá wǎng dì miàn tǐng zhè shì yī zhǒng bù kě kàng jù de lì zǔ zhǐ
来。它的根往土壤钻，它的芽往地面挺，这是一种不可抗拒的力，阻止

tā de shíkuài jiéguǒ yě bèi tā xiānfān yī lì zhǒng zi de lì liàng zhī dà rú cǐ rú cǐ
它的石块，结果也被它掀翻，一粒种子的力量之大，如//此如此。

Méiyǒu yī gè rén jiāng xiǎo cǎo jiào zuò dà lì shì dàn shì tā de lì liàng zhī dà dí què shì shì jiè wú
没有一个人将小草叫做“大力士”，但是它的力量之大，的确是世界无

bǐ Zhè zhǒng lì shì yī bān rén kàn bù jiàn de shēngmìng lì Zhǐ yào shēngmìng cúnzài zhè zhǒng lì jiù
比。这种力是一般人看不见的生命力。只要生命存在，这种力就

yào xiǎnxiàn Shàngmiàn de shíkuài sī háo bù zú yǐ zǔ dǎng Yīn wèi tā shì yī zhǒng cháng qī kàng
要显现。上面的石块，丝毫不足以阻挡。因为它是一种“长期抗

zhàn de lì yǒu tánxìng néng qū néng shēn de lì yǒu rènxìng bù dá mù dì bù zhǐ de lì
战”的力；有弹性，能屈能伸的力；有韧性，不达目的不止的力。

——节选自夏衍《野草》

作品 50 号——《一分钟》

著名教育家班杰明曾经接到一个青年人的求救电话，并与那个向往成功、渴望指点的青年人约好了见面的时间和地点。

待那个青年如约而至时，班杰明的房门敞开着，眼前的景象却令青年人颇感意外——班杰明的房间里乱七八糟、狼藉一片。

没等青年人开口，班杰明就招呼道：“你看我这房间，太不整洁了，请你在门外等候一

分钟，我收拾一下，你再进来吧。”一边说着，班杰明就轻轻地关上了房门。

不到一分钟的时间，班杰明就又打开了房门并热情地把青年人让进客厅。这时，青年人的眼前展现出另一番景象——房间内的一切已变得井然有序，而且有两杯刚刚倒好的红酒，在淡淡的香水气息里还漾着微波。

可是，没等青年人把满腹的有关人生和事业的疑难问题向班杰明讲出来，班杰明就非常客气地说道：“干杯。你可以走了。”

青年人手持酒杯一下子愣住了，既尴尬又非常遗憾地说：“可是，我……我还没向您请教呢……”

“这些……难道还不够吗？”班杰明一边微笑着，一边扫视着自己的房间，轻言细语地说：“你进来又有一分钟了。”

“一分钟……一分钟……”青年人若有所思地说：“我懂了，您让我明白了一分钟的时间可以做许//多事情，可以改变许多事情的深刻道理。”

班杰明舒心地笑了。青年人把杯里的红酒一饮而尽，向班杰明连连道谢后，开心地走了。

其实，只要把握好生命的每一分钟，也就把握了理想的人生。

——节选自纪广洋《一分钟》

Zhùmíng jiàoyùjiā Bānjiémíng céngjīng jiēdào yī gè qīngniánrén de qiújiù diànhuà bìng yǔ nà
答：著名教育家班杰明曾经接到一个青年人的求救电话，并与那
ge xiàngwǎng chénggōng kěwàng zhǐdiǎn de qīngniánrén yuēhǎo le jiànmiàn de shíjiān hé dìdiǎn
个向往成功、渴望指点的青年人约好了见面的时间和地点。

Dài nà ge qīngnián rú yuē, ér zhì shí Bānjiémíng de fángmén chǎngkāi zhe yǎnqián de jǐngxiàng
待那个青年如约而至时，班杰明的房门敞开着，眼前的景象
què lìng qīngniánrén pō gǎn yìwài Bānjiémíng de fángjiān lǐ luànqībāzāo lángjí yīpiàn
却令青年人颇感意外——班杰明的房间里乱七八糟、狼藉一片。

Méi děng qīngniánrén kāikǒu Bānjiémíng jiù zhāohu dào Nǐ kàn wǒ zhè fángjiān tài bù zhěngjié
没等青年人开口，班杰明就招呼道：“你看我这房间，太不整洁
le qǐng nǐ zài ménwài děnghòu yī fēnzhōng wǒ shōushi yīxià nǐ zài jìnlái ba Yībiān shuōzhe Bān
了，请你在门外等候一分钟，我收拾一下，你再进来吧。”一边说着，班
jiémíng jiù qīngqīng de guānshàng le fángmén
杰明就轻轻地关上了房门。

Bùdào yī fēnzhōng de shíjiān Bānjiémíng jiù yòu dǎkāi le fángmén bìng rèqíng de bǎ qīngniánrén
不到一分钟的时间，班杰明就又打开了房门并热情地把青年人
ràngjìn kètīng Zhèshí qīngniánrén de yǎnqián zhǎnxiàn chū lìng yī fān jǐngxiàng fángjiān nèi de yī
让进客厅。这时，青年人的眼前展现出另一番景象——房间内的一
qiè yǐ biàn de jǐngrán yǒuxù ér qiě yǒu liǎng bēi gānggāng dàohǎo de hóngjiǔ zài dàndàn de xiāngshuǐ qì
切已变得井然有序，而且有两杯刚刚倒好的红酒，在淡淡的香水气
xī lǐ hái yàngzhe wēibō
息里还漾着微波。

Kěshì méi děng qīngniánrén bǎ mǎnfù de yǒuguān rénshēng hé shìyè de yínán wèntí xiàng Bānjié
可是，没等青年人把满腹的有关人生和事业的疑难问题向班杰
míng jiǎng chūlái Bānjiémíng jiù fēicháng kèqi de shuōdào Gānbēi Nǐ kěyǐ zǒu le
明讲出来，班杰明就非常客气地说道：“干杯。你可以走了。”

Qīngniánrénshǒuchíjiǔbēi yī xià zi lèngzhù le　jì gāngà yòufēicháng yí hàn de shuō　Kěshì　wǒ
青年人手持酒杯一下子愣住了，既尴尬又非常遗憾地说："可是，我
wǒháiméixiàngnínqǐngjiàone
……我还没向您请教呢……"

Zhèxiē　nándàoháibùgòuma　Bānjiémíng yī biānwēixiàozhe　yī biānsǎoshìzhe zì jǐ defáng
"这些……难道还不够吗？"班杰明一边微笑着，一边扫视着自己的房
jiān　qīngyán xì yǔ deshuō　Nǐjìnláiyòuyǒu yī fēnzhōng le
间，轻言细语地说："你进来又有一分钟了。"

Yīfēnzhōng　yī fēnzhōng　Qīngniánrénruòyǒusuǒ sī deshuō　Wǒdǒng le　nínràngwǒ
"一分钟……一分钟……"青年人若有所思地说："我懂了，您让我
míngbai le　yī fēn zhōng de shí jiān kě yǐ zuò xǔ　duō shì qing　kě yǐ gǎi biàn xǔ duō shì qing de shēn kè
明白了一分钟的时间可以做许//多事情，可以改变许多事情的深刻
dào lǐ
道理。"

Bānjiémíngshūxīndexiào le　Qīngniánrénbǎbēi lǐ dehóngjiǔ yī yǐn，ér jìn　xiàngBānjiémínglián
班杰明舒心地笑了。青年人把杯里的红酒一饮而尽，向班杰明连
liándàoxièhòu　kāixīndezǒu le
连道谢后，开心地走了。

Qíshí　zhǐyàobǎwòhǎoshēngmìngdeměi yī fēnzhōng　yějiùbǎwò le lǐ xiǎngderénshēng
其实，只要把握好生命的每一分钟，也就把握了理想的人生。

——节选自纪广洋《一分钟》

作品 51 号——《一个美丽的故事》

有个塌鼻子的小男孩儿，因为两岁时得过脑炎，智力受损，学习起来很吃力。打个比方，别人写作文能写二三百字，他却只能写三五行。但即便这样的作文，他同样能写得很动人。

那是一次作文课，题目是《愿望》。他极其认真地想了半天，然后极认真地写，那作文极短。只有三句话：我有两个愿望，第一个是，妈妈天天笑眯眯地看着我说："你真聪明。"第二个是，老师天天笑眯眯地看着我说："你一点儿也不笨。"

于是，就是这篇作文，深深地打动了他的老师，那位妈妈式的老师不仅给了他最高分，在班上带感情地朗读了这篇作文，还一笔一画地批道：你很聪明，你的作文写得非常感人，请放心，妈妈肯定会格外喜欢你的，老师肯定会格外喜欢你的，大家肯定会格外喜欢你的。

捧着作文本，他笑了，蹦蹦跳跳地回家了，像只喜鹊。但他并没有把作文本拿给妈妈看，他是在等待，等待着一个美好的时刻。

那个时刻终于到了，是妈妈的生日——一个阳光灿烂的星期天：那天，他起得特别早，把作文本装在一个亲手做的美丽的大信封里，等着妈妈醒来。妈妈刚刚睁眼醒来，他就笑眯眯地走到妈妈跟前说："妈妈，今天是您的生日，我要//送给您一件礼物。"

果然，看着这篇作文，妈妈甜甜地涌出了两行热泪，一把搂住小男孩儿，搂得很紧很紧。

是的，智力可以受损，但爱永远不会。

——节选自张玉庭《一个美丽的故事》

Yǒugè tā bí zi dexiǎonánháir yīnwèiliǎngsuìshídéguonǎoyán zhì lì shòusǔn xué xí qǐ
答：有个塌鼻子的小男孩儿，因为两岁时得过脑炎，智力受损，学习起
láihěnchī lì Dǎgè bǐfang biérénxiězuòwénnéngxiě èr sānbǎi zì tā quèzhǐnéngxiěsānwǔxíng Dàn
来很吃力。打个比方，别人写作文能写二三百字，他却只能写三五行。但
jí biànzhèyàngdezuòwén tā tóngyàngnéngxiědehěndòngrén
即便这样的作文，他同样能写得很动人。

Nàshì yī cì zuòwénkè tí mùshì Yuànwàng Tā jí qí rènzhēndexiǎng le bàntiān ránhòu jí
那是一次作文课，题目是《愿望》。他极其认真地想了半天，然后极
rènzhēndexiě nàzuòwén jí duǎn Zhǐyǒusān jù huà Wǒyǒuliǎng gè yuànwàng dì yī gè shì mām
认真地写，那作文极短。只有三句话：我有两个愿望，第一个是，妈
a tiāntiānxiàomīmī de kànzhewǒshuō Nǐzhēncōngmíng Dì-èr gè shì lǎoshītiāntiānxiàomīmīde
妈天天笑眯眯地看着我说："你真聪明。"第二个是，老师天天笑眯眯地
kànzhewǒshuō Nǐ yì diǎnr yěbùbèn
看着我说："你一点儿也不笨。"

Yúshì jiùshìzhèpiānzuòwén shēnshēndedǎdòng le tā delǎoshī nàwèimāmashìdelǎoshībùjǐn
于是，就是这篇作文，深深地打动了他的老师，那位妈妈式的老师不仅
gěi le tā zuìgāofēn zàibānshàngdàigǎnqíngdelǎngdú le zhèpiānzuòwén hái yī bǐ yī huàde pī dào Nǐ
给了他最高分，在班上带感情地朗读了这篇作文，还一笔一画地批道：你
hěncōngmíng nǐ dezuòwénxiědefēichánggǎnrén qǐngfàngxīn māmakěndìnghuì gé wài xǐ huan nǐ
很聪明，你的作文写得非常感人，请放心，妈妈肯定会格外喜欢你
de lǎoshīkěndìnghuìgéwài xǐ huan nǐ de dàjiākěndìnghuìgéwài xǐ huan nǐ de
的，老师肯定会格外喜欢你的，大家肯定会格外喜欢你的。

Pěngzhezuòwénběn tā xiào le bèngbèngtiàotiàodehuíjiā le xiàngzhī xǐ què Dàn ta bìngméi
捧着作文本，他笑了，蹦蹦跳跳地回家了，像只喜鹊。但他并没
yǒubǎzuòwénběnnágěimāmakàn tā shìzàiděngdài děngdàizhezhe yī gèměihǎodeshíkè
有把作文本拿给妈妈看，他是在等待，等待着着一个美好的时刻。

Nàgeshíkèzhōngyú dào le shìmāmadeshēng rì yī gè yángguāngcànlàndexīng qī tiān Nà
那个时刻终于到了，是妈妈的生日——一个阳光灿烂的星期天：那
tiān tā qǐ de tè biézǎo bǎzuòwénběnzhuāngzài yī gè qīnshǒuzuòdeměi lì dedàxìnfēng lǐ děngzhe
天，他起得特别早，把作文本装在一个亲手做的美丽的大信封里，等着
māmaxǐnglái Māmagānggāngzhēngyǎnxǐnglái tā jiùxiàomīmīdezǒudàomāmagēnqiánshuō Mā
妈妈醒来。妈妈刚刚睁眼醒来，他就笑眯眯地走到妈妈跟前说："妈
ma jīntiānshìníndeshēng rì wǒyào sònggěinín yī jiàn lǐ wù
妈，今天是您的生日，我要//送给您一件礼物。"

Guǒrán kànzhezhèpiānzuòwén māmatiántiándeyǒngchū le liǎngháng rè lèi yī bǎlǒuzhùxiǎo
果然，看着这篇作文，妈妈甜甜地涌出了两行热泪，一把搂住小
nánháir lǒudéhěnjǐnhěnjǐn
男孩儿，搂得很紧很紧。

Shìde zhì lì kě yǐ shòusǔn dàn ài yǒngyuǎnbùhuì
是的，智力可以受损，但爱永远不会。

——节选自张玉庭《一个美丽的故事》

作品52号——《永远的记忆》

小学的时候，有一次我们去海边远足，妈妈没有做便饭，给了我十块钱买午餐。好像走了很久，很久，终于到海边了，大家坐下来便吃饭，荒凉的海边没有商店，我一个人跑到防风林外面去，级任老师要大家把吃剩的饭菜分给我一点儿。有两三个男生留下一点儿给我，还有一个女生，她的米饭拌了酱油，很香。我吃完的时候，她笑眯眯地看着我，短头发，脸圆圆的。

她的名字叫翁香玉。

每天放学的时候，她走的是经过我们家的一条小路，带着一位比她小的男孩儿，可能是弟弟。小路边是一条清澈见底的小溪，两旁竹荫覆盖，我总是远远地跟在她后面，夏日的午后特别炎热，走到半路她会停下来，拿手帕在溪水里浸湿，为小男孩儿擦脸。我也在后面停下来，把肮脏的手帕弄湿了擦脸，再一路远远跟着她回家。

后来我们家搬到镇上去了，过几年我也上了中学。有一天放学回家，在火车上，看见斜对面一位短头发、圆圆脸的女孩儿，一身素净的白衣黑裙。我想她一定不认识我了。火车很快到站了，我随着人群挤向门口，她也走近了，叫我的名字。这是她第一次和我说话。

她笑眯眯的，和我一起走过月台。以后就没有再见过//她了。

这篇文章收在我出版的《少年心事》这本书里。

书出版后半年，有一天我忽然收到出版社转来的一封信，信封上是陌生的字迹，但清楚地写着我的本名。

信里面说她看到了这篇文章心里非常激动，没想到在离开家乡，漂泊异地这么久之后，会看见自己仍然在一个人的记忆里，她自己也深深记得其中的每一幕，只是没想到越过遥远的时空，竟然另一个人也深深记得。

——节选自苦伶《永远的记忆》

Xiǎoxuédeshíhou　yǒu yī cì wǒmenqùhǎibiānyuǎnzú　māmaméiyǒuzuòbiànfàn　gěi le wǒ
答：小学的时候，有一次我们去海边远足，妈妈没有做便饭，给了我
shíkuàiqiánmǎiwǔcān　Hǎoxiàngzǒu le hěnjiǔ　hěnjiǔ　zhōngyúdàohǎibiān le　dàjiāzuòxiàláibiàn
十块钱买午餐。好像走了很久，很久，终于到海边了，大家坐下来便
chīfàn　huāngliángdehǎibiānméiyǒushāngdiàn　wǒ yī gèrénpǎodàofángfēnglínwàimiànqù　jí rèn
吃饭，荒凉的海边没有商店，我一个人跑到防风林外面去，级任
lǎoshīyàodàjiābǎchīshèngdefàncàifēngěiwǒ yī diǎnr　Yǒuliǎngsān gè nánshēngliúxià yì diǎnr gěiwǒ
老师要大家把吃剩的饭菜分给我一点儿。有两三个男生留下一点儿给我，
háiyǒu yī gènǚshēng　tā demǐfànbàn le jiàngyóu　hěnxiāng　Wǒchīwándeshíhou　tā xiàomīmīde
还有一个女生，她的米饭拌了酱油，很香。我吃完的时候，她笑眯眯地
kànzhewǒ　duǎntóufa　liǎnyuányuánde
看着我，短头发，脸圆圆的。

Tādemíng zi jiàoWēngXiāngyù
她的名字叫翁香玉。

Měitiānfàngxuédeshíhou　tā zǒudeshìjīngguòwǒmenjiāde yī tiáoxiǎo lù　dàizhe yī wèi bǐ tā xiǎo
每天放学的时候，她走的是经过我们家的一条小路，带着一位比她小
denánháir　kěnéngshe dì di　Xiǎo lù biānshì yī tiáoqīngchèjiàn dǐ de xiǎo xī　liǎngpángzhúyīn fù
的男孩儿，可能是弟弟。小路边是一条清澈见底的小溪，两旁竹荫覆

gài wǒzǒngshìyuǎnyuǎndegēnzài tā hòumiàn xià rì dewǔhòu tè biéyán rè zǒudàobàn lù tā huìtíng
盖，我总是远远地跟在她后面，夏日的午后特别炎热，走到半路她会停
xiàlái náshǒupàzài xī shuǐ lǐ jìnshī wèixiǎonánháir cāliǎn Wǒ yě zàihòumiàntíngxiàlái bǎāng
下来，拿手帕在溪水里浸湿，为小男孩儿擦脸。我也在后面停下来，把肮
zāngdeshǒupànòngshī le cāliǎn zài yī lù yuǎnyuǎngēnzhe tā huíjiā
脏的手帕弄湿了擦脸，再一路远远跟着她回家。

Hòuláiwǒmenjiābāndàozhènshàngqù le guò jǐ niánwǒ yě shàng le zhōngxué Yǒu yī tiānfàngxué
后来我们家搬到镇上去了，过几年我也上了中学。有一天放学
huíjiā zàihuǒchēshàng kànjiànxiéduìmiàn yī wèiduǎntóu fa yuányuánliǎndenǚh ái r yī shēnsù
回家，在火车上，看见斜对面一位短头发、圆圆脸的女孩儿，一身素
jìngdebái yī hēiqún Wǒxiǎngtā yī dìngbùrènshiwǒ le Huǒchēhěnkuàidàozhàn le wǒsuízherénqún
净的白衣黑裙。我想她一定不认识我了。火车很快到站了，我随着人群
jǐ xiàngménkǒu tā yě zǒujìn le jiàowǒdemíng zi Zhèshì tā dì yī cì héwǒshuōhuà
挤向门口，她也走近了，叫我的名字。这是她第一次和我说话。

Tāxiàomīmīde héwǒ yī qǐ zǒuguòyuètái Yǐhòujiùméiyǒuzàijiànguo tā le
她笑眯眯的，和我一起走过月台。以后就没有再见过//她了。

Zhèpiānwénzhāngshōuzàiwǒchūbǎnde Shàonián Xīnshì zhèběnshū lǐ
这篇文章收在我出版的《少年心事》这本书里。

Shūchūbǎnhòubànnián yǒu yī tiānwǒhūránshōudàochūbǎnshèzhuǎnláide yī fēngxìn xìnfēng
书出版后半年，有一天我忽然收到出版社转来的一封信，信封
shàngshìmòshēngde zì jì dànqīngchudexiězhewǒdeběnmíng
上是陌生的字迹，但清楚地写着我的本名。

Xìn lǐ miànshuō tā kàndào le zhèpiānwénzhāngxīn lǐ fēicháng jī dòng méixiǎngdàozài lí kāijiā
信里面说她看到了这篇文章心里非常激动，没想到在离开家
xiāng piāobó yì dìzhèmejiǔzhīhòu huìkànjiàn zì jǐ réngránzài yī gèrénde jì yì lǐ tā zì jǐ yě shēn
乡，漂泊异地这么久之后，会看见自己仍然在一个人的记忆里，她自己也深
shēn jì dézhè qí zhōngdeměi yī mù zhǐshìméixiǎngdàoyuèguòyáoyuǎndeshíkōng jìngránlìng yī gèrén
深记得这其中的每一幕，只是没想到越过遥远的时空，竟然另一个人
yě shēnshēn jì dé
也深深记得。

——节选自苦伶《永远的记忆》

作品 53 号——《语言的魅力》

在繁华的巴黎大街的路旁，站着一个衣衫褴褛、头发斑白、双目失明的老人。他不像其他乞丐那样伸手向过路行人乞讨，而是在身旁立一块木牌，上面写着："我什么也看不见！"街上过往的行人很多，看了木牌上的字都无动于衷，有的还淡淡一笑，便姗姗而去了。

这天中午，法国著名诗人让·彼浩勒也经过这里。他看看木牌上的字，问盲老人："老人家，今天上午有人给你钱吗？"

盲老人叹息着回答："我，我什么也没有得到。"说着，脸上的神情非常悲伤。

让·彼浩勒听了，拿起笔悄悄地在那行字的前面添上了"春天到了，可是"几个字，就匆匆地离开了。

晚上，让·彼浩勒又经过这里，问那个盲老人下午的情况。盲老人笑着回答说：“先生，不知为什么，下午给我钱的人多极了！”让·彼浩勒听了，摸着胡子满意地笑了。

“春天到了，可是我什么也看不见！”这富有诗意的语言，产生这么大的作用，就在于它有非常浓厚的感情色彩。是的，春天是美好的，那蓝天白云，那绿树红花，那莺歌燕舞，那流水人家，怎么不叫人陶醉呢？但这良辰美景，对于一个双目失明的人来说，只是一片漆黑。当人们想到这个盲老人，一生中竟连万紫千红的春天//都不曾看到，怎能不对他产生同情之心呢？

——节选自小学《语文》第六册中《语言的魅力》

Zàifánhuáde Bā lí dàjiē de lùpáng zhànzhe yī gè yī shānlán lǚ tóufa bānbái shuāngmù
答：在繁华的巴黎大街的路旁，站着一个衣衫褴褛、头发斑白、双目
shīmíngde lǎorén Tābùxiàng qí tā qǐ gàinàyàngshēnshǒuxiàngguò lù xíngrén qǐ tǎo ér shìzàishēnpáng
失明的老人。他不像其他乞丐那样伸手向过路行人乞讨，而是在身旁
lì yī kuàimùpái shàngmiànxiězhe Wǒshénme yě kànbùjiàn Jiēshàngguòwǎngde xíngrénhěn
立一块木牌，上面写着：“我什么也看不见！”街上过往的行人很
duō kàn le mùpáishàngde zì dōuwúdòngyúzhōng yǒude háidàndàn yī xiào biànshānshān ér qù le
多，看了木牌上的字都无动于衷，有的还淡淡一笑，便姗姗而去了。

Zhètiān zhōngwǔ Fǎguó zhùmíng shī rén Ràng Bǐ hào lè yě jīngguò Zhè lǐ Tā kàn kan mù pái
这天中午，法国著名诗人让·彼浩勒也经过这里。他看看木牌
shàngde zì wènmánglǎorén Lǎorénjiā jīntiānshàngwǔyǒuréngěi nǐ qiánma
上的字，问盲老人：“老人家，今天上午有人给你钱吗？”

Mánglǎoréntàn xī zhe huídá Wǒ wǒshénme yě méi yǒu dé dào Shuōzhe liǎnshàng de shén
盲老人叹息着回答：“我，我什么也没有得到。”说着，脸上的神
qíngfēichángbēishāng
情非常悲伤。

Ràng Bǐhào lè tīng le ná qǐ bǐ qiāoqiāode zàinàháng zì de qiánmiàn tiānshàng le Chūntiāndào
让·彼浩勒听了，拿起笔悄悄地在那行字的前面添上了“春天到
le kěshì jǐ gè zì jiùcōngcōngde lí kāi le
了，可是”几个字，就匆匆地离开了。

Wǎnshang Ràng Bǐ hào lè yòu jīng guò Zhè lǐ wèn nà ge máng lǎo rén xià wǔ de qíng kuàng
晚上，让·彼浩勒又经过这里，问那个盲老人下午的情况。
mánglǎorénxiàozhe huídáshuō Xiānsheng bùzhīwèishénme xiàwǔgěiwǒqián de rénduō jí le
盲老人笑着回答说：“先生，不知为什么，下午给我钱的人多极了！”
Ràng Bǐhào lè tīng le mōzhe hú zi mǎn yì de xiào le
让·彼浩勒听了，摸着胡子满意地笑了。

Chūntiān dào le kěshì wǒ shénme yě kànbùjiàn Zhè fù yǒushī yì de yǔyán chǎnshēng zhème dà
“春天到了，可是我什么也看不见！”这富有诗意的语言，产生这么大
de zuòyòng jiùzàiyú tā yǒufēichángnónghòude gǎnqíng sè cǎi Shìde chūntiānshìměihǎode nàlán
的作用，就在于它有非常浓厚的感情色彩。是的，春天是美好的，那蓝
tiānbáiyún nàlǜ shùhónghuā nàyīnggē yànwǔ nàliúshuǐrénjiā zěnmebùjiàoréntáozuì ne Dàn
天白云，那绿树红花，那莺歌燕舞，那流水人家，怎么不叫人陶醉呢？但
zhèliángchénměijǐng duìyú yī gè shuāngmù shīmíng de rén zhǐshì yī piàn qī hēi Dāngrénmen xiǎng
这良辰美景，对于一个双目失明的人，只是一片漆黑。当人们想

dào zhè ge máng lǎo rén　yī shēng zhōng jìng lián wàn zǐ qiān hóng de chūn tiān　dōu bù céng kàn dào　zěn
到这个盲老人，一生中竟连万紫千红的春天//都不曾看到，怎
néng bù duì tā chǎn shēng tóng qíng zhī xīn ne
能不对他产生同情之心呢？

——节选自小学《语文》第六册中《语言的魅力》

作品 54 号——《赠你四味长寿药》

有一次，苏东坡的朋友张鹗拿着一张宣纸来求他写一幅字，而且希望他写一点儿关于养生方面的内容。苏东坡思索了一会儿，点点头说："我得到了一个养生长寿古方，药只有四味，今天就赠给你吧。"于是，东坡的狼毫在纸上挥洒起来，上面写着："一日无事以当贵，二日早寝以当富，三日安步以当车，四日晚食以当肉。"

这哪里有药？张鹗一脸茫然地问。苏东坡笑着解释说，养生长寿的要诀，全在这四句里面。

所谓"无事以当贵"，是指人不要把功名利禄、荣辱过失考虑得太多，如能在情志上潇洒大度，随遇而安，无事以求，这比富贵更能使人终其天年。

"早寝以当富"，指吃好穿好、财货充足，并非就能使你长寿。对老年人来说，养成良好的起居习惯，尤其是早睡早起，比获得任何财富更加宝贵。

"安步以当车"，指人不要过于讲求安逸、肢体不劳，而应多以步行来替代骑马乘车，多运动才可以强健体魄，通畅气血。

"晚食以当肉"，意思是人应该用已饥方食、未饱先止代替对美味佳肴的贪吃无厌。他进一步解释，饿了以后才进食，虽然是粗茶淡饭，但其香甜可口会胜过山珍；如果饱了还要勉强吃，即使美味佳肴摆在眼前也难以//下咽。

苏东坡的四味"长寿药"，实际上是强调了情志、睡眠、运动、饮食四个方面对养生长寿的重要性，这种养生观点即使在今天仍然值得借鉴。

——节选自蒲昭和《赠你四味长寿药》

Yǒu yī cì　Sū Dōngpō de péngyou Zhāng È ná zhe yī zhāng xuān zhǐ lái qiú tā xiě yī fú zì　ér qiě
答：有一次，苏东坡的朋友张鹗拿着一张宣纸来求他写一幅字，而且
xī wàng tā xiě yī diǎnr guān yú yǎng shēng fāng miàn de nèi róng　Sū Dōngpō sī suǒ le yī huìr　diǎn diǎn
希望他写一点儿关于养生方面的内容。苏东坡思索了一会儿，点点
tóu shuō　Wǒ dé dào le yī gè yǎng shēng cháng shòu gǔ fāng　yào zhǐ yǒu sì wèi　jīn tiān jiù zèng gěi nǐ
头说："我得到了一个养生长寿古方，药只有四味，今天就赠给你
ba　Yú shì　Dōngpō de láng háo zài zhǐ shàng huī sǎ qǐ lái　shàng miàn xiě zhe　Yī yuē wú shì yǐ dàng guì
吧。"于是，东坡的狼毫在纸上挥洒起来，上面写着："一曰无事以当贵，
èr yuē zǎo qǐn yǐ dàng fù　sān yuē ān bù yǐ dàng chē　sì yuē wǎn shí yǐ dàng ròu
二曰早寝以当富，三曰安步以当车，四曰晚食以当肉。"

Zhè nǎ lǐ yǒu yào　Zhāng È yī liǎn máng rán de wèn　Sū Dōng pō xiào zhe jiě shì shuō　yǎng shēng
这哪里有药？张鹗一脸茫然地问。苏东坡笑着解释说，养生
cháng shòu de yào jué　quán zài zhè sì jù lǐ miàn
长寿的要诀，全在这四句里面。

Suǒ wèi　wú shì yǐ dàng guì　shì zhǐ rén bù yào bǎ gōng míng lì lù　róng rǔ guò shī kǎo lǜ de tài duō
所谓"无事以当贵"，是指人不要把功名利禄、荣辱过失考虑得太多，

rú néng zài qíng zhì shàng xiāo sǎ dà dù suí yù' ér ān wú shì yǐ qiú zhè bǐ fù guì gèng néng shǐ rén zhōng qí
如能在情志上潇洒大度，随遇而安，无事以求，这比富贵更能使人终其
tiān nián
天年。

Zǎo qǐn yǐ dàng fù zhǐ chī hǎo chuān hǎo cái huò chōng zú bìng fēi jiù néng shǐ nǐ cháng shòu
“早寝以当富”，指吃好穿好、财货充足，并非就能使你长寿。
Duì lǎo nián rén lái shuō yǎng chéng liáng hǎo de qǐ jū xí guàn yóu qí shì zǎo shuì zǎo qǐ bǐ huò dé rèn hé
对老年人来说，养成良好的起居习惯，尤其是早睡早起，比获得任何
cái fù gèng jiā bǎo guì
财富更加宝贵。

Ān bù yǐ dàng chē zhǐ rén bù yào guò yú jiǎng qiú ān yì zhī tǐ bù láo ér yīng duō yǐ bù xíng lái tì
“安步以当车”，指人不要过于讲求安逸、肢体不劳，而应多以步行来替
dài qí mǎ chéng chē duō yùn dòng cái kě yǐ qiáng jiàn tǐ pò tōng chàng qì xuè
代骑马乘车，多运动才可以强健体魄，通畅气血。

Wǎn shí yǐ dàng ròu yì si shì rén yīng gāi yòng yǐ jī fāng shí wèi bǎo xiān zhǐ dài tì duì měi wèi jiā
“晚食以当肉”，意思是人应该用已饥方食、未饱先止代替对美味佳
yáo de tān chī wú yàn Tā jìn yī bù jiě shì è le yǐ hòu cái jìn shí suī rán shì cū chá dàn fàn dàn qí xiāng
肴的贪吃无厌。他进一步解释，饿了以后才进食，虽然是粗茶淡饭，但其香
tián kě kǒu huì shèng guò shān zhēn rú guǒ bǎo le hái yào miǎn qiǎng chī jí shǐ měi wèi jiā yáo bǎi zài yǎn
甜可口会胜过山珍；如果饱了还要勉强吃，即使美味佳肴摆在眼
qián yě nán yǐ xià yàn
前也难以//下咽。

Sū Dōng pō de sì wèi cháng shòu yào shí jì shàng shì qiáng diào le qíng zhì shuì mián yùn dòng
苏东坡的四味“长寿药”，实际上是强调了情志、睡眠、运动、
yǐn shí sì gè fāng miàn duì yǎng shēng cháng shòu de zhòng yào xìng zhè zhǒng yǎng shēng guān diǎn jí shǐ zài
饮食四个方面对养生长寿的重要性，这种养生观点即使在
jīn tiān réng rán zhí dé jiè jiàn
今天仍然值得借鉴。

——节选自蒲昭和《赠你四味长寿药》

作品55号——《站在历史的枝头微笑》

人活着，最要紧的是寻觅到那片代表着生命绿色和人类希望的丛林，然后选一高高的枝头站在那里观览人生，消化痛苦，孕育歌声，愉悦世界！

这可真是一种潇洒的人生态度，这可真是一种心境爽朗的情感风貌。

站在历史的枝头微笑，可以减免许多烦恼。在那里，你可以从众生相所包含的甜酸苦辣、百味人生中寻找你自己；你境遇中的那点儿苦痛，也许相比之下，再也难以占据一席之地；你会较容易地获得从不悦中解脱灵魂的力量，使之不致变得灰色。

人站得高些，不但能有幸早些领略到希望的曙光，还能有幸发现生命的立体的诗篇。每一个人的人生，都是这诗篇中的一个词、一个句子或者一个标点。你可能没有成为一个美丽的词，一个引人注目的句子，一个惊叹号，但你依然是这生命的立体诗篇中的一个音节、一个停顿、一个必不可少的组成部分。这足以使你放弃前嫌，萌生为人类孕育新的歌

声的兴致，为世界带来更多的诗意。

最可怕的人生见解，是把多维的生存图景看成平面。因为那平面上刻下的大多是凝固了的历史——过去的遗迹；但活着的人们，活得却是充满着新生智慧的，由//不断逝去的“现在”组成的未来。人生不能像某些鱼类躺着游，人生也不能像某些兽类爬着走，而应该站着向前行，这才是人类应有的生存姿态。

——节选自［美］本杰明·拉什《站在历史的枝头微笑》

Rénhuózhe zuìyàojǐndeshìxúnmìdàonàpiàndàibiǎozheshēngmìng lǜ sè hérénlèi xī wàngde
答：人活着，最要紧的是寻觅到那片代表着生命绿色和人类希望的
cónglín ránhòuxuǎn yī gāogāo de zhītóuzhànzài nà lǐ guānlǎnrénshēng xiāohuàtòngkǔ yùnyù gē
丛林，然后选一高高的枝头站在那里观览人生，消化痛苦，孕育歌
shēng yúyuèshìjiè
声，愉悦世界！

Zhèkězhēnshì yī zhǒngxiāo sǎ derénshēngtàidù zhèkězhēnshì yī zhǒngxīnjìngshuǎnglǎngdeqíng
这可真是一种潇洒的人生态度，这可真是一种心境爽朗的情
gǎnfēngmào
感风貌。

Zhànzài lì shǐdezhītóuwēixiào kě yǐ jiǎnmiǎnxǔduōfánnǎo Zàinà lǐ nǐ kě yǐ cóngzhòngshēng
站在历史的枝头微笑，可以减免许多烦恼。在那里，你可以从众生
xiàngsuǒbāohándetiánsuānkǔ là bǎiwèirénshēngzhōngxúnzhǎo nǐ zì jǐ nǐ jìngyù zhōngde nàdiǎn r
相所包含的甜酸苦辣、百味人生中寻找你自己；你境遇中的那点儿
kǔtòng yěxǔxiāngbǐ zhīxià zài yě nán yǐ zhàn jù yì xí zhī dì nǐ huìjiàoróng yì de huò dé cóngbùyuè
苦痛，也许相比之下，再也难以占据一席之地；你会较容易地获得从不悦
zhōngjiětuōlínghúnde lì liàng shǐzhībùzhìbiàndehuī sè
中解脱灵魂的力量，使之不致变得灰色。

Rénzhàndegāoxiē bùdànnéngyǒuxìngzǎoxiēlǐnglüèdào xī wàngdeshǔguāng háinéngyǒuxìng fā
人站得高些，不但能有幸早些领略到希望的曙光，还能有幸发
xiànshēngmìngde lì tǐ deshīpiān Měi yī gè rén derénshēng dōushìzhèshīpiānzhōngde yī gè cí yī
现生命的立体的诗篇。每一个人的人生，都是这诗篇中的一个词、一
gè jù zi huòzhě yī gè biāodiǎn Nǐ kěnéngméiyǒuchéngwéi yī gè měi lì de cí yī gè yǐnrénzhùmù de jù
个句子或者一个标点。你可能没有成为一个美丽的词，一个引人注目的句
zi yī gè jīngtànhào dàn nǐ yī rán shì zhè shēngmìng de lì tǐ shīpiānzhōngde yī gè yīnjié yī gè tíng
子，一个惊叹号，但你依然是这生命的立体诗篇中的一个音节、一个停
dùn yī gè bì bùkěshǎode zǔchéngbùfen Zhè zú yǐ shǐ nǐ fàng qì qiánxián méngshēngwèirénlèiyùnyù
顿、一个必不可少的组成部分。这足以使你放弃前嫌，萌生为人类孕育
xīnde gēshēngdexìngzhì wèishìjièdàiláigèngduōdeshī yì
新的歌声的兴致，为世界带来更多的诗意。

Zuìkěpàderénshēngjiànjiě shìbǎduōwéi deshēngcún tú jǐngkànchéngpíngmiàn Yīnwèinàpíng
最可怕的人生见解，是把多维的生存图景看成平面。因为那平
miànshàngkèxiàdedàduōshìnínggù le de lì shǐ guòqù de yí jì dànhuózhe derénmen huódéquè
面上刻下的大多是凝固了的历史——过去的遗迹；但活着的人们，活得却
shìchōngmǎnzhexīnshēngzhìhuìde yóu bùduànshìqùde xiànzài zǔchéngdewèilái Rénshēngbù
是充满着新生智慧的，由//不断逝去的“现在”组成的未来。人生不

néngxiàngmǒuxiēyúlèitǎngzheyóu rénshēngyě bùnéngxiàngmǒuxiēshòulèipázhezǒu ér yīnggāizhàn
能像某些鱼类躺着游，人生也不能像某些兽类爬着走，而应该站
zhexiàngqiánxíng zhècáishìrénlèiyīngyǒudeshēngcún zī tài
着向前行，这才是人类应有的生存姿态。

——节选自[美]本杰明·拉什《站在历史的枝头微笑》

作品56号——《中国的宝岛——台湾》

中国的第一大岛、台湾省的主岛台湾，位于中国大陆架的东南方，地处东海和南海之间，隔着台湾海峡和大陆相望。天气晴朗的时候，站在福建沿海较高的地方，就可以隐隐约约地望见岛上的高山和云朵。

台湾岛形状狭长，从东到西，最宽处只有一百四十多公里；由南至北，最长的地方约有三百九十多公里。地形像一个纺织用的梭子。

台湾岛上的山脉纵贯南北，中间的中央山脉犹如全岛的脊梁。西部为海拔近四千米的玉山山脉，是中国东部的最高峰。全岛约有三分之一的地方是平地，其余为山地。岛内有缎带般的瀑布，蓝宝石似的湖泊，四季常青的森林和果园，自然景色十分优美。西南部的阿里山和日月潭，台北市郊的大屯山风景区，都是闻名世界的游览胜地。

台湾岛地处热带和温带之间，四面环海，雨水充足，气温受到海洋的调剂，冬暖夏凉，四季如春，这给水稻和果木生长提供了优越的条件。水稻、甘蔗、樟脑是台湾的“三宝”。岛上还盛产鲜果和鱼虾。

台湾岛还是一个闻名世界的“蝴蝶王国”。岛上的蝴蝶共有四百多个品种，其中有不少是世界稀有的珍贵品种。岛上还有不少鸟语花香的蝴//蝶谷，岛上居民利用蝴蝶制作的标本和艺术品，远销许多国家。

——节选自《中国的宝岛——台湾》

Zhōngguóde dì yī dàdǎo TáiwānShěngdezhǔdǎoTáiwān wèiyú zhōngguódà lù jiàdedōng
答： 中国的第一大岛、台湾省的主岛台湾，位于中国大陆架的东
nánfāng dì chǔDōngHǎi hé NánHǎizhījiān gé zheTáiwānHǎixiá hé Dà lù xiāngwàng Tiān qì qíng
南方，地处东海和南海之间，隔着台湾海峡和大陆相望。天气晴
lǎngdeshíhou zhànzàiFújiànyánhǎijiàogāode dì fang jiùkě yǐ yǐnyǐnyuēyuēdewàngjiàndǎoshàngde
朗的时候，站在福建沿海较高的地方，就可以隐隐约约地望见岛上的
gāoshānhéyúnduǒ
高山和云朵。

TáiwānDǎoxíngzhuàngxiácháng cóngdōngdào xī zuìkuānchùzhǐyǒu yī bǎi sì shíduōgōng lǐ
台湾岛形状狭长，从东到西，最宽处只有一百四十多公里；
yóunánzhìběi zuìchángde dì fangyuēyǒusānbǎijiǔshíduōgōng lǐ Dì xíngxiàng yī gè fǎngzhīyòngde
由南至北，最长的地方约有三百九十多公里。地形像一个纺织用的
suō zi
梭子。

TáiwānDǎoshàngdeshānmàizòngguànnánběi zhōngjiāndeZhōngyāngShānmàiyóu rú quándǎode
台湾岛上的山脉纵贯南北，中间的中央山脉犹如全岛的
jǐ liang Xībùwéihǎibájìn sì qiānmǐ de YùShānshānmài shìZhōngguódōngbù de zuìgāofēng Quán
脊梁。西部为海拔近四千米的玉山山脉，是中国东的最高峰。全

dǎoyuēyǒusānfēnzhī yī de dì fangshìpíng dì　qí yú wéishān dì　Dǎonèiyǒuduàndàibān de pùbù　lán
岛约有三分之一的地方是平地，其余为山地。岛内有缎带般的瀑布，蓝
bǎoshíshìdehúpō　sì jì chángqīngdesēnlínhéguǒyuán　zì ránjǐngsè shífēnyōuměi　Xīnánbùde Ā lǐ
宝石似的湖泊，四季常青的森林和果园，自然景色十分优美。西南部的阿里
Shānhé Rìyuè Tán　Táiběishìjiāode Dàtúnshānfēngjǐngqū　dōushìwénmíngshìjiè de yóulǎnshèng dì
山和日月潭，台北市郊的大屯山风景区，都是闻名世界的游览胜地。

Táiwān Dǎo dì chǔ rè dàihéwēndàizhījiān　sì miànhuánhǎi　yǔshuǐchōngzú　qì wēnshòudàohǎi
台湾岛地处热带和温带之间，四面环海，雨水充足，气温受到海
yángdetiáo jì　dōngnuǎnxiàliáng　sì jì rú chūn　zhègěishuǐdàohéguǒmùshēngzhǎng tí gōng le yōu
洋的调剂，冬暖夏凉，四季如春，这给水稻和果木生长提供了优
yuèdetiáojiàn　Shuǐdào　gānzhe　zhāngnǎoshì Táiwān de　sānbǎo　Dǎoshànghái shèngchǎnxiān
越的条件。水稻、甘蔗、樟脑是台湾的“三宝”。岛上还盛产鲜
guǒhé yúxiā
果和鱼虾。

Táiwān Dǎoháishì yī gè wénmíngshìjiè de　húdié wángguó　Dǎoshàng de húdiégòngyǒu sì bǎiduō
台湾岛还是一个闻名世界的“蝴蝶王国”。岛上的蝴蝶共有四百多
gè pǐnzhǒng　qí zhōngyǒubùshǎoshìshìjiè xī yǒu de zhēnguìpǐnzhǒng　Dǎoshàngháiyǒubùshǎoniǎoyǔ
个品种，其中有不少是世界稀有的珍贵品种。岛上还有不少鸟语
huāxiāngdehú　diégǔ　dǎoshàngjūmín lì yònghúdiézhìzuòdebiāoběnhé yì shùpǐn　yuǎnxiāoxǔduō
花香的蝴//蝶谷，岛上居民利用蝴蝶制作的标本和艺术品，远销许多
guójiā
国家。

——节选自《中国的宝岛——台湾》

作品 57 号——《中国的牛》

对于中国的牛，我有着一种特别尊敬的感情。

留给我印象最深的，要算在田垄上的一次“相遇”。

一群朋友郊游，我领头在狭窄的阡陌上走，怎料迎面来了几头耕牛，狭道容不下人和牛，终有一方要让路。它们还没有走近，我们已经预计斗不过畜牲，恐怕难免踩到田地泥水里，弄得鞋袜又泥又湿了。正踟蹰的时候，带头的一头牛，在离我们不远的地方停下来，抬起头看看，稍迟疑一下，就自动走下田去。一队耕牛，全跟着它离开阡陌，从我们身边经过。

我们都呆了，回过头来，看着深褐色的牛队，在路的尽头消失，忽然觉得自己受了很大的恩惠。

中国的牛，永远沉默地为人做着沉重的工作。在大地上，在晨光或烈日下，它拖着沉重的犁，低头一步又一步，拖出了身后一列又一列松土，好让人们下种。等到满地金黄或农闲时候，它可能还得担当搬运负重的工作；或终日绕着石磨，朝同一方向，走不计程的路。

在它沉默的劳动中，人便得到应得的收成。

那时候，也许，它可以松一肩重担，站在树下，吃几口嫩草。偶尔摇摇尾巴，摆摆耳朵，赶走飞附身上的苍蝇，已经算是它最闲适的生活了。

中国的牛，没有成群奔跑的习//惯，永远沉沉实实的，默默地工作，平心静气。这就是中国的牛！

——节选自小思《中国的牛》

DuìyúZhōngguódeniú　wǒyǒuzhe yī zhǒng tè biézūnjìngdegǎnqíng

答： 对于中国的牛，我有着一种特别尊敬的感情。

Liúgěiwǒyìnxiàngzuìshēnde　yàosuànzàitiánlǒngshàngde yī cì　xiāngyù

留给我印象最深的，要算在田垄上的一次“相遇”。

Yīqúnpéngyoujiāoyóu　wǒlǐngtóuzàixiázhǎideqiānmòshàngzǒu　zěnliàoyíngmiànlái le jǐ tóu gēngniú　xiádàoróngbùxiàrénhéniú　zhōngyǒu yī fāngyàoràng lù　Tāmenháiméiyǒuzǒujìn　wǒmen yǐ jīngyù jì dòubùguòchùsheng　kǒngpànánmiǎncǎidàotián dì ní shuǐ lǐ　nòngdexiéwàyòu ní yòushī le　Zhèngchíchúdeshíhou　dàitóude yī tóuniú　zài lí wǒmenbùyuǎnde dì fangtíngxiàlái　tái qǐ tóu kànkan　shāochí yí yī xià　jiù zì dòngzǒuxiàtiánqù　Yī duì gēngniú　quángēnzhe tā lí kāiqiānmò cóngwǒmenshēnbiānjīngguò

一群朋友郊游，我领头在狭窄的阡陌上走，怎料迎面来了几头耕牛，狭道容不下人和牛，终有一方要让路。它们还没有走近，我们已经预计斗不过畜牲，恐怕难免踩到田地泥水里，弄得鞋袜又泥又湿了。正踟蹰的时候，带头的一头牛，在离我们不远的地方停下来，抬起头看看，稍迟疑一下，就自动走下田去。一队耕牛，全跟着它离开阡陌，从我们身边经过。

Wǒmendōudāi le　huíguotóulái　kànzheshēnhè sè deniúduì　zài lù dejìntóuxiāoshī　hūránjué dé zì jǐ shòu le hěndàdeēnhuì

我们都呆了，回过头来，看着深褐色的牛队，在路的尽头消失，忽然觉得自己受了很大的恩惠。

Zhōngguódeniú　yǒngyuǎnchénmòdewèirénzuòzhechénzhòngdegōngzuò　Zàidà dì shàng　zài chénguānghuòliè rì xià　tā tuōzhechénzhòngde lí　dī tóu yī bù yòu yī bù　tuōchū le shēnhòu yī lièyòu yī lièsōngtǔ　hǎoràngrénmenxiàzhǒng　Děngdàomǎn dì jīnhuánghuònóngxiánshíhou　tā kěnénghái děidāndāngbānyùn fù zhòngdegōngzuò　huòzhōng rì ràozheshímò　cháotóng yī fāngxiàng　zǒubù jì chéngde lù

中国的牛，永远沉默地为人做着沉重的工作。在大地上，在晨光或烈日下，它拖着沉重的犁，低头一步又一步，拖出了身后一列又一列松土，好让人们下种。等到满地金黄或农闲时候，它可能还得担当搬运负重的工作；或终日绕着石磨，朝同一方向，走不计程的路。

Zài tā chénmòdeláodòngzhōng　rénbiàndédàoyīngdé deshōucheng

在它沉默的劳动中，人便得到应得的收成。

Nàshíhou　yěxǔ　tā kě yǐ sōng yī jiānzhòngdàn　zhànzàishùxià　chī jǐ kǒunèncǎo　Ǒu' ěr yáo yaowěiba　bǎibai ěr duo　gǎnzǒu fēi fù shēnshàngde cāngying　yǐ jīngsuànshì tā zuìxiánshì de shēng huó le

那时候，也许，它可以松一肩重担，站在树下，吃几口嫩草。偶尔摇摇尾巴，摆摆耳朵，赶走飞附身上的苍蝇，已经算是它最闲适的生活了。

Zhōngguódeniú méiyǒuchéngqúnbēnpǎode xí guàn yǒngyuǎnchénchénshíshíde mòmòde
中国的牛，没有成群奔跑的习∥惯，永远沉沉实实的，默默地

gōngzuò píngxīnjìngqì ZhèjiùshìZhōngguódeniú
工作，平心静气。这就是中国的牛！

——节选自小思《中国的牛》

作品 58 号——《住的梦》

不管我的梦想能否成为事实，说出来总是好玩儿的：

春天，我将要住在杭州。二十年前，旧历的二月初，在西湖我看见了嫩柳与菜花，碧浪与翠竹。由我看到的那点儿春光，已经可以断定，杭州的春天必定会教人整天生活在诗与图画之中。所以，春天我的家应当是在杭州。

夏天，我想青城山应当算作最理想的地方。在那里，我虽然只住过十天，可是它的幽静已拴住了我的心灵。在我所看见过的山水中，只有这里没有使我失望。到处都是绿，目之所及，那片淡而光润的绿色都在轻轻地颤动，仿佛要流入空中与心中似的。这个绿色会像音乐，涤清了心中的万虑。

秋天一定要住北平。天堂是什么样子，我不知道，但是从我的生活经验去判断，北平之秋便是天堂。论天气，不冷不热。论吃的，苹果、梨、柿子、枣儿、葡萄，每样都有若干种。论花草，菊花种类之多，花式之奇，可以甲天下。西山有红叶可见，北海可以划船——虽然荷花已残，荷叶可还有一片清香。衣食住行，在北平的秋天，是没有一项不使人满意的。

冬天，我还没有打好主意，成都或者相当的合适，虽然并不怎样和暖，可是为了水仙，素心腊梅，各色的茶花，仿佛就受一点儿寒∥冷，也颇值得去了。昆明的花也多，而且天气比成都好，可是旧书铺与精美而便宜的小吃远不及成都那么多。好吧，就暂这么规定：冬天不住成都便住昆明吧。

在抗战中，我没能发国难财。我想，抗战胜利以后，我必能阔起来。那时候，假若飞机减价，一二百元就能买一架的话，我就自备一架，择黄道吉日慢慢地飞行。

——节选自老舍《住的梦》

Bùguǎnwǒdemèngxiǎngnéngfǒuchéngwéishìshí shuōchūláizǒngshìhǎowánr de
答：不管我的梦想能否成为事实，说出来总是好玩儿的：

Chūntiān wǒjiāngyàozhùzàiHángzhōu Èrshíniánqián jiù lì de èr yuèchū zàiXīhúwǒkàn
春天，我将要住在杭州。二十年前，旧历的二月初，在西湖我看

jiàn le nènliǔ yǔ càihuā bì làngyǔ cuìzhú Yóuwǒkàndàodenàdiǎnr chūnguāng yǐ jīngkě yǐ duàn
见了嫩柳与菜花，碧浪与翠竹。由我看到的那点儿春光，已经可以断

dìng Hángzhōu de chūntiān bì dìnghuì jiàorén zhěngtiān shēnghuó zài shī yǔ tú huàzhīzhōng Suǒ yǐ
定，杭州的春天必定会教人整天生活在诗与图画之中。所以，

chūntiānwǒdejiāyīngdāngshìzàiHángzhōu
春天我的家应当是在杭州。

Xiàtiān wǒxiǎngQīngchéngShānyīngdāngsuànzuòzuì lǐ xiǎngde dìfang Zàinà lǐ wǒsuīránzhǐ
夏天，我想青城山应当算作最理想的地方。在那里，我虽然只

zhùguoshítiān kě shì tā de yōu jìng yǐ shuān zhù le wǒ de xīn líng Zài wǒ suǒ kàn jiàn guo de shān shuǐ
住过十天，可是它的幽静已拴住了我的心灵。在我所看见过的山水

zhōng zhǐyǒuZhè lǐ méiyǒushǐwǒshīwàng Dàochùdōushì lǜ mùzhīsuǒ jí nàpiàndàn ér guāngrùn
中，只有这里没有使我失望。到处都是绿，目之所及，那片淡而光润
de lǜ sè dōuzàiqīngqīng de chàn dòng fǎng fú yàoliú rù kōngzhōng yǔ xīnzhōngshì de Zhè ge lǜ sè huì
的绿色都在轻轻地颤动，仿佛要流入空中与心中似的。这个绿色会
xiàngyīnyuè dí qīng le xīnzhōngdewàn lǜ
像音乐，涤清了心中的万虑。

Qiūtiān yī dìngyàozhù Běi píng Tiān táng shì shén me yàng zi wǒ bù zhī dào dàn shì cóngwǒ de
秋天一定要住北平。天堂是什么样子，我不知道，但是从我的
shēnghuójīngyànqùpànduàn Běipíngzhīqiūbiànshìtiāntáng Lùntiān qì bùlěngbù rè Lùnchī de
生活经验去判断，北平之秋便是天堂。论天气，不冷不热。论吃的，
píngguǒ lí shì zi zǎo r pútáo měiyàngdōuyǒuruògānzhǒng Lùnhuācǎo jú huāzhǒnglèizhī
苹果、梨、柿子、枣儿、葡萄，每样都有若干种。论花草，菊花种类之
duō huāshìzhīqí kě yǐ jiǎ tiānxià Xīshānyǒuhóngyè kějiàn Běihǎikě yǐ huáchuán suīrán
多，花式之奇，可以甲天下。西山有红叶可见，北海可以划船——虽然
héhuā yǐ cán hé yè kě háiyǒu yī piànqīngxiāng yī shízhùxíng zàiBěipíngdeqiūtiān shì méiyǒu yī
荷花已残，荷叶可还有一片清香。衣食住行，在北平的秋天，是没有一
xiàngbùshǐrénmǎn yì de
项不使人满意的。

dōngtiān wǒháiméi yǒu dǎ hǎo zhǔ yi Chéng dū huò zhě xiāng dāng de hé shì suī rán bìng bù zěn
冬天，我还没有打好主意，成都或者相当的合适，虽然并不怎
yànghénuǎn kě shì wèi le shuǐxiān sù xīn là méi gè sè de cháhuā fǎng fú jiù shòu yī diǎn r hán
样和暖，可是为了水仙，素心腊梅，各色的茶花，仿佛就受一点儿寒//
lěng yě pōzhídé qù le Kūnmíngdehuā yě duō ér qiětiān qì bǐ Chéngdūhǎo kě shì jiù shū pù yǔ jīng
冷，也颇值得去了。昆明的花也多，而且天气比成都好，可是旧书铺与精
měi ér pián yi dexiǎochīyuǎnbù jí Chéngdūnàmeduō Hǎoba jiùzànzhèmeguīdìng Dōngtiānbùzhù
美而便宜的小吃远不及成都那么多。好吧，就暂这么规定：冬天不住
ChéngdūbiànzhùKūnmíngba
成都便住昆明吧。

Zàikàngzhànzhōng wǒméinéng fā guónàncái Wǒxiǎng kàngzhànshèng lì yǐ hòu wǒ bì néng
在抗战中，我没能发国难财。我想，抗战胜利以后，我必能
kuò qǐ lái Nàshíhou jiǎruòfēi jī jiǎnjià yī èr bǎiyuánjiùnéngmǎi yī jià de huà wǒjiù zì bèi yī jià
阔起来。那时候，假若飞机减价，一二百元就能买一架的话，我就自备一架，
zé huángdào jí rì mànmàndefēixíng
择黄道吉日慢慢地飞行。

——节选自老舍《住的梦》

作品59号——《紫藤萝瀑布》

我不由得停住了脚步。

从未见过开得这样盛的藤萝，只见一片辉煌的淡紫色，像一条瀑布，从空中垂下，不见其发端，也不见其终极，只是深深浅浅的紫，仿佛在流动，在欢笑，在不停地生长。紫色的大条幅上，泛着点点银光，就像迸溅的水花。仔细看时，才知那是每一朵紫花中的最浅淡的部分，在和阳光互相挑逗。

这里除了光彩，还有淡淡的芳香。香气似乎也是浅紫色的，梦幻一般轻轻地笼罩着我。忽然记起十多年前，家门外也曾有过一大株紫藤萝，它依傍一株枯槐爬得很高，但花朵从来都稀落，东一穗西一串伶仃地挂在树梢，好像在察言观色，试探什么。后来索性连那稀零的花串也没有了。园中别的紫藤花架也都拆掉，改种了果树。那时的说法是，花和生活腐化有什么必然关系。我曾遗憾地想：这里再看不见藤萝花了。

过了这么多年，藤萝又开花了，而且开得这样盛，这样密，紫色的瀑布遮住了粗壮的盘虬卧龙般的枝干，不断地流着，流着，流向人的心底。

花和人都会遇到各种各样的不幸，但是生命的长河是无止境的。我抚摸了一下那小小的紫色的花舱，那里满装了生命的酒酿，它张满了帆，在这∥闪光的花的河流上航行。它是万花中的一朵，也正是由每一个一朵，组成了万花灿烂的流动的瀑布。

在这浅紫色的光辉和浅紫色的芳香中，我不觉加快了脚步。

——节选自宗璞《紫藤萝瀑布》

Wǒ bù yóu de tíng zhù le jiǎo bù
答：我不由得停住了脚步。

Cóng wèi jiàn guo kāi de zhè yàng shèng de téng luó　zhǐ jiàn yī piàn huī huáng de dàn zǐ sè　xiàng yī tiáo
从未见过开得这样盛的藤萝，只见一片辉煌的淡紫色，像一条
pù bù　cóng kōng zhōng chuí xià　bù jiàn qí fā duān　yě bù jiàn qí zhōng jí　zhǐ shì shēn shēn qiǎn qiǎn de
瀑布，从空中垂下，不见其发端，也不见其终极，只是深深浅浅的
zǐ　fǎng fú zài liú dòng　zài huān xiào　zài bù tíng de shēng zhǎng　Zǐ sè de dà tiáo fú shàng　fàn zhe diǎn
紫，仿佛在流动，在欢笑，在不停地生长。紫色的大条幅上，泛着点
diǎn yín guāng　jiù xiàng bèng jiàn de shuǐ huā　Zǐ xì kàn shí　cái zhī nà shì měi yī duǒ zǐ huā zhōng de zuì
点银光，就像迸溅的水花。仔细看时，才知那是每一朵紫花中的最
qiǎn dàn de bù fen　zài hé yáng guāng hù xiāng tiǎo dòu
浅淡的部分，在和阳光互相挑逗。

Zhè lǐ chú le guāng cǎi　hái yǒu dàn dàn de fāng xiāng　Xiāng qì sì hū yě shì qiǎn zǐ sè de　mèng
这里除了光彩，还有淡淡的芳香。香气似乎也是浅紫色的，梦
huàn yī bān qīng qīng de lǒng zhào zhe wǒ　Hū rán jì qǐ shí duō nián qián　jiā mén wài yě céng yǒu guo yī dà
幻一般轻轻地笼罩着我。忽然记起十多年前，家门外也曾有过一大
zhū zǐ téng luó　tā yī bàng yī zhū kū huái pá de hěn gāo　dàn huā duǒ cóng lái dōu xī luò　dōng yī suì xī yī
株紫藤萝，它依傍一株枯槐爬得很高，但花朵从来都稀落，东一穗西一
chuàn líng dīng de guà zài shù shāo　hǎo xiàng zài chá yán guān sè　shì tàn shén me　Hòu lái suǒ xìng lián nà
串伶仃地挂在树梢，好像在察言观色，试探什么。后来索性连那
xī líng de huā chuàn yě méi yǒu le　Yuán zhōng bié de zǐ téng huā jià yě dōu chāi diào　gǎi zhòng le guǒ shù
稀零的花串也没有了。园中别的紫藤花架也都拆掉，改种了果树。
Nà shí de shuō fǎ shì　huā hé shēng huó fǔ huà yǒu shén me bì rán guān xi　Wǒ céng yí hàn de xiǎng　Zhè lǐ
那时的说法是，花和生活腐化有什么必然关系。我曾遗憾地想：这里
zài kàn bù jiàn téng luó huā le
再看不见藤萝花了。

Guò le zhè me duō nián　téng luó yòu kāi huā le　ér qiě kāi de zhè yàng shèng　zhè yàng mì　zǐ sè de
过了这么多年，藤萝又开花了，而且开得这样盛，这样密，紫色的

pùbù zhē zhù le cū zhuàng de pán qiú wò lóng bān de zhī gàn　bù duàn de liú zhe　liú zhe　liú xiàng rén de
瀑布遮住了粗壮的盘虬卧龙般的枝干，不断地流着，流着，流向人的
xīn dǐ
心底。

Huā hé rén dōu huì yù dào gè zhǒng gè yàng de bùxìng　dàn shì shēngmìng de cháng hé shì wú zhǐjìng de
花和人都会遇到各种各样的不幸，但是生命的长河是无止境的。
Wǒ fǔ mō le yī xià nà xiǎoxiǎo de zǐ sè de huācāng　nà lǐ mǎn zhuāng le shēngmìng de jiǔniàng　tā zhāng
我抚摸了一下那小小的紫色的花舱，那里满装了生命的酒酿，它张
mǎn le fān　zài zhè　shǎnguāng de huā de hé liú shàng háng xíng　Tā shì wàn huā zhōng de yī duǒ　yě
满了帆，在这//闪光的花的河流上航行。它是万花中的一朵，也
zhèng shì yóu měi yī gè yī duǒ　zǔ chéng le wàn huā cànlàn de liúdòng de pùbù
正是由每一个一朵，组成了万花灿烂的流动的瀑布。

Zài zhè qiǎn zǐ sè de guānghuī hé qiǎn zǐ sè de fāngxiāng zhōng　wǒ bù jué jiā kuài le jiǎobù
在这浅紫色的光辉和浅紫色的芳香中，我不觉加快了脚步。

——节选自宗璞《紫藤萝瀑布》

作品 60 号——《最糟糕的发明》

在一次名人访问中，被问及上个世纪最重要的发明是什么时，有人说是电脑，有人说是汽车，等等。但新加坡的一位知名人士却说是冷气机。他解释，如果没有冷气，热带地区如东南亚国家，就不可能有很高的生产力，就不可能达到今天的生活水准。他的回答实事求是，有理有据。

看了上述报道，我突发奇想：为什么没有记者问："二十世纪最糟糕的发明是什么？"其实二〇〇二年十月中旬，英国的一家报纸就评出了"人类最糟糕的发明"。获此"殊荣"的，就是人们每天大量使用的塑料袋。

诞生于上个世纪三十年代的塑料袋，其家族包括用塑料制成的快餐饭盒、包装纸、餐用杯盘、饮料瓶、酸奶杯、雪糕杯等等。这些废弃物形成的垃圾，数量多、体积大、重量轻、不降解，给治理工作带来很多技术难题和社会问题。

比如，散落在田间、路边及草丛中的塑料餐盒，一旦被牲畜吞食，就会危及健康甚至导致死亡。填埋废弃塑料袋、塑料餐盒的土地，不能生长庄稼和树木，造成土地板结，而焚烧处理这些塑料垃圾，则会释放出多种化学有毒气体，其中一种称为二噁英的化合物，毒性极大。

此外，在生产塑料袋、塑料餐盒的//过程中使用的氟利昂，对人体免疫系统和生态环境造成的破坏也极为严重。

——节选自林光如《最糟糕的发明》

Zài yī cì míngrén fǎngwèn zhōng　bèi wèn jí shàng gè shì jì zuì zhòngyào de fā míng shì shénme
答：在一次名人访问中，被问及上个世纪最重要的发明是什么
shí　yǒu rén shuō shì diànnǎo　yǒu rén shuō shì qì chē　děngděng　Dàn Xīnjiāpō de yī wèi zhīmíng rénshì
时，有人说是电脑，有人说是汽车，等等。但新加坡的一位知名人士
què shuō shì lěngqì jī　Tā jiěshì　rú guǒ méi yǒu lěng qì　rè dài dì qū rú Dōngnán yà guójiā　jiù bù kě
却说是冷气机。他解释，如果没有冷气，热带地区如东南亚国家，就不可

néngyǒuhěngāodeshēngchǎn lì　jiùbù kě néngdá dàojīntiān de shēnghuóshuǐzhǔn　Tā de huí dá shí shì
能有很高的生产力，就不可能达到今天的生活水准。他的回答实事
qiúshì　yǒu lǐ yǒu jù
求是，有理有据。

Kàn le shàngshùbàodào　wǒ tū fā qí xiǎng　Wèishénmeméiyǒu jì zhěwèn　Èr shíshì jì zuìzāo
看了上述报道，我突发奇想：为什么没有记者问："二十世纪最糟
gāode fā míngshìshénme　Qíshí èr línglíng èr niánshíyuèzhōngxún　Yīngguóde yī jiābàozhǐjiùpíngchū
糕的发明是什么?"其实二〇〇二年十月中旬，英国的一家报纸就评出
le rénlèizuì zāo gāo de fā míng　Huò cǐ　shū róng　de　jiù shì rén men měi tiān dà liàngshǐ yòng de sù
了"人类最糟糕的发明"。获此"殊荣"的，就是人们每天大量使用的塑
liàodài
料袋。

Dànshēngyúshànggèshì jì sānshíniándàide sù liàodài　qí jiā zú bāokuòyòngsù liàozhìchéngde kuài
诞生于上个世纪三十年代的塑料袋，其家族包括用塑料制成的快
cānfànhé　bāozhuāngzhǐ　cānyòngbēipán　yǐnliàopíng　suānnǎibēi　xuěgāobēiděngděng　Zhèxiē
餐饭盒、包装纸、餐用杯盘、饮料瓶、酸奶杯、雪糕杯等等。这些
fèi qì wùxíngchéngde lā jī　shùliàngduō　tǐ jī dà　zhòngliàngqīng　bù jiàngjiě　gěi zhì lǐ gōngzuò
废弃物形成的垃圾，数量多、体积大、重量轻、不降解，给治理工作
dàiláihěnduō jì shùnán tí héshèhuìwèn tí
带来很多技术难题和社会问题。

Bǐ rú　sànluòzàitiánjiān　lù biān jí cǎocóngzhōngde sù liàocānhé　yī dànbèishēngchùtūnshí
比如，散落在田间、路边及草丛中的塑料餐盒，一旦被牲畜吞食，
jiùhuìwēi jí jiànkāngshènzhìdǎozhì sǐ wáng　Tiánmáifèi qì sù liàodài　sù liàocānhé de tǔ dì　bùnéng
就会危及健康甚至导致死亡。填埋废弃塑料袋、塑料餐盒的土地，不能
shēngzhǎngzhuāngjiahéshùmù　zàochéngtǔ dì bǎnjié　ér fénshāochǔ lǐ zhèxiē sù liào lā jī　zé huìshì
生长庄稼和树木，造成土地板结，而焚烧处理这些塑料垃圾，则会释
fàngchūduōzhǒnghuàxuéyǒudú qì tǐ　qí zhōng yī zhǒngchēngwéi èr'è yīngdehuàhéwù　dúxìng jí dà
放出多种化学有毒气体，其中一种称为二噁英的化合物，毒性极大。

Cǐwài　zàishēngchǎnsù liàodài　sù liàocānhéde　guòchéngzhōngshǐyòngde fú lì'áng　duìrén
此外，在生产塑料袋、塑料餐盒的//过程中使用的氟利昂，对人
tǐ miǎn yì xì tǒnghéshēngtàihuánjìngzàochéngde pòhuài yě jí wéiyánzhòng
体免疫系统和生态环境造成的破坏也极为严重。

——节选自林光如《最糟糕的发明》

第4章　命题说话

命题说话，限时3分钟，共40分。

1. 我的愿望(或理想)

答：参考范文1：

每个人都有自己的愿望，有些人想当科学家，有些人想做大老板，有些人想成为一名军人，而我的愿望则是当一名小学教师。有人说过，做自己喜欢的事才会感到快乐，而我喜欢的职业就是教师。我喜欢这个职业，并不是因为大家说的“教师是阳光下最光荣的职业”，而是因为我喜欢和孩子们在一起。我不能保证自己以后能传授给学生多么丰富的知识，将来把他们培养成多么有用的人才，但是我会尽自己的努力去帮助他们成长，把自己所知道的道理告诉他们。而且我是一个对孩子很有耐心的人，如果我真的做了一名教师，我不会因为他们做错事而责罚他们，我更愿意用道理来让他们明白他们错在哪里。我也喜欢和孩子们待在一起的感觉，喜欢他们身上的那种童真，朋友们都说我自己就是一个大小孩儿。

参考范文2：

也许由于受家庭的影响吧，我从小就喜欢老师这个职业，从小就有了长大后当一名光荣的人民老师的愿望。初中毕业那年，我毫不犹豫地在志愿表上填下“中师”这两个字。我的老师为我感到惋惜，他说：“考个重点高中以后就是个大学生了，以你目前的潜力是没问题的。唉，可惜啊!”可是当教师的母亲和大哥却大力支持我报中师。他们都对我这样说：“人生的价值在于贡献，无论是科学家、高级干部还是别的什么职业，它们和教师都一样都是自己对社会的贡献，贡献是不分职业高低的!”我很感谢母亲和大哥对我的大力支持。我怀着当教师的愿望努力学习，奋勇拼搏，终于通过黑色的七月顺利地踏进了师范学校的大门。我知道当一名好教师并不是一件容易的事情。在师范学校里我刻苦地练习基本功。“三笔字”是我的弱项，特别是粉笔字。一写出来不是站不稳就是弱不禁风。我意识到当一个教师如果写不好粉笔字就不能做好板书，就会误人子弟。我便坚持每天抽空练习写粉笔字。抓粉笔的三个指头不知什么时候竟结了茧，而我的粉笔字也渐渐地像样点了。如今我就要毕业了，再过几个月我就要以教师的身份在讲台上手执教鞭向学生们传播知识。我的愿望终于要实现了！蓦然回首，发现自己原来走过许多曲折坎坷的路啊，也发现自己原来对教师这个职业竟是这样的痴情！我的愿望就要实现了！

参考范文3：

小时候，大人总爱问我：“小叶，长大了想当什么呀?”因此儿时的我有了很多很多的梦想，梦想着长大了当一名科学家、企业家、空姐。这些天真、美丽的梦想伴随着我长大了，到了上学的年龄。当小学一年级那位和蔼可亲的启蒙老师给我们上第一堂语文课时，几年来坚定不变的美丽梦想就在这一刻突然地、毫不犹豫地改变了，我的梦想变成了长大了要当一名人民教师，就像我的老师一样。老师站在讲台上对我们每个学生温柔的微笑，老师那与众不同的形象，老师读课文时那流利标准的普通话，都如涓涓细流沁入我的心田，那时的我对老师这个职业真是羡慕不已。由此，也更坚定了我成为一名教师的梦想。当心中再次下定决心长大了一定要当一名教师的同时，总是好希望自己快快长大，因为长大了就可以当老师了。因为这个梦想，那时的我总爱把几个小伙伴带到家中玩儿扮演老师上课的游戏。家里没有黑板，我们就把衣橱壁当作黑板。我总是抢着演老师，学着老师的模样给学生们讲 1+1=2，讲《小马过河》。尽管小伙伴们被我的样子逗得笑得要命，可我心里还是感到很快乐。转眼十几个春秋过去了，如今我已是一名小学教师，我的梦想也已经实现了。然而在教学活动中，我才发现做一名教师并不容易。当一名教师，尤其是小学教师，不仅要有丰富的知识，更要有高尚的情操，要有比其他行业更高的素质，要肩负起培育 21 世纪人才的重任。但是，我相信我能负起这个重任，我相信我的梦想能成真。那时我会努力学习、工作，全心全意为教育事业贡献自己的力量。人总往高处走，我的另一个梦想是在不久的将来成为一位高级教师。

2. 我的学习生活

答：参考范文 1：

我的学习生活是多姿多彩的，它给我带来无穷的乐趣。在课堂上的学习，是由老师跟我们一起进行的。课堂气氛非常活跃，给我的学习生活增添了色彩。除了课堂上的学习之外，在课外时间我的学习生活也是丰富多彩的。比如，在宿舍，宿舍既是休息的地方，也是读书的好场所，尤其是午休前的时间。每天吃完午饭，同一宿舍的室友一个个就像变戏法似的翻出各种各样的书来读，有图书馆借来的，有书屋租来的，有自己花钱买的，可谓来源之广。这些书中，有教人如何维护自尊的《简·爱》，有描述项羽夺权争霸的《西楚霸王》，有展现一代女皇风采的《武则天》……周末的时候也会约几个外国朋友，跟他们交流两国不同的文化，谈谈大家共有的兴趣爱好，同时也能学习口语。

参考范文 2：

我的大一生活很简单。刚开始熟悉大学生活的我们，总是宿舍六人一起按时上课，下课，做作业，准备考试。然后，在课余时间里，我们会一起钻进图书馆，阅读喜欢的书籍，拓展视野。自主的学习方式，让我们的天性得到释放，生活自由而充实。直到现在，我也很感激上天让我认识了这样一群可爱的舍友，让我在寂寞时有朋友可以依靠，在快乐时有朋友可以与我分享。虽然也会有分歧，也会有隔阂，但是我们都能心平气和地将矛盾解决，他们的善解人意常常让我感动。大二的生活很忙碌。普通话考试、英语四级考试、教育学考试、全国计算机等级考试等，一系列的考证让我身心疲惫。然而，在这个时候，我认识了一个知心的朋友。她告诉我，在任何时候都不可以松懈，我们现在所做的一切都是在给自己增加价值。于是，在她的鼓励下，我们一起制定了计划，开始夜以继日地学习。慢慢地，我感觉到我们学习能力和学习成绩的提高。同时，我们的友谊也在一天天地加深。

参考范文 3：

我从小就喜欢读书。没钱的日子，只要有书看就不会难过。诸多的烦恼并不可怕，只要有书读。我是一个农民的女儿，拮据的日子常常给我和我心爱的书开着种种或悲或喜的玩笑。逛书店时发现一本好书，要等到有一天从可怜的生活费中挤出足够的钱时才能去买。然而，这时“好书已随新人走，此地空余旧人愁”了。因为经常到书店看书而没钱买书，我遭受过服务员的白眼和冷语：“没钱买就别翻，撕烂了你赔得起吗?”我也不愿意这样，可喜欢读书的我又有什么办法呢。如果你让我在饱餐、新衣、好书这三者中作出选择，我会毫不犹豫地选择好书。即使没有新衣穿，我也不会感到自己不潇洒；即使没有吃饱饭，我也不会感到饿；但没有好书，我就仿佛感到自己不是在真正地活着。所以我是经常瘪着肚皮读自己心爱的书的，尽管这滋味别人难以理解。我常常用读书来消除我心中的痛苦。是书擦亮了我的眼睛，带我走出那无知的盐碱地。读书不光让我知道了冰心、鲁迅、叶圣陶，还让我知道了泰戈尔、莫泊桑等人。后来，我开始尝试着自己写稿。我不甘心失败，我开始用自己的眼光去看社会，用自己的笔墨去写人生，为社会尽义务……我深深体会到，读书是一种享受，只要有书读，便是一种幸福。如若书将人的心里装满了，那么人还有什么解不开的烦恼呢，所以读书也是一种消除痛苦的灵丹妙药。每当我走进房间，在明亮的灯光下，展开心爱的书，用心品读，书的馨香不知不觉地透过窗纱，在天籁中飘荡。心明亮了，世事的繁杂与纷争，我身心的痛苦和烦恼，也就荡然无存。不管人生是辉煌还是黯淡，不管别人是亲切还是冷眼，不管道路是平坦还是曲折，我的读书生活让我战胜了烦恼，迎来了快乐。

3. 我尊敬的人

答：参考范文 1：

从小到大，在我接触的人中，我最尊敬的人就是我的爸爸。爸爸给我的整个感觉就是严肃、认真，不过他却不是那种老板着脸以至于让别人不敢靠近的人。有时爸爸也爱笑，笑得比谁都开心，活像个小孩子，天真无邪。我尊敬爸爸，欣赏爸爸为人处事的那份执着、沉稳，还有极负责任的态度。爸爸是一乡之长，可以说算是个父母官。平时乡里大事小事都得找他。如果是工作中的正事，爸爸肯定会卖力地完成，但如果是些私人的琐事，爸爸会坚决拒绝的。为什么这样说呢？下面请听我给你说两件事：第一件事，记得是去年冬天的一个晚上，我和家里人准备了一桌丰盛的晚餐，正等爸爸回来，因为那天是爸爸的生日。不一会儿，爸爸回来了，刚坐下来，却又突然站了起来，只说了一句“你们先吃”，就出门了。后来才知道，原来那天在分发五保户救济品时，差了一份没发。爸爸突然想到，今晚天气会很冷，所以连饭都没有吃就出去了。还有一件事，我的姑丈因为赌博被派出所抓了，家里人让爸爸出面说情，爸爸听了，气极了。他说：“我这人最恨的就是赌博，既然是给派出所抓了，该怎么惩罚就怎么惩罚。”爸爸就是这样一个人，从不利用权力为家人办事。爸爸对我们姐妹要求很严格，我小时候就因为做错事而被爸爸狠狠地批评过，不过我却越发地敬佩起他来。

参考范文 2：

我最尊敬的人是我的爸爸。天刚蒙蒙亮，一个高而瘦的人已在庄稼地里忙活很久了，他就是我的爸爸，一个地地道道的农民。因为家里没钱，爸爸小学还没毕业就回家干农活了。可能是老天注定爸爸这辈子都要辛苦的，小时候他就很辛苦，成家立业直到现在也还是很辛苦。每天早上我们还在梦乡时，爸爸就拖着疲倦的身子起床了，牵着牛扛着犁耙下地去了，有时候爸爸犁好了一块地天还没有亮。有一次，爸爸的老毛病——胃疼又复发了，他为了不耽误播种，还是坚持下地干活，干一会儿就在田埂上歇一下，疼得紧捂着肚子。我感到很难过，恨自己为什么是一个女孩，不能替爸爸干一点活。爸爸总是忍着疼，也不去看医生，因为他知道去看病肯定要花很多钱。晚上，爸爸疼得睡不着又起来坐在门口上，我们劝他去看医生的时候，他就说没什么大不了的事，不用看。我知道爸爸是为了省下那么一点钱。我考上师范那年，爸爸拿到通知书时很高兴，但一看到要交 8500 块钱时，他的眉毛紧锁了起来。我知道这一笔钱对于我家来说简直就是天文数字，但我不敢跟爸爸说不读书了，因为爸爸最讨厌我们说不读书。他经常说："如果你们有能力读，我宁可不吃或借也要供你们。"爸爸为了凑钱给我读书，不知给亲戚朋友说了多少好话，陪了多少笑脸。爸爸有吸烟的习惯，每天起码一包，但抽的全是一块钱一包的。在我们家困难到几乎没钱给我们伙食费时，我看见爸爸抽的是五毛钱一包的旱烟，而且抽的次数也减少了。爸爸这样做是为了省下那么几毛钱，我知道这滋味不是好受的。爸爸为了让我们兄妹能穿得好一些，自己舍不得买一件新衣服，穿的都是破旧的衣服。以前我在同学面前都不敢承认说是自己的爸爸，因为爸爸穿得太破旧了，显得很苍老。现在想起这件事我仍感到很后悔，我应该为有这样的爸爸而感到骄傲和自豪。

参考范文 3：

我最尊敬的人是我的妈妈。在这个世界上，最温暖的地方，不是柔软的被窝，而是妈妈的怀抱。我的妈妈已经 40 多岁了，中等身材，齐肩的头发，衣服干净整洁，笑起来很慈祥。自我呱呱坠地以来，妈妈就用心地呵护着我，尝尽辛酸苦辣挑起养育我的担子，从没有半句怨言。母爱是伟大的。当我生病的时候，最着急的是我亲爱的妈妈。她会终日守在病床旁无微不至地照顾我，做我爱吃的饭菜，讲我爱听的故事，鼓励我与病魔战斗。当我痊愈时，妈妈也消瘦了。啊！妈妈是我生病时最亲、最关怀我的"护士"！当我做错事的时候，妈妈便会用她那明亮的双眼盯着我，使我不敢正视她。因为我明白，妈妈这样看着我，是在告诉我下次别再犯同样的错误。啊！妈妈的眼睛是对我忠实的警告。当我失败的时候，是妈妈用她那双温暖的手将我从失败的阴霾中扶起来，鼓励我继续努力，不可灰心。所以，我做事从不半途而废，也从不因失败而气馁，因为妈妈曾教我失败是成功之母。当我成功的时候，妈妈便会教导我不可骄傲，要我再接再厉，更加努力学习，认真对待每一件事情，这样才能成为建设祖国的有用人才。所以我从不会因为一点儿小成就而骄傲，因为妈妈曾教我自满是成功的敌人。当临出门上学的时候，妈妈总叮嘱我过马路要小心，上课不可心不在焉，学习要认真……妈妈的教导是我一生的座右铭。我的妈妈就是这样的一个人，我就是在她的这种教育方式下长大的。

4. 我喜爱的动物(或植物)

答：参考范文 1：

我喜爱茉莉花。茉莉花是白色的，像一朵雪花，像婴儿的肌肤，十分好看。它只在夏天开花，而且是在夜晚，放出香气。茉莉花可以用来泡茶，经常喝茉莉花茶对身体有很大的好处。一朵朵茉莉花儿飘浮在茶水的表面，小小的各自绽开，像害羞的小姑娘。你夏天若是累了，喝一口用茉莉花沏的茶，浑身立刻便会觉得轻松了很多。茉莉花茶清香无比，喝了使人身心凉爽。但如若你想要真正地品尝到其中的美味，恐怕也只有你在平静下来的时候。记得有一次，我们在学校进行 1200 米的长跑比赛，我一开始去的时候，喝了一杯用茉莉花沏的茶，身体又轻松又平静，没有感到一丝疲惫。到了赛场，我对自己充满了信心。比赛刚开始，我跑了起来，我一看他们这么慢啊，松了一口气。渐渐地他们赶了上来，我一看只有二三百米的路程了，我便全力地冲刺了起来。没想到那杯茶最后给了我这么大的力量，在我落后的情况下，居然拿了第一名。真要感谢它。

参考范文 2：

猫是我最喜爱的一种小动物。我喜爱猫的原因不单单是因为它长得可爱，常逗人欢喜，给生活带来乐趣，在更大程度上是因为它是一名出色的捕鼠能手。猫和虎同属一科，它们的长相相同。尽管大小悬殊，但猫却具有虎的种种优点。强健的四肢使它有极快的奔跑速度。脚上的爪子使它不但能在平地上疾走如飞，而且能沿墙壁上房，爬树攀枝，追捕老鼠。脚底下的肉垫，使它走起路来悄然无声，能偷偷地接近老鼠，轻而易举地把它抓住。猫还具有一些虎无法与之相比的优点：猫的眼睛可神了，即使在伸手不见五指的黑夜里，也能看清楚东西，再狡猾的老鼠也逃不过它的眼睛。它的耳朵非常灵活，能够随意转向声音的来处，只要有声音，哪怕是极小的，它也能及时分辨。猫的胡须很长，感觉十分灵敏，能够测量各种洞口的大小。这样一来，老鼠一旦遇见了猫，便注定是难逃了。猫只有在夜晚才显得特别精神，这也是猫进行捕鼠的最好时机。白天，它会找个暖和的地方睡大觉，无忧无虑什么事也不过问。有时它也很贪玩，出去一天一夜都不回家。可是，只要它听到老鼠的一点响动，就又非常尽职尽责。它可以屏息凝视，一等就是几个钟头，非把老鼠等出洞来不可！

我家自从有了猫之后，晚上再也听不到老鼠偷食的吱吱声了，我们再也不怕老鼠会咬坏或打坏家中的物品了，每晚都可以睡上一个安稳觉。我家的猫有时特别好玩，你在桌上静静地看书或做作业时，它会悄悄地来到你的脚边钻来钻去，也喵喵喵地不停地叫几下，有时还会爬到书桌的另一面，扑在那里眯着双眼，静静地陪着你阅读书本。每当这时，你都会情不自禁地伸出手来，抚摸它。猫很可爱也懂得人性，多可爱的小猫啊！

参考范文 3：

我最喜欢的一种花卉是夜来香。记得刚上中师的时候，因为人生地不熟的，心里总觉得很不习惯。于是常常一个人坐在教室的走廊上，托着腮，静静地望着教室前面的一块花坪，任凭思绪随着晚风的吹拂而放飞。

一天晚上，我像往常一样坐在走廊上，出神地望着草坪。忽然，一阵轻风掠过，我嗅到了一种从来都没有闻到过的异样的香味，沁人心脾，舒服极了。我好奇地想知道这究竟是一种什么花散发出的香味，于是我循着香味走了过去。“找到了！就是这丛花散发出来的。”我高兴地叫了起来。但当我细细地看这丛花的时候，我却不能把它的名字说出来。因为我根本没见过，细长的叶子有点像桃树叶，修长的枝干像杨柳，枝上开了很多洁白的小花，点缀在绿叶之间。啊！在众多的美丽的花丛面前，它是多么的不起眼，但是它散发出的香味却那么的浓，那么的令人神往。我心底里不禁发出了一声惊叹，我决定要知道这是一种什么花。

第二天，我起了个大早，终天碰上了正在浇花的花匠，从花匠那里我知道了这丛花的名字叫夜来香。夜来香，啊！多美丽的名字。随后，花匠又告诉我，这种花在白天是不会发出香味的，只有到了夜深人静的晚上，才会发出阵阵的清香。对比一下其他的花，它们都是在白天争奇斗艳，各有千秋，尽量吸引别人的注意，而这不起眼的夜来香，却选择了没有人注意的晚上展现自己的风采，默默地给人们送来阵阵温馨的幽香。我不禁被夜来香的这种品格打动了，从夜来香的身上，我也懂得了做人不必太露风头，只要有所贡献就行了的道理。从此以后，我每天晚上都会去看望一下我心爱的夜来香，静静地享受着夜来香送来的阵阵幽香。

后来，学校扩建教学楼，把那块花坪移走了，从那以后，我再也没见过那丛夜来香了。只是每到刮风下雨的时候，我总是在心里默默地为它祈祷。

5. 童年的记忆

答：参考范文1：

当我们一天天地长大，脑海里总是有很多抹不去的记忆。这些记忆，有的是快乐的，有的是伤心的。对我而言，我的童年记忆里，有课本，有游戏。然而，最让我印象深刻的，是一只和我一起长大的小狗——“恰恰”。“恰恰”是一只很讨人喜欢的小狗。记得它刚来我家时，只有巴掌那么大，浑身是雪白的绒毛，左眼上却是一块黑色的绒毛，像是挨了一拳似的。当我抱起它时，它浑身瑟瑟发抖，用怯生生的眼睛看着我。妈妈告诉我：“你们以后就是好朋友了”，并叮嘱我要好好地照顾它。

当我要去上课时，它就会咬着我的裤脚不让我走，因为它知道如果我走了，就没有人陪它玩了。记得有一次，我突发奇想，偷偷抱走它，想让它和我一起上学去。可是，就在半路上，妈妈追来了。结果小狗没有被我抱走，我还被狠狠地批评了一顿。虽然遭到了妈妈的阻止，可是，我和“恰恰”的感情更好了。当我长大一点的时候，我每天都有很多作业要做，因此就没有那么多时间陪它玩了。可是它总是很懂事地趴在我的脚边，安静地睡着。有一次，我在写作业时不小心打了个喷嚏，它一下子就被我吓醒了。它小心翼翼地看着我，水汪汪的眼睛好像在说话，似乎在问我：是不是生病了？我轻轻地摸摸它的头告诉它：我没有生病，很健康。于是，他又很安心地低下头睡着了。

这样的例子还有很多，我们在相互的关心下一起成长。我给它喂食，给它洗澡，陪它玩耍，童年的生活很快乐。可是，好景不常，在我上初中的时候，它被送给别人了。我没有哭，而是和它一起拍了很多照片。我想把它的一点一滴都留在我的记忆里。虽然已经很久没有见到“恰恰”了，但是“恰恰”依旧是我最喜欢的动物，只是不知道它现在生活得好不好。因此，现在每当我在街头巷尾遇到小狗，我都会很兴奋地迎上去，陪它玩耍，希望别人也可以像我一样爱惜它。与“恰恰”的相处萌生了我的动物情，让我拥有了一份快乐的童年记忆。

参考范文2：

每当活泼可爱、天真无邪的小孩从我身边蹦蹦跳跳经过时，总会勾起我对童年往事的回忆。我的童年快乐而又幸福。那时候的我和许多土生土长的乡下孩子一样，是那么的贪玩、调皮和捣蛋。捉迷藏，过家家，上山采蘑菇，爬树捣鸟窝，下河摸鱼虾，这些可都是我们小孩最喜欢玩的。特别是下河捉鱼，是我们最拿手的本事。一有空，我们就呼朋引伴向村边的那条小河奔去。大伙跑到河边，总是连小裤管也顾不上挽，就争先恐后地纷纷跳进河里去了。其实这条小河严格来讲根本不是河，只是两块水田之间宽约一米的小水沟吧！水不深，只没到膝盖，但水总是清澈见底，可以看到一小群一小群的小鱼游来游去。我们下水后，总是在水里跑来跑去，两个小脚丫拍打着水面，“扑通扑通”的，看着水花乱溅，我们快乐得哈哈大笑。不一会儿，原来清澈的水已被我们搞得浑浊不清，甚至连水底的淤泥也翻上来了。这样一来，那些原本还在逍遥自在游着的小鱼就被迫把头浮出水面呼吸。而我们呢，一看到那些小鱼，就飞快地伸出小手把它们迅速地从水中捧起来，放进事先就准备好的盛有水的小塑料桶里。这些可怜又可爱的鱼儿只能乖乖地在桶里游来游去了。每一次，我们都是采用这种方法，先把鱼儿搞得晕头转向，再来个浑水摸鱼，于是几乎每次都能满载而归。但回到家总免不了被大人责骂一顿。为什么呢？因为每次捉鱼回来，总搞得浑身上下湿漉漉的，衣服上、脸上、甚至头发上都沾上了泥浆，活像一个小泥人。虽然小时候经常会被大人责骂，但丝毫没有挫伤我们去玩的积极性。因为小孩儿贪玩和顽皮的天性已占据了我们幼小的心灵。那条小河，成了我记忆中童年的乐园。回忆总是美好的。虽然属于我的童年已离我远去，但童年那段无忧无虑、快乐无比的日子在我记忆中将永不褪色。童年的往事，依旧散发着迷人的芳香。

参考范文 3：

在我的脑海中，关于童年最深的记忆要数童年时看过的《向日葵的故事》了。在很久很久以前，天上有一个心地善良的老大爷，他就是我们现在所说的太阳公公。有生以来，为了拯救万物，为了证明人们能够安居乐业，太阳公公无时无刻不在燃烧着自己，他日行万里，把光和热送遍千家万户，但他从不叫一声苦。一万年过去了，又一万年过去了。随着时间的流逝，太阳公公的身体日渐衰老，眼睛不太好使了，不能独立工作了，他多么想找一个车夫来帮个忙呀！

他找呀找呀，终于打听到在某个山沟里有一个小伙子，勤劳、憨厚、身强力壮。嘿！是开车的好帮手。于是，太阳公公便来到山沟里的这个人家。这个人家只有两个人：一个是这小伙子，另一个是他的妹妹。原来，他们的父母很早就去世了。太阳公公讲明了来意，小伙子开始有点犹豫不决。他想：如果自己走了，妹妹怎么办？更何况妹妹还小，谁来照顾她？这时妹妹飞也似地奔回屋里，小羊辫一甩，说："哥哥，你去吧！别牵挂我，我以后也同你一样，为人民造福呢！"哥哥犹豫的心被小妹妹的话打动了，太阳公公也激动得流下了热泪。于是，哥哥恋恋不舍地告别了可爱的小妹妹，启程了。小妹妹高兴得跳呀，跳呀，她为自己有这样一位好哥哥而感到自豪。自从哥哥走后，小妹妹除了读书外还独立操持家务。忙里忙外，可她心里高兴、欢喜。每天早上，她总要去海边望望哥哥。她亲眼看到哥哥不辞劳累地拉着太阳公公疾走如飞，把光和热送到人间，她会心地笑了。几年过去了，几十年过去了，哥哥一直没有再回到这里看望妹妹，因为他没有一点空闲时间，但做妹妹的从来也没有一句怨言。就这样，她送走了一个个日出日落，又迎来了一个个日落日出。从春到夏，从秋到冬，过了不知多少年，也不知在海边看了多少回。后来，那姑娘竟变成了一棵神奇的植物，高高的个儿，圆圆的脸蛋，碧绿的叶子，金黄的发辫，早上朝东，中午朝南，傍晚朝西。一直望着太阳，笑嘻嘻的。于是，大家就给她起了个名字叫"向日葵"。

参考范文 4：

记得我小时候第一次坐滑梯，觉得真是好玩极了。那时，又怕坐又想坐，那种矛盾的心情可真让我难忘。

那是我读幼儿园时，我们的班主任是张老师，生活老师是沈老师。在教室旁边有一座一层楼高的木板滑梯，我们排着队来到滑梯下面，小伙伴们都高兴地拍起手来，可是我的心里却很紧张，因为我是第一次坐滑梯，觉得有点害怕。张老师让我们逐个儿走上滑梯，沈老师在下面护接我们。当小伙伴们一个接一个地走上滑梯时，只有我一个人静立不动，看着他们上上下下。张老师发现我一直都没有上去，便走过来对我说："小梅，怎么了？为什么不跟小朋友一起坐滑梯呢?”我望了望张教师，吞吞吐吐地说：“我，我怕，又不会滑”。张老师对我说：“没有什么好怕的，来，上去，慢慢滑下来，我让沈老师接你。”我当时又急又怕，又想上去试试，可心里怎么都不踏实，像是揣着一只小白兔，蹦蹦地跳着，张老师好像知道我想什么似的，又鼓励我说：“人只有向前，不怕困难，才能办好各种各样的事，这点小困难你就怕了，往后怎么办呢?”我终于下决心试一试。我一步一步地顺着梯子登上了梯顶，坐下来准备往下滑时，一下子看到离地面这么高，心里一慌，不知怎么办才好。这时沈老师拍了拍手，示意我滑下去。我看到沈老师鼓励的眼光，便壮着胆，鼓起勇气，向下面滑。这时，好像有什么力量拉我似的，一下子便飞快地滑了下去。我心里又害怕又紧张，双眼闭着等待将要发生的事。就在这个时候，一双稳当而有力的手接住了我。我睁眼一看，原来沈老师接住了我。她对我说：“滑的时候要用两手扶栏杆，不要太快。”她温柔的眼眸好像一股春风，一直吹进了我的心里。我又上去滑了一次。这次我不怕了，而且很稳当地滑了下来。沈老师和张老师都表扬了我，我继续滑了一次又一次，跟小伙伴们一起轻松地滑。我还学会了双人滑、侧滑和卧滑。我高兴极了，因为我已经学会了滑滑梯。这就是我童年的一件趣事。

6. 我喜爱的职业

答：参考范文 1：

和很多女孩子一样，我也是个爱做梦的人，所以从小到大，我拥有很多愿望。小学的时候，我希望成为一名空姐。她们温柔的举止、亲切的笑容，都深深地打动着我。能够在蓝天上飞行，为五湖四海的来客服务，我会感到很幸运。中学的时候，我希望成为一名律师。因此我积极地锻炼自己的思维和口才。现在，当我考上了师范类学校，我的梦想又改变了。我们学校的校训是“学高为师，德高为范”，这使我更深刻地认识到教师的责任。在学习的过程中，我们时刻得到老师的帮助，他们教会我们读书识字，教会我们做人做事，他们用自己的言行为我们树立了榜样，于是我期望成为一名教师。

记得今年的暑假，我到了一所初中实习。一周的时间里，我积极地备课、听讲、改作业，慢慢地适应着从一个学生到教师的转变。实习的最后一天，我终于有机会登上了讲台。那次课，我讲的是《杨修之死》。我先播放了《三国演义》片头曲以激发学生的兴趣，然后是导入课文，接下来是讲解分析，最后是留下作业。课堂上，我尽自己所能地扮演好一个“传道，授业，解惑”的角色。课后，我像朋友一样关心着我的学生，为他们排忧解难。45 分钟，我很不容易地坚持了下来，声音哑了，腿酸了，然而内心却得到从未有过的满足感。

这一次特殊的经历，并没有使我在困难面前止步。它让我读懂了“春蚕到死丝方尽，蜡炬成灰泪始干”的深刻意义。教师是阳光下最光辉的职业，但是通往这个职业的道路是曲折的。这就要求我们既要积累丰富的学问才识，又要树立高尚的职业道德。大家都知道，北京大学的教授孟二冬老师今年因病倒在了讲台上。他为学、为师、为人的高度和谐统一，在又一个教师节来临时感动着我们从事教育与正受着教育的人。在孟老师精神的激励下，我们要更珍惜时间，为实现自己的美好愿望而努力。这一次，我会坚定自己的信念，勇往直前。

参考范文 2：

我是一名人民教师，我热爱我的职业。还记得经过一周的试教之后，我真正走上了为人师表的讲台，开始我一生从教的第一节课。我依然清楚地记得，在讲课当天，我反复地把教案翻了不知多少遍，在确认准确无误之后，刚想让自己放松，紧张的情绪却又涌上心头。尽管胸中好像有一只大鼓在咚咚地敲，但我心底在无数次地为自己打气。别无选择，只有背水一战了。铃声响了，我快步走上讲台，响亮地喊了一声“上课”，全班同学一齐站起来，行了课礼后，课堂上出现了暂时的安静，我也努力使自己平静下来。正当我不知所措的时候，科任指导老师和同组的同学投来鼓励的目光，我心里一下子有了底，开始了我这节课的导入语。我负责的是四年级(3)班的数学课，内容是乘法各部分间的关系。在讲例 1 的时候，我准备把硬皮纸上的题目用透明胶粘着，由于我在准备教具时不小心让透明胶粘在一起了，短时间内很难把它拉开。当时气氛有点难受，我的手抖动起来，脸上烫得像火烧。我紧张地张望了一下学生，与我目光交汇的，是同学们诚挚的目光。他们没有一点儿看不起我和嘲笑我的意思。我的情绪慢慢稳定下来，手也不抖了，终于把粘在一起的透明胶分开并把它贴在黑板上。我心想：他们多么善解人意呀，他们的目光给了我多大的鼓励呀，我一定要上好这节课。我采用提问启发的方式进行教学，和学生一起分析乘法各部分间的关系，帮助学生寻找思路，由学生自己归纳乘法各部分间的关系。学生们都回答得很积极，课堂纪律很好，课上得很顺利。第一次真正面对学生讲课，有时普通话表达不太清楚，问题的提法不够明确，以致出现误解。课后我也深有感慨，暗自下定决心：为了今后不至于误人子弟，我必须不断努力，掌握好基本功并练扎实，非下一番苦功夫不可。万事开头难，第一次走上讲台，尽管有着太多的缺陷，但我相信在以后的教书生涯中我一定会逐渐完善。当我白发苍苍的时候，我还会为自己一生的教师工作无怨无悔，跟学生们一起会使我的心永远快乐和年轻。

参考范文 3：

一想到自己是一位受人尊敬的人民教师，我的内心就感到很激动，因为我打心眼里喜欢教师这个职业，热爱教师这个职业。社会上的人对教师这一职业看法不一，有人认为，教师是太阳底下最光辉的职业，也有人认为教师这一职业是最没有前途、最差劲的职业。我的一位同班同学就曾对我说过，她毕业后不会选择当教师，她认为教师这个职业既平淡无奇，又枯燥无味。我不同意这位同学的观点。我觉得教师是一种富于挑战性的工作。人们常说：“教师要给学生一滴水，自己要有一桶水”。在社会飞速发展的今天，学生思想活跃，视野广阔，想得宽，想得深，也想得杂，涉及的问题五花八门，常常超越他们的年龄。所以，做教师的必须掌握丰富的科学文化知识，要加倍努力学习，开拓自己的视野，不断完善自己。只有这样，才能够担负起教书育人的重任。所以说，教师并不是枯燥无味的。虽然我们面对的永远都是那么熟悉的课本，但是，面对的学生却在不断变化。每天和那些充满童真的孩子们相处会使你感到无比的快乐。而且，当你看到一批批学生成长为国家建设的栋梁，那种满足感和欣慰之情是不言而喻的。我喜欢教师这个职业，我会为它献出自己的光和热。

参考范文 4：

小时候，我非常崇拜教师这个职业。我清楚地了解人们对它的赞美之词：教师是园丁，是蜡烛，是人类灵魂的工程师，教师是太阳底下最光辉的职业。而我的理想就是当一名小学教师。记得小时侯和小朋友一起做游戏，我最喜欢做的就是扮演老师和学生上课的游戏。

每当这个时候，我总是争着扮演老师这个角色，一会儿给学生上数学课，一会儿给学生上语文课，一会儿给学生上音乐课。当然，我也忘不了模仿老师严肃的样子，批评那些“上课”不认真听课、思想开小差的小伙伴。这时的我，觉得当一名老师实在是太神秘、太伟大了。初中毕业后，我不顾老师和同学们的劝阻，毫不犹豫填报了师范学校，并且顺利地考上了师范学校，成了一名未来的人民教师。经过学习，慢慢地我对教师这个职业也有了新的认识。其实，教师这个职业是既平凡又普通的。作为一名教师，他一辈子都在默默无闻地传道、授业、解惑，为社会培养、输送多种人才。自己的学生有了出息，出了名，而教师自己呢，却没有因此声名鹊起，依然默默地坚守着自己的岗位，做着再普通不过的教学教育工作。同时，教师这个职业又是非常重要的，教师对整个社会发展起着非常重要的作用。因为没有教师，我们人类积累下来的灿烂文化就没有办法传授下去；没有教师，整个国民的素质就没有办法得到进一步的提高。教师所起的作用是其他任何职业都不可能替代的。除此之外，我还认为教师这个职业，是一种经常让人产生新鲜感的职业，因为他所面对的是一群群渴望知识的“小调皮”，是可以经常变动的“小天使”。生活在他们中间的你，会感到自己是永远年轻的。我喜欢教师这个职业，我对自己的选择无怨无悔。

7. 难忘的旅行

答：参考范文 1：

作为一个普通中学的普通教师，我的旅游机会是少而又少的。但也许因为少，他们都给我留下了美好的记忆。说到“难忘”，我觉得去年 11 月的黄山之行是我最难忘的一次旅行。

那次黄山之行，我被黄山的美景彻底地征服了。回来的路上我就想，如果有机会我一定要再次登临，而且最好带着我的亲人，让他们与我一起来欣赏这大自然的杰作。但黄山之旅给我留下难忘印象的，甚至可以说是刻骨铭心的印象的却是另外三件事。

第一件事是在上黄山之前，接地导游问我们哪些人意坐索道上山，她说黄山的风景都在山上，爬上的这几里路上是没有什么好看的。我当时就和周围的几个朋友说了，我们来就是要爬山的，干嘛坐索道，那不如不来了，他们也都说是。其实我们心里都在想，导游要我们坐索道是因为她能得到好处才这么说的。爬了黄山才知道那几里路上的风景和山上的风景真的没法比，而且因为爬山耗费了大量的体力，山上有好多景点都没有力气去了，比如莲花峰，我们一行人当中只有几个年轻的上去了。从这件事情当中，我看到在这个彼此间缺乏信任的时代，毕竟还是有可信任的人的。我为自己的阴暗自私而惭愧，也为尚存于我们之间的诚信而感动。

参考范文 2：

从小到大，外出旅行也有七八次了。我去过桂林的漓江和落满地，去过柳州的鱼峰山，去过南宁的清秀山，还去过灵山的六峰山等。其中，给我留下难忘印象的是去北海旅游。记得上中师一年级的时候，经过班委会讨论通过和学校德育处批准，班主任组织我们全班同学去北海旅游。听说可以去北海旅游，同学们兴奋极了，特别是从来没有见过大海的我，更加激动不已。星期六一大早，我们预定的大客车准时开到了学校大门口，早已等在路边的同学们有秩序地上了车，班主任再一次强调了注意事项，汽车就出发了。一路上，同学们又说又笑，还唱起了歌，真像一群放飞的小鸟。

我看着窗外的树木、稻田和房屋，觉得一切是那样的熟悉，又是那样的亲切。不知不觉中，一阵飞机的轰鸣声传来，啊，我们今天旅行的第一站——北海机场到了。真不凑巧，我们到来之前，已经起飞了一架飞机。为了看到飞机的起飞，我们只好耐心地等待。飞机场的环境很美，绿树成荫，芳草如茵，繁花似锦，宏伟的候机楼，高高的指挥塔，前后好几公里的飞机跑道。我们边欣赏美景边等，终于看到了飞机的起飞，真是一饱眼福。穿过美丽整洁的北海市区，我们来到了旅游的第二站——银滩。进入大门，哇，人真多啊，这里人头攒动，银白柔软的沙滩上，几乎没有一块是空地。游客们有的躺着，有的坐着，也有站着的；有的在晒太阳，有的在聊天，有的在做沙雕，也有的在拍照。抬头往远处看，真美啊，这里海天一线，天是蓝的，海水也是蓝的。蓝蓝的天上飘着几朵白云，一架直升飞机在上空不断盘旋，跳伞员在表演跳伞。海面上，到处都是游泳者、戏水者。此时此刻，同学们也顾不得挽起裤腿，一个个跑到海边上去玩水，泼水打仗，我感到自己仿佛又回到了童年，和村里的小伙伴在村边的小溪里嬉戏，开心极了。遗憾的是，我们不能下海游泳，老师是为了我们的安全着想。晚上九点多，同学们带着一身的倦意，带着满心的欢喜，踏上了归途。这次北海之游，给我留下了非常难忘的印象。

8. 我的朋友

答：参考范文 1：

我的朋友很多，玲玲是我最要好的一个，也是多年的老朋友了。她高高的个子，细长的眉毛下闪动着一双乌黑发亮的眼睛，流露出聪颖的光芒。她体型不胖不瘦，平时爱穿蓝色的衬衫，咖啡色的裤子，黑色的皮鞋，显得很有精神。她常常喜欢留一头运动型短发，戴一副中度近视镜，显得气质优雅，博学多才。

我和玲玲有着相似的家庭出身：同性、同龄、同学、同事，同出生在家乡农村，同是生有一个可爱的女儿。我们有着太多的相同，连同我们的兴趣爱好、理想追求都一样。不同的是我上了师范，她上了高中；我学中文，她学政治；我是人民的教师，她是人民的公仆。她是成功的，幸运的，她的辉煌腾达是她实力的体现，更是她努力奋斗的历程的见证。我为她的今天喝彩，更为她的明天加油！

曾经，我们雨中漫步，月下畅谈，桌上畅饮。我们是幸福快乐的童年伙伴，我们是争夺高下的学习对手，我们是风雨同舟的知心朋友，我们是自强不息的赶路人、弄潮儿。如今，她在外地工作，我们相隔数里，但我们都在心里默默祈祷祝福。我们的友情不会随着时间的推移而模糊，也不会因地域的分隔而淡忘，更不会因地位的改变而变质，恰恰相反，我们的友情只会越来越浓厚。

参考范文 2：

我最好的朋友叫丽丽。她个子不高，短头发，最引人注目的是她两眉之间的那粉红的美人痣。她是个性格开朗、活泼好动的女孩。和丽丽相识是在初一的时候，回想刚到中学学校的那天，早到校的同学早已三三两两的结伴上街逛去了，宿舍里只有我和丽丽两个人。我在整理着我的行李，而丽丽呢，则是双手枕着头睡在床上，望着天花板，无所事事。两个人就这样默默地各干自己的事。大约过了十几分钟，丽丽首先忍不住地找话题了：“这位同学，看你这么眼熟，好像在哪儿见过你，你家住在哪里？”待我说出我家的住址后，她好像发现新大陆一样兴奋地叫了起来：“我家住在××，你家离我家很近哩！”从那以后，我们之间成了形影不离的好朋友，不但吃饭回家总在一起，睡觉也要挤在同一张床上睡。现在，由于种种原因，初中毕业后她就不读了，进了一家公司工作，而我继续升学。可我们之间的友情并没有因此而变淡，反而更加深厚了。每次放假回家，妈妈都会告诉我：“丽丽昨天问我，你回来了没有，她叫你回到家后马上去她家。”而我的反应就是丢下行李，跑去她家住一两天，好好地跟她聊聊。希望我和丽丽的友谊地久天长，同时也希望丽丽在今后的人生道路上一切如意。

9. 我喜爱的文学（或其他）艺术形式

答：参考范文1：

我喜欢对联。对联是一种独特的文学艺术形式。它始于五代，盛于明清，迄今已有一千多年的历史了。早在秦汉以前，我国民间过年就有悬挂桃符的习俗。所谓桃符，就是把传说中的降鬼大神“神荼”和“郁垒”的名字，分别书写在两块桃木板上，然后把两块桃木板悬挂在左右门上，以驱鬼压邪。这种习俗持续了一千多年，到了五代，人们才开始把联语题在桃木板上。五代末年，我国才出现最早的一副春联——“新年纳余庆，嘉节号长春”。宋代以后，民间新年悬挂春联已经相当普遍，王安石诗中“千门万户曈曈日，总把新桃换旧符”之句，就是当时盛况的真实写照。

一直到了明代，人们才开始用红纸代替桃木板，于是就出现了我们今天所见的春联。随着各国文化交流的发展，对联还传入越南、朝鲜、日本、新加坡等国。这些国家至今还保留着贴对联的风俗。

对联是由律诗的对偶句发展而来的，它保留着律诗的某些特点。古人把吟诗作对相提并论，在一定程度上反映了两者之间的关系。对联一般说来比诗更为精炼，句式也较灵活，可长可短，伸缩自如。在我国古建筑中，甚至还有多达数百字的长联。对联无论是咏物言志，还是写景抒情，都要求作者有较高的概括力与驾驭文字的本领，才可能以寥寥数语，做到文情并茂，神形兼备，给人以思想和艺术美的感受。

参考范文2：

“这是心的呼唤，这是爱的奉献，死神也望而却步，生命之花处处开遍……”你听过这首歌吗？它就是我最喜欢的一首歌——《爱的奉献》。

记得第一次唱这首歌是在小学四年级的时候，全校开展“学雷锋，做好事”活动。我们班全体同学，在一个明媚的星期天到离校很远的张大叔家里，献上我们一片爱心。大家可积极啦，帮他砍柴、担水、扫地，还哼着歌哩！和我一起扫院子的是活泼爱动的李小燕同学，她嘴里一直哼着一支我不知名的歌。出于好奇，在休息的时候，我就缠着问她。渐渐地，我学会了并且第一次唱了这首《爱的奉献》。从那以后，我就迷恋起这首歌来。查字典理解歌曲中不懂的词语，还买了一本日记本，用红笔记谱，蓝笔记词，规规矩矩地抄下来了呢！进入中学，这首歌已在我脑中深深扎根。每次见到一些尊老爱幼、助人为乐的人或听到一些被社会所赞扬传颂的事，心里就有一种冲动，好想高歌一曲，用我心中的这首歌，去颂扬和赞美一大群新时期的“活雷锋”。当我自己亲自体验到这种感觉，并高唱这首歌时，你可以想象，我的心情是何等激动！那是在大地回春的三月，我们全体师生敲锣打鼓，排着整齐的队伍，去敬老院看望那些曾经为社会辛劳一生、鞠躬尽瘁的老人们。当我们怀着无比崇敬的心情，献上全校师生美好的祝愿和一点小小的心意时，老人们感动得热泪盈眶，连声道谢。在这种气氛中，不知是哪一个班的同学首先唱起了我最熟悉的这一首歌，歌声嘹亮，令人振奋。动人的旋律，自然从心里溢出，源源不断地流淌。会唱的，不会唱的，都显得那么神往。我的心弦被深深地拨动了。在我们的国家里，哪里没有回荡这样的一首歌呢？“啊！只要人人都献出一点爱，世界将变成美好的人间……”这歌声，将在世界的每个城市、乡村生根开花，传遍每个角落。这首歌，永远是我一生最爱听，也是我最爱唱的歌。

参考范文 3：

《花季・雨季》是把一群在特区深圳生长的高中生展现给观众以塑造改革开放里成长的新一代活泼向上富有青春活力的人物的好电视剧。剧中的主角欣然是一个有自己见解及独特个性的女高中生。

最令我佩服不已的是影片中有关绿文的一节，也许影片的重点并不是在此，但从中透视出当今社会的一个极其敏感的问题：父辈与子辈的代沟。

欣然曾为深圳绿文而一度疏远父亲，认为他无用。但后来欣然的觉悟进了一步。当他以宽容、理解的态度体会父辈的苦衷时，他理解了爸爸，爸爸也是最好的爸爸。

放眼当今的青年，血气方刚的他们思想上没有束缚，热情，愿办事，对父辈甘于平凡很看不惯。而认为父辈饱经沧桑的，对人生的世事看得透彻。也许出于爱护而不得不约束青年，也许是采取的方式不恰当，使得青年一代对老一代产生反感和不解，欣然也正是从与爸爸送礼而产生误解。

代沟产生的双方，都有不可推卸的责任。不想让其发展壮大，那么就架起一座心灵之桥跨越它吧！欣然与爸爸进行一番推心置腹的交谈，心里产生共鸣，代沟自然而然地就消除了。正如欣然所认为的，父母是伟大无私的。而我们呢，当尽情享受欢乐时，何曾想到平时父母为儿女所做的事，都渗透有父母心血和呵护。

10. 谈谈卫生与健康

答：参考范文 1：

下面我就谈谈“卫生与健康”的知识。

其实卫生是处处都必须注意的、在路边、大街上、小巷中，在那些小摊小贩的摊子上，经常卖一些油饼、臭豆腐之类的食品，你可千万不能去买，谁知道这些东西他们是用什么做的，吃了容易生病，甚至造成腹泻、头晕之类的症状。饭前便后要洗手，这也是讲卫生的行为。

说到健康，也许有人会说：“吃多了东西也就健康了吧！”其实健康并不在于多吃东西，你还要常运动、多喝水，每天定量吃饭，按时睡觉等等，这样才能做到健康。在报纸上看到过多吃水果、蔬菜、多补充维生素，这样对身体大有好处。

卫生与健康是紧密相连的。不讲卫生不仅使身体容易生病，有时连你宝贵的双眼也会受到侵袭。当你接触过钱、霉旧的书之类的东西，你可千万不要去揉眼睛，否则，沾到你手上的细菌就会跑进眼睛，这样会使你患上沙眼，导致视力下降。

为了有个健康的好身体，平时我们要养成良好的卫生习惯。良好的卫生习惯不是抽象的概念，而是表现为一点一滴的生活小事。比如，要保持个人清洁卫生，衣服要勤换洗，勤洗澡，勤剪指甲；饭前便后要洗手；经常打扫环境卫生；适当参加体育锻炼，增强身体免疫力。

11. 我的业余生活

答：参考范文 1：

在我业余的时间里，我喜欢到处去旅行。

漳州的云洞岩离学校比较近，是我最经常去的地方。不论是小桥流水，还是花红柳绿，都有一份简单的美丽。

另一个景点就是厦门的鼓浪屿。它所具有的深厚的文化底蕴和丰富的风土人情，都深深地吸引着我。而厦门的万石植物园是我业余时间里最爱去的地方。万石山是厦门市城区的一座风光秀美的山，在万石山中，有着著名的厦门万石植物园，始建于 1960 年。植物园的一个特点是：它 40 多年来有规模地引种非洲、美洲、澳洲和东南亚诸国的热带、亚热带植物 5000 多种，建成 20 多个专类园区，享有“植物王国”或“植物博物馆”的美誉。另一个特点是：植物园也是厦门城区的一片肺叶，不懈地改善城区的生态环境，为城市绿化服务。因此，万石山植物园的植物的观赏和实用价值都深深地吸引着我。

我最喜欢的是植物园中的万石湖。围绕万石湖有松杉园、棕榈岛、百花厅、和南洋杉广场等众多游览点，汇聚着许多热带、亚热带的珍稀植物品种，诸如市树凤凰木、市花三角梅，唐僧西天取经路上曾喝过蕉叶水的旅人蕉。更有数不尽的竹子、苏铁和名称奇特的异国花木，把万石山装点得苍翠欲滴，满坡皆绿，潜行其间，宛如进入原始森林！这里尤为珍贵的是 1984 年邓小平同志视察厦门时亲手种下的千年香樟，现正郁盛繁茂，已长成参天大树了！

植物园中另一个引人注目的就是多肉植物园圃。它为巨型透明螺壳，有盆栽仙人掌、仙人柱、仙人球、仙人鞭等。其中仙人柱高达 3 米，算是全国罕见的一种。据说，厦门仙人掌科植物有 500 多种，名列全国第一。万石植物园是厦门旅游观光、认识热带和亚热带植物最为集中的地方。利用业余和假日的时间到此处旅行是我执著的追求。

参考范文 2：

抛开书山题海重压的学习生活，我在读书之余喜欢做的事情很多很多，譬如给朋友写写信，与他们谈谈生活的苦与乐，特别是当我有什么烦恼闷闷不乐时，写信便是我最乐于去做的事情了，把一切不快乐的事情都罗列在信上，这样等到写完一封信，一切的烦恼，也烟消云散了。当然，像这样的信，大多数都不会寄出，这样做只不过是为了发泄罢了。如果条件允许呢，也喜欢与同学朋友去游山玩水。但由于受条件限制，去玩也只能去近的地方。假日里，一顶太阳帽，一辆自行车，三五个人，可以快乐地玩上一整天，几个要好的朋友都不是读师范的，她们见到我，便左一个“张老师”右一个“张老师”的叫个不停，惹得旁人还真以为我是她们的老师呢。平时除了喜欢写信，游山玩水外，我还喜欢种花。一把烂泥，一个烂盆子，我也会种上花，家里种活的几盆花功劳全归于我。远离家乡，上了师范，我也时常想念我的花，常常在家信中附上一句：记得帮我给花浇水。花呢，也给家人照料得很好的。别人说一朵美丽的花，要凭精心浇灌而得。我认为这句话并不全对，因为我最喜欢的太阳花就不必精心浇灌，却照样能开出美丽的花来。初种太阳花，只需把苗种植入盆内，浇上一点水，保证花苗能活就可以了，其他的可以不用操心。因为无论天气怎样干旱，它都不会向死神屈服。太阳花结籽，不必收藏，它自己落在盆内的土壤中。冬去春来，自会破土而出。由此，周而复始，它的生命之火，永不熄灭。还有那菊花，水仙花……它们也同样的美。

写信、游山玩水、养花都是我平时爱干的事情，它们给我的生活带来了很大的乐趣，使我每天过得很充实。当然，除了这些，我也经常看一些书，学一些在学校里所学不到的东西。

参考范文 3：

在我的业余生活中，有很多事是我喜欢做的，但我最感兴趣的一件事还是爬山。我之所以喜欢爬山，是有原因的，说起来，还有一段故事呢！从小，我就体弱多病，身体瘦小的，经常被别人拿来做笑料。他们经常开玩笑地说："一刮风就不见你了"！六岁那年，我开始读小学了，二年级第二学期的时候，我们班组织同学们去郊外爬山。那座山很高很陡，我一看见就害怕了。毕竟是第一次嘛！开始爬山了，我跟着同学们爬呀爬，还没爬到半山腰，我的腿就不听使唤了，看着同学们个个爬得那样起劲，当时我急得哭了，同学们转过头对我说："还没爬到半山腰你就爬不动了，真没用！"当时我觉得很惭愧，恨不得找个地方钻进去！这时班主任走过来对我说："小华，别哭！来，老师拉你一把！"就这样，班主任拉着我慢慢地继续前进了。好不容易到了山顶，我累得满头大汗，我真恨自己没用，不但没帮老师反而拖累了老师。接着活动开始了，老师说："爬山不但可以锻炼身体，而且还能锻炼自己的意志！"当时老师说了很多我都深深地记在了心里。从那以后，我一有空就去爬山。爬山不仅锻炼了我的身体，还让我受益不浅。爬山的时候，除了欣赏风景之外，我还在山上收集了许多珍贵的花草树木，认识了很多昆虫，这些都对我的学习产生了很大的帮助，使我从中感受到爬山的好处。

有时我也与亲朋好友共同领略那山顶不同方位的风光。有一回爬山，同去的还有两位同伴，每人背一壶水一袋面包。早上八点就出发了，一路欣赏着路旁的稻田、树林、房屋、竹林，感受着野外清新怡人的田间气息，兴奋地赶路。来到山顶，放眼一望，整座城市尽收眼底，近处是一片新开发区，幢幢高楼大厦林立其中，造型各异，装饰物品种多样，远看仿佛如花般的海洋。楼与楼之间错落有序地布满了井然有序的大道，汽车不断地在楼间来回穿梭，一片繁忙景象。爬山真是一件有意义的事情，大大丰富了我的业余生活，不仅开阔了我的眼界，还让我无数次地领略到世界的美好。

12. 我喜欢的季节(或天气)

答：参考范文 1：

我喜欢的节日是春天。春天，一个多么美丽的字眼，她每年都会来临，人们每天都可以看到春天美丽的景色，感觉到春天的温暖，但是你有没有试过走进春天呢，美丽的春天正像我们的青春，那美丽的景色就像青春如金似玉的花样年华。春天的短暂就像青春时节的短暂，俗话说"一日之计在于晨，一年之计在于春"，人们只有在朝气蓬勃的青春时节立下美好远大的理想，为实现理想而奋斗和学习。春天的雨是多么的美丽，它像牛毛，像花针，像细丝，把小草儿、树叶儿冲刷得干干净净，让它们绿得发亮。所谓"随风潜入夜，润物细无声"，它悄悄然地走进大地，为大树、禾苗解渴，把大地上的尘土洗刷掉，还给我们一片清新怡人的空气，为人类无私奉献，悄无声息，不图回报。让我们走进春天的大自然，去踏青，去呼吸那清新的空气。那小草儿刚长出来，一片片的，嫩绿嫩绿的像绿毯，让我们睡上去，感觉是多么舒服。小草儿被我们踩了一次又一次，但它是多么坚强，总是不向命运低头，一次又一次地伸直被我们踩得弯曲的身子。而学习不是更要这样吗？不怕失败，勇敢地面对挫折。这一次考试失败了，不怕，努力学习，抓住失败的原因总结经验，再考过，坚持不懈，总会有一次会成功的。让我们走进春天的美丽风光，去了解春天，为人类的无私奉献、不图回报、勇敢面对挫折并且挫而不败而坚持不懈地去努力，去孕育理想，为理想奋发！

参考范文 2：

我最喜欢的天气是家乡特有的天气。我的家乡虽不美，然而，它的气候却很宜人。这不是我夸口，不信，你自己瞧。当春回大地，万物刚苏醒的时候，天空就很善解人意地下起蒙蒙细雨，伴着春风，柔柔地扑向一切，仿佛在倾诉着它对大地、对万物生灵的那份深深的倦恋。路两旁的树，随着春风摇动起枝叶；过路的大人们，享受着初春带来的清新的气息，脸上不时露出满足的笑；而孩子们呢，他们则仰着胖乎乎的脸蛋儿，试图吮吸春的甘露，小脚淘气地不停地踩着，让地面上溅起一朵朵漂亮的透明的小花儿，伴着一阵阵嬉笑声……噢，这细细的雨水，浓浓的情喔！到了夏季，家乡的天气又变得热中带着一丝凉意，或者在闷热了许久过后，它就非常解风情地下起倾盆大雨，一扫以前的闷气。此时的夏天，是个让少女们实现穿短裙的梦想的好季节；此时的夏天是工作后人们享受清闲的好时候；此时的夏天，是晚饭后大家聚在一起聊天的好佳境；此时的夏天，是晚上人们可以尽情欢乐的一份好心情。我就爱这样的夏天。随着夏天之后的秋天，这里又是一片新景象。这里的秋天爱下雨，可人们却也喜爱，喜爱下雨过后带来的一阵阵凉意。那份心情，是一种难以形容的放松的心情，仿佛是雨带走了身上所有的烦恼和闷气。不下雨的时候，更是一个好天气，足以让一切欢快起来。冬天，一年中最后的一个季节，是一个让人高呼的季节。它是冬天没错，但它没有其他地区的冷冷的寒意，没有足以让人冷得直打哆嗦呼呼的北风，它有的是温暖的气候，即使穿着两三件衣服也不觉寒冷。噢，这是个体贴人的冬天。我，就爱家乡的这种天气。

参考范文 3：

我最喜欢的天气是雨天，我们所说的雨实际上就是降水，它来自云中，但有云不一定就降水，这是因为云中的水滴或冰晶体积大小，不能克服空气的阻力和上升气流的顶托，而悬浮在空中，只有当云继续上升冷却，或者有水汽不断输入云中，使云滴不断增大，以至上升顶托不住时，才会从云中降落下来，开始成雨。雨一般按降水量和降水强度来划分，可以分为小雨、中雨、大雨、特大雨、暴雨、大暴雨、特大暴雨等类型，又根据自然界中促使空气上升运动条件，可将降水分为对流雨、地形雨、锋面雨、台风雨。对流雨就是近地面空气强烈受热时，温热空气膨胀上升，空气中的水汽冷却凝结而形成。这样的雨强度大，时间短，范围小，并常伴有暴风、雷电，又称热雷雨。我国大部分地区在夏季午后常出现对流雨。地形雨一般是暖湿空气在运动中遇到较高地形的阻挡，被迫沿迎风坡爬升，空气在上升中冷却，水汽凝结而形成的降水。我们合浦这样的平原地区一般都少有。性质不同的气流相遇，它们中间的交界面叫锋面形成的雨就叫锋面雨。它强度相对小，时间长，范围广，一般在我国的东部地区。台风雨是热带海洋面形成的气旋，因周围有大量暖湿空气围绕台风中心旋转上升，空气中的水汽冷却凝结而开成。在我们这里是很少的，不过北海就相对多，可是我还没见过。

13. 学习普通话的体会

答：参考范文 1：

普通话是我国的通用语言，是我们交流、沟通的工具。它是以北京语言为标准音、以北方话为基础方言、以现代白话文著作为语法规范的一种语言。一口字正腔圆的标准的普通话能给人一种美感，给人一种无穷的享受。作为师范学校的学生，学习普通话是一项十分重要的任务。因为学校是推广普通话的前沿阵地，甚至可以说是主战场，而老师则是这个阵地或战场的指挥官，所以作为老师，学习好普通话是十分重要的。

尽管我多少存在着方言口音，尽管学习好普通话的难度还比较大，但是，我们要从战略上藐视这个“敌人”，而在战术上即学习方法方面又要十分重视。这是学习好普通话的思想保证。在随后学习普通话的过程中，我注意安排一个学习计划，每天抽出 1 小时，专门学习普通话。这是学习好普通话的时间保证。

除此之外，我还勤向普通话培训班老师学习。因为那些老师不仅具有扎实的语音学基础知识和经过专业的训练，而且老师离自己最近，请教也最方便。因此，在我遇到不懂的和难以纠正的问题时，就及时向老师请教好的学习方法。在平时，我还跟普通话好的同学一起学习。和他们交往，或在一起活动，能够在最平实的交流中提高普通话水平。我还发现，经常收听收看电视台、广播电台等新闻节目对学习好普通话有很大帮助。经过长时间的学习和积累，我很高兴看到自己的进步。这一经历也让我知道了“一分耕耘，一分收获”的道理。我期望自己能够在这次考试中取得理想的成绩。因为，我的愿望是成为一名人民教师，所以能讲一口标准的普通话是非常重要的。当然，不论这次的结果怎样，我都会在今后学习普通话的过程中再接再厉。

参考范文 2：

没来师范前，总认为普通话是很好说的，只要把家乡话变换一下就行了，有什么难的？可是一到师范，才知道，说普通话并不是我想象的那么容易。记得刚到师范的时候，自己不敢和同学说话，因为自己说的普通话别人一句也听不懂。所以我只有沉默，不懂得以后该怎么办。到二年级的时候，上级有文件规定，从我们这一届的学生开始要拿到普通话水平测试相当的等级证书才能毕业，我真正认真学讲普通话就从这一天开始了。

要学会说普通话，必须从拼音 b、p、m、f 学起。每天早读的时候我就在教室练，不懂的就问同学，可是由于自己基础差，学起来特别艰难，有时为了读准一个拼音，经常练到嘴巴痛，舌头发硬。刚开始学发鼻韵母，自己根本一点儿都不懂，找不到发音的要领，我就虚心地问其他同学，有时候问得多了，她们也不耐烦，所以只有自己艰难地学着。经过这样不断地努力，我的普通话水平终于有了很大的提高。

学说普通话的过程，有苦也有乐。苦的是自己对着那些音节，怎样读也读不准；乐的是自己说的普通话不再是别人一句也听不懂的了。现在，我可以在公开场合和其他同学一起高声谈论天下大事了。学习普通话，使我又恢复了本来的自信，找回我自己了，我不再是个沉默的人。

参考范文 3：

语言是人与人之间进行思想沟通的一种手段。而作为汉民族共同语的普通话则显得尤为重要，怎样的普通话才算好呢？我是这样认为的：

首先，语言要准确，就是读音要准确。为什么说好的普通话首先的要求就是读音准确呢？因为我们国家是个多民族国家，每个民族都有不同的语言文化，那么各民族之间的交流主要就是靠普通话，如果你的语音不准，那么别的民族的人就听不懂你的话，就无法进行交流，这在交际当中也就谈不上美了。比如说，我曾经听到过这样一个相声：有一个外地人，来到一家饭店，他对服务员说："我要水饺(睡觉)。"服务员听不懂他的话，以为他要上旅店休息，就对他说："这里是饭店不是旅店。"你看，这不就闹出了笑话。可见，如果在交流当中语言不准，就不能够进行很好的交流。因此，语言也就谈不上美。

再一点，语言还要得体，在不同的场合，要注意到当时的环境以及对象。比如说，你去安慰一位高考落榜的朋友，你就不能反反复复地指责他不争气，说"这种试题你都不会做吗?"等等。将来我们对学生进行批评教育时，也要注意使用得体的语言，否则会伤害学生的自尊心，做老师的要特别注意语言的使用。

总之，好的普通话就要有以上的标准：一是语言要准确；二是语言要得体。只有做到这两点，我觉得普通话才能谈得上好。

14. 谈谈服饰

答：参考范文：

所谓的"三分长相，七分打扮"说的是很有道理的。服饰在生活中对于人的外貌起着非常重要的作用。而现在年轻的姑娘们，对于打扮那是流行什么穿什么，马路上一眼望过去，便知今年是流行复古的，还是流行前卫的，或者今年流行绿色还是红色。显然，现代人的穿衣风格，更倾向于跟着流行走。而我个人认为，无论这衣服首饰漂不漂亮，适合自己的才是最美丽的。首先，我们得了解自己的体型、肤色、性格等综合因素，然后再选择适合自己的服装样式、颜色和风格。其次，我们当然要知道在什么样的场合穿什么样的衣服。穿着得体、舒适不仅能让别人看着赏心悦目，而且也能让自己身心愉悦。当你在家里，穿着舒服的家居服，就会觉得很放松；当你穿着合身的套装出现在谈判场合，这无疑为成功做了很好的铺垫；而当你穿着清爽舒适的球衣跑鞋出现在运动场上时，我想你已经成为跑道上一道亮丽的风景了。当然，除了选择合适的服饰之外，我们更应该培养自己的气质。书上说，"腹有诗书气自华"。我们读《诗经》，学《论语》，看各种各样的书籍，这样以后，你的言行举止中自然而然透露出来的气质会为合适的服饰增添不少的个人魅力。

15. 我的假日生活

答：参考范文1：

我喜欢追求高质量的生活。其中就包括高质量的工作、日常生活以及假日生活的安排。那么我的假日生活一般都是怎样度过的呢？

首先就是收拾卫生。听到此，您可能会哑然失笑，这算什么假日生活？如果连收拾卫生也算假日生活的话，那么岂不是天天都是假日了！不过，对于我们这些上班族来说，平日里没有时间清扫，只有在假日里才有充足的时间，所以这竟成为了假日生活的一个必要组成部分。也许有人会说，好不容易休息休息，请钟点工吧。唉，尝试过了，一是钟点工的素质良莠不齐，另外一个是婆婆她老人家特别节省，被她知道了一定会唠叨一句的。我宁愿自己辛劳，也好过少伤些脑筋！

当家里变得洁净后，就可以出去游玩了。一般都是全家进行短途的一天之内可以完成的旅游活动，活动内容随季节的不同而有所不同。春天万物复苏，到公园里走走是很惬意的事情。再暖和些时还可以到海边走走，当然海风吹起来还是挺凉的，所以外套是一定要带一件的。夏天到海边是经常上演的节目。带上帐篷及游泳装备，备些吃的喝的，时而海边戏水，时而帐篷里小憩，有时还会带上本书读一会儿，感觉好极了！秋天与春天的节目差不多，冬天大多在室内景点游玩，每次游玩过后都会感到运动过后的疲乏。不过，心情是永远都明朗的。

参考范文 2：

我的假日生活丰富多彩，我在假期里做得最多的事情就是看书。在中师三年，我与书结下了不解之缘，我常常在课后、饭后看书，连睡觉也要把书放在枕边，好像这样才能睡得踏实。

书上那印在白纸上的方块字，向我展示了一个五彩缤纷的世界。在这个世界里，有着红的艳丽、紫的深沉、绿的盎然、白的纯洁；在这个世界里，有生活得豪爽的鲁智深，机智的孙悟空，多愁善感的林妹妹，奸诈的曹操；在这个世界里，有人间的伊甸园，也有天上的街市，还有静静的小河；在这个世界里，我了解了现代科学发展的一些知识，学到了做人的道理。每当我翻开书，读到有趣的章节时，我会禁不住咯咯而笑，惹来同学的好奇。读书虽有乐，但也有悲的时候，每当读到琼瑶的《庭院深深深几许》《杜十娘怒沉百宝箱》《罗米欧殉情朱丽叶》时，我就会眼泪止不住地往下流。书是中师三年的忠实伙伴，它伴随我走过许多无聊的时间。书可以医治我心灵的创伤——青春的忧郁，同学间的磕碰，考试后的担心。当这些东西占据我的头脑时，我会拿起书到另一个境界去，书是最好的避风港湾，它使我把一切的烦恼都抛掉。我喜欢看书，书里的知识真的多得让你心明眼亮，它能充实你的头脑，书也能带给你欢乐和悲伤，还有许多许多。

参考范文 3：

上个星期六我度过了一个愉快的假日，我们班全体同学趁这个假日去春游，地点是合浦星岛湖。

早上八点钟从学校出发，到目的地的时候已是九点了，因为同学们都带了很多东西，所以先选定一个地方进行烧烤。长这么大，可以说是第一次烧烤，所以觉得非常新鲜。把肉串在烧烤叉上，涂抹点烧烤汁到肉上，再撒点辣椒粉，经过一小段时间火炭的烧烤，肉终于熟了，嗬！真香哩！一尝，味道不错，第一串成功了，接着第二串，第三串，直到我们七个人把那袋肉啊、腊肠啊、鸡尖啊、火腿肠之类的东西烤完了，可吃完了那些烤肉，我已经饱胀得差不多了。不过，第一次这样的烧烤还真棒哩！

接着我们乘船去《水浒传》的拍摄景点。乘船的感觉真好，我长这么大第一次乘船，所以感觉很新鲜。在船上大家都很高兴，行船中很多同学都照了相。不知不觉就到了景点，下了船大家也不顾那门票费是多少，买了票就往里走。因为大家都迫不及待地想参观一下《水浒传》拍摄景点的景观。确实不错，在景点我们几个人都拍了很多照片。集合的时间到了，我们大家都有点游兴未尽的感觉。

回到集中地点，老师检查了人数。我们坐上公共汽车踏上了回校的路程。同学们在车上谈论着刚才的景点，显得很兴奋。有的说："星岛湖的水碧透了，简直可以跟梅雨潭的绿林比美了！"有的说："星岛湖风太柔了，吹拂得让人心醉！"有的说："星岛湖的山色青翠，满眼的绿，真让人觉得舒心！"同学们一个个在抒发内心的感受，真像是一个诗人。"听你们这么说，下回还值得再游一趟"，坐在一旁的班主任说道。"好啊，好啊，老师说话算数"，汽车了充满了同学们的欢呼声，笑声传得很远很远。这真是一个愉快的假日！

16. 我的成长之路

答：参考范文1：

我出生在一个普通的农村家庭，家境虽然不富裕，但我却是在父母的关爱和呵护之下成长起来的，可以说我的成长之路伴随父母对我无尽的爱，所以我一直在幸福中成长。从小到大父母没有真正的打过我一下，小孩子哪有不犯错的，但我犯了错时他们总舍不得打我，只是吓唬我，让我下次改了。记得小时候村子里放电影，大家都去看，父母怕我冻着就说不去了，在家陪我玩，我不干，非要去看，他们拗不过我只好答应，母亲怕我脚冷，铰了一块羊毛铺在靴子里，父亲怕我看不见，把我背在背上驮在肩上让我看。那个晚上我看得很高兴，不冷又看得清楚，现在想起来这里面有父母多少的爱呀，可那时不知，只顾自己高兴……上小学了，有一次中了煤气，不省人事，父母吓得赶紧抱起我往村里的门诊跑。等我清醒过来，娘一直自责没看好我，让我受罪，她是宁愿自己受罪也不愿子女有一丁点的伤害。医生说爹娘来敲门时都说不上话来了，我知道父母是何等的焦急，这里又有父母多少的爱。父母总是舍不得让我干活，总说我还小呢，等我上了高中乃至师专之后，他们又总是担心我，怕我吃不好，照顾不了自己，每次回家，总给我做许多好吃的，不停地让我吃，恨不得把这段时间没在家吃的饭全补出来，不吃就不高兴了，我只得使劲吃，我知道这都是他们的爱啊。

参考范文2：

在我成长的过程中，我最应该感激的是一路陪伴我的老师。他们教会我知识，教给我做人的道理。读书这么多年来，教过我的老师很多我都记不清楚了。不过，至今还使我永不忘怀的是教我小学三年级数学的李老师，那年他是我们的班主任。很多年都过去了，在那间乡村的小学里李老师还在默默地执教，像春天般的雨露滋润着山里的花蕾，就是他使我在学习生活中发生一百八十度的转变。记得在小学三年级以前，我是在村里的一间小学就读的，说是小学只不过是有一到二年级的学校。在那里，可以说我的学习成绩最差的，差得连10分都考不了，爸妈都说为什么生出一个这样笨的孩子，老师也说我是个笨蛋，在老师眼里，我已是个无可救药的"花头"了。那时我总是和几个伙伴滚在一起，不管三七二十一，经常到村边的江边去游泳、钓鱼。不过，我那几个伙伴的学习成绩总在60分以上。那年教我们二年级的老师是新来的，姓朱，很凶，我总是成为他攻击的对象。有一次，朱老师在黑板上画了一个时钟，问我时钟指的是什么时间。我全然不知，每答一个不知道，就挨打一下，一节课下来，一数竟有10条鞭痕。我气极了，连连骂他是死"牛"，还扬言要报复他。因为那时我的身体已痛极了。后来，我虽然没有去报复他，不过，他给我那纯真的童年留下了难忘的痛苦回忆。再后来，我就到一公里外的学校去读三年级，在那里，我遇到了我的救星，那就是我最尊敬的李老师。李老师很了解我，他从没打骂过我，他谆谆的教导使我一天一天的进步。记得第一次考试我得了30分，里面还有很多水分。放学了，李老师叫我到他房间，我以为他要打骂我，可他却带着慈祥的笑容慢慢地和我谈心。他谈到了我的过去，说我学习成绩差并不能说明我笨，他说我很聪明，只要努力，会赶上同学们的。经过那一次谈话，我第一次感受到了老师的爱。从此，我慢慢地克服了一些贪玩的习惯。后来的第二次考试，我竟得 50 分，而且是我真实的成绩。李老师在班上也特别表扬了我，我高兴极了，因为那是我第一次得到了老师在班上的表扬。从此，我领略到了学习的乐趣，学习变得更加刻苦了。我的学习成绩就这么一天天地进步着，期中考试我跃进前十名，期末考试我又进入了班上的前五名。当我第一次站在领奖台上时，我流泪了。我深深地懂得我的这个成绩是来之不易的，里面有着李老师的多少心血呀！很多年过去了，现在我进入了师范学校读书，并且就要毕业了，我的唯一愿望就是回到那间曾经哺育过我的山村小学，回到那间有着一个两鬓斑白的李老师的山村小学，我要和他奋斗在同一条战线上，像他一样用爱心哺育着更多像我这样的孩子。

参考范文 3：

在我的成长道路上，一路陪伴着我的是我的家人。我们家是一个普通的家庭：爷爷、爸爸、妈妈都是农民，我则是一位小学教师；我还有三个姐姐，她们都出嫁了，她们也建立了自己的家庭；我的弟弟在学校读书。我们家是一个有老有少的家庭，家人之间都相处得很好很和谐。尽管我爷爷今年已经一百零一岁了，但他的精神是很好的，经常看书。爷爷十六岁就开始学做裁缝，并且学得很好。在我们那里，他是很出名的，他有很多徒弟。他的徒弟还经常向我们说起他年轻时的一些趣事，有的使我佩服得五体投地。我爸爸也受我爷爷的影响，也会做裁缝，但由于各种原因现在他不做了。因为我们姐弟多，生活过得不富裕，他们抚育我们几个长大成人是一件不容易的事。我的妈妈是一位典型的农村妇女。她小时候的生活很不幸，外公早逝，外婆改嫁，在这种家庭背景下，生活中的酸甜苦辣都尝过了。她经常向我们提起她小时候的生活，教育我们要珍惜现在的生活，教我们要学会自己照顾自己，从她那里我学到了很多书里学不到的东西。她的勤劳、善良、宽容、心灵手巧，无时无刻不在引导我们。在我的读书生活中，不管遇到什么困难，一般都会自己处理，因为我要做一个像我妈妈一样的人。姐姐们经常回家来，当大家聚在一起的时候，家里一下子就变得非常热闹了，小孩、大人、老人都谈得很高兴，到处充满着笑声和爱。我时常感到自己非常幸运，能在这么幸福美满的家庭中快乐地成长。

17. 谈谈科技发展与社会生活

答：参考范文 1：

不管人们有没有意识到，科学技术已经深深地影响着我们的日常生活，在经济社会发展的过程中扮演着不可或缺的角色。21 世纪以来，科学技术，尤其是计算机网络技术、电子信息技术的飞速发展，使得手机、电脑那些昂贵的奢侈品步入寻常百姓家，成为我们生活的必需品。想象一下，如果没有手机，我们如何随心所欲地与亲人保持联系呢？如果没有网络，我们又如何能够与远在异国他乡的朋友谈天论地呢？如果没有高清晰的电视技术，我们又如何享受华丽的好莱坞电影呢？当然，我们也必须承认，科学技术在一定程度上也改变着我们的生活方式，改变着我们的文化。正是因为科学技术如此的重要，我们的国家领导人也在多种场合提出大力发展科学技术。我国在改革开放以后取得了很大的进步，步入了科技强国之列。但是，我们还应该认识到，我国的很多技术仍然受发达国家的限制。

所以，我们应该奋起直追，迎头赶上。作为当前社会的一员，我们不仅应该认识到科学技术的重要性，还应该努力学习科学技术，用科学技术来武装我们的头脑，培育献身科学的勇气和决心，涵养用科学技术来发展全人类的博大胸怀。更重要的是，我们还应当教育我们的后代，要热爱科学，尊重科学！

参考范文 2：

我们经常用日新月异这个词来形容生活中的诸多变化。的确，在我的成长道路上，科学技术的发展变化带来了社会生活的发展变化，从阅读习惯的变化方面来看，科学技术给我的成长带来的变化就是很大的。在古代，形容一个人有学问，往往会用“学富五车”这个词。这就使我常常在想：什么样的人的学问可以用“车”来作为计量单位？这样多的学问真是让人羡慕啊。但是到后来我读书的时候，老师告诉我们，其实这只是我们观念上的误差，古代很早的时候，书还只是用竹简刻成的，那么“五车”的书其实只相当于现在的几本书而已，我们每个人到中学的时候都已经可以说是“学富五车”了。当纸张代替竹简的时候，读书可以说是一件很简单的事情了，因为就算是平民百姓都可以享受到阅读带来的快乐。于是，我购买了很多的书籍，如饥似渴地读了起来。书本伴随我走过了一段刻苦、勤勉的读书路。可是，纸张上的信息量毕竟有限，有时候为了查找一个内容，我就要到图书馆借来好几本书慢慢查阅，效率十分低下。直到上了高中，我有了一台属于自己的电脑，我才知道，读书不仅仅只有纸张这种介质，我们还可以借助于网络。在互联网上，我可以任意搜索感兴趣的话题，天文地理、科幻武侠、中文的、外文的，世界变成虽然很大却又很小的样子。有了电子阅读方式，我可以无限地放大自己的兴趣，并与网络上面的朋友一起讨论，取百家之长。长久以来，我的生活因为有了科技的影响而大大精彩起来，我的成长之路也因为有了科技的帮助而顺畅起来。

我的成长之路，是与读书分不开的。一点一滴的积累，一点一滴的变化。阅读习惯的变化让我看到了科技发展对社会生活的影响。我也真心地期望，我能更加健康地成长。

18. 我知道的风俗

答：参考范文 1：

我知道的风俗很多，有春节、清明节、端午节、中秋节等，这些节日都是我国的传统节日。先来说说春节吧。春节是所有节日中规模最大、礼仪最隆重的节日，过春节又叫“过年”。每当春节来临之际，即使是千里之外的人，都会尽量赶回来跟家人团聚，过一个和和美美、团团圆圆的快乐年。过年时，小孩子那就别提多开心了。因为他们不仅可以吃到美味的食物，穿上漂亮的衣服，而且还可以拿到压岁钱呢。有一首关于春节的儿歌我至今还记得：新年到，新年到，穿新衣，戴新帽。姑娘要花，小子要炮，噼噼啪啪真热闹。春节的前几天，家家户户都要打扫卫生，把屋里屋外打扫得干干净净，整理得整整齐齐。大年三十是最忙碌的一天，人们一大早就起来，杀鸡，宰鹅，包饺子，打年糕。还有呢，就是挂年画、贴春联。除夕晚饭，非常丰盛，一家老小围在一起吃团年饭，好不热闹！吃完年夜饭，一家人一起放烟火，看中央电视台的我联欢晚会，好一个快乐祥和的场面。再说说清明节，这是一个对先人表示追忆和哀思的节日。每到清明，人们会为祖先扫墓，学校会组织学生去烈士陵园祭扫烈士墓。端午节的由来和我国古代爱国诗人屈原有关。插艾叶、挂香囊、吃粽子，是端午节的风俗，只是现在雄黄酒已经很少见了。中秋节吃月饼、赏明月，真是一件美事。每到中秋，家人团聚，仰望一轮圆月，我不禁想起苏东坡的诗句——“但愿人长久，千里共婵娟”。

参考范文 2：

每个国家都有自己的节日，每个节日都有他们自己的风俗。在中国，有春节、端午节、清明节、重阳节等，不胜枚举。我们作为中国人，有义务为继承和保护这些传统文化而努力。同时，我们也要开阔眼界，关注一下国外的节日和风俗。

啤酒节源于德国，作为巴伐利亚的一个传统的民间节日而保留下来。每年从九月下旬到十月上旬，人们总是倾巢而出，亲朋好友相伴，恋人相依，欢聚在一起，喝着自制的鲜酿啤酒，吃着德国独有的各式各样的香肠和面包。其间，乐队身着民族服装穿梭于人群之中，娴熟地演奏轻松欢快的乐曲。在日本年节中，有一个引人注目的节日——成人节。成人节是日本一年之中重要的节日之一。在每年的一月十五日，政府机关会发给年满二十岁的男女一张证书，表示他们从今天开始已成为成年人，以后必须独立生活，担负起相应的社会责任和义务了。日本相当重视成人节，在这一点上我们似乎做得不如日本好。

19. 我和体育

答：参考范文 1：

一年有四个季节，因为有了季节的轮回，我们的生活才会变化。然而，我更相信，只有运动着的有生命力的季节才是最让人着迷的。春天是个适合郊游的季节。在春暖花开的日子里，和好朋友三三两两结伴，一起去踏青，放风筝。秋天，树木萧瑟，但我们却收获了一年的累累果实。有时我们会想起思念的人，然后很寂寞。冬天很冷，我们什么地方也不想去，懒懒地躲在被窝里，直到太阳爬进了我们的房间。即使是这样，我最喜欢的季节还是夏天，因为这时我可以自由地参与体育运动。

以前我是个不喜欢体育运动的人。然而，偶然的机会，我在一个假期里学会了游泳，从此就喜欢上了。当我自由地遨游在水里时，一切的喧闹、繁杂都离我远去。在一个人的世界里，我学会了冷静地思考，沉稳地行动。学习游泳的过程一开始是很辛苦，我在老师的指导下一遍又一遍的练习换气，蹬腿。但到后来，我就可以小心翼翼地游上几米了。成功的喜悦激励着我，我学习得更努力了。现在天气转热，我就可以和好朋友一起到游泳池去游泳。游泳，让我改变了对体育的观念误解。原来，体育运动也是可以很自由、很简单的。因为游泳，我在享受夏日阳光的同时，自己的身体素质还有毅力都得到了锻炼和加强。

参考范文 2：

我喜爱的体育运动是什么呢？在为数甚众的体育运动中，我喜欢的是篮球。个头不高的我喜欢上篮球，是因为一个偶然的机会。那是初中二年级的时候，班上同学打球，因缺少一个队员，便邀请我参加，我也答应了。在这之前，我连篮球是圆的、扁的都不知道。不过，说也奇怪，那次打篮球我连连投中，和同学们玩得非常高兴！从那次的投球开始，我就真正地喜欢上了篮球这项体育运动。在以后的日子里，我渐渐地知道了有关篮球这项体育运动的很多知识。比如说，篮球运动是以投篮为中心、以得分多少决定胜负的集体竞赛性的运动；还有什么是三步上篮、打手犯规、三分球，投篮最好用压腕的方法等等一些有关篮球方面的知识。另外，我还知道篮球是在 1891 年由美国的一名体育教师根据民间流传的“投进篮子的球”的游戏中发明的。因为我对篮球运动的喜爱，使我又懂了许多以前我从不知道、从未体验过的事情。通过打篮球，我学习到人要心胸开阔，与人相处要学会忍耐，学会关心他人，因为人是生活在集体中的。

20．我的家乡（或熟悉的地方）

答：参考范文1：

虽然离开家乡已有四年多了，但是我常常思念我的家乡和乡亲们。我家搬到镇上后，因为离家乡的路程较远，所以，回家乡的次数就很少。今年春节，我决定回去一趟，顺便向乡亲们拜个年。车轮飞驶，驶过了一条条平坦的路，啊！家乡将要到了！高高的远山、澄清的小河、清丽的翠竹，一切都那么熟悉。听说我回来了，乡亲们都跑出来了，这个说到他家去，那个又说到他家去，没有办法，我只好每家都去看看。啊！真是不看不知道，一看吓一跳，家家户户都有了彩电、冰箱、洗衣机等家用电器了，摩托车也不是什么稀罕物，各家的房屋都装修得很好。想想当年，家乡多落后，一村人挤在一片荒凉的草地上，一色的破瓦房，家里一件像样的家具也没有，全村只有二叔家有一台黑白电视机，要能看上一眼电视都非常不容易。现在却不一样了，改革开放给农村带来了翻天覆地的变化，旧貌换新颜，我的家乡跟城里没有什么两样了。我要走的时候，乡亲们给我捎上很多好吃的东西，还叮嘱我有时间常回家乡看看，说希望我师范毕业后，能分配到家乡去当一名小学教师。这次回去收获挺大的，看到了家乡的新面貌和乡亲们的生活水平提高了，我真的很高兴。我想，回校后，我一定加倍努力学习，掌握扎实的教师基本功。以后，为家乡的建设奉献自己的青春和力量，不辜负父老乡亲对我的殷切希望。

参考范文2：

现在我来介绍一下我的家乡。说到我的家乡，我认为最有特色的就是家乡的方言，我家乡的方言是白话。白话与普通话相比，在语音、词汇和语法三方面都有很大的不同。现在，我就白话和普通话词汇的差异谈谈。

普通中的一些词语，我们白话要表达这些词语的意思，用的是我们白话的词汇。比如说，普通话所说的“太阳”，我们说“月头”；普通话中的“下雨”，我们说“落雨”；普通话说“自行车”，我们说“单车”；普通话说“小人书”，我们说“公仔书”；普通话说“螳螂”，我们说“马螂杠”，等等。像这样的词在白话中是有很多的，在这里我就不一一列举出来了。

还有，普通话中的许多双音节词，在我们白话里却是单音节词。例如，普通话中的“被子”，我们说“被”；“桌子”，我们说“桌”；“眉毛”，我们说“眉”；“没有”，我们说“无”或“冇”；“漂亮”，我们说“靓”，等等。白话中这样的词也有不少，我就不再多说了。

现在我再说说我们白话的一些词语跟普通话在语素结合的次序上恰好颠倒的情况。比如，普通话中的“喜欢”，我们说“欢喜”；“要紧”，我们说“紧要”，“夜宵”，我们说“宵夜”；普通话中的“客人”，我们说“人客”。

另外，还有一些词语，在我们白话和普通话中都有，但表达的意思却不尽相同。例如，在白话和普通话中都有“肥”这个词，普通话一般指动物肥，而不说人“肥”，但在我们白话里，人和动物都是说“肥”。又如，普通话中的“脚”，是指踝关节以下的部分，而白话说“脚”，既可单指踝关节以下的部分，又可把臀部以下、踝关节以上的“腿”跟“脚”合起来称“脚”。

我以上说的就是白话跟普通话词汇的差异。

21. 谈谈美食

答：参考范文：

说到吃，我会想到我们南宁一年一届的美食节。今天在这里，我则要给大家介绍我的拿手菜。我的拿手菜是炸扣肉。这道菜对于现在的家庭来说，已不是少见的菜了，但对于小时候我们农村的孩子，却是罕见的，是难得吃上一次的。在农村，喝喜酒或办丧事时，一桌菜往往有 10 种左右，其中必定有一种菜是扣肉。每当在这时，无论爱不爱吃肥肉(扣肉中多半是肥肉)，都能吃上一两块扣肉，因为这毕竟是难得的一次机会。平时，我们是没有机会吃上扣肉的，一来没钱买，二来也不会做这道菜。由于这道菜色香味俱全，所以每次这道菜一上桌，一下子就被夹完了。近年来，人们的钱袋渐渐鼓起来了，我家也不例外。我爸以前跟别人学过几样菜，其中有一道菜就是炸扣肉。于是，我家就不只是在办喜事或丧事时才可以尝到这道菜了。渐渐地，我也学会了做这道菜，而且做成之后的色香味也并不逊于我爸做的，这道菜便成了我的拿手菜。下面我就介绍一下这道菜的具体做法。制作炸扣肉的步骤如下：(1)买回肥瘦、带皮的猪肉和葱、八角、五香粉、酱油、米酒等原料；(2)刮干净猪皮上的毛并且戳一些小洞，烧开大半锅猪油之后，把这几块猪肉放进锅里炸；(3)约摸炸了十二三分钟左右停火，把猪肉捞出来晾干，待凉了之后切片；(4)把适量的五香粉、酱油、米酒拌混作为配料，把数根葱(不用切)放进做好的配料中拌混，然后拿出葱挤捏出葱汁擦到扣肉上；(5)把上好配料的扣肉放进锅里蒸四五分钟后取出。这样，美味可口的扣肉就做成了。大家学做这道菜时，千万别把第(4)、(5)环节漏掉，因为还未上过配料的，又未蒸过的扣肉有一股焦味，没味道，而且肥肉部分吃起来很容易使人油腻。所以，每当这时，不要心急或嘴馋得马上吃，要在上好配料蒸过之后吃才可口。这时你会吃一片想一片，同时也不会觉得肥肉可恶了。

22. 我喜欢的节日

答：参考范文：

我最喜欢的节日就是春节。春节是中国所有节日中规模最大、礼仪最隆重的节日，过春节又叫“过年”。每当春节来临之际，即使是千里之外的人，都会尽量赶回来跟家人团聚。小孩子那就更开心了，不仅可以吃到美味的食物，穿上漂亮的衣服，而且还可以拿到压岁钱呢。每年春节我都是在奶奶家度过的。奶奶家在农村，对于春节更是有传统的风俗。大年三十是最忙碌的一天。人们一大早起来，挂年画，贴对联，包饺子，各自忙碌起来。除夕之夜，一家老小围在一起吃着热气腾腾的饺子，好不热闹！家乡还有个传统，就是每年在吃年夜饭之前要给死去的老人烧纸，也让在另一个世界的他们在新的一年里幸福生活。吃完年夜饭，一家人围坐在电视机前看中央电视台的春节联欢晚会，气氛极为快乐祥和。大年初一，大家都起得特别早，当然吃饺子是少不了的，这是我们过年的一大特色。对于这顿饺子，我们那里还有一些规矩呢，就是在包饺子时在其中的一个饺子内放上已消过毒的硬币。谁只要吃到这枚带有硬币的饺子，就意味着这个人在新的一年里会心想事成，万事如意。虽然大家都知道这是迷信，但是谁也不去破坏这个规矩。毕竟，这不仅是我们的一种传统，更是大家对来年的一种憧憬。吃过新年的第一顿早饭之后，大家就高高兴兴地出去玩了。

23. 我所在的集体(学校、机关、公司等)

答：参考范文1：

我所在的班集体是一个充满活力、团结互助、温暖快乐的大家庭。我们班同学大多数来自农村，一样的装束，一样的朴素，一样的乡村风俗，使得我们在一起生活、学习相处得很融洽。同学之间没有高低贵贱之分，有的只是平等，互助友爱。我们的班集体是团结的。学校每学期都分年级开展体育比赛活动，有篮球赛、排球赛、足球赛、羽毛球赛等。无论是哪项比赛，只要有我们班参加的，都会看到我们班男女同学在赛场旁观看，做拉拉队，队员们出来休息马上会有同学递上一杯矿泉水和擦汗的毛巾。正因为赛场内外同学的团结一致，才鼓舞了赛场里的队员们。每次比赛，我们班的参赛队员总会获得奖状。男同学还多次获得了篮球赛的冠军。当然，取得比赛的胜利，很大程度上取决于队员们的球技，但如果不能团结一致，赛场内的队员们彼此矛盾，不互相配合，胜利的结果能得到吗？所以，班集体团结起来的力量是巨大的，而我们班的团结互助是每次取得胜利的重要保障。团结、和谐、友爱的班集体风气，还让每个同学的心里都感到踏实、温暖。哪位同学有自己不能解决的问题，他(她)首先想到的是班集体，找同学们寻求帮助，共同解决。

参考范文2：

我所在的班集体是一个充满活力、团结互助、温暖快乐的大家庭。我们班同学大多数来自农村，一样的装束，一样的朴素，一样的乡村风俗，使得我们在一起生活、学习相处得很融洽。没有高贵贫贱之分，有的只是平等，互助友爱。我们的班集体是团结的，学校每学期都分年级开展体育比赛活动。有篮球赛，排球赛，足球赛，羽毛球赛等。无论是哪项比赛，只要有我们班参加的，都会看到我们班男女同学在赛场旁观看，做拉拉队，队员们出来休息马上会有同学递给一杯矿泉水，递上擦汗的毛巾。正因为场外同学的团结一致，鼓舞了赛场里的队员们，每次比赛，我们班的男女队总会获得奖状。男同学还多次得了篮球赛的冠军。当然，取得比赛的胜利，很大程度上取决于队员们的球技，但如果不能团结一致，赛场内的队员们彼此矛盾，不互相配合，胜利的结果能得到吗？所以，班集体团结的力量是巨大的，而我们班的团结友好是取得每次胜利的一个保障。团结、和谐、友爱的班集体风气，还让每位同学的心里都感到踏实、温暖，哪位同学有自己不能解决的问题，他(她)首先想到的是班集体，找同学们帮助共同解决。哪位同学有了困难首先向他(她)伸出支持之手的是我们自己班的同学，哪位同学的成绩落后了，班里的同学就组织大家帮他(她)把学习赶上。总之，我们班是一个充满活力团结、互爱、互助、温暖快乐大家庭。我爱我们的这个大集体。

24. 谈谈社会公德(或职业道德)

答：参考范文1：

说到社会公德，我想谈谈有关尊敬老人的社会公德。有一次我从电视节目中看到一个女孩儿，女孩儿上小学，因为妈妈病卧在床多年，小女孩儿承担起了全部家务，每天买菜，做饭，收拾房间，为母亲擦洗身体。由于家里生活十分困难，她养成了省吃俭用的习惯。在这种情况下，她每天还能按时到校上课，勤奋苦读，还担任学生干部，成为三好学生、十佳少年。看到这样的报导，面对这样有孝心的孩子，你有什么感想呢？在我们身边有没有不懂得孝敬父母、尊敬长辈的例子？有些学生一回到家就成了饭来张口、衣来伸手的小

“皇帝”，有的还动不动就对自己的父母、爷爷奶奶大呼小叫的，谁孝敬谁甚至出现了颠倒的现象。难怪有人半认真半开玩笑地说：“孝子，孝子，孝敬儿子。”那么我们应该怎样对待自己的长辈呢？我觉得应该听从长辈的教诲，不应随便顶撞，有不同的想法可以讲道理；严格要求自己，体谅长辈的艰辛，尽可能少让长辈为自己操心；应该为父母分忧解难，在父母生病时或有困难时，尽力去关心照顾和帮助父母；应该刻苦学习，努力求知，让父母少为自己的学习担忧；应该学会在日常生活中，自己照顾好自己，注意安全。总之，真正的孝心要体现在言行上。“百善孝为先”，一个不懂得孝敬老人的人又怎么能够把别的事情做好呢？

参考范文 2：

社会公德是人在社会生活中的行为准则，是维护社会生活正常进行的一种行为规范，表达了人们的共同愿望和要求，得到了社会大众的认可，它要求社会全体成员都要遵守。社会公德的内容和要求一般都十分明确、具体、清楚，执行起来也不复杂。所有社会成员都可以很容易地识别。例如，在公共场合不随地吐痰、不吸烟等，这些行为规范都能够在社会生活中逐步转化为社会绝大多数成员的行为习惯，成为人们的自觉行为。社会公德的内容不是一成不变的，它也会随着社会的发展而更新内容，创造新形式，在新时期的社会生活中起着举足轻重的作用：一是改善道德风尚、维护社会秩序。随着人们交往的日益频繁，人们的举手投足无不关系着社会秩序和社会其他成员的生活和利益。大力提倡遵守社会公德，能大大促进社会风尚的净化和改善。二是调整社会关系，指导人们的行为。在社会生活中，人们的交往往往会发生这样或那样的矛盾、摩擦。只有以社会公德要求自己，讲究文明礼貌、互尊互谅，才有利于形成团结、和谐、稳定的社会氛围。

社会公德需要社会的每个成员共同遵守，我们每个人作为一个新时代的建设者，更应该自觉遵守公共秩序，倡导讲究文明礼貌，做自觉遵守社会公德的表率。

参考范文 3：

在我看来，邻里关系是社会公德的一个缩影，如果你到过我们那里，你会发现我们左右邻居相处得很和睦、融洽。我有一弟一妹，我家的左右邻居也都各有一个小孩，年龄也和我们差不多。在邻里还有一位老奶奶，平时一有好吃的，老奶奶总招呼我们一起分享，我们也常奶奶长奶奶短地叫得她眉开眼笑。我们几个小孩也很要好，大人们也相处得很好。其中并没有什么奥秘，我想，如果要邻里相处得好，就少不了“礼”和“诚”。我们中国是个文明古国，素以“礼仪之邦”闻名于世。礼在我们今天的社会生活中，主要体现在待人接物、言谈举止上。举止有礼，一举一动都遵守社会公德，大方而得体，以礼待别人，别人也会以礼待你。这样礼尚往来，“爱人者人恒爱之，敬人者人恒敬之”，邻里之间以礼沟通友谊，以礼促进友谊，以礼赢得和睦与安宁，以礼塑造善良诚实的品格。

而“诚”，就是一种发自我们内心的诚挚之意。这种发自内心的诚挚之意升华，大到处世之道，指的则是信实无妄。对于一个人，诚实的品质并非与生俱来的，他需要通过后天的努力才有可能获得。“朋友应说真心话，待人以诚一片心”，只有以诚相待，以心换心，才能获得真正的友情。世界变化无穷，诚实似乎越来越难做到。实际上，“诚招天下客，和气能生财”，邻里之间彼此都以诚相待，大家就会和睦相处。所以我们还必须把诚推及他人，以此来制约自己在社会上的一举一动，妥善处理、协调好我们与他人的关系。当然相处得好的邻里，除了以礼以诚相待，还有谦让、尊老爱幼等等，这些都是我国的传统美德。人人都希望生活在充满温暖和谐的环境中，都希望世界充满爱心与微笑。其实这并不难，只要人人都知礼有礼，以诚相待，这种温馨和安详就会时刻环绕着我们。

参考范文 4：

当今社会上，现象万千，近期人们谈论最多的就是关于一些当官的利用手中的权力贪污受贿。人民的利益受到损害，经济建设遭到阻碍，国家的发展也受到了很大程度的影响。

广西第一大案的犯罪嫌疑人李乘龙，从一个的副市长沦为阶下囚。据有关资料记载，李乘龙 24 岁当上地区团委副书记，39 岁当上县级市玉林市委书记，44 岁当上地级市贵港副市长。可以说他是年轻有为，但是他并没有利用自己手中的权力为人民办实事，而是干了一些有损人民利益的坏事。检察机关初步查明李乘龙涉嫌犯有以下罪行事实： 1991 年到 1996 年，李乘龙在任中共广西玉林市委书记期间，利用职务之便涉嫌受贿 400 多万元，涉嫌贪污巨额来源不明财产 600 多万元，累计涉嫌犯罪金额 1000 多万元，是建国以来广西个人涉嫌犯罪金额最大的一起。李乘龙是一个共产党员，但他不是一名真正的好党员。

我们党的宗旨是全心全意为人民服务。记得毛泽东同志曾经指出，“全心全意地为人民服务，一刻也不脱离群众，一切从人民的利益出发，而不是从个人或小集体的利益出发，向人民负责和向党的领导机关负责的一致性，这些就是我们的出发点。”这段话，非常深刻地阐明了我们党的根本立场和根本宗旨。李乘龙作为一名共产党员，他没有全心全意地为人民服务，而是利用人们给予他的权利去办有损人们利益的事，把个人利益放在首位，享乐为首。作为一名共产党员，我们应该有向范仲淹所说的“先天下之忧而忧，后天下之乐而乐”之心。

鲁迅先生的“横眉冷对千夫指，俯首甘为孺子牛”的精神品质是值得大家学习的。我们的国家还处于发展中的阶段，还需要更多像鲁迅这样的人，全心全意为人民服务，处处为人民着想，把人民的利益、国家的利益放在首位，做一名真正的好党员。

25. 谈谈个人修养

答：参考范文 1：

大家一定都听说过孟二冬老师的事迹了吧。2004 年 3 月，孟二冬老师主动要求参加北京大学对口支援新疆石河子大学的教学工作。到石河子大学的第二周，他就出现了严重的嗓子喑哑症状。在医生做出“禁声”的医嘱后，在经历了三次手术后，他仍然坚持进行课题研究和指导研究生的工作。2004 年 4 月 26 日，在剧烈的咳嗽中，在坚持讲完《唐代文学》最后一节课后，他倒在了讲台上。随后经医院诊断，他已患食管恶性肿瘤。2006 年 4 月 23 日，孟二冬老师逝世，年仅 49 岁。他为学、为师、为人的高度和谐统一，在又一个教师节来临时让我们教育与被教育的人感动，他是我最尊敬的人。这就使我想到，怎样的人才会受人尊敬呢？他必须有深厚的个人修养和高尚的职业道德。其中拥有深厚的个人修养/高尚的职业道德是更为重要的。记得在网络上，看到孟二冬老师的语录时，其亮点不过是平凡的坚守精神。他治学，勤勉而且踏实。他甘坐板凳七年，辛勤写出了 100 多万字，补正了一本注定不会引起轰动效应、也不会发财的书——《登科记考》。在教书育人方面，他爱岗敬业，热爱学生，即使在支教期间病情发作，却坚持上完最后一堂课。特别令我感动的是，他临终前的唯一请求是与他的每个学生进行 30 分钟的谈话。他为人师表，一直恪守“尺璧非宝，寸阴是竞”的准则，主动前往新疆支教并带病坚持工作。胡锦涛总书记在给孟非的回信中高度评价了孟二冬老师，称他“不愧是教书育人的杰出楷模，不愧是当代中国知识分子的优秀代表”。

他平凡的坚守精神，是深厚的个人修养的体现。他是我最尊敬的人，他的身上有太多的东西值得我去学习。我们在毕业后，也将走上教师的岗位，这个职业是需要继承和发扬孟二冬老师的精神的。因此，我必须端正我的学习态度，更加认真地对待我的专业课学习，沉下去，钻进去，不断地完善我的个人修养，争取做个优秀的教师。

参考范文 2：

勤俭就是勤劳俭朴，这是中华民族自古以来的优良传统。在我们党和国家的老一辈无产阶级革命家当中，就有许多勤劳俭朴的典范，如毛泽东、朱德、周恩来、邓小平、徐特立等。还有，像大家非常熟悉的南京路上好八连和雷锋战士，他们艰苦朴素、勤俭节约的事迹影响了我们整整一代人。有人说，在艰苦创业的年代里要勤俭，那是因为生活艰苦，物质贫乏，现在生活好了，物质丰富了，勤俭也就没有必要了。真的是这样的吗？在这里，我想给大家讲一个故事，或许你会从中得到启示。

著名的爱国华侨巨商陈嘉庚先生家资巨万，非常富有。他在对祖国和人民有益的事业上十分慷慨。在三四十年代，他为抗战筹集了大批资金。此外，在五十年代，他还为祖国的教育事业捐资达数亿元。但是，他在生活上却一贯非常简朴，甚至到了别人难以理解的地步。在较早的年代，电厂供电到晚上 10 点就停止了。陈嘉庚先生就点蜡烛继续工作，他用来做烛台的是捡来的一个断把的破瓷杯。有人劝他买个烛台，他却不答应。他有一把雨伞，到他逝世时已经用了 20 年。时间长了，伞布破烂，他就让侄媳妇为他缝补。后来无法缝补了，他又让侄媳妇买块布来更换腐朽了的旧伞布。他常说：“该用的钱，几千万都得花。不该用的，一分钱也不能浪费。”

听了以上陈嘉庚先生的故事，相信你一定会明白其中的道理。节俭是我们中华民族所赞誉和褒扬的一种美德，在物质贫乏的艰苦岁月里需要提倡，在经济发达、生活富裕的时候更不应该忘记。让我们都牢牢记住这样一句至理名言吧——“常将有日思无日，莫把无时当有时。”

参考范文 3：

谦虚是人类的美德。中国有句古话——“满招损，谦受益”，就从正反两方面对其进行了精辟的总结。对于一个人来说，谦虚主要有两大方面的好处：一是谦虚使人进步。人生有涯而学海无涯，一个人不管怎样聪明博学，他的知识与人类整体的知识相比只不过是沧海一粟。“海纳百川有容乃大”，大凡才识越高的人，越是明白这个道理。因而越是虚心好学，严以律己，持之以恒，也越能成就大事业。二是谦虚赢得好感。谦虚的人言谈举止谦恭有礼，不专断，不傲慢，不自以为是，在交往中往往比较容易获得别人的好感，容易得到忠告、帮助和真诚的合作。一个处处得到好感的人，他的事业之船等于悬挂了顺风之帆，其成功也就不言而喻。骄傲的人喜欢自吹自擂，是语言的巨人，行动的侏儒。他往往喜欢依附或谄媚于他的人，而对于比自己强的人往往心怀忌恨。骄傲的人总是低估对手的能力而麻痹轻敌，因此历史上才会不断重演着“骄兵必败”的悲剧。

谦虚是一种美德，但人世间也有用假谦虚来博取好感或好名声的人，谦虚变成了某些人用于装饰的门面话。但是，这种假谦虚很容易被人识破，因为它缺乏真诚，缺乏行动。口头说了很多谦虚的话，实际上的所作所为却很自负骄傲，或者口头上表示虚心接受批评意见，过后依然是我行我素，坚决不改，这怎么能叫作真谦虚呢？

参考范文4：

艺术大师徐悲鸿曾说过这么一句格言：“人不可有傲气，但不可无傲骨。”这句话道出了一个深刻的人生哲理。在一个人顺利或成功时，傲气就常常随之而生。有了傲气的人，自命不凡，以为自己聪明能干，高人一等，于是目空一切，这必须注定了他今后的失败。当成功时，赞扬、过誉之词迎面而来，往往使自己过高估计自己，从而产生傲气，而它一旦产生就使人头脑昏昏然，辩不清是非曲直，更听不进批评的意见，这也必然导致事业的失败，所以，“人不可有傲气”，这就要求我们在顺境中保持清醒的头脑，在成绩面前要检查自己的不足之处，正确估价自己，这样才能不断取得进步。但在“无傲气”的同时，必须要“有傲骨”。也就是必须要有志气，有信心。人往往在失败和挫折面前灰心丧气，并把原因归为“自己天赋不足”，从而“破罐子破摔”，从此一蹶不振。因为失败了，冷眼、讽刺就会随之而来，这也会使人丧失锐气和进取心，这就要“有傲骨”。“说我落后，我承认，但我不甘心，我找原因再努力，一定会赶上你。”要有这样的雄心与信心。新中国建立后的几次失误，使我国生产力水平远远落后于一些发达的国家。但中国人有骨气，有信心，现在不是以很快的速度发展起来了吗？只要有骨气，有信心，不断探索，不懈努力，还有什么事情做不好呢？做人也是这样：既不自高自大，也不妄自菲薄；既能在赞誉面前低头检查不足之处，也能在冷眼前昂首挺胸，阔步向前。朋友，请记住：“人不可有傲气，但不可无傲骨。”任何困难都挡不住我们前进的脚步！

26. 我喜欢的明星（或其他知名人士）

答：参考范文1：

我不大喜欢去崇拜喜欢什么明星，所以也很少去评判他们。我曾用天使去形容过的女人，似乎只有王菲一个人。这首先还得从面孔讲起。面孔骨骼很薄的人，灵气很多，但是容易有悲情色彩；眼睛很大很圆的人，通常比较自我；鼻子有点扁的人，通常缺乏心机，藏不住话；嘴唇比较薄且唇线有些向下的人，通常有点悲观且缺乏热情。而这正是我所喜欢的人——她得有缺点，而且用一种很随意坦荡的态度去面对自己的缺点。比如王菲，她经常说，我是一个有缺点的人，你们不要把我当偶像；我喜欢打麻将；我是一个既自卑又自傲的人；等等。另外，我想谈谈王菲的音乐。我一直不喜欢人声，因为我觉得人声太吵。真正的天籁应该是人声以外的其他声音。而王菲的声音很轻，在听觉上刺激不大，听完了也感觉没听见似的，所以她是我听过的人声中唯一不讨厌的一种。换句话来说，我不喜欢过于突兀的东西，不喜欢太有攻击性的东西，不喜欢太有视觉冲击的东西，不喜欢太有个性的东西。而王菲是没有这些的。王菲是最没有个性的一个人；她不漂亮，唱歌声音不吵，无论怎么奇装异服还是平平淡淡，所以她是天使。我喜欢这样的明星。

参考范文2：

我最喜欢的明星是《泰坦尼克号》里面的杰克。在看过的众多电影中，这部电影给我留下了深刻的印象。电影主要讲的是19世纪末英国的一对青年男女之间的爱情故事。故事发生在大西洋的一艘大船上，电影的整个画面看起来显得特别的雄伟、壮阔，又因故事的发生而显得悲壮。导演巧妙地运用了一条项链——海洋之心来贯穿全剧，以船与冰山的相撞预示了主人公杰克与露丝的爱情悲剧。

主人公杰克本是个贫穷而又放荡不羁的青年，对一切事情都是顺其自然。却因在泰坦尼克号轮船上认识了贵族后裔露丝小姐而变得成熟、沉稳。在海上客轮之中，杰克与露丝之间演绎了一场轰轰烈烈的爱情悲剧。他们两人在船头上"飞"的那个镜头，实在是令人难以忘怀。他们是那么的投入，那样的深情，恍如天地间的事物此刻已不复存，唯有他们二人。船与冰山相撞之后，杰克与露丝都把生的希望留给对方。他们之间经历了无数次的生死考验，沉船之际，他们安全逃离，双双漂浮在大海之上。最后，杰克为了让露丝能好好地活下去，怎么也不愿上那块能救他命的木板，并且要露丝发誓：无论如何，要好好地活下去。因为杰克知道，那块木板是绝对承受不了两个人的重量的，如果自己上去了，只会使两人都没命。况且，他还知道，冰冷的海水已经把他的身体冻得发麻了，他感到自己快不行了。为了心爱的人，他毅然地选择了死亡。当看到露丝把已死去的杰克从木板上扳开，杰克沉入了海底时，我的心顿时跟着往下一沉。是的，结束了，一切都结束了，这场天地也为之动容的爱情就这样结束了。我虽然还不懂得真正的爱情为何物，但我却真的是被感动了。在影片中，最最使我感动的，是船与冰山相撞后，人们惊慌、恐惧地忙着逃跑时，几个奏乐者却在那里镇定自如地为人们演奏着优美动听的音乐，难道他们不怕死吗？不是的，因为他们只是想在最后的时刻里，用他们喜爱的音乐为人们再次献上一点心灵的慰藉。这个场面太感人了。感谢导演，是他让这么一个小小的不起眼而又令人深思的镜头，发挥了这么大的作用。这部电影上市放映后，连获 7 个奥斯卡奖。而杰克的高超演技，也令我大为叹服。《泰坦尼克号》真不愧为一部好电影，而杰克到目前为止一直都是我最喜欢的明星。

27. 我喜爱的书刊

答：参考范文 1：

学习之余，我喜欢用看书来充实自己的生活，从识字以来我看了很多的书，有《简爱》《安娜・卡列尼娜》《傲慢与偏见》等世界名著，有《红楼梦》《西厢记》《三国演义》等中国古典小说。还有很多当代小说，其中，我最喜欢看的是反映我们读书生活的校园小说。在看过的校园小说中，我最爱读的一本就是《三重门》，不知道大家看过这本书没有。它是一本批评现行教育制度的书。《三重门》描写了一群高一学生的读书生活。主人公雨翔是个很有个性的人物。他敢跟老师唱反调，逃课，逃夜。他把应试教育批得面目全非，视教育制度为草芥。我很佩服主人公的敢作敢当，不畏权势。《三重门》之所以吸引了广大学生朋友的目光，我想主要是这本书的作者韩寒是一个传奇人物。他刚上高一就能写出一部轰动全国的书。有的学生说，韩寒写出了他们的心声，把他们隐藏在心底多年的心里话都说了出来，觉得非常痛快。也有人说，韩寒自高自大，目中无人，复制钱钟书的思想，因为《三重门》的文笔跟《围城》的很相似。总之，韩寒成了学生们的偶像和家长们担心的对象。《三重门》里描写的许多生活细节跟我们的现实生活十分相似，书中的主人公都是像我们一般大小的少男少女，以至于我们猜想：他们就生活在我们现实中的某一个角落。书中的很多故事情节和人物都能引起我的共鸣。这本书最精彩之处就是采用了黑色幽默的写法，书中的某些文字让人看了忍俊不禁，捧腹大笑。《三重门》是我最爱看的小说。而我最喜爱的书是庄周的《庄子》(《庄子》的版本也很多，此处我就不一一介绍了)。我特别喜欢读《庄子》中的第一篇《逍遥游》。当然，对“逍遥游”可以有多种不同的理解。也许庄子以“无待”为“逍遥”，注《庄子》的郭象以“适性”为“逍遥”，而我以追求精神上的自由为“逍遥”。“自由”是伟大的创造力，没有自由，无论是哲学、文学、科技或其他，就都失去了创造的动力。如何得到这种创造的自由？庄子认为，必须抛弃那些对自己身心内外的种种束缚，使自己能“自由思考”，“自由发挥”创造力，这样就必须要有一种“无我”(或者说“忘我”)的精神。人之所以常常陷入自缚之困境而不能自拔，就在于对“小我”的执着，把自己的一切看得比什么都重，不择手段地争夺个人权力和金钱，为私利所缠身。这样在精神上还能得到自由吗？没有精神上的自由，哪还会有人为人类做出真正的贡献。

参考范文 2：

我最喜欢的书刊是《汪国真诗集》。我先给大家念一首小诗——《致友人》：“不站起来，才不会倒下/更何况，我们要浪迹天涯/跌倒是一次纪念，纪念是一朵温馨的花。”这首诗简短而寓意明晰，十分适宜抄录与赠予。即使就阅读来说，也最适宜大家在闲暇时间毫不费力地得到心情舒畅的快感。这是我很早的时候接触到的一首现代诗，就是因为这首诗，我喜欢上了这本《汪国真诗集》。汪国真是一位活跃于 90 年代的著名诗人。他的祖籍是厦门，1982 年毕业于暨南大学中文系。在学校时，喜读、写诗歌。1985 年起将业余时间集中于诗歌创作。汪国真自称其创作得益于四个人：追求抒情的普希金、追求凝练的狄金森(美国)、追求警策的李商隐、追求清丽的李清照。汪国真的诗歌，不管写什么内容，都渗透着极其强烈的哲理性，所以他的诗歌也可以说多是哲理诗。但是，他诗歌中的哲理，不是弗洛伊德、尼采等的西方哲学；而是具有极强色彩的中国传统哲理。所以汪国真的诗歌在中国有着深厚的文化之根和群众基础，这是他的第一个特点。汪国真的诗歌象征、意象色彩不浓，所以他的诗歌比较符合多数中国人的口味，青年学生、成年人、老年人都可读，受众人群特别大，是大多数中国人喜闻乐见的诗歌类型和风格。他的诗歌，在主题上积极向上。学生的人生经验较少，对自己所面临的人生问题经常手足无措。而汪国真则以诗歌的形式，给学生们提供了一种解决人生问题的办法，这对于这些年轻的孩子们来说十分新鲜，又简单实用。《汪国真诗集》中的诗歌，无处不在地体现了一种超然、豁达、平易、恬淡的人生态度。所以《汪国真诗集》是我最爱的书籍。

28. 谈谈对环境保护的认识

答：参考范文 1：

二十世纪中叶以来，环境问题已经成为整个地球的一大危机，人类赖以生存和发展的环境受到了严峻挑战。资源的迅猛开发与有效利用，也使其在日益枯竭的同时，生态环境遭到了严重破坏，各种污染事故频频发生。环境问题已经成为当今人类面临的全球性问题之一，引起了各国的普遍关注。人类必须意识到，人的生存无不依赖于自然生态系统。人类文明与大自然的命运已紧密结合在一起，就如同心灵和躯体一样密不可分。今天，人类不能再以一个征服者的面目对自然发号施令，而必须学会尊重自然、善待自然，自觉充当维护自然稳定与和谐的调节者。从一个号令自然的主人，到一个善待自然的朋友，这是一次人类意识的深刻觉醒，也是一次人类角色的深刻转换。实现这一角色的转换不仅需要外在的法律强制，更需要人类的良知和内在的道德力量。我们应该倡导一种保护自然、拯救自然的实践态度。今天，人类比任何时候都能领略到气候变化的威胁。如果人类再不行动，那么 100 年后，巨大的热浪将会席卷地球每一个角落，海洋中漂浮的冰山将有可能融化得无影无踪。保护自然，修复自然，维护自然生态系统的平衡与和谐，应当是我们义不容辞的责任。

参考范文 2：

环境保护，人人有责。而家庭卫生更是关系到每个家庭成员的身体健康。在日常生活中，我们会经常大扫除，来清洁家庭生活环境。不过，当你把地板拖得发亮，把皮沙发抹了一遍又一遍，把窗子擦得像没有玻璃一样……之后，你却并不知道，家里原来还有那么多卫生死角会给你和你的家人带来健康隐患。

首先，我们先说一下牙刷。牙刷用上个把月，就会有大量的细菌生长繁殖于其上。这些细菌通过口腔直接侵入人体消化道和呼吸道，引起肠炎和肺部感染等症，同时还可通过口腔黏膜破损处而进入人体血液，引起败血症及组织脓肿等。因此应将牙刷放在阳光下曝晒，最好每月更换一把牙刷。

然后就是毛巾。一般家庭使用的毛巾都是放在室内甚至卫生间里，由于空气不够流通，毛巾每天要用几次，难有干的时候，极容易病菌滋生和繁殖，久之对人体健康不利，可导致皮肤病等。毛巾要经常洗干净后拿出室外进行“日光浴”消毒、高温消毒。

第三，我们说一下拖鞋。尤其是供客人使用的拖鞋，极易由有脚病的客人留下病菌，家人或其他客人再使用后就会被传染上脚病，于己于人均极为不利。因此拖鞋应常清洗，还要进行“日光浴”消毒或用消毒液消毒。

刚才呢，我说了一些我了解到的家庭卫生健康方面的常识。总之，在我们日常的生活当中，要从小事做起，从身边的事情做起。卫生与健康是衡量我们家庭环保工作的标准。作为一名在校的大学生，很难有机会深入到社会环保事业的第一线去做贡献。因此，我们需要在改善、净化我们的生活环境上下工夫，树立起高度的环境保护意识。

参考范文 3：

工业的发展给人类带来生活上和经济上的突飞猛进，使人们不再咀嚼昔日生活的苦涩。然而，也许美的东西都要留下些惆怅让人去想。人们不难看到，那高耸的烟囱恰如《天方夜谭》中的“魔瓶”，肆无忌惮地吐着滚滚浓烟笼罩着整个天空；而机器运转的巨大声响该是自然界优美的旋律中最不和谐的一个强音，充斥着人的耳朵；废水废渣与废气连同产品一起出厂……于是，河水不再清澈，花草失去了滋润，花香为烟雾冲淡，鸟鸣被噪声淹没，健康的身体变得瘦弱，愉快的心情变得烦躁！

废气使净洁的大气层变得焦头烂额，万劫不复。抑郁更是一把寒光闪闪的利刀，在圣洁的自然界划下血淋淋的伤口。废气增多导致酸雨普遍增多，物种衰减不说，单单二氧化碳增多产生的温室效应就会使全球每年平均气温增高 2 ~ 3 摄氏度。因此，科学家们无不悲哀地预言：地球湿度升高，将使海水膨胀和冰山消融而造成海平面上升，将使居住在距海岸线 60 公里内占 1/3 的人口受到生命的威胁，许多城市和港口将遭受灭顶之灾。而氟氯烃气体的增多，将使地球的保护伞——吸收紫外线的臭氧层惨遭破坏，其危害根本无法设想。

1972 年，联合国在瑞典首都斯德哥尔摩召开会议，专门针对环境保护问题发表了《人类环境宣言》，提出一个响遍全世界的口号——“地球只有一个”。这不仅是历史和现实对人类的告诫，也是人类面对这身体残缺的大自然发出的理性的呼喊！

“自然是伟大的，人类是伟大的，然而充满了崇高精神的人类活动，乃是伟大之中尤其伟大者。”然而人类在征服和改造构建自己文明伟大的同时，不要忘了人类作为地球和自然界的一部分所背负的责任……让保护环境、争取世界和平成为人类拥护的热点，携起手来保护人们唯一的家园！

29. 我向往的地方

答：参考范文1：

说起向往的地方，曾经最早在书上见过美丽的张家界，听说过桂林山水的魅力无穷，也曾经耳闻目染过九寨沟的美丽传闻，但褪去华丽的包装，淡去嘈杂的氛围，我却更向往乌镇。

处于江南水乡嘉兴，乌镇以她低调的矜持吸引着更多人的向往，相比于其他古镇变味包装，乌镇留下了她最原始的“素颜”，也正是这份安静和屹立于闹市中的出淤泥而不染，让她的容貌更加值得留恋。如果有一天可以奔向那里，我希望可以带着一份好心情，轻装出发；我希望可以一步一步去丈量他的尺寸，在那里留下我的每一个脚印；我希望可以在那里放肆呼吸，完全不去考虑PM2.5的顾虑；我希望我离开时会恋恋不舍，会道一句后会有期。

有人说，见不到的风景才是最美丽的，去过了往往会把生活在梦里的自己拉回现实。但是我想说，喜欢一个地方，就应该被她的美丽所折服，也要承受得了梦境破碎后的无奈。我想说，无论怎么样，乌镇，我们不见不散吧。

参考范文2：

我最向往的地方是我的家乡，我多么希望能有机会多回家乡看看。

我的家乡是陇南的一个不起眼的小山村。千百年来，祖祖辈辈在这里繁衍生息，永久不衰。我的家乡虽然没有桂林山水的秀丽，也没有杭州西湖的妩媚，但它那仙女般的宁静之美一直深深地印在我的脑海中。那清澈见底的小溪，缓缓地流过村庄，这一切的一切都是那么令人神往。

家乡的风光首推的是山。你别小看这山，其实它美着呢：一片连一片的红锥木，让人叹为观止，而且，这片红锥树下遍地都是宝，如香菇，它含有很多蛋白质、维生素，营养价值很高，一直为家乡人所喜爱。

家乡的另一个特点就是石头多。在不远处，一些奇形怪状的石头组成了一项叹为观止的奇景，远远望去像是一家三口，两块大石头怀抱着一块小石头，就像是父母抱着他们的孩子。慕名而来的人看到这种景象，都赞叹不已。

家乡除了四面是山，同样，四面也是水。那水清澈无比，可以看见水中的小鱼游来游去。当你把手伸向它们时，它们偏偏不走开，人与自然的和谐在这里得到了最好的体现。

家乡的山水是美的，但遗憾的是，由于交通不便，至今这里的风光犹如未出嫁的闺阁女子，只待家人看，外人很少见。我想，随着经济的不断发展，家乡的风光总有一天会为人们所看见，显出她的庐山真面目的。我也会有更多的机会回到那儿，过着我理想中的生活。

30. 购物(消费)的感受

答：参考范文 1：

人活在这个世上，就离不开衣食住行。很显然，穿衣是排在第一位的。这是因为衣服不仅直接或间接地显示出一个人的身份、地位，更重要的是衣服可以显示出一个人的精神面貌。所以，人们对衣服的要求是不一样的，在不同场合要穿不同的衣服。现在，购物买衣服的人越来越多，衣服的款式更是琳琅满目。至于我，对衣服倒是没什么特别的要求，只要穿着舒服就好。每到换季东西都会大减价，这时也是我大出手的时候。对于一名大学生来说，既不赚钱还要花父母的血汗钱，在穿着方面就不应该太过讲究。很多大学生在穿着上比，这成了校园里的一种流行，一双运动鞋也要上千元。这对于那些偏远地区的孩子是无法相比的。我认为，换季的衣服也很不错，价格也实惠，只不过一时不流行罢了。能买到既好又便宜的衣服，何乐而不为呢？我经常去南京路购买衣服，因为南京路两边的服装店特别多，而且大多是一些知名的休闲品牌。同时，南京路就在市中心，购物的同时还可以顺便凑凑热闹，逛逛街呢，真不愧是购物的好去处。说到南京路，大家都会说那里的东西很贵。这个不必担心，我经常去，也早就摸透了那里的商业形式，这些班尼路、真维斯、美特斯邦威等休闲品牌的知名店走在了流行时尚的前列！那里不仅购物环境优美，服务周到，而且品种齐全，价格适中，最适合我们这些学生了。

参考范文 2：

由于科学技术的不断提高，人们的消费水平也越来越高。在此，我想跟大家分享一下我家里对于电视机消费的变化。电视机的样子在不断地变花样，先有黑白电视机，接着是彩色电视机；频道也由原来的广西、广东两个频道，变成现在能收看十几个频道；电视节目也在不断地翻新，越来越精彩了；开播的时间也长了，由原来午夜 12 点钟就说再见，到现在可以一天 24 小时收看。电视这个既能说话又有影像的东西，深深地吸引着我，快乐时伴着我，忧伤时也伴着我，白天看，晚上看。电视对我的帮助可大了，体育频道使我懂得了很多体育知识，文艺晚会提高了我的欣赏水平，新闻联播使我了解到国内外发生的重大事情。漫步广西、游戏天地、世界博览，让我了解了各族人民的风土人情，知道了祖国的大好河山。电视带给我的益处太多了——电视丰富了我的课余生活，增长了我的见识，开拓了我的视野，给我指明了奋斗目标，坚定了我的生活信念。通过电视，我看清了人世间的真善美假丑恶，明白了有爱心的世界里充满阳光，也清楚了许多人情世故，懂得了该如何待人、处世。电视是我亲密的朋友，电视带给我们的体验和益处随着我们家消费水平的提高已经越来越多。

参考范文 3：

我的消费观是这样的：消费好质量的产品，一件商品质量的好坏，是衡量这件商品价值的标尺。在日常生活中，我对商品的选择，是比较挑剔的，但有一条，就是我会选择质量好的商品，价钱是另一回事，当然买到既实用又经济的商品是再好不过了。一件商品质量好，让我们买时称心，用时放心，那这商品的价值也就体现出来了。在今天，人们追求生活质量的同时，更讲究商品的质量、使用的价值。正如人们常说的一句话：好的东西，谁都想要！但随着市场上对商品的需求量不断增加，一些满脑子生意经的商家们，在生产商品的过程中，“偷工减料”是他们生产过程中最重要的环节，导致出售在市场上的商品让消费者辨不清真伪。一件商品的质量好坏与否，会影响到消费者的正常生活秩序，影响到消费者的身心健康，所以，现在全国掀起一股“打假”风，这也给商家们吹了一股冷风。说到此，我不由得想起一件事。去年刚入冬，我和母亲到市场上买了台热水器，我们选择了一台“红樱桃”牌子的。买时商家滔滔不绝地介绍了它的出厂商与合作商，让我们心动。他说，今天他卖了三四台，这台热水器有质量保证而且保修一年。我们相信了那商家，以563元成交了。热水器买回来的前几天，使用时是比较顺利的，但第八天使用时，它就不能加热了。我们一家围着它弄了半天，也找不出一个毛病来。我们把它拆了，拿到出售商处，保修是保修了，可一回家使用，就断断续续地出现毛病。我们全家都怀疑这台热水器的质量，猜想使用不到一年，它就会成为破烂。我想，对于这种情况，在众多的家庭里肯定不少。那如何买到质量好的商品呢？这就需要我们慧眼识珠了。可是最重要的还是，我们希望商家们能生产质量好的商品，让我们消费商品时称心放心！

第二部分　考前冲刺卷

普通话水平测试(PSC)考前冲刺卷及参考答案(一)

一、读单音节字词(100 个音节，不含轻声、儿化音节)，限时 3.5 分钟，共 10 分。

廓	斩	窕	响	词	穷	鬓	筐	法	梓
簇	忏	撇	段	房	瓜	点	臊	骏	琪
馄	紧	摘	局	殖	花	踹	令	睡	远
翁	镜	丝	崩	陈	滴	汶	豁	板	藤
幅	液	环	嫌	汝	区	借	銮	挺	嘴
瘸	闰	戳	邬	浓	炖	偌	爽	姊	槽
嗅	琢	夏	诠	狗	嘉	钟	资	苗	捆
醛	纵	密	填	造	喊	牛	桑	买	篇
除	氯	帮	氟	民	邝	拧	逊	娇	盆
寸	谬	腊	篙	仄	恰	署	陡	特	祇

答：

kuò	zhǎn	tiǎo	xiǎng	cí	qióng	bìn	kuāng	fǎ	zǐ
cù	chàn	piě	duàn	fáng	guā	diǎn	sào	jùn	qí
hún	jǐn	zhāi	jú	zhí	huā	chuài	lìng	shuì	yuǎn
wēng	jìng	sī	bēng	chén	dī	wèn	huò	bǎn	téng
fú	yè	huán	xián	rǔ	qū	jiè	luán	tǐng	zuǐ
qué	rùn	chuō	wū	nóng	dùn	ruò	shuǎng	zǐ	cáo
xiù	zhuó	xià	quán	gǒu	jiā	zhōng	zī	miáo	kǔn
quán	zòng	mì	tián	zào	hǎn	niú	sāng	mǎi	piān
chú	lǜ	bāng	fú	mín	kuàng	níng	xùn	jiāo	pén
cùn	miù	là	gāo	zè	qià	shǔ	dǒu	tè	dī

二、读多音节词语(100 个音节)，限时 2.5 分钟，共 20 分。

农田	再造	坐落	花边	黄鼠狼
担当	重修	打扫	灯光	振奋
唱腔	抽空儿	把手	镊子	体魄
穷人	找寻	装运	钾肥	手工业
迷蒙	绿化	骨髓	飘然	调制
衰变	无可奈何	千金	非法	蒜瓣儿
精明	的确	小熊儿	退学	争气

村寨	浸润	民航	舞蹈	罗列
家眷	灌区	量词	可耻	揣摩
石子儿	识别	平安	裁缝	退休

答：

nóngtián	zàizào	zuòluò	huābiān	huángshǔláng
dāndāng	chóngxiū	dǎsǎo	dēngguāng	zhènfèn
chàngqiāng	chōukòngr	bǎshǒu	nièzi	tǐpò
qióngrén	zhǎoxún	zhuāngyùn	jiǎféi	shǒugōngyè
míméng	lùhuà	gǔsuǐ	piāorán	tiáozhì
shuāibiàn	wúkěnàihé	qiānjīn	fēifǎ	suànbànr
jīngmíng	díquè	xiǎoxióngr	tuìxué	zhēngqì
cūnzhài	jìnrùn	mínháng	wǔdǎo	luólìè
jiājuàn	guànqū	liàngcí	kěchǐ	chuǎimó
shízǐr	shíbié	píng'ān	cáifeng	tuìxiū

三、朗读短文(1 篇，400 个音节)，限时 4 分钟，共 30 分。

作品 8 号——《繁星》

我爱月夜，但我也爱星天。从前在家乡七八月的夜晚在庭院里纳凉的时候，我最爱看天上密密麻麻的繁星。望着星天，我就会忘记一切，仿佛回到了母亲的怀里似的。

三年前在南京我住的地方有一道后门，每晚我打开后门，便看见一个静寂的夜。下面是一片菜园，上面是星群密布的蓝天。星光在我们的肉眼里虽然微小，然而它使我们觉得光明无处不在。那时候我正在读一些天文学的书，也认得一些星星，好像它们就是我的朋友，它们常常在和我谈话一样。

如今在海上，每晚和繁星相对，我把它们认得很熟了。我躺在舱面上，仰望天空。深蓝色的天空里悬着无数半明半昧的星。船在动，星也在动，它们是这样低，真是摇摇欲坠呢！渐渐地我的眼睛模糊了，我好像看见无数萤火虫在我的周围飞舞。海上的夜是柔和的，是静寂的，是梦幻的。我望着许多认识的星，我仿佛看见它们在对我眨眼，我仿佛听见它们在小声说话。这时我忘记了一切。在星的怀抱中我微笑着，我沉睡着。我觉得自己是一个小孩子，现在睡在母亲的怀里了。

有一夜，那个在哥伦波上船的英国人指给我看天上的巨人。他用手指着：//那四颗明亮的星是头，下面的几颗是身子，这几颗是手，那几颗是腿和脚，还有三颗星算是腰带。经他这一番指点，我果然看清楚了那个天上的巨人。看，那个巨人还在跑呢！

——节选自巴金《繁星》

Wǒ ài yuèyè　dànwǒyě ài xīngtiān　Cóngqiánzàijiājiāngqī bāyuède yèwǎnzàitíngyuàn lǐ nà

答：我爱月夜，但我也爱星天。从前在家乡七八月的夜晚在庭院里纳

liángdeshíhou　wǒzuì ài kàntiānshàngmìmìmámádefánxīng　Wàngzhexīngtiān　wǒjiùhuìwàng jì yī

凉的时候，我最爱看天上密密麻麻的繁星。望着星天，我就会忘记一

qiè　fǎngfú huídào le mǔqīndehuái lǐ shìde

切，仿佛回到了母亲的怀里似的。

Sānniánqiánzài Nánjīngwǒzhù de dì fangyǒu yī dàohòumén měiwǎnwǒdǎkāihòumén biànkàn
三年前在南京我住的地方有一道后门，每晚我打开后门，便看
jiàn yī gèjìng jì deyè Xiàmiànshì yī piàncàiyuán shàngmiànshìxīngqúnmìbùdelántiān Xīngguāng
见一个静寂的夜。下面是一片菜园，上面是星群密布的蓝天。星光
zàiwǒmenderòuyǎn lǐ suīránwēixiǎo rán' ér tā shǐwǒmenjuédéguāngmíngwúchùbùzài Nàshíhouwǒ
在我们的肉眼里虽然微小，然而它使我们觉得光明无处不在。那时候我
zhèngzàidú yī xiētiānwénxuédeshū yěrènde yī xiēxīngxing hǎoxiàngtā menjiùshìwǒdepéngyou tā
正在读一些天文学的书，也认得一些星星，好像它们就是我的朋友，它
menchángchángzàihéwǒtánhuà yī yàng
们常常在和我谈话一样。

Rújīnzàihǎishàng měiwǎnhéfánxīngxiāngduì wǒbǎ tā menrèn dehěnshú le Wǒtǎngzàicāng
如今在海上，每晚和繁星相对，我把它们认得很熟了。我躺在舱
miànshàng yǎngwàngtiānkōng Shēnlán sè detiānkōng lǐ xuánzhewúshùbànmíngbànmèi dexīng
面上，仰望天空。深蓝色的天空里悬着无数半明半昧的星。
Chuánzàidòng xīngyězàidòng tā menshìzhèyàng dī zhēnshì yáoyáo yù zhuì ne Jiànjiàn de wǒ de
船在动，星也在动，它们是这样低，真是摇摇欲坠呢！渐渐地我的
yǎnjingmóhu le wǒhǎoxiàngkànjiànwúshùyínghuǒchóngzàiwǒ de zhōuwéifēiwǔ Hǎishàngde yè shì
眼睛模糊了，我好像看见无数萤火虫在我的周围飞舞。海上的夜是
róuhéde shìjìng jì de shìmènghuànde Wǒwàngzhexǔduōrènshidexīng wǒfǎngfú kànjiàntā men
柔和的，是静寂的，是梦幻的。我望着许多认识的星，我仿佛看见它们
zàiduìwǒzhǎyǎn wǒfǎngfú tīngjiàntā menzàixiǎoshēngshuōhuà Zhèshíwǒwàngjì le yī qiè Zàixīng
在对我眨眼，我仿佛听见它们在小声说话。这时我忘记了一切。在星
dehuáibàozhōngwǒwēixiàozhe wǒchénshuìzhe Wǒjuédé zì jǐ shì yī gèxiǎohái zi xiànzàishuìzàimǔ
的怀抱中我微笑着，我沉睡着。我觉得自己是一个小孩子，现在睡在母
qīndehuái lǐ le
亲的怀里了。

Yǒu yī yè nàgezàiGēlúnbōshàngchuándeYīngguórénzhǐgěiwǒkàntiānshàngde jù rén Tāyòng
有一夜，那个在哥伦波上船的英国人指给我看天上的巨人。他用
shǒuzhǐzhe Nà sì kēmíngliàngdexīngshìtóu xiàmiànde jǐ kēshìshēn zi zhè jǐ kēshìshǒu nà jǐ
手指着：//那四颗明亮的星是头，下面的几颗是身子，这几颗是手，那几
kēshìtuǐhéjiǎo háiyǒusānkēxīngsuànshìyāodài Jīng tā zhè yī fānzhǐdiǎn wǒguǒránkànqīngchu le
颗是腿和脚，还有三颗星算是腰带。经他这一番指点，我果然看清楚了
nàgetiānshàngde jù rén Kàn nàge jù rénháizàipǎone
那个天上的巨人。看，那个巨人还在跑呢！

——节选自巴金《繁星》

四、命题说话(请在下列话题中任选一个)，共40分，限时3分钟。

1. 童年的记忆

答： 当我们一天天地长大，脑海里总是有很多抹不去的记忆。这些记忆，有的是快乐的，有的是伤心的。对我而言，我的童年记忆里，有课本，有游戏。然而，最让我印象深刻的，是一只和我一起长大的小狗——“恰恰”。

“恰恰”是一只很讨人喜欢的小狗。记得它刚来我家时，只有巴掌那么大，浑身是雪白

的绒毛，左眼上却是一块黑色的绒毛，像是挨了一拳似的。当我抱起它时，它浑身瑟瑟发抖，用怯生生的眼睛看着我。妈妈告诉我："你们以后就是好朋友了"，并叮嘱我要好好地照顾它。

当我要去上课时，它就会咬着我的裤脚不让我走，因为它知道如果我走了，就没有人陪它玩了。记得有一次，我突发奇想，偷偷抱走它，想让它和我一起上学去。可是，就在半路上，妈妈追来了。结果小狗没有被我抱走，我还被狠狠地批评了一顿。虽然遭到了妈妈的阻止，可是，我和"恰恰"的感情更好了。

当我长大一点的时候，我每天都有很多作业要做，因此就没有那么多时间陪它玩了。可是它总是很懂事地趴在我的脚边，安静地睡着。有一次，我在写作业时不小心打了个喷嚏，它一下子就被我吓醒了。它小心翼翼地看着我，水汪汪的眼睛好像在说话，似乎在问我：是不是生病了？我轻轻地摸摸它的头告诉它：我没有生病，很健康。于是，他又很安心地低下头睡着了。

这样的例子还有很多，我们在相互的关心下一起成长。我给它喂食，给它洗澡，陪它玩耍，童年的生活很快乐。可是，好景不常，在我上初中的时候，它被送给别人了。我没有哭，而是和它一起拍了很多照片。我想把它的一点一滴都留在我的记忆里。

虽然已经很久没有见到"恰恰"了，但是"恰恰"依旧是我最喜欢的动物，只是不知道它现在生活得好不好。

现在每当我在街头巷尾遇到小狗，我都会很兴奋地迎上去，陪它玩耍，希望别人也可以像我一样爱惜它。

与"恰恰"的相处萌生了我的动物情，让我拥有了一份快乐的童年记忆。

2. 学习普通话的体会

答：普通话是我国的通用语言，是我们交流、沟通的工具。它是以北京语言为标准音、以北方话为基础方言、以现代白话文著作为语法规范的一种语言。一口字正腔圆的标准的普通话能给人一种美感，给人一种无穷的享受。作为师范学校的学生，学习普通话是一项十分重要的任务。因为学校是推广普通话的前沿阵地，甚至可以说是主战场，而老师则是这个阵地或战场的指挥官，所以作为老师，学习好普通话是十分重要的。

尽管我多少存在着方言口音，尽管学习好普通话的难度还比较大，但是，我们要从战略上藐视这个"敌人"，而在战术上即学习方法方面又要十分重视。这是学习好普通话的思想保证。

在随后学习普通话的过程中，我注意安排一个学习计划，每天抽出 1 小时，专门学习普通话。这是学习好普通话的时间保证。

除此之外，我还勤向普通话培训班老师学习。因为那些老师不仅具有扎实的语音学基础知识和经过专业的训练，而且老师离自己最近，请教也最方便。因此，在我遇到不懂的和难以纠正的问题时，就及时向老师请教好的学习方法。

在平时，我还跟普通话好的同学一起学习。和他们交往，或在一起活动，能够在最平实的交流中提高普通话水平。

我还发现，经常收听收看电视台、广播电台等新闻节目对学习好普通话有很大帮助。

经过长时间的学习和积累，我很高兴看到自己的进步。这一经历也让我知道了"一分耕耘，一分收获”的道理。

我期望自己能够在这次考试中取得理想的成绩。因为，我的愿望是成为一名人民教师，所以能讲一口标准的普通话是非常重要的。当然，不论这次的结果怎样，我都会在今后学习普通话的过程中再接再厉。

普通话水平测试(PSC)考前冲刺卷及参考答案(二)

一、读单音节字词(100 个音节，不含轻声、儿化音节)，限时 3.5 分钟，共 10 分。

渍	条	溴	涮	签	微	钢	抿	掐	求
缠	摔	舸	座	穷	附	造	瞧	浣	冽
筐	飘	恩	编	从	酿	凡	且	费	堪
饶	瘸	捉	琛	骇	既	瘦	考	春	路
暖	股	磁	酸	舵	富	雨	林	缀	组
吨	萃	体	宋	龊	稿	时	硕	帮	顶
歪	葬	骗	曰	藤	底	摆	鸣	抓	腺
裙	梦	通	灰	戳	金	韩	绰	蛮	尔
屏	垂	凑	暂	瞥	猪	据	损	凶	丢
淮	蕊	夏	讷	懂	卦	嗤	坝	值	履

答：

zì	tiáo	xiù	shuàn	qiān	wēi	gāng	mǐn	qiā	qiú
chán	shuāi	gě	zuò	qióng	fù	zào	qiáo	huàn	liè
kuāng	piāo	ēn	biān	cóng	niàng	fán	qiě	fèi	kān
ráo	qué	zhuō	chēn	hài	jì	shòu	kǎo	chūn	lù
nuǎn	gǔ	cí	suān	duò	fù	yǔ	lín	zhuì	zǔ
dūn	cuì	tǐ	sòng	chuò	gǎo	shí	shuò	bāng	dǐng
wāi	zàng	piàn	yuē	téng	dǐ	bǎi	míng	zhuā	xiàn
qún	mèng	tōng	huī	chuō	jīn	hán	chuò	mán	ěr
píng	chuí	còu	zàn	piē	zhū	jù	sǔn	xiōng	diū
huái	ruǐ	xià	nè	dǒng	guà	chī	bà	zhí	lǚ

二、读多音节词语(100 个音节)，限时 2.5 分钟，共 20 分。

填塞	非得	漆器	风光	敏感
门铃儿	安全	对称	石笋	小孩儿
总结	佛法	评价	穷困	比率
美酒	句子	蜕变	触目惊心	宾馆
手掌	滚动	撇开	省城	慈祥
袅袅	连环画	恰如	台风	流量
文科	董事会	喜讯	衰弱	超越
脑瓜儿	学徒	栅栏儿	啧啧	充当
剪纸	云海	茁壮	苍穹	柔道
揣摩	退缩	转手	包办	儿子

答：

tiánsāi	fēiděi	qīqì	fēngguāng	mǐngǎn
ménlíngr	ānquán	duìchèn	shísǔn	xiǎoháir
zǒngjié	fófǎ	píngjià	qióngkùn	bǐlǜ
měijiǔ	jùzi	tuìbiàn	chùmùjīngxīn	bīnguǎn
shǒuzhǎng	gǔndòng	piēkāi	shěngchéng	cíxiáng
niǎoniǎo	liánhuánhuà	qiàrú	táifēng	liúliàng
wénkē	dǒngshìhuì	xīxùn	shuāiruò	chāoyuè
nǎoguār	xuétú	zhàlanr	zézé	chōngdāng
jiǎnzhǐ	yúnhǎi	zhuózhuàng	cāngqióng	róudào
chuǎimó	tuìsuō	zhuǎnshǒu	bāobàn	érzi

三、朗读短文(1 篇，400 个音节)，限时 4 分钟，共 30 分。

作品 12 号——《海滨仲夏夜》

夕阳落山不久，西方的天空，还燃烧着一片橘红色的晚霞。大海，也被这霞光染成了红色，而且比天空的景色更要壮观。因为它是活动的，每当一排排波浪涌起的时候，那映照在浪峰上的霞光，又红又亮，简直就像一片片霍霍燃烧着的火焰，闪烁着，消失了。而后面的一排，又闪烁着，滚动着，涌了过来。

天空的霞光渐渐地淡下去了，深红的颜色变成了绯红，绯红又变为浅红。最后，当这一切红光都消失了的时候，那突然显得高而远了的天空，则呈现出一片肃穆的神色。最早出现的启明星，在这蓝色的天幕上闪烁起来了。它是那么大，那么亮，整个广漠的天幕上只有它在那里放射着令人注目的光辉，活像一盏悬挂在高空的明灯。

夜色加浓，苍空中的"明灯"越来越多了。而城市各处的真的灯火也次第亮了起来，尤其是围绕在海港周围山坡上的那一片灯光，从半空倒映在乌蓝的海面上，随着波浪，晃动着，闪烁着，像一串流动着的珍珠，和那一片片密布在苍穹里的星斗互相辉映，煞是好看。

在这幽美的夜色中，我踏着软绵绵的沙滩，沿着海边，慢慢地向前走去。海水，轻轻地抚摸着细软的沙滩，发出温柔的//刷刷声。晚来的海风，清新而又凉爽。我的心里，有着说不出的兴奋和愉快。

夜风轻飘飘地吹拂着，空气中飘荡着一种大海和田禾相混合的香味儿，柔软的沙滩上还残留着白天太阳炙晒的余温。那些在各个工作岗位上劳动了一天的人们，三三两两地来到这软绵绵的沙滩上，他们浴着凉爽的海风，望着那缀满了星星的夜空，尽情地说笑，尽情地休憩。

——节选自峻青《海滨仲夏夜》

Xīyángluòshānbùjiǔ xī fāngdetiānkōng háiránshāozhe yī piàn jú hóng sè dewǎnxiá Dà
答：夕阳落山不久，西方的天空，还燃烧着一片橘红色的晚霞。大
hǎi yěbèizhèxiáguāngrǎnchéng le hóng sè ér qiě bǐ tiānkōngdejǐng sè gèngyàozhuàngguān Yīnwèi
海，也被这霞光染成了红色，而且比天空的景色更要壮观。因为
tā shì huó dòng de měi dāng yī pái pái bō làng yǒng qǐ de shí hou nà yìng zhào zài làng fēng shàng de xiá
它是活动的，每当一排排波浪涌起的时候，那映照在浪峰上的霞
guāng yòuhóngyòuliàng jiǎnzhíjiùxiàng yī piànpiànhuòhuòránshāozhe de huǒyàn shǎnshuòzhe
光，又红又亮，简直就像一片片霍霍燃烧着的火焰，闪烁着，

xiāoshī le Érhòumiàn de yī pái yòushǎnshuòzhe gǔndòngzhe yǒng le guòlái
消失了。而后面的一排，又闪烁着，滚动着，涌了过来。

Tiānkōng de xiáguāng jiànjiàn de dànxiàqù le shēnhóng de yán sè biànchéng le fēihóng fēihóng
天空的霞光渐渐地淡下去了，深红的颜色变成了绯红，绯红
yòu biànwéi qiǎnhóng Zuìhòu dāngzhè yī qiè hóngguāng dōu xiāoshī le de shíhou nà tū rán xiǎn dé gāo
又变为浅红。最后，当这一切红光都消失了的时候，那突然显得高
ér yuǎn le de tiānkōng zé chéngxiànchū yī piàn sù mù de shén sè Zuì zǎo chūxiàn de qǐ míngxīng zài
而远了的天空，则呈现出一片肃穆的神色。最早出现的启明星，在
zhè lán sè de tiānmù shàng shǎnshuò qǐ lái le tā shì nàme dà nàme liàng zhěng gè guǎngmò de tiānmù
这蓝色的天幕上闪烁起来了。它是那么大，那么亮，整个广漠的天幕
shàng zhǐ yǒu tā zài nà lǐ fàngshè zhe lìngrén zhùmù de guānghuī huó xiàng yī zhǎn xuánguà zài gāokōng de
上只有它在那里放射着令人注目的光辉，活像一盏悬挂在高空的
míngdēng
明灯。

Yè sè jiānóng cāngkōng zhōng de míngdēng yuèláiyuè duō le Ér chéngshì gè chù de zhēn de dēng
夜色加浓，苍空中的“明灯”越来越多了。而城市各处的真的灯
huǒ yě cì dì liàng le qǐ lái yóu qí shì wéi rào zài hǎi gǎng zhōu wéi shān pō shàng de nà yī piàn dēngguāng
火也次第亮了起来，尤其是围绕在海港周围山坡上的那一片灯光，
cóng bàn kōng dào yìng zài wūlán de hǎi miàn shàng suí zhe bō làng huàngdòngzhe shǎnshuòzhe
从半空倒映在乌蓝的海面上，随着波浪，晃动着，闪烁着，
xiàng yī chuàn liú dòng zhe de zhēnzhū hé nà yī piàn piàn mì bù zài cāngqióng lǐ de xīng dǒu hù xiāng huī
像一串流动着的珍珠，和那一片片密布在苍穹里的星斗互相辉
yìng shàshì hǎokàn
映，煞是好看。

Zài zhè yōuměi de yè sè zhōng wǒ tà zhe ruǎnmiánmián de shātān yán zhe hǎibiān mànmàn de
在这幽美的夜色中，我踏着软绵绵的沙滩，沿着海边，慢慢地
xiàngqián zǒu qù Hǎi shuǐ qīngqīng de fǔ mō zhe xì ruǎn de shātān fā chū wēnróu de shuāshuā
向前走去。海水，轻轻地抚摸着细软的沙滩，发出温柔的//刷刷
shēng Wǎnlái de hǎifēng qīngxīn ér yòu liángshuǎng Wǒ de xīn lǐ yǒu zhe shuō bù chū de xīngfèn hé
声。晚来的海风，清新而又凉爽。我的心里，有着说不出的兴奋和
yúkuài
愉快。

Yèfēng qīngpiāopiāo de chuī fú zhe kōng qì zhōng piāodàng zhe yī zhǒng dàhǎi hé tiánhé xiānghùnhé
夜风轻飘飘地吹拂着，空气中飘荡着一种大海和田禾相混合
de xiāngwèir róuruǎn de shātān shàng hái cánliú zhe báitiān tàiyáng zhìshài de yúwēn Nàxiē zài gè gè
的香味儿，柔软的沙滩上还残留着白天太阳炙晒的余温。那些在各个
gōngzuò gǎngwèi shàng láodòng le yī tiān de rénmen sānsānliǎngliǎng de láidào zhè ruǎnmiánmián de shā
工作岗位上劳动了一天的人们，三三两两地来到这软绵绵的沙
tān shàng tā men yù zhe liángshuǎng de hǎifēng wàngzhe nà zhuìmǎn le xīngxing de yè kōng jìnqíng de
滩上，他们浴着凉爽的海风，望着那缀满了星星的夜空，尽情地
shuōxiào jìnqíng de xiūqì
说笑，尽情地休憩。

——节选自峻青《海滨仲夏夜》

四、命题说话(请在下列话题中任选一个)，共 40 分，限时 3 分钟。

1. 我喜欢的节日

答：我最喜欢的节日就是春节。

春节是中国所有节日中规模最大、礼仪最隆重的节日，过春节又叫“过年”。

每当春节来临之际，即使是千里之外的人，都会尽量赶回来跟家人团聚。小孩子那就更开心了，不仅可以吃到美味的食物，穿上漂亮的衣服，而且还可以拿到压岁钱呢。

每年春节我都是在奶奶家度过的。奶奶家在农村，对于春节更是有传统的风俗。大年三十是最忙碌的一天。人们一大早起来，挂年画，贴对联，包饺子，各自忙碌起来。除夕之夜，一家老小围在一起吃着热气腾腾的饺子，好不热闹！家乡还有个传统，就是每年在吃年夜饭之前要给死去的老人烧纸，也让在另一个世界的他们在新的一年里幸福生活。吃完年夜饭，一家人围坐在电视机前看中央电视台的春节联欢晚会，气氛极为快乐祥和。

大年初一，大家都起得特别早，当然吃饺子是少不了的，这是我们过年的一大特色。对于这顿饺子，我们那里还有一些规矩呢，就是在包饺子时在其中的一个饺子内放上已消过毒的硬币。谁只要吃到这枚带有硬币的饺子，就意味着这个人在新的一年里会心想事成，万事如意。虽然大家都知道这是迷信，但是谁也不去破坏这个规矩。毕竟，这不仅是我们的一种传统，更是大家对来年的一种憧憬。吃过新年的第一顿早饭之后，大家就高高兴兴地出去玩了。

2. 购物(消费)的感受

答：人活在这个世上，就离不开衣食住行。很显然，穿衣是排在第一位的。这是因为衣服不仅直接或间接地显示出一个人的身份、地位，更重要的是衣服可以显示出一个人的精神面貌。所以，人们对衣服的要求是不一样的，在不同场合要穿不同的衣服。

现在，购物买衣服的人越来越多，衣服的款式更是琳琅满目。至于我，对衣服倒是没什么特别的要求，只要穿着舒服就好。

每到换季东西都会大减价，这时也是我大出手的时候。对于一名大学生来说，既不赚钱还要花父母的血汗钱，在穿着方面就不应该太过讲究。很多大学生在穿着上比，这成了校园里的一种流行，一双运动鞋也要上千元。这对于那些偏远地区的孩子是无法相比的。

我认为，换季的衣服也很不错，价格也实惠，只不过一时不流行罢了。能买到既好又便宜的衣服，何乐而不为呢？我经常去南京路购买衣服，因为南京路两边的服装店特别多，而且大多是一些知名的休闲品牌。同时，南京路就在市中心，购物的同时还可以顺便凑凑热闹，逛逛街呢，真不愧是购物的好去处。

说到南京路，大家都会说那里的东西很贵。这个不必担心，我经常去，也早就摸透了那里的商业形式，这些班尼路、真维斯、美特斯邦威等休闲品牌的知名店走在了流行时尚的前列！那里不仅购物环境优美，服务周到，而且品种齐全，价格适中，最适合我们这些学生了。

普通话水平测试(PSC)考前冲刺卷及参考答案(三)

一、读单音节字词(100 个音节，不含轻声、儿化音节)，限时 3.5 分钟，共 10 分。

蠢	恩	准	隋	缠	雄	票	神	踹	床
蕊	豁	轻	冒	雀	抓	驱	敦	患	字
握	反	须	筋	晕	撒	逢	连	圆	虎
窦	辖	龊	搜	球	替	粹	实	孔	扯
走	令	堆	持	宗	买	璐	邹	泵	老
钢	睡	次	近	团	阙	灿	据	搓	举
臀	端	指	海	洽	鼻	究	名	福	电
逛	泥	赛	尾	帮	囵	偏	粉	蒋	遭
壶	墓	滨	停	侧	靴	垄	闰	内	窥
尿	柴	卦	冢	疏	革	樽	灭	嗟	然

答：

chǔn	ēn	zhǔn	suí	chán	xióng	piào	shén	chuài	chuáng
ruǐ	huò	qīng	mào	què	zhuā	qū	dūn	huàn	zì
wò	fǎn	xū	jīn	yūn	sǎ	féng	lián	yuán	hǔ
dòu	xiá	chuò	sōu	qiú	tì	cuì	shí	kǒng	chě
zǒu	lìng	duī	chí	zōng	mǎi	lù	zōu	bèng	lǎo
gāng	shuì	cì	jìn	tuán	quē	càn	jù	cuō	jǔ
tún	duān	zhǐ	hǎi	qià	bí	jiū	míng	fú	diàn
guàng	ní	sài	wěi	bāng	lún	piān	fěn	jiǎng	zāo
hú	mù	bīn	tíng	cè	xuē	lǒng	rùn	nèi	kuī
niào	chái	guà	zhǒng	shū	gé	zūn	miè	jiē	rán

二、读多音节词语(100 个音节)，限时 2.5 分钟，共 20 分。

培训	仿佛	供求	混战	渺小
雄伟	罗盘	亲切	墨汁儿	全能
通风	不足	在场	背道而驰	矿藏
丢掉	硫磺	减少	末日	铁索
抓紧	长途	生存	早点	首饰
生命力	规格	临床	弊病	眼镜儿
厮杀	回合	想象力	脱胎	穷困
转换	灭绝	辖区	隆冬	奶粉
难怪	绝着儿	分家	追查	柔软
雨点儿	瓦斯	鬼子	揣测	片刻

答：

péixùn	fǎngfú	gōngqiú	hùnzhàn	miǎoxiǎo
xióngwěi	luópán	qīnqiè	mòzhīr	quánnéng
tōngfēng	bùzú	zàichǎng	bèidào'érchí	kuàngcáng
diūdiào	liúhuáng	jiǎnshǎo	mòrì	tiěsuǒ
zhuājǐn	chángtú	shēngcún	zǎodiǎn	shǒushi
shēngmìnglì	guīgé	línchuáng	bìbìng	yǎnjìngr
sīshā	huíhé	xiǎngxiànglì	tuōtāi	qióngkùn
zhuǎnhuàn	mièjué	xiáqū	lóngdōng	nǎifěn
nánguài	juézhāor	fēnjiā	zhuīchá	róuruǎn
yǔdiǎnr	wǎsī	guīzi	chuǎicè	piànkè

三、朗读短文(1 篇，400 个音节)，限时 4 分钟，共 30 分。

作品 18 号——《家乡的桥》

纯朴的家乡村边有一条河，曲曲弯弯，河中架一弯石桥，弓样的小桥横跨两岸。

每天，不管是鸡鸣晓月，日丽中天，还是月华泻地，小桥都印下串串足迹，洒落串串汗珠。那是乡亲为了追求多棱的希望，兑现美好的遐想。弯弯小桥，不时荡过轻吟低唱，不时露出舒心的笑容。

因而，我稚小的心灵，曾将心声献给小桥：你是一弯银色的新月，给人间普照光辉；你是一把闪亮的镰刀，割刈着欢笑的花果；你是一根晃悠悠的扁担，挑起了彩色的明天！哦，小桥走进我的梦中。

我在漂泊他乡的岁月，心中总涌动着故乡的河水，梦中总看到弓样的小桥。当我访南疆探北国，眼帘闯进座座雄伟的长桥时，我的梦变得丰满了，增添了赤橙黄绿青蓝紫。

三十多年过去，我带着满头霜花回到故乡，第一紧要的便是去看望小桥。

啊！小桥呢？它躲起来了？河中一道长虹，浴着朝霞熠熠闪光。哦，雄浑的大桥敞开胸怀，汽车的呼啸、摩托的笛音、自行车的叮铃，合奏着进行交响乐；南来的钢筋、花布，北往的柑橙、家禽，绘出交流欢悦图……

啊！蜕变的桥，传递了家乡进步的消息，透露了家乡富裕的声音。时代的春风，美好的追求，我蓦地记起儿时唱//给小桥的歌，哦，明艳艳的太阳照耀了，芳香甜蜜的花果捧来了，五彩斑斓的岁月拉开了！

我心中涌动的河水，激荡起甜美的浪花。我仰望一碧蓝天，心底轻声呼喊：家乡的桥啊，我梦中的桥！

——节选自郑莹《家乡的桥》

Chúnpǔchúnpǔdejiāxiāngcūnbiānyǒu yī tiáohé qūqūwānwān hézhōngjià yī wānshíqiáo

答： 纯 朴 纯 朴的家 乡 村 边 有一条河，曲曲 弯 弯 ，河 中 架一 弯 石 桥 ，

gōngyàngdexiǎoqiáohéngkuàliǎng'àn

弓 样 的 小 桥 横 跨 两 岸。

Měitiān bùguǎnshì jī míngxiǎoyuè rì lì zhōngtiān háishìyuèhuáxiè dì xiǎoqiáodōuyìnxià

每 天，不 管 是鸡 鸣 晓 月，日丽 中 天，还 是 月 华 泻地， 小 桥 都 印下

chuànchuànzú jì sǎluòchuànchuànhànzhū Nàshìxiāngqīnwèi le zhuīqiúduōléngde xī wàng duì

串 串 足迹，洒落 串 串 汗 珠。那是 乡 亲 为 了 追 求 多 棱 的希 望 ，兑

xiànměihǎodexiáxiǎng　Wānwānxiǎoqiáo　bùshídàngguòqīngyíndīchàng　bùshílùchūshūxīnde
现美好的遐想。弯弯小桥，不时荡过轻吟低唱，不时露出舒心的
xiàoróng
笑容。

Yīn'ér　wǒzhìxiǎodexīnlíng　céngjiāngxīnshēngxiàngěixiǎoqiáo　Nǐshìyīwānyínsèdexīnyuè
因而，我稚小的心灵，曾将心声献给小桥：你是一弯银色的新月，
gěirénjiānpǔzhàoguānghuī　nǐshìyībǎshǎnliàngdeliándāo　gēyìzhehuānxiàodehuāguǒ　nǐshìyī
给人间普照光辉；你是一把闪亮的镰刀，割刈着欢笑的花果；你是一
gēnhuàngyōuyōudebiǎndan　tiǎoqǐlecǎisèdemíngtiān　Ò　xiǎoqiáozǒujìnwǒdemèngzhōng
根晃悠悠的扁担，挑起了彩色的明天！哦，小桥走进我的梦中。

Wǒzàipiāobótāxiāngdesuìyuè　xīnzhōngzǒngyǒngdòngzhegùxiāngdehéshuǐ　mèngzhōngzǒng
我在漂泊他乡的岁月，心中总涌动着故乡的河水，梦中总
kàndàogōngyàngdexiǎoqiáo　Dāngwǒfǎngnánjiāngtànběiguó　yǎnliánchuǎngjìnzuòzuòxióngwěide
看到弓样的小桥。当我访南疆探北国，眼帘闯进座座雄伟的
chángqiáoshí　wǒdemèngbiàndefēngmǎnle　zēngtiānlechìchénghuánglǜqīnglánzǐ
长桥时，我的梦变得丰满了，增添了赤橙黄绿青蓝紫。

Sānshíduōniánguòqù　wǒdàizhemǎntóushuānghuāhuídàogùxiāng　dìyījǐnyàodebiànshìqùkàn
三十多年过去，我带着满头霜花回到故乡，第一紧要的便是去看
wàngxiǎoqiáo
望小桥。

À　Xiǎoqiáone　Tāduǒqǐláile　Hézhōngyīdàochánghóng　yùzhezhāoxiáyìyìshǎnguāng
啊！小桥呢？它躲起来了？河中一道长虹，浴着朝霞熠熠闪光。
Ò　xiónghúndedàqiáochǎngkāixiōnghuái　qìchēdehūxiào　mótuōdedíyīn　zìxíngchēdedīng
哦，雄浑的大桥敞开胸怀，汽车的呼啸、摩托的笛音、自行车的叮
líng　hézòuzhejìnxíngjiāoxiǎngyuè　nánláidegāngjīn　huābù　běiwǎngdegānchéngjiāqín　huìchū
铃，合奏着进行交响乐；南来的钢筋、花布，北往的柑橙家禽，绘出
jiāoliúhuānyuètú
交流欢悦图……

À　Tuìbiàndeqiáo　chuándìlejiāxiāngjìnbùdexiāoxi　tòulùlejiāxiāngfùyùdeshēngyīn
啊！蜕变的桥，传递了家乡进步的消息，透露了家乡富裕的声音。
Shídàidechūnfēng　měihǎodezhuīqiú　wǒmòdìjìqǐérshíchàng　gěixiǎoqiáodegē　ò　míngyàn
时代的春风，美好的追求，我蓦地记起儿时唱//给小桥的歌，哦，明艳
yàndetàiyángzhàoyàole　fāngxiāngtiánmìdehuāguǒpěngláile　wǔcǎibānlándesuìyuèlākāile
艳的太阳照耀了，芳香甜蜜的花果捧来了，五彩斑斓的岁月拉开了！

Wǒxīnzhōngyǒngdòngdehéshuǐ　jīdàngqǐtiánměidelànghuā　Wǒyǎngwàngyībìlántiān　xīn
我心中涌动的河水，激荡起甜美的浪花。我仰望一碧蓝天，心
dǐqīngshēnghūhǎn　Jiāxiāngdeqiáoa　wǒmèngzhōngdeqiáo
底轻声呼喊：家乡的桥啊，我梦中的桥！

——节选自郑莹《家乡的桥》

四、命题说话(请在下列话题中任选一个)，共 40 分，限时 3 分钟。

1. 谈谈个人修养

答：勤俭就是勤劳俭朴，这是中华民族自古以来的优良传统。在我们党和国家的老一辈无产阶级革命家当中，就有许多勤劳俭朴的典范，如毛泽东、朱德、周恩来、邓小平、徐特立等。还有，像大家非常熟悉的南京路上好八连和雷锋战士，他们艰苦朴素、勤俭节约的事迹影响了我们整整一代人。有人说，在艰苦创业的年代里要勤俭，那是因为生活艰苦，物质贫乏，现在生活好了，物质丰富了，勤俭也就没有必要了。真的是这样的吗？在这里，我想给大家讲一个故事，或许你会从中得到启示。

著名的爱国华侨巨商陈嘉庚先生家资巨万，非常富有。他在对祖国和人民有益的事业上十分慷慨。在三四十年代，他为抗战筹集了大批资金。此外，在五十年代，他还为祖国的教育事业捐资达数亿元。但是，他在生活上却一贯非常简朴，甚至到了别人难以理解的地步。在较早的年代，电厂供电到晚上 10 点就停止了。陈嘉庚先生就点蜡烛继续工作，他用来做烛台的是捡来的一个断把的破瓷杯。有人劝他买个烛台，他却不答应。他有一把雨伞，到他逝世时已经用了 20 年。时间长了，伞布破烂，他就让侄媳妇为他缝补。后来无法缝补了，他又让侄媳妇买块布来更换腐朽了的旧伞布。他常说："该用的钱，几千万都得花。不该用的，一分钱也不能浪费。"

听了以上陈嘉庚先生的故事，相信你一定会明白其中的道理。节俭是我们中华民族所赞誉和褒扬的一种美德，在物质贫乏的艰苦岁月里需要提倡，在经济发达、生活富裕的时候更不应该忘记。让我们都牢牢记住这样一句至理名言吧——"常将有日思无日，莫把无时当有时。"

2. 我的假日生活

答：我的假日生活丰富多彩，我在假期里做得最多的事情就是看书。在中师三年，我与书结下了不解之缘，我常常在课后、饭后看书，连睡觉也要把书放在枕边，好像这样才能睡得踏实。

书上那印在白纸上的方块字，向我展示了一个五彩缤纷的世界。在这个世界里，有着红的艳丽、紫的深沉、绿的盎然、白的纯洁；在这个世界里，有生活得豪爽的鲁智深，机智的孙悟空，多愁善感的林妹妹，奸诈的曹操；在这个世界里，有人间的伊甸园，也有天上的街市，还有静静的小河；在这个世界里，我了解了现代科学发展的一些知识，学到了做人的道理。

每当我翻开书，读到有趣的章节时，我会禁不住咯咯而笑，惹来同学的好奇。

读书虽有乐，但也有悲的时候。每当读到琼瑶的《庭院深深深几许》《杜十娘怒沉百宝箱》《罗米欧殉情朱丽叶》时，我就会眼泪止不住地往下流。

书是中师三年的忠实伙伴，它伴随我走过许多无聊的时间。书可以医治我心灵的创伤——青春的忧郁，同学间的磕碰，考试后的担心。当这些东西占据我的头脑时，我会拿起书到另一个境界去，书是最好的避风港湾，它使我把一切的烦恼都抛掉。

我喜欢看书，书里的知识真的多得让你心明眼亮，它能充实你的头脑，书也能带给你欢乐和悲伤，还有许多许多。

普通话水平测试（PSC）考前冲刺卷及参考答案（四）

一、读单音节字词（100 个音节，不含轻声、儿化音节），限时 3.5 分钟，共 10 分。

枪	放	馋	玛	壶	撇	嗓	停	氮	桥
早	匹	具	熔	装	触	层	满	徐	绰
天	舜	浮	粹	躲	窝	瘸	奉	痞	渠
樽	使	左	此	部	闹	标	训	秋	爽
随	仍	蜷	锉	推	琼	抓	救	挂	总
奶	困	围	快	紧	陈	裂	悯	坞	耸
捷	河	持	涂	筐	起	营	趟	范	裹
笃	坤	从	镞	高	酥	非	钟	涮	脸
棍	埠	幕	志	薛	喘	槐	淫	遂	讼
澄	锄	选	瀑	姜	搜	惯	绵	鳖	捋

答：

qiāng	fàng	chán	mǎ	hú	piě	sǎng	tíng	dàn	qiáo
zǎo	pǐ	jù	róng	zhuāng	chù	céng	mǎn	xú	chuò
tiān	shùn	fú	cuì	duǒ	wō	qué	fèng	pǐ	qú
zūn	shǐ	zuǒ	cǐ	bù	nào	biāo	xùn	qiū	shuǎng
suí	réng	quán	cuò	tuī	qióng	zhuā	jiù	guà	zǒng
nǎi	kùn	wéi	kuài	jǐn	chén	liè	mǐn	wù	sǒng
jié	hé	chí	tú	kuāng	qǐ	yíng	tàng	fàn	guǒ
dǔ	kūn	cóng	zú	gāo	sū	fēi	zhōng	shuàn	liǎn
gùn	bù	mù	zhì	xuē	chuǎn	huái	yín	suì	sòng
chéng	chú	xuǎn	pù	jiāng	sōu	guàn	mián	biē	lǚ

二、读多音节词语（100 个音节），限时 2.5 分钟，共 20 分。

得当	发财	特别	时光	学识
相似	一目了然	外婆	吞没	铁轨
抖动	报考	脸盘儿	单纯	欠缺
民国	梨核儿	尊贵	捐款	扩散
非法	装载	加塞儿	专心	女皇
贫穷	人家	西红柿	征求	处理
上吊	偶尔	奖赏	揣测	堡垒
真菌	领取	程式	种群	作风
抓阄儿	分明	头子	自卫	牧场
蜕变	工业化	纳粹	怀抱	雄性

答：

dédàng	fācái	tèbié	shíguāng	xuéshí
xiāngsì	yīmùliǎorán	wàipó	tūnmò	tiěguǐ
dǒudòng	bàokǎo	liǎnpánr	dānchún	qiànquē
mínguó	líhúr	zūnguì	juānkuǎn	kuòsàn
fēifǎ	zhuāngzài	jiāsāir	zhuānxīn	nǚhuáng
pínqióng	rénjiā	xīhóngshì	zhēngqiú	chǔlǐ
shàngdiào	ǒu'ěr	jiǎngshǎng	chuǎicè	bǎolěi
zhēnjūn	lǐngqǔ	chéngshì	zhǒngqún	zuòfēng
zhuājiūr	fēnmíng	tóuzi	zìwèi	mùchǎng
tuìbiàn	gōngyèhuà	nàcuì	huáibào	xióngxìng

三、朗读短文(1 篇，400 个音节)，限时 4 分钟，共 30 分。

作品 23 号——《课不能停》

纽约的冬天常有大风雪，扑面的雪花不但令人难以睁开眼睛，甚至呼吸都会吸人冰冷的雪花。有时前一天晚上还是一片晴朗，第二天拉开窗帘，却已经积雪盈尺，连门都推不开了。

遇到这样的情况，公司、商店常会停止上班，学校也通过广播，宣布停课。但令人不解的是，唯有公立小学，仍然开放。只见黄色的校车，艰难地在路边接孩子，老师则一大早就口中喷着热气，铲去车子前后的积雪，小心翼翼地开车去学校。

据统计，十年来纽约的公立小学只因为超级暴风雪停过七次课。这是多么令人惊讶的事。犯得着在大人都无须上班的时候让孩子去学校吗？小学的老师也太倒霉了吧？

于是，每逢大雪而小学不停课时，都有家长打电话去骂。妙的是，每个打电话的人，反应全一样——先是怒气冲冲地责问，然后满口道歉，最后笑容满面地挂上电话。原因是，学校告诉家长：

在纽约有许多百万富翁，但也有不少贫困的家庭。后者白天开不起暖气，供不起午餐，孩子的营养全靠学校里免费的中饭，甚至可以多拿些回家当晚餐。学校停课一天，穷孩子就受一天冻，挨一天饿，所以老师们宁愿自己苦一点儿，也不能停课。//或许有家长会说；何不让富裕的孩子在家里，让贫穷的孩子去学校享受暖气和营养午餐呢？

学校的答复是：我们不愿让那些穷苦的孩子感到他们是在接受救济，因为施舍的最高原则是保持受施者的尊严。

——节选自(中国台湾)刘墉《课不能停》

Niǔyuēdedōngtiānchángyǒudàfēngxuě pūmiàndexuěhuābùdànlìngrénnán yǐ zhēngkāiyǎn
答: 纽约的冬天常有大风雪，扑面的雪花不但令人难以睁开眼

jing shènzhìhū xī dūhuì xī rù bīnglěngdexuěhuā Yǒushíqián yī tiānwǎnshanghháishì yī piànqínglǎng
睛，甚至呼吸都会吸人冰冷的雪花。有时前一天晚上还是一片晴朗，

dì-èr tiān lā kāichuānglián què yǐ jīng jī xuěyíngchǐ liánméndōutuībùkāi le
第二天拉开窗帘，却已经积雪盈尺，连门都推不开了。

Yùdàozhèyàngdeqíngkuàng gōng sī shāngdiànchánghuìtíngzhǐshàngbān xuéxiào yě tōngguò
遇到这样的情况，公司、商店常会停止上班，学校也通过

guǎngbō　xuānbùtíngkè　Dànlìngrénbùjiědeshì　wéiyǒugōng lì xiǎoxué　réngránkāifàng　Zhǐjiàn
广　播，　宣 布 停 课。但 令 人不解的是，唯 有 公 立 小 学， 仍 然 开 放 。只 见
huángsè dexiàochē　jiānnándezàilù biānjiēhái zi　lǎoshī zé yī dàzǎojiùkǒuzhōngpēnzhe rè qì　chǎn
黄 色的 校 车， 艰 难 地在路 边 接孩子，老 师则一大 早 就 口　中　喷 着热气， 铲
qùchē zi qiánhòude jī xuě　xiǎoxīn yì yì dekāichēqùxuéxiào
去车 子 前 后 的积雪， 小 心翼翼地 开 车去学 校 。

Jùtǒng jì　shíniánláiNiǔyuēdegōng lì xiǎoxuézhǐyīnwèichāo jí bàofēngxuětíngguo qī cì kè　Zhè
据 统 计， 十 年 来 纽 约 的 公 立 小 学 只 因 为 超 级 暴 风 雪 停 过 七次课。这
shìduōmelìngrénjīngyà de shì　Fàn de zháozài dàréndōuwú xū shàngbān de shíhouràng hái zi qùxuéxiào
是 多 么 令 人 惊 讶 的事。 犯 得 着 在大 人 都 无须 上　班 的 时 候 让 孩子去学 校
ma　Xiǎoxuédelǎoshī yětàidǎoméi le ba
吗？ 小 学 的老 师 也太 倒 霉 了吧？

Yúshì　měiféngdàxuě ér xiǎoxuébùtíngkèshí　dōuyǒujiāzhǎngdǎdiànhuàqùmà　Miàodeshì
于是， 每 逢 大 雪 而 小 学 不 停 课时， 都 有 家 长 打 电 话 去骂。 妙 的 是，
měigèdǎdiànhuàderén　fǎnyìngquán yī yàng　xiānshìnù qì chōngchōngde zé wèn　ránhòumǎnkǒu
每 个 打 电 话 的人， 反 应 全 一 样 —— 先 是怒气 冲　 冲 地责 问 ， 然 后 满 口
dàoqiàn　zuìhòuxiàoróngmǎnmiàndeguàshàngdiànhuà　Yuányīnshì　xuéxiàogàosù jiāzhǎng
道 歉 ，最 后 笑 容 满　面 地 挂　上　电 话 。 原 因 是， 学 校 告 诉家 长 ：

ZàiNiǔyuēyǒuxǔduōbǎiwàn fù wēng　dànyěyǒubùshǎopínkùnde jiātíng　Hòuzhěbáitiānkāibù qǐ
在 纽 约 有 许 多 百 万 富 翁 ， 但 也 有 不 少 贫 困 的 家 庭 。 后 者 白 天 开 不起
nuǎn qì　gōngbù qǐ wǔcān　hái zi deyíngyǎngquánkàoxuéxiào lǐ miǎnfèi dezhōngfàn　shènzhì kě yǐ
暖 气， 供 不起 午 餐 ， 孩 子的 营 养　全 靠 学 校 里 免 费的 中 饭 ， 甚 至 可以
duōnáxiēhuíjiādāngwǎncān　Xuéxiàotíngkè yī tiān　qiónghái zi jiùshòu yī tiāndòng　ái yī tiān è
多 拿 些 回 家 当　晚 餐 。 学 校 停 课一 天 ，　穷　孩 子就 受　一 天　冻 ，挨一 天 饿，
suǒ yǐ lǎoshīmennìngyuàn zì　jǐ kǔ yī diǎn r　yěbùnéngtíng　kè
所 以老 师 们　宁　愿　自己苦一 点 儿， 也不 能　停 //课。

Huòxǔyǒujiāzhǎnghuìshuō　Hébùràng fù yù de hái zi zàijiā lǐ　ràngpínqióngde hái zi qùxuéxiào
或 许 有 家　长　会 说 ：何不 让 富裕的 孩 子在 家里， 让 贫　穷　的孩子去学 校
xiǎngshòunuǎn qì héyíngyǎngwǔcānne
享　受　暖　气和 营　养 午 餐 呢？

Xuéxiàodedá fù shì　Wǒmenbùyuànràngnàxiēqióngkǔdehái zi gǎndào tā menshìzàijiēshòujiù jì
学　校 的答复是： 我 们 不 愿　让 那些　穷　苦 的孩 子 感　到 他 们 是 在接 受 救济，
yīnwèishīshědezuìgāoyuán zé shìbǎochíshòushīzhědezūnyán
因 为 施 舍 的最 高　原　则 是 保 持　受　施 者 的 尊　严 。

——节选自（台湾）刘墉《课不能停》

四、命题说话（请在下列话题中任选一个），共 40 分，限时 3 分钟。

1. 我的朋友

答：我的朋友很多，玲玲是我最要好的一个，也是多年的老朋友了。她高高的个子，细长的眉毛下闪动着一双乌黑发亮的眼睛，流露出聪颖的光芒。她体型不胖不瘦，平时爱穿蓝色的衬衫，咖啡色的裤子，黑色的皮鞋，显得很有精神。她常常喜欢留一头运动型短发，戴一副中度近视镜，显得气质优雅，博学多才。

我和玲玲有着相似的家庭出身：同性、同龄、同学、同事，同出生在家乡农村，同是生有一个可爱的女儿。我们有着太多的相同，连同我们的兴趣爱好、理想追求都一样。不同的是我上了师范，她上了高中；我学中文，她学政治；我是人民的教师，她是人民的公仆。她是成功的，幸运的，她的辉煌腾达是她实力的体现，更是她努力奋斗的历程的见证。我为她的今天喝彩，更为她的明天加油！

曾经，我们雨中漫步，月下畅谈，桌上畅饮。我们是幸福快乐的童年伙伴，我们是争夺高下的学习对手，我们是风雨同舟的知心朋友，我们是自强不息的赶路人、弄潮儿。如今，她在外地工作，我们相隔数里，但我们都在心里默默祈祷祝福。我们的友情不会随着时间的推移而模糊，也不会因地域的分隔而淡忘，更不会因地位的改变而变质，恰恰相反，我们的友情只会越来越浓厚。

2. 我的学习生活

答：我从小就喜欢读书。

没钱的日子，只要有书看就不会难过。诸多的烦恼并不可怕，只要有书读。

我是一个农民的女儿，拮据的日子常常给我和我心爱的书开着种种或悲或喜的玩笑。

逛书店时发现一本好书，要等到有一天从可怜的生活费中挤够钱时才能去买。然而，这时“好书已随新人走，此地空余旧人愁”了。

因为经常到书店看书而没钱买书，我遭受过服务员的白眼和冷语：“没钱买就别翻，撕烂了你赔得起吗?”我也不愿意这样，可喜欢读书的我又有什么办法呢。

如果你让我在饱餐、新衣、好书这三者中作出选择，我会毫不犹豫地选择好书。即使没有新衣穿，我也不会感到自己不潇洒；即使没有吃饱饭，我也不会感到饿；但没有好书，我就仿佛感到自己不是在活着。所以我是经常瘪着肚皮读自己心爱的书的，尽管这滋味别人难以理解。

我常常用读书来消除我心中的痛苦。是书擦亮了我的眼睛，带我走出那无知的盐碱地。读书不光让我知道了冰心、鲁迅、叶圣陶，还让我知道了泰戈尔、莫泊桑等人。

后来，我开始尝试着自己写稿。我不甘心失败，我开始用自己的眼光去看社会，用自己的笔墨写人生，为社会尽义务……

我深深体会到，读书是一种享受，只要有书读，便是一种幸福。书将人的心里装满了，那么人还有什么解不开的烦恼呢。读书也是一种消除痛苦的灵丹妙药啊。

每当我走进房间，在明亮的灯光下，展开心爱的书，用心品读，书的馨香不知不觉地透过窗纱，在天籁中飘荡，心明亮了，世事的繁杂与纷争，我身心的痛苦和烦恼，也就荡然无存。

不管人生是辉煌还是黯淡，不管别人是亲切还是冷眼，不管道路是平坦还是曲折，我的读书生活让我战胜了烦恼，迎来了快乐。

普通话水平测试(PSC)考前冲刺卷及参考答案(五)

一、读单音节字词(100 个音节，不含轻声、儿化音节)，限时 3.5 分钟，共 10 分。

俊	罐	窄	磷	拧	恨	茹	特	萱	窦
亩	荟	驱	象	松	峡	针	狂	沟	闪
颇	结	屯	钦	急	容	扭	源	等	绰
耍	训	留	腹	攒	群	症	猫	瑞	此
铲	岑	簇	屠	史	液	荤	双	外	遍
汀	髋	茬	戮	垂	早	初	弊	迟	越
局	醋	同	铅	俩	雕	臭	去	潮	滨
请	塔	测	繁	增	杭	掺	谜	射	拆
斌	怪	讽	郊	垛	昼	烈	宽	盲	闻
穗	掂	龚	篾	划	褪	困	暖	赞	吠

答：

jùn	guàn	zhǎi	lín	níng	hèn	rú	tè	xuān	dòu
mǔ	huì	qū	xiàng	sōng	xiá	zhēn	kuáng	gōu	shǎn
pō	jié	tún	qīn	jí	róng	niǔ	yuán	děng	chuò
shuǎ	xùn	liú	fù	zǎn	qún	zhèng	māo	ruì	cǐ
chǎn	cén	cù	tú	shǐ	yè	hūn	shuāng	wài	biàn
tīng	kuān	chá	lù	chuí	zǎo	chū	bì	chí	yuè
jú	cù	tóng	qiān	liǎ	diāo	chòu	qù	cháo	bīn
qǐng	tǎ	cè	fán	zēng	háng	chān	mí	shè	chāi
bīn	guài	fěng	jiāo	duò	zhòu	liè	kuān	máng	wén
suì	diān	gōng	miè	huá	tuì	kùn	nuǎn	zàn	fèi

二、读多音节词语(100 个音节)，限时 2.5 分钟，共 20 分。

尊贵	轻视	发布	培训	生成
隔阂	超导体	法定	掌管	买卖
流量	衰竭	重型	蛋黄儿	孤儿
撇开	本分	从容	摸黑儿	转产
防护林	随军	苍穹	偷偷	安宁
追随	一点儿	转变	热血	缅怀
阻挡	庄稼	穷困	哪里	架设
市民	驰骋	求实	自律	解体
钱财	包罗万象	要人	票据	子女
瓜子儿	挑拨	小雪	蜷缩	抽空

答：

zūnguì	qīngshì	fābù	péixùn	shēngchéng
géhé	chāodǎotǐ	fǎdìng	zhǎngguǎn	mǎimai
liúliàng	shuāijié	zhòngxíng	dànhuángr	gū'ér
piēkāi	běnfèn	cóngróng	mōhēir	zhuǎnchǎn
fánghùlín	suíjūn	cāngqióng	tōutōu	ānníng
zhuīsuí	yīdiǎnr	zhuǎnbiàn	rèxuè	miǎnhuái
zǔdǎng	zhuāngjia	qióngkùn	nǎlǐ	jiàshè
shìmín	chíchěng	qiúshí	zìlǜ	jiětǐ
qiáncái	bāoluówànxiàng	yàorén	piàojù	zǐnǚ
guāzǐr	tiǎobō	xiǎoxuě	quánsuō	chōukòng

三、朗读短文(1 篇，400 个音节)，限时 4 分钟，共 30 分。

作品 27 号——《麻雀》

我打猎归来，沿着花园的林荫路走着。狗跑在我前边。

突然，狗放慢脚步，蹑足潜行，好像嗅到了前边有什么野物。

我顺着林荫路望去，看见了一只嘴边还带黄色、头上生着柔毛的小麻雀。风猛烈地吹打着林荫路上的白桦树，麻雀从巢里跌落下来，呆呆地伏在地上，孤立无援地张开两只羽毛还未丰满的小翅膀。

我的狗慢慢向它靠近。忽然，从附近一棵树上飞下一只黑胸脯的老麻雀，像一颗石子似的落到狗的跟前。老麻雀全身倒竖着羽毛，惊恐万状，发出绝望、凄惨的叫声，接着向露出牙齿、大张着的狗嘴扑去。

老麻雀是猛扑下来救护幼雀的。它用身体掩护着自己的幼儿……但它整个小小的身体因恐怖而战栗着，它小小的声音也变得粗暴嘶哑，它在牺牲自己！

在它看来，狗该是多么庞大的怪物啊！然而，它还是不能站在自己高高的、安全的树枝上……一种比它的理智更强烈的力量，使它从那儿扑下身来。

我的狗站住了，向后退了退……看来，它也感到了这种力量。

我赶紧唤住惊慌失措的狗，然后我怀着崇敬的心情，走开了。

是啊，请不要见笑。我崇敬那只小小的、英勇的鸟儿，我崇敬它那种爱的冲动和力量。

爱，我//想，比死和死的恐惧更强大。只有依靠它，依靠这种爱，生命才能维持下去，发展下去。

——节选自[俄]屠格涅夫《麻雀》，巴金译

Wǒdǎlièguīlái yánzhehuāyuándelínyīn lù zǒuzhe Gǒupǎozàiwǒqiánbiān

答：我打猎归来，沿 着 花 园 的林荫路走 着。狗 跑 在我 前 边 。

Tūrán gǒufàngmànjiǎobù nièzúqiánxíng hǎoxiàngxiùdào le qiánbiānyǒushénmeyěwù

突 然， 狗 放 慢 脚 步，蹑足 潜 行，好 像 嗅 到 了 前 边 有 什 么野物。

Wǒshùnzhelínyīn lù wàngqù kànjiàn le yī zhīzuǐbiānháidàihuáng sè tóushàngshēngzheróumáo

我 顺 着林荫路 望 去，看 见 了一只嘴 边 还 带 黄 色、头 上 生 着 柔 毛

dexiǎomáquè Fēngměngliède chuīdǎzhelínyīn lù shàngde báihuàshù máquècóngcháo lǐ diēluòxià

的 小 麻 雀。 风 猛 烈地 吹 打 着 林 荫 路 上 的白 桦 树，麻 雀 从 巢 里 跌 落 下

lái dāidāide fú zài dì shàng gū lì wúyuándezhāngkāiliǎngzhīyǔmáoháiwèifēngmǎndexiǎochìbǎng
来，呆呆地伏在地上，孤立无援地张开两只羽毛还未丰满的小翅膀。

Wǒdegǒumànmànxiàng tā kàojìn Hūrán cóng fù jìn yī kēshùshàngfēixià yī zhīhēixiōngpú delǎo
我的狗慢慢向它靠近。忽然，从附近一棵树上飞下一只黑胸脯的老
máquè xiàng yī kē shí zǐ shì de luò dào gǒu de gēn qián Lǎo má què quán shēn dào shù zhe yǔ máo jīng
麻雀，像一颗石子似的落到狗的跟前。老麻雀全身倒竖着羽毛，惊
kǒngwànzhuàng fā chū jué wàng qī cǎn de jiào shēng jiē zhe xiàng lù chū yá chǐ dà zhāng zhe de gǒu
恐万状，发出绝望、凄惨的叫声，接着向露出牙齿、大张着的狗
zuǐpūqù
嘴扑去。

Lǎomáquèshìměngpūxiàláijiùhùyòuquède Tāyòngshēn tǐ yǎnhùzhe zì jǐ deyòu' ér Dàn tā
老麻雀是猛扑下来救护幼雀的。它用身体掩护着自己的幼儿……但它
zhěnggèxiǎoxiǎodeshēn tǐ yīnkǒngbù ér zhàn lì zhe tā xiǎoxiǎodeshēngyīn yě biàndecūbào sī yǎ tā
整个小小的身体因恐怖而战栗着，它小小的声音也变得粗暴嘶哑，它
zài xī shēng zì jǐ
在牺牲自己！

Zài tā kànlái gǒugāishìduōmepángdàdeguàiwù a Rán' ér tā háishìbùnéngzhànzài zì jǐ gāo
在它看来，狗该是多么庞大的怪物啊！然而，它还是不能站在自己高
gāode ānquándeshùzhīshàng Yīzhǒng bǐ tā de lǐ zhìgèngqiángliède lì liàng shǐ tā cóngnàr pū
高的、安全的树枝上……一种比它的理智更强烈的力量，使它从那儿扑
xiàshēnlái
下身来。

Wǒdegǒuzhànzhù le xiànghòutuì le tuì Kànlái tā yěgǎndào le zhèzhǒng lì liàng
我的狗站住了，向后退了退……看来，它也感到了这种力量。

Wǒgǎnjǐnhuànzhùjīnghuāngshīcuòdegǒu ránhòuwǒhuáizhechóngjìngdexīnqíng zǒukāi le
我赶紧唤住惊慌失措的狗，然后我怀着崇敬的心情，走开了。

Shì a qǐngbùyàojiànxiào Wǒchóngjìngnàzhīxiǎoxiǎode yīngyǒngdeniǎo' ér wǒchóngjìng
是啊，请不要见笑。我崇敬那只小小的、英勇的鸟儿，我崇敬
tā nàzhǒng ài dechōngdònghé lì liàng
它那种爱的冲动和力量。

Ài wǒ xiǎng bǐ sǐ hé sǐ de kǒng jù gèng qiáng dà Zhǐ yǒu yī kào tā yī kào zhè zhǒng ài
爱，我//想，比死和死的恐惧更强大。只有依靠它，依靠这种爱，
shēngmìngcáinéngwéichíxiàqù fā zhǎnxiàqù
生命才能维持下去，发展下去。

——节选自[俄]屠格涅夫《麻雀》，巴金译

四、命题说话(请在下列话题中任选一个)，共 40 分，限时 3 分钟。

1. 难忘的旅行

答：从小到大，外出旅行也有七八次了。我去过桂林的漓江和落满地，去过柳州的鱼峰山，去过南宁的清秀山，还去过灵山的六峰山等。其中，给我留下难忘印象的是去北海旅游。

记得上中师一年级的时候，经过班委会讨论通过和学校德育处批准，班主任组织我们

全班同学去北海旅游。听说可以去北海旅游，同学们兴奋极了。特别是从来没有见过大海的我，更加激动不已。

星期六一大早，我们预定的大客车准时开到了学校大门口。早已等在路边的同学们有秩序地上了车，班主任再一次强调了注意事项，汽车就出发了。

一路上，同学们又说又笑，还唱起了歌，真像一群放飞的小鸟。我看着窗外的树木、稻田和房屋，觉得一切是那样的熟悉，又是那样的亲切。

不知不觉中，一阵飞机的轰鸣声传来，啊，我们今天旅行的第一站——北海机场到了。真不凑巧，我们到来之前，已经起飞了一架飞机。为了看到飞机的起飞，我们只好耐心地等待。飞机场的环境很美，绿树成荫，芳草如茵，繁花似锦，宏伟的候机楼，高高的指挥塔，前后好几公里的飞机跑道。我们边欣赏美景边等，终于看到了飞机的起飞，真是一饱眼福。

穿过美丽整洁的北海市区，我们来到了旅游的第二站——银滩。进入大门，哇，人真多啊，这里人头攒动，银白柔软的沙滩上，几乎没有一块是空地。游客们有的躺着，有的坐着，也有站着的；有的在晒太阳，有的在聊天，有的在做沙雕，也有的在拍照。抬头往远处看，真美啊，这里海天一线，天是蓝的，海水也是蓝的。蓝蓝的天上飘着几朵白云，一架直升飞机在上空不断盘旋，跳伞员在表演跳伞。海面上，到处都是游泳者、戏水者。此时此刻，同学们也顾不得挽起裤腿，一个个跑到海边上去玩水，泼水打仗，我感到自己仿佛又回到了童年，和村里的小伙伴在村边的小溪里嬉戏，开心极了。遗憾的是，我们不能下海游泳，老师是为了我们的安全着想。

晚上九点多，同学们带着一身的倦意，带着满心的欢喜，踏上了归途。

这次北海之游，给我留下了非常难忘的印象。

2. 谈谈美食

答：说到吃，我会想到我们南宁一年一届的美食节。今天在这里，我则要给大家介绍我的拿手菜。

我的拿手菜是炸扣肉。这道菜对于现在的家庭来说，已不是少见的菜了，但对于小时候我们农村的孩子，却是罕见的，是难得吃上一次的。在农村，喝喜酒或办丧事时，一桌菜往往有 10 种左右，其中必定有一种菜是扣肉。每当在这时，无论爱不爱吃肥肉(扣肉中多半是肥肉)，都能吃上一两块扣肉，因为这毕竟是难得的一次机会。平时，我们是没有机会吃上扣肉的，一来没钱买，二来也不会做这道菜。由于这道菜色香味俱全，所以每次这道菜一上桌，一下子就被夹完了。

近年来，人们的钱袋渐渐鼓起来了，我家也不例外。我爸以前跟别人学过几样菜，其中有一道菜就是炸扣肉。于是，我家就不只是在办喜事或丧事时才可以尝到这道菜了。渐渐地，我也学会了做这道菜，而且做成之后的色香味也并不逊于我爸做的，这道菜便成了我的拿手菜。下面我就介绍一下这道菜的具体做法。

制作炸扣肉的步骤如下：

(1)买回肥瘦、带皮的猪肉和葱、八角、五香粉、酱油、米酒等原料；

(2)刮干净猪皮上的毛并且戳一些小洞，烧开大半锅猪油之后，把这几块猪肉放进锅里炸；

(3)约摸炸了十二三分钟左右停火，把猪肉捞出来晾干，待凉了之后切片；

(4)把适量的五香粉、酱油、米酒拌混作为配料，把数根葱(不用切)放进做好的配料中拌混，然后拿出葱挤捏出葱汁擦到扣肉上；

(5)把上好配料的扣肉放进锅里蒸四五分钟后取出。这样，美味可口的扣肉就做成了。

大家学做这道菜时，千万别把第(4)、(5)环节漏掉。因为还未上过配料的，又未蒸过的扣肉有一股焦味，没味道，而且肥肉部分吃起来很容易使人油腻。所以，每当这时，不要心急或嘴馋得马上吃，要在上好配料蒸过之后吃才可口。这时你会吃一片想一片，同时也不会觉得肥肉可恶了。